"汉语

丛书

隐性否定

陈振宇　叶婧婷　主编

上海教育出版社
SHANGHAI EDUCATIONAL
PUBLISHING HOUSE

本论文集的出版得到上海市高峰学科项目资助

目　录

前　　言

由戴耀晶教授主持的国家社会科学基金重点项目"现代汉语及方言中的否定问题研究"(12AYY001),自 2012 年立项到 2017 年结项,经历了许多困难。2014 年 8 月原总负责人戴耀晶教授因病去世,这使工作受到了很大影响。2015 年获批变更陈振宇为新的负责人,终于顺利完成预定目标。

项目组把历年参加"否定"专题学术研讨会的有关论文汇编为三本论文集:

(1)《汉语方言否定范畴研究》(陈振宇、盛益民主编,中西书局 2020 年),主要是描写汉语各种方言的否定系统,其中刘丹青教授做了概括与总结。

(2)《显性否定》(陈振宇、李双剑主编,上海教育出版社 2021 年),主要是关于汉语语法化的否定词"不、没(有)、别"等,以及带有这些显性否定标记的小句和句子的语义语用等方面的讨论。

(3)《隐性否定》,也就是本论文集。

虽然隐性否定的研究开展得比较晚,但在该项目结项时,这方面已有多篇论文发表,主要是对若干语义否定形式如"只、才"等,语用否定机制如反问、反预期、"意外三角"、反事实条件句等,以及汉语冗余否定中的隐性否定词(如"差一点没 VP")等的研究。结项以后课题组成员继续进行相关方向的研究,陆续发表了一些重要的成果。除此之外,干薇还出版了《现代汉语有触发语的隐性否定功能研究》(东华大学出版社 2020 年)。上述成果有的已经收入其他两本否定论文集。

为了进一步深入和拓展研究,我们又于 2022 年 11 月 5 日至 6 日,在上海召开"2022 年汉语句法语义理论研究学术讨论会"。

"汉语句法语义理论研究"系列小型学术讨论会,由复旦大学中国语言文学系主办。采用工作坊模式,每期邀请30位左右的专家学者与学术新锐,就某一专题做深入讨论。主要关注重大的理论问题,也可以是系统性的语言现象描写,以前沿性和创新性为导向,尤其欢迎具有挑战性的研究成果。每次会后出版一本专题论文集,作为复旦中文系"汉语句法语义理论研究"系列丛书之一。

本次会议专题是"隐性否定——汉语语义和语用机制研究"。本次会议采用线上举办方式,共有29位与会者通过线上会议平台参加会议。

本次会议全面回顾了汉语语义否定和语用否定两大隐性否定范畴的研究状况,重点讨论了目前所面对的问题和新的突破,以及若干具有典型性的汉语现象。与会者不但交流了各自的研究成果,还对关键问题进行了严肃的争辩,在某些方面达成了一定的共识,在某些方面开启了新的话题。这次讨论揭示的一些重大的理论问题,也为今后的研究指明了方向,提供了方法论上的有益思考。

本次会议的发言内容如下(按发言顺序排列):

张谊生(上海师范大学):从预设视角看副词/素"坐、浪、漫"的隐性否定功用

干薇(上海立信会计金融学院):预期视野下的"既然"复句研究

陆志军、石定栩(广东工业大学/广东外语外贸大学):反问标记与背景命题——"哪"的句法语义分析

赵春利(暨南大学):遂志副词"毅然"的话语关联与情态结构

李双剑(上海外国语大学):论"怀疑"的语义识解策略

陈禹(华中科技大学):隐性否定"才怪"的反意外功能和语用化路径——兼议反问与反事实在隐性否定上的语用分化

赵敏、陈建萍(济南大学):引述回应格式的预期否定及评价立场表达——以"岂/何止 X"为例

姚倩(重庆大学):汉语否定极项"任何"幻觉式合法的心理现实性研究

王蕾(复旦大学):隐性否定的句际同义复现考察

张晓君(安徽大学):关于居间量词 most 的广义三段论的有效性

郭利霞(南开大学):山阴方言的隐性否定

胡乘玲、孔国兴(湖南师范大学):互动情境中的永州方言规约化否定构式

郝晶晶(上海师范大学):论山西平遥方言的隐性否定句"X门Y"

朱斌、段佳璇(华中师范大学):双条件假设句类型及允准条件

祁峰(华东师范大学):互动视角下汉语规约性间接否定机制研究——以构式"X什么Y"为例

倪兰(上海大学):隐性否定词的语义衍生机制探讨——以手语为例

朱庆祥(上海师范大学):篇章语法视野下隐性语用否定形式特征和机制研究——以"说得好听""想得美""唱高调"为例

李强(上海大学):从意外到语用否定:社会心理视角——以"怎么"句为例

黄小平(赣南师范大学):认知语义下的"高调"语音隐性否定——以宁都客家方言为例

郭锐(北京大学):逼问推论和反问句否定意义形成机制

曾静涵、袁毓林(北京师范大学文学院/澳门大学人文学院):汉语隐性否定副词的语义结构及识解机制

张佳玲(北京大学):"管"还是"不管"?——论"管"字句的语用功能和否定机制

宗守云(上海师范大学):称名指向语"说是"的特征及其否定性质

赵微(上海政法学院):"可以说""应该(应当)说"再论

李宇凤(四川大学):言语行为的变异表达与人际否定——谈"谢谢"类行为"反语"

张雪(澳门科技大学):汉语的构式隐性否定标记——从"大＋时间名词＋的"结构的"无关句"说起

叶述冕(北京大学):从无知到否定:特指反问句的语用加强

何瑾(复旦大学):句尾"呢"非疑问用法的人际否定功能

会议最后,邀请北京大学郭锐教授就本次会议的主题进行了总结和展望。会后,经过专家学者们的交流,很多论文做了新的修改,甚至重写,其中不少论文已陆续发表。

我们从"现代汉语及方言中的否定问题研究"项目(12AYY001)参与

者的有关论文，以及 2022 年"隐性否定"学术讨论会的参会论文中，选取了 18 篇组成本论文集《隐性否定》。除此之外，我们还撰写了一篇综述性论文《隐性否定的研究现状和趋势》，作为本论文集的"简介"。希望读者在看完之后，能够把握当前否定范畴研究的前沿方向，理解各种观点的异同并产生深刻的反思，最终给出自己的答案。

　　本论文集的出版得到复旦大学中文学科高峰学科建设项目的资助，特表感谢！

陈振宇　叶婧婷

2024 年 5 月 1 日

隐性否定的研究现状和趋势

复旦大学中文系　　　叶婧婷　陈振宇

提　要　"隐性否定"是指不使用否定标记就可以表达否定意义的现象。本文旨在回顾和梳理汉语语言学界关于隐性否定问题的讨论,从语义、语用等层面探讨其形式和功能特征。文章第二部分讨论了隐性否定的界定问题,并厘清了隐性否定与学术史中的"语用否定、元语否定、预期、意外"等相关研究的关系;第三部分讨论了语义隐性否定,即不带否定语素的名词、动词、副词如何表达隐性否定功能;第四部分梳理了语用否定的主要研究成果,包括从反预期到反问、"逼问"、梯阶与强调断言、"完形"、社会交际行为策略等方面的内容。总体看来,"隐性否定"体现了语言中形式与语义的错配,表现了语言表达的灵活性与多样性。说话者通过这种方式可以更准确地表达自己的意图和情感,增加表达的层次与深度。

关键词　隐性否定　预期　意外　梯阶　交际策略

1. 引言

　　否定是人类基本语言表达中非常重要的一环,否定现象也是语言学中历来备受关注的热点话题。语言中用于否定表达的方式多样,根据是否使用否定标记,可以分为显性否定和隐性否定。显性否定有专门的否定形式,而隐性否定(implicit negation)指的是不使用否定标记(如"不""没"等),却暗含了否定意义的现象。这一概念在过往的研究中使用不同的术语,例如"含蓄否定""委婉否定""间接否定""语用否定"等,本文统一称为"隐性否定"。

隐性否定可分为语义否定和语用否定两大类(陈振宇、杜克华 2015)。语义否定是指词汇语义内容中包含有否定概念或否定意义,例如"拒绝＝不接受"等;语用否定指的是经过各种类型的语用机制推出的否定功能,如所谓"反诘句"。

隐性否定是一种形义错配的现象,表现了语言表达的灵活性与多样性,是一种重要的语言表达手段。说话者通过这种方式可以更准确地表达自己的意图和情感,增加表达的层次与深度。然而,隐性否定的形式隐含性、不易识别性、对于语义结构和语境要素的依赖性,大大加深了研究该现象的难度。对这个现象的深入研究,不仅有利于更全面地揭示否定范畴的本质,还可以为语言学理论研究和跨语言研究带来新的视角和思路。

本文旨在回顾和梳理汉语语言学界关于隐性否定问题的讨论,从语义、语用等层面探讨其形式特点及功能。第二部分讨论隐性否定的界定问题,从总体上讨论其所涉及的形式,以及与学术史中的"语用否定、元语否定、预期、意外"等概念的关系。第三部分和第四部分从语义否定和语用否定两方面出发,对相关文献进行回顾与梳理。第五部分是总结。

2. 隐性否定的界定

2.1　隐性否定的形式表现

隐性否定是指不使用否定标记来表达否定意义的现象,在既往研究中,其涉及的语言形式多样,包括词汇和句式等方面。

早期的一些研究尚未使用"隐性否定"这一术语,而是使用"特殊否定形式""暗含否定""委婉否定"等术语,但事实上这些就是关于隐性否定现象的研究。吴继章(1993)指出汉语中有一种特殊否定形式,不使用否定标记即可表达否定意义,这类否定形式的特点在于使用一个"脏字眼",例如"有个屁用""老实个屁"。吴柏祥(1994)在研究英语句子时发现了"暗含否定"(或"委婉否定")的现象。该文指出隐性否定的三种方式:词汇手段、语法手段、修辞手段。词汇手段是使用特定的词来表达否定意义,例如"His conduct has always been above suspicion."(他的行为一直是不容置疑的),这句英文表达没有否定词,却用"above"表达了否定的语义。语法手段指的是使用特定的句式来表达否定意义的现象,例如"I wish I could go with you."(我多么希望能和你一起去＝可是我不能跟你一起去),使用虚拟语气(语法手段)来表达否定意义。修辞手段则是使用反讽、反问、委婉等方式来表达否定,例如"A fine daughter you raised."(你养的好闺女＝你没有养好闺女)用反讽的方式来表达否定。

这一时期关注隐性否定现象的研究大多来自外语学界,这大概是因为在翻译的过程中,遇到了外语的肯定句需要用汉语的否定形式来表达的情况。这类讨论见于英语、德语、俄语等语言的相关研究。张树萍(1996)描写了德语中的隐性否定现象,提到了德语中用于隐性否定的动词、形容词、副词等。姜宏(1998、1999)从俄语的相关现象出发,将隐性否定分为规约性隐性否定与非规约性隐性否定,前者可以通过词汇和句法形式判断,具有一定的稳定性;后者只能通过语境和背景知识来判断,形式上没有规律性,理解上更多依赖听话人的背景知识与逻辑推理能力。

陈平(1982)、石毓智(1989)、孔庆成(1998)较早使用"隐性否定"这一术语。陈平(1982)将"不含否定成分,但隐含否定意义的结构",以及疑问句、条件句等称为"隐性否定语境"。该研究基本集中于英语的相关现象,但也提及了英汉之间的差异,认为汉语的否定词比英语种类多,因此汉语隐性否定语境不如英语丰富,"仅限于疑问句和条件句"(陈平 1982:25)。但事实上,这种观点只是当时汉语研究存在局限性的结果。后来的研究发现,汉语中隐性否定的手段也是很丰富的。

石毓智(1989)在分析现代汉语的否定性成分时,将否定结构分为显性和隐性两种,前者指的是包括显性否定标记(如"不""没""别""无""莫""未"等)的结构;后者指的是词汇手段(如"免得""难以""很少"等)和反问。

孔庆成(1998)在关于否定修辞功能和语用机制的探讨中,也提到了含蓄否定(隐性否定)的现象,该文给出的定义是,"含蓄否定也叫隐性否定,指不具有否定形式却具有否定意义的否定"(孔庆成 1998:65),该定义基本与现在对隐性否定的定义相同。他还简要提及隐性否定的表达策略,包括词汇手段和特殊句式两种。词汇手段主要是使用"拒绝""懒得"等词来表达否定语义,特殊句式包括修辞性问句(例如"难道这就是你说的好日子?")、条件句(例如"如果我永远让你给我做饭,那就是对你的不敬。")、感叹句(例如"你们可真是大好人呢!")、虚拟句(例如"如果我是美国总统的话,我就帮你办签证了。")、祈使或愿望句(例如"请再耐心些!")等。

李宝贵(2002)从留学生学习汉语时对隐性否定的理解难点出发,分析探讨了隐性否定的表达方式。该研究通过考察实用汉语会话教材,归纳了五种隐性否定的表达式,并对其进行了语用分析:1)使用具有否定意味的词,例如使用心理动词"拒绝"、形容词"糟糕"、副词"白"、特定结构"哪儿呀""算了吧"等来表达否定;2)反问句,例如"还""有什么用""怎么""喜欢什么"等结构;3)假设复句,例如"要是/如果……就"句式,看似表达假设关系,实际上却是用于传达否定意义;4)用祈使句表达对现状的不满或期望,例如"请再大点儿声!";5)含有否定意味的感叹句式,表达与字面意思相反的否定意义,例如"你们真有用!"。总体而言,隐性否定的真实信息通常蕴含在具体的言语环境中,听话人需要结合具体语境来理解其具体的深层含义。

较为系统地以隐性否定为主题开展的研究主要有干薇(2020)的专著和李宇凤2021年结项的国家社会科学基金项目①。下面简要介绍。

干薇(2020)对有触发语的隐性否定现象做了系统的研究,描写了有触发语的隐性否定的语义特征、语义预设、句法特点,刻画了隐性否定产生的机制,其中特别论证了相关的语用预设及言语行为特征。所谓"触发语",指的是能够触发隐性否定的语言形式(可以是词或语句),具体包括动词(如"后悔")、副词(如"都""白")、反问句、祈使句、虚拟句等。该书对这些类型的句法、语义、语用分别进行了分析。基于对具体句法结构的分析,她提出隐性否定具有人际功能、认知功能、主观功能、评价功能和指向功能等,说话人通常借用特定的隐性否定形式来激活隐性否定,包括"激活完成""激活愿望""激活否定判断"三种激活模式。

李宇凤的国家社会科学基金项目"交际互动中的隐性否定"在2021

---

① "交际互动中的隐性否定"(16BYY134),2021年结项。本文经作者同意后引用,在此特别表示感谢。

年以"优秀"结项。该项目聚焦交际互动中通过句法肯定形式来表达否定语用意义的现象。通过对词语、结构和交际策略这三类隐性否定表现的具体分析,探讨隐性否定的语义根源和语用规律,进而通过对隐性否定和显性否定关系的研究,论证人类语言中否定认知的对立参照本质。在词语型隐性否定部分,重点研究了"太""挺""好像""所谓""应该"等的隐性否定现象,论证其隐性否定的根源在于词语语义中隐含的评价预期对立、表象实质对立、对比预期对立、情理事实对立、言说实质对立等否定因素,其实现依赖于对立否定意义的语境激活。在结构型隐性否定方面,着重讨论了"X 就 X""X 了""你是说"等隐性否定,其语义根源在于反预期解释要求、行为/评价预期对立、言说行为终结等,其隐性否定的实现具有"回应依赖性",即听说之间的某种交际行为对立。在语用策略型隐性否定方面,主要探讨以虚拟、拖延、极性夸张实现的隐性否定。总体看来,隐性否定实质是词语、结构、语用策略中某种隐含的否定意义在语境中的表层显现(包括"负、反、非、假"等),其实现方式是语境激活的肯否对立。换言之,隐性否定以某种对立项为背景,将对立意义表达成一种语用目的的否定。在类型、现象分析的基础上,她得出了隐性否定相关的基本规律。此外,在反事实方面,她提出反事实是相关反事实标记的语义构成成分,即衍推性质的反事实范畴义,如表象、情理、认知、虚拟评价等都可衍推"不是事实"。从隐性否定的来源类型和实现规律可知,隐性否定基于词语、结构、策略中隐含的否定因素,它们在语境中激活实现语用对立从而表达否定。她的项目相关成果主要集中在一系列文章中(李宇凤 2018,2020,2023 等)。

2.2　语用否定、元语否定和隐性否定

语用否定、元语否定都与隐性否定有很大相关。这里回顾语用否定、元语否定相关的一些研究,并尝试厘清概念之间的区别与联系。

沈家煊(1996)率先对"语用否定"进行研究,将否定区分为"语义否定"和"语用否定"①。前者涉及句子表达的命题的真实性,后者否定的是"句子表达命题的方式和适宜性"。例如,"张三不是女人"是"语义否定";

---

① 由于这与本文关于语义否定和语用否定这一对术语的概念不同,所以加了引号。

"张三不是什么'女人'——她是我的妻子!"是"语用否定"。可见,沈家煊说的"语用否定"不一定是隐性否定,也可以是显性的。他根据语句隐含意义的差异,将"语用否定"分为不同的类型。第一类是"适量准则"推演出的隐含意义,例如,"张三不是什么'女人'——她是我的妻子!"。"适量准则"要求说话者提供适量的信息,这就涉及量级的问题。在一个量级 $\langle X_1,X_2 \rangle$ 中,假如 $X_2 > X_1$,则说"X_1"就隐含"非 X_2"。在量级〈女人,妻子〉中,"妻子"的信息量大于"女人",所以当说出"女人"的时候,就隐含"非妻子"。二者之间存在单向衍推的关系,可以从"妻子"推演出"女人",但不能从"女人"推演出妻子,所以说出"女人"的时候,通过适量原则可以推演出隐含的意义为"不是妻子"。第二类是"有序准则"推演出的隐含意义,这是根据 Grice 的会话原则"有序准则"推出的,说话顺序不同,可能暗含说话人的特定目的。例如:"我看您像日本人!——不,应该说日本人像中国人!"第三类是风格、色彩的隐含意义,例如"他几乎没有星期日,只有星期七"这句话,说的是一个舞蹈教练周日也在练功,星期日也不休息,因为"星期日"一般暗含休息日的意思,但"星期七"却没有这个隐含意思,而且它还与"星期一"等一周中的其余时间形成了类比关系。第四类是预设否定,即对句子预设的否定。每个句子通常都有一个预先假设成立的命题,即便否定了句子,这个假设通常还是被保留的。例如"张三妻子病了"和"张三妻子没有病"都预设"张三有妻子",而对"张三有妻子"这件事的否定,就是预设否定。预设否定的概念早期由 Horn(1985)提出,他称之为"元语否定"。Horn 的例子是"The King of France is bald."(法国国王是秃顶),对这个句子的语义否定为"The King of France is not bald."(法国国王不是秃顶),相应的元语否定为"There is no King in France."(法国没有国王)。沈家煊的"语用否定"实际上和国外的"元语否定"最为接近,而"语义否定"则是常规否定或非元语否定。

张克定(1999)分析了语用否定在结构、词义和语境三方面的限制条件,认为只有不违反这些条件,语用否定才能成立。

何春燕(2002)探讨了汉语中语用否定的类型和特征,将语用否定分为显性语用否定和隐性语用否定。显性语用否定通常由前后的小句来阐明否定的语义(例如"不是……,而是……");隐性语用否定在前后没有显性的否定小句来阐明否定语义,仅通过语用推理来获得否定含义,涉及违反会话合作原则、间接言语行为等方面。文章通过具体实例讨论了语用否定在广告和日常会话中的作用,并从说话者、应答者和附和者的角度讨论了语用否定的动机。通过这些分析,发现语用否定可以帮助灵活表达说话者的意图,增加幽默感和表达力。

史尘封(2004)指出语用否定可以分为言语性的和非言语性的(如手势等),言语性的语用否定是在特定情境中产生的否定意义,不需要特定的否定标记。他还指出,言语性的语用否定的强度是不同的,据此可以分为弱封闭否定(例如使用模糊词"有可能取胜")、半封闭否定(例如用疑问词、持续动词等:"哪里哪里""再商量商量")和强封闭否定(例如沉默、话题转移等方式)。

徐盛桓(1994)将元语否定称为"含意否定",他从 Grice 的原则出发,对相关现象进行了分析,认为含意否定可以分为荷氏关系否定和常规关系否定两种类型,前者是基于语义强度的比较(例如"这杯茶不是热的,是烫的!"),后者是基于事物的自然属性、价值属性(例如"昨天跟你一起的那位小姐真漂亮! ——她不是什么小姐,她是我儿子的班主任!")等。这两种类型的解读都涉及量的准则。总体上看,含意否定的特点在于"不完备性"和"表层语义不相容性",其语用功能主要是增强表达效果。

孔庆成(1995)基于国外的文献,围绕元语否定的概念、类型和特点进行了分析,认为元语否定是针对话语本身提出的,其产生由语用因素激发,而不涉及命题的真值。元语否定的核心是由于说话者认为某段话语不符合自己的标准,对上下文语境具有很强的依赖性。元语否定容易在观点不合的语境中产生,其否定的焦点在于话语的预设。他还结合会话原则进行了分析,认为元语否定是由违反了会话原则的隐含意义导致的,涉及的原则包括生理原则、感情原则、社会原则、美学原则、合作原则(相关性、质的准则、量的准则、方式准则)。

钱鹏(2016)深入分析了元语否定的两个层次,称之为"元 1"和"元2"。"元 1"是对句子所有可能的内容的否定,可能常规,可能非常规,既可以是在命题层面,也可以是在言语行为层面;"元 2"是非常规的方式,主要是针对言语行为的某方面的否定。他认为"元 2"是"浮现"的结果,即在特定场景逐渐显现出原本没有的含义或范畴。此外,他还讨论了"语用格局"和否定范畴"交互演化"的路径,并从跨语言角度讨论了不同语言在元语化等级中的位置,以不同语言为例,将元语否定的格局形成分为五个不同的阶段。

陈振宇、杜克华(2015)所说的语用否定和本文所论述的语用否定概念一致。语用否定是通过某种语用机制推出的否定功能,而"意外"是这类语用推理中最重要的一个机制。他们进一步指出,语用否定分为命题否定和元语否定两个层次(陈振宇、杜克华 2015:73)。以"小李的爸爸死了"为例,将其标记为"事件 X":1)命题否定,是针对言语内容的否定,进一步可以分为两类:a.否认命题 X 的真实性(例如:难道小李的爸爸死了不成?!——他爸爸没死);b.承认命题真实性,但否认其合理性(例如:小李的爸爸怎么这么年轻就死了! 不应该啊!)。2)元语否定,是针对言语行为的否定,又分为:a.否认对方说话时的某个特点(如针对对方的发音:什么 shǐ 了,是 sǐ 了);b.否认对方说话方式的合理性(例如:什么死了! 那是"去世"了)。

由此可见,隐性否定和沈家煊指出的"语用否定"是否定的两个不同的维度。隐性否定是与显性否定相对而言的,这一维度主要关注是否使用显性的否定词。沈先生的"语用否定"则是另一个维度,是相对于一般真值否定的元语否定而言的。本文使用的语用否定特指隐性否定的一种下位类型,即不是从字面意思能够得出的否定含义,而是从语用推理的方式得出的。此外,元语否定也可以进一步分为隐性否定和显性否定。

下面详细讨论语义隐性否定和语用隐性否定。

3. 语义隐性否定

在语义隐性否定中,否定语义的表达依托的是词汇的语义。刘丹青、曹琳琳(2020)从总体上对这个问题进行了论述。他们从库藏类型学出发,探讨了汉语中表达隐性否定(该文的术语为"间接否定")的词汇库藏手段,并将这些词语称为"次生否定词",以区别于基本否定词(即"原生否定词")。该文总结了次生否定词的基本特征及其在汉语中的重要性。次生否定词大致可以分为以下几类:1)数值否定类("零增长");2)论元否定类("天晓得他去没去");3)转喻否定类("少来这一套""懒得去""慎用""行了/得了");4)含有否定义素的表达("欠佳""失礼""休战""免单""以免上当")。他们进一步分析,汉语拥有如此丰富的次生否定词,主要有两方面的因素:一是否定是人类语言的显赫范畴,二是东亚社会有委婉表达的传统,这使否定在汉语中成为敏感范畴,因此容易吸引其他的库藏手段来丰富否定的表达。

刘丹青、曹琳琳所说的"间接否定"的类型,显然没有囊括汉语语义隐性否定的全部。此外,相对"间接否定"而言,"隐性否定"这一术语更为准确。"间接否定"虽然看似与隐性否定非常相关,但并不总是隐性否定。例如张京鱼、刘加宁(2010)在关于"又不/没有"句式的研究中,将其称为"间接否定拒绝句式",但句式中有否定词"不/没有",所以是显性否定形式,而非隐性否定形式。

过去对语义否定方面的专题研究主要涉及名词、动词和副词,下面分别对这些研究进行梳理。

3.1 隐性否定名词

使用名词实现隐性否定,通常都涉及鬼神和詈语等方面的词汇,这方面的讨论主要如下。

吴继章(1993)指出汉语中有一种特殊否定形式,不使用否定标记即可表达否定意义,这类否定形式的特点在于使用一个脏字眼,例如"有个屁用""老实个屁"。

张颖、陈昌来(2020)讨论了汉语和英语中用于传达隐性否定的名词,将其分为神灵(例如"鬼":用"我信你个鬼"表达"我不相信你";英语中相应的成分有 God、heaven 等)、虚无(例如"梦""屁":用"白日梦"表达"不可能实现";用"关你屁事"表达"不关你的事";英语中相应的成分有 dream 等)、贬损(例如"狗":用"骗你是小狗"表达"不骗你";英语中相应的成分有 dog 等)和粗俗(例如"毛线":用"解释个毛线"表达"不用解释";英语中相应的成分有 fuck 等)四类。这些分类并非泾渭分明,它们之间有交叉。该文还剖析了这些名词能够表达隐性否定含义的认知动因,以及英汉之间的差异。

陈振宇、杜克华(2020)研究了成都话骂詈语"球、锤子、铲铲、鸡巴"的用法,这些都是与生殖器有关的名词。他们发现过去认为这些词是否定表达的说法存在问题。他们认为,这些词首先是感叹表达,使用这些词反映了言者强烈的情感。在感叹表达中,可以分为肯定和否定两类,该文统计了二者的使用比例。肯定如"说球些屁话、开球你的车嘛、老子累球的很、晓得玩笑开大球了",否定如"还做个球的生意、哪个球大爷还敢摸啊、你晓得个球哦、管球他的哟"。根据他们的研究,骂詈语的语用否定功能很可能是从感叹功能进一步衍生来的。

3.2　隐性否定动词

袁毓林(2012)探讨了"防止、避免、差、欠、拒绝、否认、小心、后悔、责怪、怀疑"等动词的语义结构和句法表现,针对这些动词所蕴含的隐性否定特性,详细分析了它们在断言、推论、预设等不同语义层次上的体现。袁先生认为,隐性否定的意义在一定条件下可以溢出到表层结构,并通过显性否定来表达。例如,"防止再次发生病虫害"类似于"防止不再发生病虫害","不再"是显性否定词,与动词"防止"的隐性否定意义相呼应,形成了语义溢出。文章通过一系列例句分析了这种溢出现象,并指出限制这类现象的句法语义条件。文章还分析了"怀疑"的语义,认为其有两个意义相反的义项("不相信"与"相信、猜测"),这两个义项在句法上互补,通过"语义倒灌"等隐喻性概念探讨了这类现象的句法语义机制。文章对相关现象做了很精彩的分析,然而,对于隐性否定溢出的条件,很难找到统一的解释。袁毓林、王明华(2012)进一步使用实例的合格性调查和博弈论对隐性否定溢出的问题展开研究,发现了隐性否定冗余实现可能产生的五种结果:好的均衡、坏的均衡、好的不均衡、坏的不均衡、最坏的不均衡。这表明隐性否定的语义溢出具有一定的随机性。

此后,袁毓林(2014a)进一步探讨了隐性否定动词的语义特性及其在句法共现上的限制,分析了这些动词的语义层次(断言、推论和预设层面),并根据动词推演宾语命题真值的情况,将此类动词分为叙实词、半叙实词、逆叙实词和非叙实词。叙实词能够推演出宾语命题为真,包括"后悔、责怪"等,例如,从"小明后悔参加了棒球队"可以推出"小明参加了棒球队";半叙实词需要依据上下文来判断是否能推出宾语命题,包括"否认"等,例如"总经理否认侵吞了公司资金",需要上下文来判断是否能够推演出"总经理侵吞了公司资金";逆叙实词包括"防止、避免"等,这类词能够推演出宾语命题为假,例如,从"战士们防止敌人半夜来偷袭"可以推演出"敌人半夜来偷袭"为假;非叙实词包括"怀疑"等,这类词不能推演出后面宾语命题的真值,例如,从"科学家怀疑黄曲霉是人类有关疾病的病因"并不能判断"黄曲霉是人类有关疾病的病因"是否为真。袁毓林(2014b)接着对"怀疑"的复杂语义结构和引申机制展开论证和分析,提出"怀疑"的隐性否定意义是整个句子意义笼罩在否定阴影下的关键。当怀疑的对象具有积极性时,句子意义倾向于"不相信";当怀疑的对象具有消极性时,句子则倾向于表达"猜测"或"相信"的意义。这种意义引申机制后来被总结为"疑善信恶"原则或"悲观原则",主要通过客体论元在句法、语义和语用等多个层次上的选择限制得以实现。

3.3　隐性否定副词

隐性否定副词的相关讨论非常丰富,构成了语义否定的一个重要部分。

张谊生(1996、1999、2011、2023)对这个问题展开了一系列的讨论。这些文章把相关的隐性否定副词称为"预设否定副词"。但我们认为,或许称之为"隐性否定副词"更为妥当。"预设否定"与"隐性否定"是两个不同的概念,对二者在术语上进行区分很有必要。

张谊生(1996)以"白、空、干、瞎、徒、虚、枉"等七个副词为研究对象,分析了它们在句法功能、表义方式、否定倾向和对象、否定基点和功用等方面的特征。主要从"付出与获得""积极与消极""主体与客体""显性和隐性"几方面展开分析。此后,张谊生(1999)转向历时角度,依旧从上述四个方面对近代汉语中的相关现象进行了细致的分析,总结了十二个用于隐性否定的副词("白、空、虚、徒、坐、枉、浪、漫、干、瞎、唐、素")的否定内容和表义重点。基于这些实例分析,他认为这反映了汉语和印欧语系的差异,正因为没有严格的形态标记,汉语在表达方式上体现出"兼容性"和"灵活性",而汉语中的这些隐性否定副词正是汉语特点的体现。

张谊生(2011)对隐性否定副词的叠加现象进行了分析(例如"瞎白忙乎""白白空费"等),归纳了六种叠加方式(前三种为"双重叠加",后三种为"多重叠加"),即蕴含叠加式(如"白糟蹋")、复置叠加式(如"空瞎忙")、交互叠加式(如"白说瞎想")、复置＋蕴含(如"白瞎耽误")、复置＋连用(如"白瞎枉为")、复置＋交互(如"白徒有虚名"),并探讨了叠加的作用和动因,包括主观凸显与强化、羡余化与词义磨损、多样表达的需要、习语化几个方面。

张谊生(2023)从历时和共时的角度探讨了副词"坐、浪、漫"的隐性否定作用,认为这类副词的隐性否定与"付出与获得""顺向与逆向""积极与消极"概念相关。文章分析了相关的词汇化和习语化的现象,考察了这些词如何从古代表达否定的副词演化为现代汉语中的语素和习语。这些语素在高频使用中否定功能退化,并且衍生出新的功能,例如"漫说""漫道"由否定动词转化为转折连词。

王志英(2012a)从共时和历时的视角分析了"瞎"的否定功能和成因,描写了"瞎"的句法分布,指出"瞎"通常与言说动词、行为动词、心理动词进行搭配使用,语义主要是无根据、无效果,语用功能在于激活反预期,表达主观评价,并从历时视角分析了"瞎"演变的语义基础、句法环境和机制。

朴珉娥、袁毓林(2015)对比研究了汉语的隐性否定副词"白"和韩语中对应的词"heos-"和"geojeo",揭示了汉语和韩语在表达"劳而不获"和"不劳而获"时的异同,以及相关的句法、语义、语用特征。

曾静涵、袁毓林(2019)以清代白话文著作作为研究语料,分析了"白"的不同语义,刻画了"白"从名词到形容词再到副词的演变过程,并利用"乐观原则"解释了"白"的反预期性质及其隐性否定功能。

曾静涵、袁毓林(2017)分析了隐性否定副词"干"的去范畴化过程,探讨了"干"从名词演变为形容词,再演变为副词的过程。这类演变的动因复杂,主要有语义泛化、概念转喻的触发作用,以及避免语义处理负荷等方面的因素。

陈振宇(2016:286)指出,汉语的小句结构展现出一种独特的"多层套叠结构",这种结构层次的清晰界定有效避免了类似于法语中"ne …pas …"结构那样的"双重否定词"现象,即两个否定词连用却仅产生一个否定效果的情况。在汉语里,当两个显性的句子否定形式同时出现时,它们总是各自拥有明确的作用范围和功能,不会相互融合或抵消。因此,在汉语中观察到的所谓"冗余否定"(也称羡余否定)现象,其上位的否定形式并非直接以显性的否定词呈现,而是隐含在词汇或结构的语义内涵中,表现为一种隐性的语义否定。有关例子列如下表[①],其中以隐性语义否定的动词居多,其次是副词。

示　例	上位隐性否定	下位显性否定（冗余部分）
差点儿没摔着≈差点儿摔着	差点儿	没
没有上学之前≈上学之前	……之前	没有
要避免别再犯错误≈要避免再犯错误	避免	别
小心别摔跤≈小心摔跤	小心	别
拒绝不予理会≈拒绝理会	拒绝	不
就差没写结语了≈就差写结语了	差	没
不能否认这话没有意义≈不能否认这话有意义	否认	没有
防止洪水不要淹没了村庄≈防止洪水淹没村庄	防止	不要

　　隐性否定与冗余否定之间有一定的关系。在过去关于冗余否定的研究中,经常讨论到的是"差一点"现象。最初注意到这一现象的是朱德熙(1959),他指出"差一点 VP"虽然没有否定词,却隐含了否定的意思。"差一点"的问题,在语法学界引发了热烈的讨论,后来的学者从各种不同角度展开了论证[如石毓智 1993;渡边丽玲 1994;戴耀晶 2004;袁毓林 2011、2013;鲁承发 2014 等,详见鲁承发、陈振宇(2020)的相关综述]。

　　其中,与隐性否定最相关的是袁毓林(2013),该文分析了"差点儿"结构中隐性否定的语义溢出现象,指出"差点儿"可以不使用否定词来表达否定意义,并用"乐观原则"来解释"差点儿"格式中的部分句式不合格的原因。此外,还分析了语言使用者在识解"差点儿"格式的歧义句式时可能采用的概率处理策略,即通过情境和上下文来确定具体意义。

　　时至今日,"差一点"依然是语法学界争论不休的热点话题,最新的研究包括范晓蕾(2018、2019),干薇、陈振宇(2022、2023),陈振宇、干薇

---

　　① 表格中的例子和分析引自陈振宇(2016:286),略有改动。

(2024),陈振宇(2024),林娟、郭锐(2024)等。从这些研究可以看出,此类语义是所有"仅差格式"的通义,包括"险些/几乎/争些/争点/差些/差点"等。汉语仅差格式都可以看作"反预期"表达式,"仅差格式"是一种"自反预期",包括"意愿预期""能力预期""道义预期"和"认识预期"的情感维度,只要在这些维度中有一个是反预期的,"差一点+否定词+VP"就是冗余否定解读(详见陈振宇 2024)。

　　另外一个提及较多的相关话题是与范围或限定有关的副词,例如表示主观小量的"只""就""光"等。周小枚(2011)的硕士论文对范围副词的隐性否定功能做了一些讨论,描写了这些范围副词的句法分布及功能,也对其背后的机制做了简要分析。陈振宇、刘林(2013)借鉴了 Horn 和 Krifka 对"only"的分析,认为"只"具有"反预期主观小量"的意义,其逻辑式至少应该包括以下两个方面:1)现实的直接反映,即"集合 X 中有元素 x 参与了事件 $\wp$",如"他买了白酒";2)对预期及其未实现状态的反映,即"集合 C 中不属于集合 X 中的那些元素 y,都没有参与事件 $\wp$",如"不属于白酒的东西他都没买"。这两方面构成了"只"字句双命题逻辑式中的预设命题(预设他确实执行了某个行为)和焦点命题(强调行为的唯一性)。例如,"他只买了白酒"预设了"他购买了白酒"这一事实为真,同时焦点在于强调他购买行为的唯一性,即他除了白酒之外没有购买其他物品。而"他不只买了白酒"这句话,虽然也肯定了他买白酒的事实,但还说明他购买了其他非白酒类的物品。

　　鉴于焦点命题在语词功能中占据核心地位,是表达最为关键信息的部分,而"只"字句的焦点命题本质上是一个否定命题,因此可以将"只"看作隐性否定词。以此类推,其他具有限定意义的词汇,同样可以归类为隐性否定词。

　　刘林、陈振宇(2015:108)进一步据此列出了此类常见的隐性否定副词:"才$_1$、才$_2$、就$_1$、充其量、单单、刚、刚刚、还、还是$_1$、仅(仅)、仅只、仍、仍旧、仍然、唯独、依旧、依然、只、只得、只管、只好、只是、至多"等。

4. 语用隐性否定

　　相对而言,语义否定是较为封闭的系统,主要取决于词汇语义;而语用否定是更为开放的系统,对语境要求比较高,这构成了隐性否定的主要研究对象,研究重心应聚焦探寻导致语用隐性否定的语用迁移规则和语用环境。

4.1　从反预期、意外到反问

根据近年来一系列有关反预期的研究,隐性否定有时候是由反预期或意外造成的。

陈振宇、杜克华(2015:73)论述了感叹、疑问和否定之间的关系,提出了"意外三角"的理论,认为这三者之间有迁移关系。陈振宇、包笑婷(2023)对意外三角进行了修改和扩充,分析了说话人自信与否和命题的积极、消极在语用迁移过程的作用,并通过"意外""常规""合理"之间的关系探讨了与意外相关的语用原则。

根据他们的研究,意外通常源于一种"自反预期",即认知主体接收到的当前信息与其原有的预期发生了不一致或相悖的情况。当这种不一致性发生时,若认知主体缺乏自信,则可能会采取一系列行动来澄清相关信息,旨在消除这种反预期带来的困惑或不安。这些行动可能包括:1)请求对方进行证实或证伪,以此来验证该信息的真实性,如"张斌先生来了!——张先生来了?"。2)希望对方告知造成该当前信息的原因,如"张先生怎么来了!"。3)希望对方告知相关细节,以验证是否真的是意外,如"张斌先生,是著名语言学家上师大的张斌先生?"。4)希望对方告知信息来源,以求证其真实可靠性,如"你看见了张先生?还是你听说的?"。

然而,当认知主体充满自信时,会倾向于认为自己的原始预期是正确的。在此情境下,若接收到的信息并未带来明确的积极意义,认知主体可能会质疑当前事件的合理性,将其视为语用否定中的"合理性否定"。进一步说,若该信息实际上是另一认知主体的主观判断,基于"我正确,你/他错误"的原则,该主体很可能断定这一判断为假,进而做出真值上的否定。

相关研究发现,一般情况下,表达意外的形式都能触发上述的语用迁移,但是在路径和程度方面有差异。陶寰、李佳樑(2009)对吴语上海话的研究发现,"伊讲"有意外的用法。例如,"伊讲伊戆伊讲_{他竟然说他笨}"中,后一个"伊讲"有意外的意味。王健(2013)进一步研究了汉语方言言说动词的意外用法,扩展到了常熟("叫啥""话道"等)、苏州("叫啥")、富阳("总话""话")、宁波("话")、海门"倒话"、台湾闽语("讲")、粤语("嗰话啊")等,这些标记都是表示相关信息不合理。

另一个相关现象是"怎么"。"怎(么)"既可以用于方式疑问,又可以用于原因疑问,二者关系很紧密。关于"原因疑问",刘月华(1989:288),李湘(2019),陈振宇、杜克华(2019),李强(2021)等有过深入研究。相关研究发现,"原因疑问"的根源在于惊异或意外的情感反应,这些情绪促使人们希望了解背后的原因,进而逐渐发展成为询问原因的言谈模式。然而,在实际情境中,当意外发生时,更为常见的语用表达并非直接询问原因,而是认知主体对相关事件不合理性的感知。例如,"你怎么没来?"这句话,在意外语境下,更多地传达了"你本应到来"的预设,从而间接表达了对事件不合逻辑或不符合预期的不满与询问。

疑问形式与感叹语气相结合时,往往倾向于传达强烈的意外感,这种意外感可能触发语用上的否定意味,如"什么"构成的感叹句"X 什么(X)"。这类句式结构多样,包括"形容词＋什么""动词＋什么"的组合形式,以及"什么＋XP"的扩展形式,后者又可细分为"什么＋短语""什么＋中性/积极名词""什么＋消极名词"等类型,甚至有时"什么"一词单独使用也能达到类似效果。这些句式主要用于表达对相关事件合理性或适当性的质疑与否定。例如,"哭什么哭!"这句话,通过重复"哭"字加入"什么"构成的感叹句,强烈地表达了"你不应该哭"的看法,对哭泣行为的合理性提出了质疑。同样,"什么教授啊!"则通过"什么"与"教授"这一积极名词的结合,暗含了对该教授资质或行为模式的否定。

邵敬敏、赵秀凤(1989)在对"什么"的非疑问用法的分析中,提到疑问向否定转化的现象,即当"什么"的指代作用弱化时,怀疑因素就很自然地转化为否定。姜炜、石毓智(2008)的研究指出"什么"的否定功能及使用条件,即通过否定现实状况的存在目的来否定该状况发生的必要性,最终否定其持续存在的合理性。袁毓林、刘彬(2016)也认为,"什么"用于表达否定意义,主要是由于其"反通常性"的特点,并进一步指出,这是说话人"疑善信恶"心理导致的。刘彬、袁毓林(2017)认为听话人在识解反问句时,通常需要借助情境、逻辑等因素,他们进一步分析了反问句的语用环境,将"反通常性"视为最典型的反问语境。在这类语境中,说话人经常出于对反常情况的怀疑而采用反问的形式。

李宇凤(2010:122)指出,"反问回应现实行为、状态和表示现实行状的引发语,即否定这一现实行为或状态,属行域否定,表示'不应该做 X'。反问回应某种个人认识或社会观念,即否定这一认识或观念,属知域否定,表示'不应该认为 X'。反问回应某种说法,即否定这一说法,属言域否定,表示'不应该说 X'"。刘彬、袁毓林(2019:346)也提出,"如果'什么'否定的是某种措辞方式,语义解释为'不要说……',那么为言域否定;如果'什么'否定的是某种认识或是否定性评价态度,语义解释为'不该(认为)……',那么为知域否定;如果'什么'否定的是某种事实或内容,语义解释为'不(是)……',那么为行域否定"。

张莹(2021)指出,"什么"感叹句的语用否定至少有三大层次,其下可再划分为七个子类[陈振宇(2024)将之改为十个子类]。前两个层次与陈振宇、杜克华(2015:73)基本类似(即前文提到的"命题否定层次"和"元语否定层次");第三个层次是"人际否定层次",即否定言谈者的主观态度,包括:a.反对某言谈者参与言语活动;b.谴责对方(或某一方)。

陈振宇、张莹(2018)根据 Rett(2011)的研究,将意外分成"量的意外"和"质的意外"。事实上,英语 what 感叹句中那类表示积极情感的例子,基本都是量的意外,表示的是事物好的程度超出预期,并没有否定用法。英语句子"What peppers John ate!"只有当表达约翰吃的甜椒比一般甜椒都辣,也就是承载主观大量程度意义时,该句才表示感叹(Rett 2011:424)[①]。而这恰好是"什么"感叹句所没有的用法,汉语"什么"只能是质的意外。

把"反问(反诘)"作为一个独立的语言学概念加以论述的文献,最早的大概是吕叔湘(1942)的《中国文法要略》(书里有"反诘"一节)。吕先生所说的反诘,指的是用疑问形式表达否定语义的现象,主要包括特指问和是非问两种(他还谈到选择问和反复问中的反诘)。张伯江(1996)指出,反问的形式比普通的否定有更强的否定表达效果。反问中最为典型的功

---

① 由于英语中这类成分的程度意义没有显性的形态表达,所以她称之为 freebie degrees。

能是反诘或称反驳。郭继懋(1997)较为系统地分析了反问句的语义和语用方面的特征,提出了三条使用反问句的语义语用条件:发生行为 X,有预设 Y 的存在,二者之间具有某种逻辑关系。反问句表达了说话人认为"X 不合情理"的意思,间接告诉对方行为 X 不合情理。

齐沪扬、丁婵婵(2006)研究了反诘类语气副词(如"何必""难道""何苦"等)的否定功能,着重考察了其与否定范畴、标记性、否定预设之间的关系,并揭示了这些反诘类语气副词通过否定句子预设来强化否定语气的语用功能。事实上,汉语反问标记都是意外标记,如"道"有"料"义,"难道"即难以预料,虚化为副词后,表示深感意外的语气和情态,再由"反预期"产生反问意义(参见袁劲 1986)。陈振宇、杜克华(2015)指出,在疑问句中加上表示意外的语词或韵律特征,就会变为反问。根据陈振宇、杜克华、石岩(2017)的统计,疑问句有"竟然",96%都会构成反问,如"二婶竟然骂我?"。陈振宇、马宝玲、薛时蓉(2015)认为,汉语中有从意外标记发展为疑问形式的语法化路径:先是意外功能,进入疑问句之后得到了反问句,再之后由于语用磨损,才有了中性询问的功能。

陈振宇、邱明波(2010)提出一种"反预期语境",即认识主体怀疑自己的认识,总觉得事实可能是相反的。在汉语中有一些用于表达强烈否定的形式(如"不是、不会"、反问等),这些形式在反预期的语境中容易被再次否定,从而产生一种"修辞性推测意义"。例如,"不会是吃了有毒的河豚吧?"——猜测是吃了有毒的河豚。

近两年的一些研究开始进一步挖掘"反预期触发语"的隐性否定功能,相关的讨论可见陈振宇、姜毅宁(2023),陈振宇、张嘉卉(2024)等。这些研究认为,反预期触发语并不是加在当前信息上,而是加在背景知识或此前的预期上,暗示存在某种可能的倾向,即事实(当前信息)很可能与预期相反,从而得到否定的结果。如"说好的不去!"往往用在"实际上有人竟然去了"这样的语境中。

最后,虽然隐性否定与反预期、意外有紧密联系,甚至在形式上也有一定的交叉性,但并不能等同起来。有一些标记是反预期标记,但并不属于隐性否定的范畴,例如吴福祥(2004)论述的反预期构式"X 不比 Y·Z"就不属于隐性否定。此外,谷峰(2014)关于反预期标记的述评中提到的反预期标记,也是既有显性否定形式,又有隐性否定形式。

4.2 "逼问"

疑问与否定在一定条件下是可以相互转化的,这也是构成隐性否定的一种重要方式,语法学界对此有过深入的讨论,例如袁毓林、刘彬(2016),刘彬、袁毓林(2017)等的论述。但是这些论述通常把所有的"反问"看成一个整体,而没有注意到其内部的差异。

前文已经提到,很多情况下,反问其实是意外和感叹所导致的。事实上还存在一类疑问句,是由"反逼疑问"(简称逼问)导致的。

殷树林(2009)在讨论特指反问句时指出,在此类问句中,说话者通过构建一个疑问点,并围绕该点构建了一个包含多个可能选项的集合。通常这样的结构旨在促使听话者从中选出符合特定条件的答案。然而,当说话者的真实意图并非引导听话者进行此类选择,而是想传达他认为在这个选择集合中不存在的或几乎不存在符合预设条件的选项时,这种句子便构成了特指型反问句。

郭锐、叶述晃(2022)①使用"逼问"来刻画一种互动情况:在说话人相信并明示疑问句的所有可能答案都不成立的情况下,由说话人说出一个问句并迫使对方检视所有可能答案,在对方发现每一个可能答案都不成立时,可以得出疑问句命题内容不成立。通过这个现象,可以进一步推论出否定意义。如"你这么听他的话,他是你爹还是你娘? ≈他不是你爹,也不是你娘""谁不喜欢呀? ≈没有人不喜欢"(在答案选项集合中找不到"不喜欢"的人)。所谓逼问,就是向对方提问,并且迫使对方给出答案。根据说话人信念差异,逼问有三种可能的结果:1)"追究性逼问",问话人仅是想知道确切的答案,如"你究竟什么时候来?"。2)"纠错性逼问",问话人不同意对方的观点,通过逼问来让对方改正之前的观点,如"咱俩到底谁有钱啊?"。3)"诘难性逼问",问话者预设了一个前提:针对所提疑问给出的所有备选答案均非正确答案。问话者采取逼问策略,迫使答者逐一深入考虑每一个潜在的答案选项,并在这一过程中引导其认识到,所有列出的选项均站不住脚,最终推出否定的结论,如"好话谁不喜欢听?"。

---

① 这是尚未发表的论文,本文经作者同意后引用。

4.3　梯阶与强调断言

语言学中的"梯阶"(scale)概念也与隐性否定相关,简述如下:如果一个命题序列$\{X_1、X_2、X_3 \cdots X_n\}$,对于任给的$i<j$($i$ 小于 j),都有$X_j \subseteq X_i$(X_j 蕴含 X_i),则这个序列称为"梯阶"。梯阶中的命题之间存在时间先后或逻辑蕴含关系,即前一个命题为假时,后一个命题一定为假;后一个命题为真时,前一个命题也一定为真。

换个视角来看,"梯阶"也可以被视为有关事件概率大小的排序,即前一个事件发生的概率比后一个事件大。当我们说 X_j 时,对所有小于j的i而言,X_j 为真,则 X_i 为真的概率更大,更应该为真(当然也允许有例外),所以 X_i 都不必说了(因为是逻辑上多余的信息);而当有 $j<k$,如果 X_k 为真的话,就必须把 X_k 说出来,如果只说了 X_j 而没有说 X_k,也就意味着 X_k 从语用上说为假的概率非常大(但也并非没有例外)。

在语用学中,Grice 提出了两个重要的交际原则,即"量原则"("提供足量的信息")和"关联原则"("不提供多于需要的信息")。Horn(1985)精简为"量原则",并进一步发展为梯阶理论。如"买了一本书、买了两本书、买了三本书……"构成梯阶,所以如果只说"买了两本书",那就意味着没有买两本以上的书,否则就必须明确言说,追加"他买了两本书,还买了第三本"。"张三打你、张三和李四打你、张三李四和王五打你……"构成梯阶,所以如果只是说"张三打的你",那就默认其他人都没有打你,否则就必须明确言说,如"张三打的你,还有李四"。

语言学中的"断言"句(assertion/assertive),又译为"判断",在逻辑上称为"直言命题"(categorical proposition),包括性质断言、状态断言、归属或等同断言、存在断言、领属断言、事件真假断言等,指一种由说话者使用特定的语言形式实施的言语行为,其内容是对事物或事物的特定性质或部分做出判断。断言会触发梯级,从而推出隐性否定意义,如"他是昨天来的",蕴含了"他不是其他时间来的";"我见的小王"默认蕴含"我没见其他人"。

袁毓林(2007)认为范围副词"都"具有隐性否定的表达效果,例如"他都写小说"蕴含了"他不写报告文学"等方面的语义。熊仲儒(2008)不同意"都"本身具有"隐性否定"的观点,认为"都"的"隐性否定功能"是由对比焦点引发的。陈莉、潘海华(2020)提出,"单调性"和"极项允准"比"隐性否定"和"右向焦点说"更有解释力,他们认为"都"是全称量化算子,其量化域具有"向下衍推"的性质。蒋静忠、潘海华(2013)认为,排他性来自焦点规则,即"都"约束右边的对比焦点成分,此时"都"相当于"只"的功能。

　　但是,什么时候是对比焦点呢? 陈振宇、刘承峰(2015)指出,断言在语用上具有强极性特征,可用于纠正某种可能存在的"预期"。换言之,凡是不符合该判断的内容,均可以视为否定。即便是在不使用"都"的情况下,只要是强断言,就容易触发梯级推理,从而得到隐性否定的意义。例如,"这几次他(都)去的北京""他(都)吃的馒头"。反之,如果是叙述(而不是断言),那么即使焦点在右,也没有隐性否定的意义,如"这几次他(都)去了北京""他(都)吃了馒头"("了"表示对具体事件的叙述)。此外,他们还进一步指出,虽然排他性源于断言句式,但"都"在这一言语功能中的作用仍不可忽视。这是由于断言内部也分成不同的层次:1)强叙述句,如"他去了/过北京"等,即使加"都"也无法退出隐性否定的含义。2)强断言句,如"他(是)去的北京",即使不加"都"也可推出隐性否定含义。3)居中的弱断言弱叙述,如"他去北京""他在写小说",一旦加入"都"("他都去北京""他都在写小说"),就会得到强断言功能,从而推演出隐性否定的含义。

　　除了范围副词之外,另一个现象也与梯级相关。赵万勋(2022)指出,比较句中的副词"还"具有隐性否定的功能,例如,"他比姚明还高"中,本来隐含的预设是"姚明是最高的",但"还"否定了这个极值,暗含了"姚明不是最高"的意义。同样,"苹果比香蕉还好吃"中,"还"也否定了"香蕉最好吃"这个极值。

4.4　完形

　　陈振宇(2007)提到"完形"(gestalt)心理对语言的作用,陈振宇(2024)进一步认为,这恰似透过窗户窥探世界,所见之景皆受限于窗框的边缘。由此推之,若我们强调某一特定视角框架内的事物真实性,便很容易认为这些事实仅在该视角范围内有效,一旦超越这扇"窗口"的界限,其真实性便不再被认可或接受。如"昨天我看了书""张三上午在教室里自习"这类表达,从理论上看,不一定是有边界的:昨天看书,前天、今天也可以看书;上午在教室里自习,下午和晚上也可以。但是在我们特别强调的情况下,说话者会倾向于表示这只是"昨天、上午"做的事,其他时间没做,从而产生隐性否定的含义。再如"我放假后去找你(推演出放假前不去找你)""11点前他在教室看书(推演出11点后不在)"。

"完形"在另一方面的启示是:所有变化都在某种程度上暗含了否定的意义,换言之,变化前后通常是相反的,肯定其中一个,必然是对另一个命题的否定。例如,"他去年当了教授"可以推演出"他去年以前不是教授";"他已经不上班了"可以推演出"他过去上班"。一般祈使句("要求句")都要求发生变化,因此也就有了隐性否定意义,如"你去看看他"(默认理解为"你没有去过"),"坐好了"(默认理解为"坐得不好/没坐好"),"你不要抽烟"(默认理解为"你在抽烟")。

4.5 社会交际行为策略

隐性否定通常与社会交际行为策略相关,这方面的研究主要包括从Grice的会话原则和关联理论出发展开的讨论(如沈家煊1996;何春燕2002;李晓东2008;曾莉2009等)。总的来说,社会交际策略与隐性否定相关的策略至少包括"不配合"和"消极"两方面。

1) 不配合:在会话中,一般情况下言谈双方为了交际正常进行下去,会相互合作、配合对方。但是,在某些情况下,言谈的一方故意采取不配合的方式来达到自己的交际目的。常见的情况是通过违反质准则、量准则、关系准则等方式,在交际中采取不配合、不合作的策略来达到某种目的。例如:"问:他在哪里上班? 答:塔克拉玛干沙漠。"这样的问答,通过违反"质准则"(遵守会话真实性、准确性),来表达隐含的否定意义,让提问者感受到自己不受欢迎。又如:"问:明天你来帮我搬家好吗? 答:天气真不错呢。"答语既违反了"量准则"(没有提供足量信息),又违反了"关系准则"(答语与会话内容不相关),用以隐含表达不愿意帮忙的否定含义。此外还有一种方式:直接用沉默来进行否定。

2) 消极:对于一项已发生或既定将执行的行为(既成事实或预期行动),若该行为被认定为消极且不合理,则推动此行为发生的个体应受到责备;若此个体为自身或所属群体的一员,还会伴随自我或群体内的遗憾情绪。此外,该责任人应在未来相似情境中避免重蹈覆辙,或转移注意力,调整并采纳新的行为模式。例如,当一位女生对男友说"你怎么才来!"时,她实则在期待对方下次能早点来。

反之,对于一项不会发生或虚构未发生的行为(反事实情境或未执行决策),若该行为原本消极且不合理,那么原本可能促使其实施的主体应受到肯定和赞扬。同样,该主体在未来相似场景下应继续避免此类行为,或探索并实施新的行为路径。然而,若该行为是积极合理的,那么未能促成其发生的个体则应承担一定的责任。在此类情况,责任人应在未来的类似机会中采取积极行动,确保类似行为得以发生。比如,"你竟然没参加比赛啊!(你应该参加比赛的)",这句话便隐含了对未参与积极活动的遗憾与鼓励。

此外,曾莉(2009)从关联理论的角度,阐释了隐性否定现象(她称为"非规约间接否定")的理解模式和动机,指出主要动机包括四个方面,即面子需求、自我保护、美感、情绪表达,并总结了间接否定的几个特征,即"非规约性""附新奇性""可消失性""重整体性""强推理性""高语境性"(曾莉 2009:43)。

4.6 其他相关研究

下面再回顾一些相对零散的个案研究,这些研究以单个现象对隐性否定做了深入的探讨。

王有芬(2003)分析了汉语中用于隐性否定答语的语用策略,主要包括利用词语或惯用语来表达否定("研究研究""再说""抱歉"等),以及无否定标记的句子(例如"说什么都晚了")来表达否定意义。尹世超(2004)研究了否定性答句,将其分为显性否定和隐性否定两种,前者有显性否定标记,后者没有,例如,"客人来了吗?"的否定性答句可能为"还没来,(派车接去了)"(显性否定),也可能为"快了,(派车接去了)"(隐性否定)。

傅惠钧、陈艳丽(2007)针对隐性否定祈使句〔例如"(小心走好,)摔着!"〕,从句法、语义、语用三个维度对相关现象进行了分析和描写,指出该结构通常涉及消极的结果,在识解过程中,上下文语境至关重要。

张田田(2013)从历时演变、词汇化和标记化过程、演变机制、语用功能等角度分析了"何必"及"何必呢"的形成与发展。"何必呢"除了在语篇中的组织作用之外,还有隐性否定的功能,在对话中起到缓和语气、维护面子的作用。

刘晨阳(2016)、马婷婷(2023)对"再 VP"构式进行了研究,认为该构式有隐性否定的功能,例如"再说一遍试试!"隐含了"不要再说"的意思。

汤玲(2021)基于事件信息类型理论,深入分析了"有什么 V.头"构式,通过构建话语序列,探讨了不同类型的事件信息在交际中的功能和礼貌等级。

陈禹(2022)讨论了"才怪"的隐性否定功能,认为"反意外"是其构式义的必要构件,还探讨了"才怪"的语用化路径,认为关键在于"语用包装",即说话人将"才怪"放到新的语境中获取新的语用特点、淡化原语境的特点。此外,还比较了"才怪"和反问句在表达隐性否定时的差异,"才怪"的否定更彻底,反问常有询问功能的遗留。

王蕾(2022)从信息量的角度讨论了"句际同义复现"现象的形成机制。具体看,隐性否定与显性形式共现,形成了反复,导致语义增量,这种增量的内容包括评断增量、追加增量和辩驳增量等,主要的目的是提供足量信息。据此探讨了隐性否定和显性否定的对立与统一,尤其是在句际同义复现中的相互作用。此外,还讨论了句际同义复现与羡余否定的关联。

还有一些研究关注了情态动词的隐性否定功能。宋永圭(2004)、彭利贞(2007)较早注意到这类现象,王志英(2013)在此基础上对"能不 VP"中"能"的隐性否定现象进行了细致分析,认为"能不 VP"中,"能"是否定的意思,例如"你这样吃,能不胖吗?"这句话实际上要表达的意思是"不可能不胖"。

5. 结语与展望

通过文献梳理可以看出,近年来学界对隐性否定的关注度呈现出越来越高的态势。然而,目前的研究大部分还是针对零散的构式及语言现象,鲜有将隐性否定作为一个范畴进行专门的理论探讨。隐性否定作为否定的重要范畴,与语用否定、元语否定、冗余否定以及预期、意外等范畴形成了非常有趣的互动关系。基于对已有文献的梳理,我们认为,鉴于隐性否定与其他范畴之间的差异,有必要将其作为否定的一个独立的维度来研究。在隐性否定的研究中,还有许多重要的问题值得进一步探讨。这些研究势必为加深我们对人类语言的认识作出新的重要贡献。

　　近些年,有不少学位论文对与隐性否定相关的现象展开探讨,相关的博士论文主要有王志英(2012b)对"特殊否定现象"的研究、仇云龙(2015)从"语言顺应论"视角对隐性否定的研究、李依霖(2016)对"非常规否定表达"的研究、梁凯(2021)对习用型隐性否定应答语的研究等;相关的硕士论文主要有陈艳丽(2007)对隐性否定祈使句的研究、张喜芹(2009)对语用否定的研究、孙瑶(2013)从汉语教学角度关于隐性否定的研究、蒲婉芝(2015)关于反问句的隐性否定研究、李盼(2018)关于"原则上"一类句子的隐性否定研究、时榴红(2020)关于对外汉语听力教学中隐性否定答语的研究、刘艳云(2022)对"避免""后悔"等动词的历史研究、赵双双(2022)关于疑问代词的隐性否定识别研究、杨琳(2023)关于隐性否定结构的研究、曾绮晴(2023)关于"X了吧"的隐性否定个案研究等。可见,隐性否定俨然已经成为学位论文选题的一大热点趋势话题。

参考文献

　　陈　莉　潘海华　2020　《单调性与"都"的极项允准功能》,《外国语(上海外国语大学学报)》第 3 期。

　　陈　平　1982　《英汉否定倾向性成分与否定语境》,《外语学刊》,第 1 期。

　　陈秀清　2018　《现代汉语羡余否定研究》,上海:华东师范大学博士学位论文。

　　陈艳丽　2007　《现代汉语中的隐性否定祈使句》,金华:浙江师范大学硕士学位论文。

　　陈　禹　2022　《隐性否定"才怪"的反意外功能和语用化路径——兼议反问与反事实在隐性否定上的语用分化》,《汉语学报》第 4 期。

　　陈振宇　2007　《时间系统的认知模型与运算》,上海:学林出版社。

　　陈振宇　2016　《汉语的小句与句子》,上海:复旦大学出版社。

　　陈振宇　2017　《汉语的指称与命题》,上海:上海人民出版社。

　　陈振宇　2024　《言语行为的逻辑:汉语语义与语用接口研究》,上海:复旦大学出版社。

陈振宇　包笑婷　2023　《再说"意外三角"》,《当代修辞学》第 5 期。

陈振宇　杜克华　2015　《意外范畴:关于感叹、疑问、否定之间的语用迁移的研究》,《当代修辞学》第 5 期。

陈振宇　姜毅宁　2019　《反预期与事实性——以"合理性"语句为例》,《中国语文》第 3 期。

陈振宇　姜毅宁　2023　《预期语篇的复杂性及分析方法》,《长江学术》第 2 期。

陈振宇　刘承峰　2015　《再谈总括副词"都"》,《对外汉语研究》第 2 期。

陈振宇　邱明波　2010　《反预期语境中的修辞性推测意义——"难道、不会、怕、别"》,《当代修辞学》第 4 期。

陈振宇　张嘉卉　2024　《正/反预期触发语的比较研究——以合理性"按说"和常规性"一般说(来)"为例》,《语言教学与研究》第 2 期。

陈振宇　杜克华　2019　《"怎么"新说》,《汉语副词研究论集》(第四辑),上海:上海三联书店。

陈振宇　杜克华　2020　《西南官话成都方言的否定表达》,陈振宇、盛益民主编《汉语方言否定范畴研究》,上海:中西书局。

陈振宇　杜克华　石　岩　2017　《"意外"范畴中的副词化》,《汉语语法研究的新拓展》,上海:上海教育出版社。

陈振宇　刘　林　2013　《副词"只"的逻辑语义》,《汉语副词研究论集》,上海:上海三联书店。

陈振宇　马宝玲　薛时蓉　2015　《从汉语角度看极性问的类型学性质——真性极性问形式与疑问语气成分的区别》,《(台湾)清华中文学报》(第十四期)。另收录于陈振宇、盛益民主编《汉语方言疑问范畴研究》,上海:中西书局,2017。

陈振宇　张　莹　2018　《再论感叹的定义与性质》,载《语法研究与探索》(第十九辑),北京:商务印书馆。

仇云龙　2015　《现代汉语隐性否定载体使用条件研究:语言顺应论视角》,长春:东北师范大学博士学位论文。

戴耀晶　2004　《试说"冗余否定"》,《修辞学习》第 2 期。

渡边丽玲　1994　《"差一点"句的逻辑关系和语义结构》,《语言教学与研究》第 3 期。

范晓蕾　2018　《再说"差一点"》,《中国语文》第 2 期。

范晓蕾　2019　《"差一点"的语义特征及其句法后果——兼谈否定、反预期、时体的关联》,《当代语言学》第 2 期。

傅惠钧　陈艳丽　2007　《略论隐性否定祈使句》,《汉语学习》第 3 期。

干　薇　2020　《现代汉语有触发语的隐性否定功能研究》，上海：东华大学出版社。

干　薇　陈振宇　2022　《再论"险些、差（一）点"等仅差语的否定式》，《语言研究集刊》（第二十九辑），上海：上海辞书出版社。

干　薇　陈振宇　2023　《从"预期"理论看汉语仅差格式》，《汉语学习》第 2 期。

干　薇　陈振宇　2024　《预期视野下的"'既然'＋反问句"研究》，《汉语学习》第 1 期。

谷　峰　2014　《汉语反预期标记研究述评》，《汉语学习》第 4 期。

郭继懋　1997　《反问句的语义语用特点》，《中国语文》第 2 期。

郭　锐　叶述冕　2022　《逼问推论和反问句否定意义形成机制》，"汉语句法语义理论研究：隐性否定"学术讨论会会议报告，复旦大学。

何春燕　2002　《语用否定的类型及使用动机》，《解放军外国语学院学报》第 3 期。

姜　宏　1998　《现代俄语中的非规约性隐性否定》，《中国俄语教学》第 4 期。

姜　宏　1999　《试论现代俄语中的否定范畴》，《现代外语》第 2 期。

姜　炜　石毓智　2008　《"什么"的否定功用》，《语言科学》第 3 期。

蒋静忠　潘海华　2013　《"都"的语义分合及解释规则》，《中国语文》第 1 期。

孔庆成　1995　《元语否定的类型》，《外国语（上海外国语大学学报）》第 4 期。

孔庆成　1998　《否定修辞作用的语用机制》，《语言文字应用》第 1 期。

李宝贵　2002　《隐性否定的语用分析》，《辽宁师范大学学报》第 1 期。

李　盼　2018　《"原则上"等"N_抽＋上"在所处句中的隐性否定研究》，上海：上海师范大学硕士学位论文。

李　强　2021　《"怎么"表达意外：疑问、反问和感叹》，《汉语学报》第 1 期。

李　湘　2019　《状语"左缘提升"还是小句"右向并入"？——论"怎么"问句质询意图的共时推导与历时变化》，《中国语文》第 5 期。

李晓东　2008　《从语用原则看会话中否定的层级性》，《郑州大学学报（哲学社会科学版）》第 3 期。

李依霖　2016　《现代汉语非常规否定表达研究》，上海：上海师范大学博士学位论文。

李宇凤　2010　《反问的回应类型与否定意义》，《中国语文》第 2 期。

李宇凤　2018　《回应否定预期对立的"X 就 X"构式》，《语言教学与研究》第 5 期。

李宇凤　2020　《"挺"的情态确认与对比预期否定》，《语言教学与研究》第 1 期。

李宇凤　2023　《隐性否定、肯否预设与肯定和否定的对称问题》，《中国语文》第 6 期。

梁　凯　2021　《现代汉语习用型隐性否定应答语研究》，武汉：华中师范大学博士学位论文。

林　娟　郭　锐　2024　《"差一点"和"差一点没"的语义》，《世界汉语教学》第2期。

刘　彬　袁毓林　2017　《反问句否定意义的形成与识解机制》，《语文研究》第4期。

刘　彬　袁毓林　2019　《反问句中"什么"的否定类型与否定意义——从"行、知、言"三域理论看》，《语言学论丛》（第五十九辑），北京：商务印书馆。

刘晨阳　2016　《警告义"再VP"构式探析》，《语言科学》第4期。

刘丹青　曹琳琳　2020　《次生否定词库藏：间接否定成分的规约化》，《语言教学与研究》第5期。

刘　林　陈振宇　2015　《从与"了₂"的共现关系谈汉语副词的意义类型》，《语言教学与研究》第5期。

刘艳云　2022　《从历时看汉语"避免"类、"后悔"类动词的否定语义》，北京：中国社会科学院大学硕士学位论文。

刘月华　1989　《汉语语法论集》，北京：现代出版社。

鲁承发　陈振宇　2020　《透视与展望："差一点没VP"句式研究60年》，《语言研究集刊》（第二十六辑），上海：上海辞书出版社。

鲁承发　2014　《"差一点"句式研究及其方法论探讨》，武汉：武汉大学博士学位论文。

吕叔湘　1982　《中国文法要略》，北京：商务印书馆。

马婷婷　2023　《"再＋VP"结构隐性否定义的浮现与识解》，《现代语文》第4期。

彭利贞　2007　《现代汉语情态研究》，北京：中国社会科学出版社。

蒲婉芝　2015　《现代汉语中的隐性否定反问句研究》，南昌：江西师范大学硕士学位论文。

朴珉娥　袁毓林　2015　《汉韩"白"类词的语义、语法和语用特征对比研究》，《外语教学与研究》第4期。

齐沪扬　丁婵婵　2006　《反诘类语气副词的否定功能分析》，《汉语学习》第5期。

钱　鹏　2016　《元语否定的两个层次》，《语言研究集刊》（第十七辑），上海：上海辞书出版社。

邵敬敏　赵秀凤　1989　《"什么"非疑问用法研究》，《语言教学与研究》第1期。

沈家煊　1999　《不对称和标记论》，南昌：江西教育出版社。

沈家煊　1993　《"语用否定"考察》，《中国语文》第5期。

石毓智　1993　《对"差点儿"类羡余否定句式的分化》,《汉语学习》第 4 期。

石毓智　1989　《现代汉语的否定性成分》,《语言研究》第 2 期。

时榴红　2020　《面向对外汉语听力教学的隐性否定应答语的研究》,武汉:华中师范大学硕士学位论文。

史尘封　2004　《论语用否定》,《修辞学习》第 2 期。

宋永圭　2004　《现代汉语情态动词"能"的否定研究》,上海:复旦大学博士学位论文。

孙　瑶　2013　《隐性否定的语用分析与对外汉语教学》,沈阳:辽宁师范大学硕士学位论文。

汤　玲　2021　《价值否定立场表达的事件信息类型及礼貌等级——以"有什么V.头"为例》,《世界汉语教学》第 3 期。

陶　寰　李佳樑　2009　《方言与修辞的研究接面——兼论上海话"伊讲"的修辞动因》,《修辞学习》第 3 期。

王　健　2013　《一些南方方言中来自言说动词的意外范畴标记》,《方言》第 2 期。

王　蕾　2022　《隐性否定的句际同义复现考察》,《汉语学习》第 2 期。

王有芬　2003　《间接否定答话的策略分析》,《暨南大学华文学院学报》第 4 期。

王志英　2012a　《副词"瞎"的预设否定功能及其成因》,《语言教学与研究》第 1 期。

王志英　2012b　《现代汉语特殊否定现象认知研究》,上海:上海师范大学博士学位论文。

王志英　2013　《情态动词的隐性否定功能——以"能＋不＋VP"构式为例》,《汉语学习》第 5 期。

吴柏祥　1994　《论英语句子中的暗含否定》,《长春大学学报》第 4 期。

吴福祥　2004　《试说"X 不比 Y·Z"的语用功能》,《中国语文》第 3 期。

吴继章　1993　《汉语里一种特殊的否定形式》,《汉语学习》第 6 期。

熊仲儒　2008　《"都"的右向语义关联》,《现代外语》第 1 期。

徐盛桓　1994　《新格赖斯会话含意理论和含意否定》,《外语教学与研究》第 4 期。

杨　琳　2023　《隐性否定结构研究》,上海:上海师范大学硕士学位论文。

杨　子　2017　《Nn 类"差点儿没 VP"新解——从"差点儿没"的歧义性说起》,《语言研究》第 3 期。

殷树林　2006　《现代汉语反问句研究》,福州:福建师范大学博士学位论文。

殷树林　2009　《现代汉语反问句研究》,哈尔滨:黑龙江大学出版社。

尹世超　2004　《否定性答句否定的隐显与程度》,《汉语学习》第 3 期。

袁　劲　1986　《说"难道"》,《青海师范大学学报(哲学社会科学版)》第 4 期。

袁毓林　刘　彬　2016　《"什么"句否定意义的形成与识解机制》,《世界汉语教学》第 3 期。

袁毓林　王明华　2012　《隐性否定溢出实例的合格性调查和博弈论分析》,《语言研究集刊》(第九辑),上海:上海辞书出版社。

袁毓林　2007　《论"都"的隐性否定和极项允准功能》,《中国语文》第 4 期。

袁毓林　2011　《"差点儿"和"差不多"的意义同异之辨》,《语言教学与研究》第 6 期。

袁毓林　2012　《动词内隐性否定的语义层次和溢出条件》,《中国语文》第 2 期。

袁毓林　2013　《"差点儿"中的隐性否定及其语法效应》,《语言研究》第 2 期。

袁毓林　2014a　《隐性否定动词的叙实性和极项允准功能》,《语言科学》第 6 期。

袁毓林　2014b　《"怀疑"的意义引申机制和语义识解策略》,《语言研究》第 3 期。

曾静涵　袁毓林　2017　《汉语副词"干"的去范畴化——从名词到隐性否定副词的演变历程及其动因》,《阅江学刊》第 6 期。

曾静涵　袁毓林　2019　《隐性否定副词"白"的功能扩散、语义识解及其演变机制》,《语言学论丛》(第五十九辑),北京:商务印书馆。

曾　莉　2009　《非规约间接否定:作为语用策略的言语行为》,武汉:华中科技大学博士学位论文。

曾绮晴　2023　《现代汉语隐性否定标记"X 了吧"》,武汉:华中师范大学硕士学位论文。

张伯江　1996　《否定的强化》,《汉语学习》第 1 期。

张京鱼　刘加宁　2010　《汉语间接否定拒绝句式"又不/没有"的语义背景和使用条件》,《汉语学习》第 1 期。

张克定　1999　《汉语语用否定的限制条件》,《河南大学学报(社会科学版)》第 1 期。

张树萍　1996　《德语中的隐性否定现象》,《德语学习》第 5 期。

张田田　2013　《试论"何必呢"的标记化——兼论非句法结构"何必"的词汇化》,《语言科学》第 3 期。

张喜芹　2009　《汉语语用否定研究》,广州:暨南大学硕士学位论文。

张谊生　1996　《现代汉语预设否定副词的表义特征》,《世界汉语教学》第 2 期。

张谊生　1999　《近代汉语预设否定副词探微》,《古汉语研究》第 1 期。

张谊生　2011　《预设否定叠加的方式与类别、动因与作用》,《语言科学》第 5 期。

张谊生　2023　《从预设否定看副词(素)"坐、浪、漫"的隐性否定功用》,《语文研究》第 4 期。

张　莹　2021　《"什么"感叹句的"意外"本质及否定倾向——兼论"语用否定"的层级类型与制约因素》,《语言研究集刊》第 1 期。

张　颖　陈昌来　2020　《基于认知视角的汉英隐性否定名词研究》,《西安外国语大学学报》第 1 期。

赵双双　2022　《含疑问代词"哪里"和"谁"的隐性否定识别研究》,保定:河北大学硕士学位论文。

赵万勋　2022　《比较句中副词"还"的语义功能》,《语言教学与研究》第 1 期。

周　凌　张绍杰　2022　《反问句否定含义强度及(不)礼貌等级的实验语用学研究》,《外国语(上海外国语大学学报)》第 1 期。

周小枚　2011　《现代汉语范围副词的隐性否定功能研究》,长沙:湖南师范大学硕士学位论文。

朱德熙　1959　《说"差一点"》,《中国语文》第 9 期。

朱　军　2013　《反问格式"有什么 X"的否定模式与否定等级——互动交际模式中的语用否定个案分析》,《中国语文》第 6 期。

Horn,L. R.　1985　Metalinguistic Negation and Pragmatic Ambiguity. *Language* (*Baltimore*),61(1),121—174. doi:10.2307/413423.

Rett,Jessica　2011　Exclamatives,Degrees and Speech Acts. *Linguistics and Philosophy*,34,411—442.

叶婧婷:yejingting@fudan.edu.cn

动词内隐性否定的语义层次和溢出条件

澳门大学人文学院中国语言文学系　　　袁毓林

提　要　本文通过考察"防止、避免、差、欠、拒绝、否认、小心、后悔、责怪、怀疑"等类动词的语义结构和句法表现,分别讨论其所含的隐性否定的语义层次(断言、推论、预设);用动词内隐性否定的语义溢出来解释相关句子中冗余性的多重否定,着重确定动词内隐性否定的语义溢出和词汇实现的句法语义条件;并且尝试用动词内隐性否定的语义溢出和语义倒灌等隐喻性概念,揭示动词"怀疑"有意义相反的两个义项("不相信"vs."相信、猜测")及其在分布上呈现出互补状态的句法语义机制。

关键词　隐性否定　语义层次(断言/推论/预设)　语义溢出　多重否定　语义倒灌

1. 隐性否定及其语义溢出

在现代汉语中,否定表达一般采取分析形式(analytic form),即在相关词语前加上否定词,从而表示矛盾的(contradictory)概念①,或者真值

---

①　Jespersen(1924:322)指出:逻辑学家区分矛盾的(contradictory)概念和对立的(contrary)概念,两个互相矛盾的概念加在一起包括了存在的全部事物,因为它排除了中间性的概念;但是,两个互相对立的概念却允许一个或多个中间性的概念。语言通常用派生词或含有否定词的复合结构来表示矛盾的概念,前者如 un-happy、im-possible、dis-order 等,后者如 not-white、not-rich;但是用不同的根词来表示对立的概念,如 young~old, good~bad, big~small。(中译本第 464 页。)

Horn(1978:210—211)指出:根据亚里士多德的逻辑,两个对立的表达式可以都取(转下页)

(truth value)相反的命题。例如：

(1) a. 高～不高　　　　　b. 这孩子<u>高</u>～这孩子<u>不高</u>

(2) a. 走～不走　　　　　b. 大家都<u>走</u>～大家都<u>不走</u>

(3) a. 承认～不承认　　　b. 他<u>承认</u>做错了事～他<u>不承认</u>做错了事

(4) a. 接受～不接受　　　b. 我<u>接受</u>他的建议～我<u>不接受</u>他的建议

"不高"表示的概念跟"高"相反，"这孩子不高"的真值跟"这孩子高"相反。

但是，现代汉语也有为数不多的动词，其本身就可以表示跟一个分析形式相当的否定性意义（negative meaning）。例如：

(5) a. 否认≈不承认　　　b. 他<u>否认</u>做错了事≈他<u>不承认</u>做错了事

(6) a. 拒绝≈不接受　　　b. 我<u>拒绝</u>他的建议≈我<u>不接受</u>他的建议

"否认"表示的概念跟"不承认"相当，"他否认做错了事"的真值条件（truth condition）跟"他不承认做错了事"相同。也就是说，一个不包含否定词的综合形式（synthetic form），有时也可以表示跟包含否定词的分析形式相当的否定性意义。为了跟分析式否定（如"不接受"）相区别，我们称不包含否定词的综合式否定（如"拒绝"）为隐性否定（implicit negation）。

根据初步的考察，我们发现，动词内隐性否定所属的语义层次很不一样。例如：

(7) a. <u>防止</u>洪灾≈<u>使</u>洪灾<u>不发生</u>

　　b. <u>缺少</u>办学条件≈<u>不具备</u>办学条件

　　c. <u>小心</u>滑倒≈集中精神使滑倒<u>不发生</u>

　　d. <u>注意</u>生病≈提高警惕使生病<u>不发生</u>

　　e. <u>后悔</u>跟他吵架≈怨恨自己跟他吵架，<u>认为</u>自己<u>不该</u>这样

　　f. <u>埋怨</u>儿子粗心≈责怪儿子粗心，<u>认为</u>他<u>不该</u>这样

上述动词中包含的隐性否定，在这些动词及相关句子的语义结构中，所处的语义层次是很不相同的：有的是断言（assertion）中的（如例7a—b），有

（接上页）假值（neither young nor old——袁补），但是不能都取真值（＊both young and old——袁补）；但是，在任何语境中，矛盾关系的成员，一个必须取真值，另一个则必须取假值（如果 is rich 为真，那么 is not rich 为假——袁补）。可是，语言中的 not good 经常表示 bad 的意思，而不只是 good 的矛盾概念；就像 not bad 经常表示 quite good 的意思一样。

的是会话含义(conversational implicature)中的(如例 7c—d),有的是语用预设(pragmatic presupposition)中的(如例 7e—f)。诸如此类关于隐性否定的语义层次问题,是本文要讨论的一个主题。

值得注意的是,这种语义层面的隐性否定意义,有时可以语义溢出(semantic overflow),转移(transfer)到表层结构的有关句法成分上,①并且用否定词语显性地表达出来。例如:②

(8) a. 防止<u>再次</u>发生病虫害≈防止**不再**发生病虫害

　　a′. 防止他们在夜里睡觉≠防止他们在夜里**不**睡觉

　　b. 怎样才能<u>避免</u>今后犯错误≈怎样才能<u>避免</u>今后**不**犯错误

　　b′. 怎样才能<u>避免</u>权力太集中≠怎样才能<u>避免</u>权力**不**集中

　　c. 我真<u>后悔</u>跟他吵架≈我真<u>后悔</u>**不该**跟他吵架

　　d. 妈妈<u>埋怨</u>他太粗心≈妈妈<u>埋怨</u>他**不该**太粗心

　　e. 难道你还要<u>抵赖</u>你参与其事≈难道你还要<u>抵赖</u>你**没**参与其事

　　f. 谁也不<u>否认</u>这出戏有意义吧≈谁也不<u>否认</u>这出戏**没**有意义吧

---

① Chomsky(1965)尝试用纯粹的句法类别来解释句子中词语之间的选择限制(selection restrictions),例如:

（Ⅰ）a. John admires sincerity.～b. ＊Sincerity admires John.

例(Ⅰb)之所以不可接受,是因为 admire 等类别的动词要求有生性(animate)主语。Weinreich(1966)认识到乔氏的选择限制理论太强,提出了转移特征(transfer feature)的观念和机制,即一个词中的语义特征可以转移到另一个跟它搭配的词上。这样,可以保证通过组合规则(combinational rules)的操作,从句子的构成成分的意义上推导出整个句子的意义。在他的体系中,只有当特征转移的结果会引起两种对立的特征出现在同一个成分中时,特征转移才被禁止。例如:

（Ⅱ）a. The horse neighed.～b. ＊The horse miaowed.

（Ⅲ）a. The cat miaowed.～b. ＊The cat neighed.

（Ⅳ）a. The animal neighed.～b. The animal miaowed.

在例(Ⅱb)中,当谓语动词 miaowed 中的特征"猫科"向主语名词 horse 转移时,跟 horse 中"马科"的特征发生冲突,因此,句子不可接受。但是,在例(Ⅳa—b)中就没有这种冲突;从其中的 animal 被人们分别理解为指涉马和猫,可见转移特征机制正确地表示了有关意义怎么从动词溢出(overflow)到名词上。详见 Leech(1974:141—145),Leech(1981:138—142);中译本第 195—199 页。

② 部分例子引自吕叔湘(1985:248)、沈家煊(1999:122)。关于这类冗余否定句的合格性,不同的学者和被试有相当大的争议。但是,真实文本语料中有一批这样的用例。具体情况,我们另文讨论。

　　g. 就<u>差</u>写一篇序了≈就<u>差</u>**没**写一篇序了

　　h. 有个别单位<u>拒绝</u>执行≈有个别单位<u>拒</u>**不**执行

　　j. 大家<u>怀疑</u>他上过大学≠大家<u>怀疑</u>他**没有**上过大学

从上面的举例可以看出，有的隐性否定意义可以溢出，在表层的句法结构上得到显性实现；有的隐性否定意义不能溢出，无法在表层结构上实现。甚至同一个表示或者触发隐性否定的动词，其隐性否定意义在有的语句中可以溢出，在有的语句中则不能溢出。我们相信，其中应该有某种限制条件。对隐性否定的语义溢出和词汇实现的限制条件，以及语义溢出所造成的有关语法后果，是本文要讨论的另一个主题。

2. 冗余否定的交际动因和限制条件

　　隐性否定的语义溢出和词汇实现，使得句子中有一明一暗两个否定性词语；而那个明的否定词恰恰是冗余的，因为它只是那个暗的否定词中的隐性否定意义的词汇实现。那么，语言中为什么需要或容许这种既违反经济原则，又可能造成歧解的冗余否定呢？

　　对于语言中存在诸如此类的冗余否定（redundant negation）的动因，Jespersen（1924：332—334）有一个很有启发性的解释。他指出，许多语言都有累积性否定（cumulative negation），即两个或多个否定词附加在不同的词上，它们不再互相抵消，呈现的结果仍然是否定的。例如：[①]

　　（9）a. Nobody **never** went and hinted **no** such thing, said Peggotty.

　　　　（裴哥缇说：从来没有人去过，也没有暗示过这件事。）

　　　　b. I <u>can't</u> do **nothing** without my staff.

　　　　（不带随从，我什么也干不了。）

据他分析，这种现象广泛出现在不同语言中的原因是：在累积性否定成为

---

① 我们在 Fromkin, et al.（2003：16）找到了法语和意大利语中冗余否定的例子：

French：Je　ne　　veux　parler　avec　personne.

　　　　I　not　want　speak　with　no-one

Italian：Non　voglio　parlare　con　nessuno.

　　　　Not　I-want　speak　with　no-one

English translation："I don't want to speak with anyone."

一种习见现象的语言里,普通否定在音丛上是较小的部分:古英语、法语、斯拉夫语中的 ne 或 n-,中古高地(和中古低地)德语中的 en 或 n-,希腊语中的 ou,匈牙利语中的 s-或 n-。由于这些词首音不太重要或者是弱读音节,因此就有必要在句中多次重复,防止被人忽略。在强烈的感情影响下,说话者想要绝对保证否定的意义得到充分理解。因此,他不仅把否定词加在动词上,而且加在句中任何易于构成否定的成分上。事实上,他给整个句中蒙上了一层否定的色彩,而不是把否定局限在一个地方。如果说现代英语和德语中这种重复否定比以前少了的话,原因之一也许是,较完整否定词 not 和 nicht 取代了较小的 ne 和 en……句中如果只有一个否定词,那么在说话人和听话人谈话的整个过程中,都得牢牢记住它。这时需要的脑力劳动要比利用一切机会重复否定的概念,给句子蒙上一层否定的色彩所需要的脑力劳动多得多(Jesperson 1924,中译本第 481—483页)。也就是说,为了强调句子中的否定意义,为了让听话人充分理解说话人的否定意图;说话人不惜为那些语音上较弱的否定词语,在句子的相关成分上再另加一个否定成分。形象一点儿说,这种冗余性多重否定好像是给整个句子撑开了一把否定的大伞。

沈家煊(1999:122)继其余绪,发挥道:因为原来的句中含有否定的意思而又没有明确表达出来,说话人感到有必要强调否定的意思以避免误解,于是就加上事实上是赘余的否定词。像"避免、防止、后悔、拒绝"这样的词语都含有否定的意义,但又不是明确的否定词。也就是说,为了强调句子中的否定意义,为了让听话人充分理解说话人的否定意图,说话人不惜为否定意义比较隐晦的词语,在句子的相关成分上再另加一个否定成分。

那么,这种另加显性否定词语有没有限制条件呢?沈家煊指出:一般总是在否定不如意的事情时,这种强调否定才尤为必要;但是,上文例(8g—h)之类属于例外。可见,对于这种由语义溢出造成的冗余否定的条件,还需要做进一步的研究。

下面我们根据意义和句法表现,把表示或者触发隐性否定的动词分为"防止"类、"避免"类、"差欠"类、"拒绝"类、"否认"类、"小心"类、"后悔"

类、"责怪"类、"怀疑"类等类别，①分别讨论其隐性否定的语义层次和溢出条件；并且，利用这些概念来揭示动词"怀疑"有意义相反的两个义项（"不相信"vs."相信、猜测"）的语义机制。

3. "防止、避免"类隐性否定动词

"防止"类常用动词有"防止、防备、防范、制止、禁止、妨碍、阻碍"等，"避免"类常用动词有"避免、以免、免得、难免、避讳、免费、免修、免征、免除、免检、免考、免试、免票、免签、免税、免罪"等。在它们的词汇意义中都含有某种否定性语义，这可以从词典释义中约略看出。例如：②

防止：预先设法制止（坏事发生）：～煤气泄漏中毒｜～发生交通事故

防备：做好准备以应付攻击或避免受害：～敌人突然袭击｜带上药，～心脏病发作

制止：强迫使停止；不允许继续（行动）：～侵略｜我做了一个手势，～他再说下去

妨碍：阻碍；使事情不能顺利进行：大声说话～别人学习｜这个报亭～大家走路

避免：设法不使某种情形发生；防止：～冲突｜看问题要客观全面，～主观片面

难免：不容易避免：没有经验，就～要走弯路

免修：允许不学习（某种课程）：～高等数学｜古代史研究生～第二外语

免罪：不以犯罪论处：十八岁以下的人～释放

抽象地看，"防止、制止、避免"等的意义可以概括为"使某种事情不发生"。③尽管这些词语中没有否定形式，但是其中的否定意义十分明显。从

---

① Jespersen(1924:334) 说英语的"deny、forbid、hinder、doubt"等是表示否定意义的动词。(中译本第 484 页)Givón(1978:89) 指出：从历时的角度看,语言中的否定标记大多源于否定性动词,最通常的是"refuse、deny、reject、avoid、fail、lack"等。更加详细的讨论,见 Givón(1973)。

② 我们主要依据《现代汉语词典》第 5 版(中国社会科学院语言研究所词典编辑室,北京：商务印书馆,2009 年)。但是,对部分释义和举例,我们做出了调整和补充。下同。

③ 严格地说,应该用双引号代表语言中的词语、句子等"对象语言",用单引号代表词语、句子的所指,对它们的语义描写等"元语言"。但是,为了方便,我们在不致引起误解时就不做区分。下同。

语义分析的角度看，这种否定性意义是直接作用于这类词语所包含的降级述谓结构（down-graded predication）之上的，①可以表示为否定算子对一个断言（assertion）的否定操作。②比如，"使某种事情不发生"这种意义，可以表示为"不＋使某种事情发生"。可见，在这类词语的语义结构中，这种内部的否定意义是前景化凸显的；并且，它对于来自隐性否定动词外部的否定是十分敏感的；其表现是，如果对这种隐性否定动词进行否定，那么外部和内部两种否定意义正好互相抵消。于是，"不＋隐性否定动词"这种否定格式的意义，就是"使某种事情发生"等。比如，"不防止""不避免"的意思就是"放任某种事情发生"，"不免修"的意义是"不允许不学习"（即"要学习"），"不免罪"的意义是"以犯罪论处"。"难免"的意义相对复杂一些，可以概括为："不容易使某种事情不发生"。其中有双重的隐性否定意义，词语内部两个隐性否定的意义互相抵消；结果意义为"某种事情容易发生"，跟助动词"容易"的意义相同。因此，根据这种隐性否定对于动词的断言的真值意义的改变作用，我们可以断定：上述几种隐性否定动词中的隐性否定意义，是这些动词的语义结构中断言层面上的否定。

　　这些动词虽然都含有隐性的否定意义，但是这种否定意义并不都能溢出到表层的句法结构上。因为，隐性否定意义溢出以后，有时要实现为显性的否定副词，而这种否定副词又必须黏附到受隐性否定动词支配的谓词性成分上去。这样，如果隐性否定动词后面没有可供其支配的谓词性成分，否定副词就没有黏附的宿主成分（host）了。因此，不及物动词（如：免罪、免票）、体宾动词（如：免修、免征）的隐性否定意义就无法溢出；谓宾动词在不带宾语或带体词宾语的情况下，其隐性否定意义也无法溢

　　① Leech（1981:124，142，144—145）把句子中谓词（predicates）及其论元（arguments）构成的语义结构称为述谓结构（predications），并且把充当论元的述谓结构称为从属述谓结构（subordinate predications），把词语的语义结构中相当于一个语义特征的述谓结构称为降级或特征化的述谓结构（downgraded or featurized predications）。这样，名词 butcher 可以分析为"a man who sells meat"，名词 seat 可以分析为"a place on which to sit"。（中译本第 175、201、204—205 页）可见，述谓结构相当于后来生成语法中的论元结构（argument structures）。
　　② 断言指一个表达式（命题或语句）直接陈述的意义，可以通过否定来颠倒其真值：如果它原来是真的，那么其否定式便是假的；反之亦然。因此，可以用否定操作来测试一个表达式的某种意义是不是其断言。

出。也就是说,动词包含的隐性否定意义溢出并且词汇实现的首要条件是动词后面带有谓词性宾语。

那么,上述隐性否定动词在带谓词性宾语的情况下,其隐性否定意义是不是一定可以溢出呢? 答案是否定的。通过初步的考察,我们发现:隐性否定的语义溢出,是受到严格的句法、语义限制的。第一,动词的意义中必须包含对未然事件的明确否定。具体地说,在这种动词的语义表达"使某种事情不发生"中,"使……不发生"这种否定意义必须明确,并且施事使之不发生的"某种事情"(记作 E)必须是尚未发生的(即 E 有未然性体态)。例如:

(10) <u>防止</u>再次发生病虫害≈<u>防止</u>**不**再发生病虫害

(11) <u>防备</u>再次发生病虫害～＊<u>防备</u>**不**再发生病虫害

(12) <u>制止</u>他们欺侮外地人～＊<u>制止</u>他们**不**欺侮外地人

(13) <u>妨碍</u>他们推出新产品～＊<u>妨碍</u>他们**不**推出新产品

"防备"的意思着重在应付可能发生的事件 E,而不是使之不发生;"制止"的意思着重在使已经发生的事件 E 不再继续下去,"妨碍"的意思着重在使事件 E 不能顺利进行,都不是单纯和干脆地使之不发生。因此,其隐性否定意义不能溢出。第二,这种施事使之不发生的事件 E 必须具有明显的不如意性,即是人们通常不希望发生的。[①]例如:

(14) a. <u>防止</u>再次发生病虫害≈<u>防止</u>**不**再发生病虫害

　　　b. <u>防止</u>他们在夜里睡觉≠<u>防止</u>他们在夜里**不**睡觉

(15) a. 怎样才能<u>避免</u>今后犯错误≈怎样才能<u>避免</u>今后**不**犯错误

　　　b. 怎样才能<u>避免</u>权力太集中≠怎样才能<u>避免</u>权力**不**集中

"在夜里睡觉、权力集中"等事件没有明显的如意与否方面的评价色彩,于是听话人在语义理解时无法做出否定性的心理预期,这使得支配它们的动词的隐性否定意义不能溢出。第三,整个句子的意义层次相对复杂,使得对那个不如意的未然事件的否定意义有再次强调的必要。例如:[②]

---

①　强调对不如意的事情的否定,正是为了突出正面、积极的事情,其语用动因是人类普遍的乐观原则。

②　例(20)根据吕叔湘(2009:408)改编。

(16) a. <u>防止</u>再次发生病虫害≈<u>防止</u>**不**再发生病虫害

　　　b. <u>防止</u>发生病虫害～*<u>防止</u>**不**发生病虫害

(17) a. 怎样才能<u>避免</u>今后犯错误≈怎样才能<u>避免</u>今后**不**犯错误

　　　b. 我们努力<u>避免</u>今后犯错误～? 我们努力<u>避免</u>今后**不**犯错误

(18) a. <u>免得</u>再次发生流血事件～*<u>免得</u>**不**再发生流血事件

　　　b. <u>免得</u>再次发生此类事件～*<u>免得</u>**不**再发生此类事件

(19) a. <u>以免</u>再次发生流血事件≈? <u>以免</u>**不**再发生流血事件

　　　b. <u>以免</u>再次发生此类事件≈? <u>以免</u>**不**再发生此类事件

(20) a. 一个人<u>难免</u>会犯一些错误≈一个人<u>难免</u>**不**犯一些错误

　　　b. 不说清楚<u>难免</u>会被人误解≈不说清楚<u>难免</u>**不**被人误解

在例(16a)中,由于副词"再"(表示动作、状态的重复、继续)的语义干扰,"防止"中的隐性否定意义有必要溢出,以示对于否定性语义的强调;在例(17a)中,由于疑问代词"怎样"(表示对方式的询问)的语义干扰,"避免"中的隐性否定意义有必要溢出,以示对于否定性语义的强调。而相应的例(16b)和例(17b)是比较单纯的结构,"防止"和"避免"中的隐性否定语义不必要溢出;如果溢出实现为否定副词,有可能反过来跟动词中的隐性否定意义相互抵消,从而造成表达错误(语义矛盾)。在例(18)中,由于"免得"的否定意义十分显豁,其中的隐性否定语义不必要溢出;如果溢出实现为否定副词,有可能反过来跟动词"免得"中的隐性否定意义相互抵消,从而造成表达错误(语义矛盾)。在例(19)中,由于"以免"的否定意义不如"免得"显豁,其中的隐性否定语义似乎可以溢出。在例(20)中,由于"难免"本身含有多重否定,其中的一个否定意义就有可能溢出,以便为整个句子的否定性定调子。

　　其实,要想严格地限定隐性否定的语义溢出的条件是十分困难的。因为,对于隐性否定语义溢出所造成的冗余性否定句合格与否的认识,人们往往很难达成一致意见。而这又要归咎于隐性否定的语义溢出,它本来就是说话人与听话人互相博弈的结果:在说话人方面,他因为担心听话人忽略动词中的隐性否定意义,所以想在隐性否定动词后面的谓词性宾语中加上一个否定词,来强调这种全局性的否定意义;但是,他又担心听话人不能体会到这个否定是前面动词中的隐性否定的冗余表达,担心听话人把它解读成一个实在的否定,从而造成语义矛盾(即跟他要表达的断言意义相反)。在听话人方面,他要猜测说话人的真实的表达意图是什么,说话人真正想表达的意思是肯定还是否定,从而断定这个谓词性宾语中的否定词表达的是一个真性的否定,还是一个冗余的否定。在句法形式线索不足的情况下,他就得求助于相关语用原则。因此,事件 E 的如意与否等语言之外的信息就显得尤为重要。

4. "差欠"类隐性否定动词

"差欠"类常用动词有"差(～一个报告没交)、欠、少(～两个人)、亏(～他一百块钱)、缺少、缺乏、短缺、欠缺、残缺、不足、缺席、失败"等。[①]在它们的词汇意义中都含有某种否定性语义,这也可以从词典释义中约略看出。例如:

差:缺少、欠:～两个人没有来|我就～一个读书报告没有写

欠:① 借别人的财物等没有还,或应当给人的事物没有给:～着一笔钱没有还

② 不够;缺乏:～考虑|就～跪下来求他了

缺少:缺乏(多指人或物数量不够):～零件|这个地区～雨水

缺乏:(所需要的,想要的、或一般应有的事物)没有或不够:～经验|～锻炼

这些动词基本上表示:理想中(或常规上)应该有的事物,实际上却没有或不够;其意义可以概括为:"不＋有/够"。这种动词内部的隐性否定意义对于动词外部的否定也是十分敏感的,结果内外两种否定意义正好互相

---

① Jespersen(1924:329)说:有时一个不含任何否定前缀的单词,也可以看作是含有否定的概念;如 lack(＝have not), fail(＝not succeed);但是,我们也可以说 succeed 是与 fail 对应的否定词(中译本第 476 页)。

其实,succeed 是有积极评价意义的无标记词,fail 是有消极评价意义的有标记词。由于乐观原则的影响,人类语言更普遍地用有积极评价意义的概念(或词语)来形成(或派生)有消极评价意义的概念(或词语),而不是相反;例如:un-happy～＊un-sad, im-moral, dis-like, non-fluency。详见 Boucher & Osgood(1969)和 Osgood & Richards(1973)。因此,说 fail 是 succeed 的否定更为自然。

抵消。于是,"不差、不欠"的意思就是"够、有"等,"不缺少、不缺乏"的意义是"有、具备"等。因此,可以断定,上述隐性否定动词中的隐性否定意义,是这些动词的语义结构中断言层面上的否定。

上述隐性否定动词中,差不多只有单音节的"差、欠"可以带谓词性宾语。在"差、欠"带谓词性宾语的情况下,其隐性否定意义一般是可以溢出的。例如:

(21) 我就<u>差</u>写一篇序了≈我就<u>差</u>**没**写一篇序了

(22) 我就<u>欠</u>打他一顿了≈我就<u>欠</u>**没**打他一顿了

在"差、欠"带谓词性宾语时,意思一定是这个谓词性宾语所指谓的事件 E 没有实现,于是,说话人为了强调这种否定意义(不+E-了),就让隐性否定意义溢出到表层结构上(没有+E)。也就是说,在"差/欠+没有+VP"式述宾结构中,断言层面上的隐性否定可以直接溢出,得到显性的句法实现。

值得注意的是,当"差、欠"带体词性宾语时,一般总是可以推演(entail)出某个处置宾语所指谓的事物的事件没有发生。[①]并且,这种推论性意义(inference meaning)可以用"否定词+动词"的方式在表层结构上实现,从而造成"差/欠+NP+没有+VP"式连谓结构。例如:

(23) 我就<u>差</u>一篇课文了≈我就<u>差</u>一篇课文**没有**预习了

(24) 我还<u>欠</u>三万块钱呢≈我还<u>欠</u>三万块钱**没有**还他呢

可见,在连谓结构"差/欠+NP+没有+VP"中,"没有+VP"表达的是"差/欠+NP"的推论性意义;"没有"可以看作"差/欠"的隐性否定意义的间接性的显性实现。也就是说,"差/欠"的隐性否定是断言层面上的,但是这种隐性否定意义的溢出还可以借助于动词的推论意义来实现,表现为:动词的断言层面上的隐性否定实现为推论层面上的显性否定,否定性的推论语义得到显性的句法实现。

---

① 根据 Allwood, et al.(1977),我们把动词 entail 及其名词形式 entailing、entailment 翻译成"推演"。其定义为:如果"语句(或命题)p 为真,则语句(或命题)q 一定为真;语句(或命题)q 为假,则语句(或命题)p 一定为假";那么"p 推演 q"。参考 Leech(1981:74),中译本第 106 页。

5. "拒绝、否认"类隐性否定动词

"拒绝"类常用动词有"拒绝、违抗、抗拒、抵制、抵御"等,"否认"类常用动词有"否认、抵赖、反对、抗议"等。在它们的词汇意义中都含有某种否定性语义,这也可以从词典释义中约略看出。例如:

拒绝:不接受(请求、意见或赠礼等):～诱惑|～贿赂|～执行命令

抵制:阻止某些事物使不能侵入或发生作用:～不正之风|～倾销

否认:不承认:～侵略事实|他～曾经参加过传销活动

抵赖:用谎言和狡辩否认(所犯的过失或罪行):他极力～年轻时当过土匪

"拒绝、抵制"等表示对于对方的某种提议、行为的抵触性反应,其意义可以概括为"不＋接受"。"否认、抵赖"等表示对于对方的某种"指控"的抵触性反应,其意义可以概括为:"不＋承认做过某种事情"。[①]这些动词的内部否定意义对于动词外部的否定也是十分敏感的,结果内外两种否定意义正好互相抵消。于是,"不拒绝"的意思就是"接受","不否认"的意义是"承认"。因此,可以断定:上述几种隐性否定动词中的隐性否定意义,是这些动词的语义结构中断言层面上的否定。

那么,上述隐性否定动词在带谓词性宾语的情况下,其隐性否定意义是不是一定可以溢出呢? 答案似乎是肯定的,但是其语义溢出的过程和细节却异乎寻常。例如:

(25) 部分地区拒绝实施调控政策≈部分地区拒绝**不**实施调控政策

(26) 个别单位抵制执行国家法令≈个别单位抵制**不**执行国家法令

(27) a. 约翰逊否认使用了违禁药品≈约翰逊否认**没有**使用违禁药品

　　　b. 谁也不否认这些戏有教育意义吧≈谁也不否认这些戏**没有**教育意义吧

(28) a. 他们抵赖盗用过公司的名义≈他们抵赖**没有**盗用过公司的

---

① "否认、抵赖"等是"叙实词"(factives),当它们带宾语时,预设(presuppose)宾语所表示的命题是一个事实。比如,从肯定式"他否认当过土匪"和否定式"他不否认当过土匪"都可以推演出"他当过土匪"。关于叙实词和叙实性,详见 Kiparsky & Kiparsky(1970)、Leech(1981:301—318)和 Levinson(1983)。Horn(1978:148) 说英语的 deny≈'assert … not'。预设的定义见下第47页脚注①。

名义

 b. 难道你还要<u>抵赖</u>你参与了闹事 ≈ 难道你还要<u>抵赖</u>你**没有**参
　　与闹事

当"拒绝、抵制"等带谓词性宾语时,这个谓词性宾语往往表示对方要求本方(这些动词的主语所指谓的人)做的某种事情。在这种情况下,"拒绝、抵制"的断言性意义就是,"不接受别人的某种要求",由此导出的推论性意义就是,"不做别人要求的某种事情"。可以表示为:"不＋接受某种要求",从而"不＋做某种事情 E"。通俗和抄近路的说法就是,"拒绝就是不做"。显然,这种事情 E 具有未然性的体态特性。当说话人要强调推论意义中的这种意志性否定语义时,就让这种表示主观意志的隐性否定语义溢出,并且在表层的句法结构上用否定副词"不"来实现。同时,由于"拒绝、抵制"等动词所推演的事情 E 只能是有意不去实现的,因而在其宾语中加不加否定副词"不"都不会引起误解。"否认、抵赖"是言语行为动词,其断言意义"不＋承认做过某种事情 E"的推论意义就是:"说＋没有＋做过某种事情 E"。通俗和抄近路的说法就是"否认就是说没有"。显然,这种事情 E 具有已然性的体态特性。当说话人要强调推论意义中的这种已然性否定语义时,就让这种表示已然的隐性否定意义溢出,并且在表层的句法结构上用否定副词"没有"来实现。同时,由于"否认、抵赖"等动词所推演的事情 E 只能是没有实现的,因而在其宾语中加不加否定副词"没有"都不会引起误解。

 从某种意义上看,"拒绝、抵制"等是对言语行为"要求"的抵触性反应,"否认、抵赖"等是对言语行为"指控"的抵触性反应。因此,它们在隐性否定及其造成的否定性推论意义及其溢出方式上,都有一定的相似性。简而言之,这些动词的隐性否定意义是其断言层面上的,但是最终溢出的否定意义却是其推论层面上的,即断言层面上的隐性否定推演出推论层面上的隐性否定,推论层面上的隐性否定最终可以语义溢出,并且在表层结构上实现。

6. "小心"类隐性否定动词

"小心"类常用动词有"小心、当心、注意、留神、留心、留意、看"等,它

们的词汇意义中间接地含有某种否定性语义,这也可以从词典释义中约略看出。例如:

留神:注意;小心(多指防备危险或错误):车辆很多,过马路要～

小心:注意;留神:～火烛|路上很滑,不～就会摔跤

注意:把意志放在某一方面:～安全|你们要～卫生,不要生病

"小心、当心、注意、留神、留心、留意"等表示人把思想、意志等精神集中到某种事物、行为、事件或某个方面,以防危险、错误等不如意的事情发生。其意义可以概括为:"集中精神于某个方面",以便"不＋发生不如意的事情"。其实,只有"集中精神于某个方面"才是"小心"类动词的断言意义,"不＋发生不如意的事情"则是"小心"类动词的推论性意义,是人们根据只有"集中精神于某个方面"才能"不＋发生不如意的事情"这种信念推导出来的。也就是说,在语言使用者的信念中,前件(implican)"集中精神于某个方面"和后件(implicatum)"不＋发生不如意的事情"之间是一种充分必要条件关系。其表现是,前件真,后件一定真(如果集中精神于某个方面了,那么就不会发生不如意的事情);前件假,后件一定假(如果不集中精神于某个方面,那么就会发生不如意的事情),"不＋发生不如意的事情"是"集中精神于某个方面"的规约性含义(conventional implication)。显然,这些动词的推论意义中的内部否定对于动词外部的否定也是十分敏感的,会随着断言意义的被否定而产生推论意义的被否定,结果,作用于推论意义的内外两种否定正好互相抵消。于是,"不小心"的意思就是,"不集中精神于某个方面"并且导致"发生不如意的事情"。因此,现实的语言中有这样正反相对的表达方式:"小心摔跤～不小心摔了一跤;留神磕着头～一不留神磕着了头"。简而言之,上述几种隐性否定动词中的隐性否定意义,是这些动词的语义结构中语用推论层面上的否定。语用推论实际上就是会话含义(conversational implicature),简称隐含。因此,也可以说"小心"类动词中的隐性否定是隐含层面上的。

"小心"类动词经常用于祈使句中,表示提醒,即说话人提醒听话人把精神集中于某个方面,以便不发生不如意的事情。当"小心"类动词带谓词性宾语时,就是提醒听话人把精神集中于可能发生的由谓词性宾语所表示的那个不如意的事件;其语用推论意义(即规约性的会话含义)就是,

不要/别发生那个由谓词性宾语所表示的不如意事件。在这种情况下，语用推论意义中的隐性否定可以溢出来，实现为否定性助动词"别、不要"等。例如：

（29）你们一定要<u>小心滑倒</u>≈你们一定要<u>小心</u>**别**滑倒

（30）你们千万要<u>留神摔跤</u>≈你们千万要<u>留神</u>**别**摔跤

（31）你们就是要<u>注意生病</u>≈你们就是要<u>注意</u>**别**生病

由于"小心、留神、注意"等动词所提防的事情 E 只能是可控、非自主、[①]不如意的，因而在其宾语中加不加否定助动词"别、不要"等都不会引起误解。

7."后悔、责怪"类隐性否定动词

"后悔"类常用动词有"后悔、懊悔、反悔、翻悔、悔恨、懊恼"等，"责怪"类常用动词有"怪、责怪、责备、批评、指责、指摘、斥责、叱责、怨、恨、可恨、怨恨、抱怨、埋怨、埋汰、不满"等。它们的词汇意义中间接地含有某种否定性语义，这也可以从词典释义中约略看出。例如：

后悔：事后懊悔：买了这套旧房子，妈妈一直～|他也～没有把大学念完

懊悔：做错了事或说错了话，心里自恨不该这样：他拿了以后又～|～告诉她实情

责怪：责备；埋怨：他总是～别人|爸爸～我哥哥为人处世太率性

埋怨：因为事情不如意而对自己认为原因所在的人或事情表示不满：～别人不帮忙

如果抛掉一些语义细节，抽象地看，那么，"后悔、懊悔"等"后悔"类动词表示：主语所指的人在做了某件事情以后，认为自己做错了、不该这样，所以心里怨恨自己。"怪、责怪、责备、批评、指责、埋怨"等"责怪"类动词表示：主语所指的人在别人做了某件事情或自己遇到不如意的事情以后，对别人及其所做的那件事情，或者对自己认为造成不如意的原因所在的人或事情，心里怨恨或公开表示不满，认为别人不该这样或事情不该如此。可

---

① 关于可控、非自主，详见袁毓林（1993：26—28）。

见,在这些动词的意义中,都有对动词语义涉及的某种事情 E 的否定性评价意义,这可以表示为:"不该＋发生某种事情 E"。这种否定性的主观评价意义是这些动词的词汇预设(lexical presupposition),是造成这种动词的主语所指的人怨恨或责怪的前提条件。这种隐性否定意义可以用显性的词汇形式来实现,并在由这种动词构成的有关句子中跟动词共现;而且,即使对这些动词进行否定,这种否定性评价意义仍然可以保留。例如:

(32) 我真后悔买了这件**不该**买的衣服～我**不**后悔买了这件**不该**买的衣服

(33) 他也懊悔说了这句**不该**说的实话～他也**不**懊悔说了这句**不该**说的实话

(34) 教练责怪我犯了个**不该**犯的错误～教练**没有**责怪我犯了个**不该**犯的错误

(35) 刘刚埋怨我写了些**不该**写的杂文～刘刚**没有**埋怨我写了些**不该**写的杂文

可见,这种动词意义内部的否定性评价语义,对于动词外部的否定是不敏感的。从外部否定不影响这种否定性评价意义的保持这一点来看,这种否定性评价意义应该是这些动词的语义结构中预设层面上的隐性否定。[①]

当"后悔、责怪"类动词带谓词性宾语时,这个谓词性宾语表示某种不如意和不该发生的事情 E。显然,这种事情 E 具有已然性的体态特性,因此这种谓词性宾语通常有表示实现意义的体态助词"了"。当说话人要强调动词预设意义所认定的"不该"这种主观性否定评价语义时,就让这种表示主观评价的隐性否定语义溢出,并且在表层的句法结构上用否定副词"不"加上助动词"该"来实现。例如:

(36) 我真后悔买了这件衣服～我真后悔**不该**买这件衣服

(37) 他也懊悔说了这句实话～他也懊悔**不该**说这句实话

---

① 逻辑学上对于预设的一般定义是:如果 p 推演 q,并且～p 也推演 q;那么 q 是 p 的预设。直观地说,预设 q 是使命题 p 为真的真值条件。详见 Allwood, et al.(1977:149—153),中译本第175—178 页。参见 Leech(1981:74),中译本第 106 页;详见 Levinson(1983:167—225)。可见,"后悔、责怪"类动词也是叙实词,它们都预设其宾语所表示的命题为真。比如,从肯定式"他后悔当了组长"和否定式"他不后悔当了组长"都可以推演出"他当了组长"。

（38）教练<u>责怪</u>我犯了这个错误～教练<u>责怪</u>我**不该**犯这个错误

（39）刘刚<u>埋怨</u>我写了那些杂文～刘刚<u>埋怨</u>我**不该**写那些杂文

因为助动词"该"要求其谓词宾语具有未然性的体态特性，所以表示不如意事件 E 的谓词性宾语中原来的"了"通常必须删除。

值得注意的是，在对"后悔、责怪"类动词进行否定的情况下，"不该"这种表示预设意义的成分，可以出现在这类动词的谓词性宾语（述宾结构）中的宾语的修饰语中，如例（32—35）所示；但是，一般不能直接出现在这类动词的谓词性宾语之前。例如：

（40）我**不后悔**买了这件衣服～＊我**不后悔不该**买这件衣服

（41）他**不懊悔**说了这句实话～＊他**不懊悔不该**说这句实话

（42）教练**没有**<u>责怪</u>我犯了这个错误～＊教练**没有**<u>责怪</u>我**不该**犯这个错误

（43）刘刚**没有**<u>埋怨</u>我写了那些杂文～＊刘刚**没有**<u>埋怨</u>我**不该**写那些杂文

原因在于肯定式的"后悔、责怪"类动词，跟其预设意义"不该"是一种自然和谐的配对；否定式的"后悔、责怪"类动词，跟"不该"这种预设意义不是一种自然和谐的配对。当"不该"这种预设意义溢出到表示述语（支配表示不如意事件 E 的谓词性宾语）这种较高的句法位置时，语义上的不协调就比较显著，可接受性就差；而居于表示不如意事件 E 的谓词性宾语中的宾语的修饰语这种较低、内嵌层次更深的句法位置时，语义上的不协调就不太显著，可接受性就高。

毛修敬（1985:63）指出，当"后悔、责怪"类动词跟"不该"一起出现时，后面的 VP 一般必须是肯定形式；如果 VP 是否定形式，"不该"就不能出现。我们认为这种限制条件是不存在的，否定式 VP 作"后悔、责怪"类动词的宾语时，"不该"可以出现。例如：

（44）a. 项羽**后悔**当初**没**杀了刘邦～b. 项羽**后悔**当初**不该没**杀了刘邦

（45）a. 奶奶<u>怪</u>爸爸**不给**我零花钱～b. 奶奶<u>怪</u>爸爸**不该不给**我零花钱

正是"后悔、责怪"类动词的词汇预设中否定性评价意义的独立性，阻止了听话人把这种否定性评价意义的冗余性实现形式"不该"跟后面 VP 中的否定词进行语义抵消,即听话人不会把例(44b)中的"不该没杀了刘邦"理解为"应该杀了刘邦",也不会把例(45b)中的"不该不给我零花钱"理解为"应该给我零花钱"。

8. "怀疑"类隐性否定动词

"怀疑"类常用动词有"怀疑、疑心(～他们做了手脚)、疑惑、质疑"等。在它们的词汇意义中都含有某种否定性语义,这也可以从词典释义中约略看出。例如:

怀疑:① 疑惑;不很相信:他的话叫人～|对于这个结论,谁也没有～

②猜测:我～他今天来不了|大家～他是美国人

"怀疑①"的意义可以概括为"[有点儿+]不+相信",①其内部否定意义对于动词外部的否定也是十分敏感的,结果内外两种否定意义正好互相抵消。于是,"不怀疑"的意思就是"[有点儿]相信"。因此,可以断定:"怀疑①"中的隐性否定意义是其语义结构中断言层面上的否定。

问题是,"怀疑①"的意义"[有点儿+]不+相信"基本上是"疑多于信",而"怀疑②"的意义"猜测"或"[有点儿+]相信"基本上是"信多于疑",两者的意义几乎相反。如果承认"怀疑①"是基本义,"怀疑②"是引申义;那么,"疑多于信"的"怀疑①"是怎么引申出"信多于疑"的"怀疑②"的呢? 或者说,"信多于疑"的"怀疑②"是怎么从"疑多于信"的"怀疑①"上演变出来的呢? 其中,语义朝相反方向引申的反训式演变("不+相信"→"相信")的句法、语义机制是什么呢? 通过仔细分析,我们认为,"怀疑①"中的隐性否定及其语义溢出,也许可以为我们解开上述谜团提供关键性的线索。

---

① Horn(1978:147, 166) 说英语的 doubt≈'believe ... not',并且指出:由 doubt 间接表达的否定命题可以作为后来的"开闸放水"(sluicing)操作的基础形式,但是由 regret 预设的否定命题,以及其否定意义被词汇合并进非断言性谓词(nonassertive predicates, e. g. deny≈'assert ... not')的否定命题却不行。例如:

(Ⅰ) I {? doubt/ * deny} that he's coming and I can guess why not. [not＝he's not coming].

(Ⅱ) Mary regrets that he isn't coming and I can guess why {? he isn't./ * not.}

根据上文的研究,否定性动词中的隐性否定意义,只能溢出到该动词所支配的谓词性宾语中的有关谓词上;于是,当"怀疑①"带体词性宾语,或者它支配的谓词性成分出现在其前面(比它地位还高的句法位置)时,隐性否定不能溢出和发挥作用;在这种情况下,"怀疑①"的意思就是"[有点儿+]不+相信"。例如:

(46) a. 大家都怀疑王刚的法语水平。

b. 大家都怀疑王刚的法语水平很高这种传说。

c. 传说王刚的法语水平很高,但是大家都怀疑。

d. *大家都怀疑王刚的法语水平很高。

e. 大家都怀疑王刚的法语水平**不高**。

(47) a. 大家都怀疑王刚的法国国籍。

b. 大家都怀疑王刚拥有法国国籍的传闻。

c. 王刚说自己拥有法国国籍,但是大家都怀疑。

d. *大家都怀疑王刚拥有法国国籍。

e. 大家都怀疑王刚**不拥有**法国国籍。

(48) a. 大家都怀疑王刚的博士学位。

b. 大家都怀疑王刚获得了博士学位的消息。

c. 王刚在博客里说他获得了博士学位,但是大家都怀疑。

d. *大家都怀疑王刚获得了博士学位。

e. 大家都怀疑王刚**没有**获得博士学位。

从例(46—48)的 d 和 e 的对比可见,当"怀疑①"支配谓词性宾语时,其隐性否定意义一定要溢出来,并且在谓词性宾语中的有关谓词前显性地实现为"不、没有"等否定词。但是,从"不+相信+E"可以在语用上推演出"相信+不+E"。①比如,如果有人说他"不+相信+王刚的法语水平很

---

① 从逻辑上说,只有"相信+不+E"(我相信他不笨),可以推演出"不+相信+E"(我不相信他笨)。因为"相信他不笨"跟"相信他笨"是矛盾的,所以"相信他不笨"一定属于"不+相信他笨";于是,"相信他不笨"为真的话,"不+相信他笨"一定为真。相反,从"不+相信+E"(我不相信他笨),不能推演出"相信+不+E"(我相信他不笨)。因为"不+相信他笨"可以有"相信他不笨"、"相信他庸常(不笨也不聪明)"等"相信他笨"之外的多种可能性;于是,"不+相信他笨"为真的话,"相信他不笨"不一定为真。但是,人们实际上把"不+相信+E"(我不相信他笨)当(转下页)

高",那么我们可以知道说话人的意思是他"相信＋王刚的法语水平不高"。通俗地说,不太相信事物像人们所说的,或像其表面所显示的那样好,这导致反向猜测,相信事物实际上可能不太好。其具体的语义运作的动力学模型可以构拟如下:当"怀疑①"中的隐性否定意义溢出到其所支配谓词性宾语上时,这种溢出的隐性否定意义会反过来倒灌(flooding-back)到动词"怀疑①"上。为了吸收(absorb)这个倒灌回来的否定意义(记作"不"),"怀疑①"只得用其中的隐性否定意义跟它相对冲和抵消;结果,"不"＋"[有点儿＋]不＋相信"≈"[有点儿＋]相信"。这样,人们只能把这种分布环境中的"怀疑"的意义重新分析(reanalyse),识解(construe)为"[有点儿＋]相信"或"猜测"等。于是,"怀疑①"在带谓词性宾语的条件下,从表示"[有点儿＋]不＋相信"意义,逐步引申出新的意义"[有点儿＋]相信"或"猜测",即派生出了引申义"怀疑②"。这种假设正好可以解释"怀疑"的两种义项在分布上的互补性(complementary):"怀疑①"只能

(接上页)作是跟"相信＋不＋E"(我相信他不笨)同义的委婉表达(litotes[rhetoric understatement])。参见 Jespersen(1917:52—53),Horn(1978:210—214),以及本书第 32 页脚注①。

那么,为什么"相信"类谓词会近乎透明地允许"不"类否定算子自由地穿越和通过呢? 即在其上层句子和其下层的宾语小句中自由移动呢? 因为"相信"表示的是一种在语义强度上适中的概率情态(比"可能"类弱项强,但比"肯定、知道"类强项弱,因此是中项),对肯定等级上一个强项(如"肯定")的否定得到一个否定等级上的一个弱项(如"不肯定"),对肯定等级上一个弱项(如"可能")的否定得到一个否定等级上的一个强项(如"不可能"),对肯定等级上一个中项(如"相信")的否定得到一个否定等级上的一个中项(如"不相信")。强项谓词与弱项谓词及/或其否定式可能推演出其宾语小句或其否定式(比如:(不)知道他笨→他笨,肯定他死了→他死了,不可能下雨→不下雨),这使得"不＋知道＋E"与"知道＋不＋E"一类表达式的语义差别很大。中项谓词及其否定式不能推演出其宾语小句及其否定式(比如:(不)相信他笨↛他(不)笨),这使得"不＋相信＋E"与"相信＋不＋E"的语义差别很小。因为,"相信＋不＋E"与"相信＋E"是矛盾的;根据排中律,"相信＋不＋E"了就不能"相信＋E"(要排除和否定"相信＋E",即"不＋'相信＋E'")。详见 Horn(1978:179, 193—208)、沈家煊(1999:137—140)。

这种信念的否定表达的意义等同问题,曾经引起分析哲学家的强烈兴趣。比如,Hintikka(1962:15)注意到,短语"a do not believe that p"常常用作等同于"a believe that -p"。Deutscher(1965:55)为这样的事实而遗憾:"I do not believe that p"不幸地有两种意义:1) *disbelief*[B_a-p], 2) *not belief*[-B_ap]。Quine(1960:145—146)注意到,"x do not believe that p"等同于"x believe that not-p",而不是"It is not the case that x believe that p";并且,他认为这是偶然的习语性含义,可以忽略不计。详见 Horn(1978:129—130)。

带体词性宾语,不能带谓词性宾语;相反,"怀疑②"只能带谓词性宾语,不能带体词性宾语。

另外,一旦"怀疑②"的义项确立,那么"怀疑"一词除了可以带否定式的谓词宾语之外,还可以带肯定式的谓词宾语。例如:

(49) a. 大家都<u>怀疑</u>王刚的法语水平相当高。

　　　b. 大家都<u>怀疑</u>王刚早已拥有了法国国籍。

　　　c. 大家都<u>怀疑</u>王刚可能获得了博士学位。

当然,这些句子的真值条件跟例(46—48)的 d 相反。并且,像例(46—48)e 这种带否定式谓词宾语的句子,是"怀疑①"的意义向"怀疑②"过渡的桥梁。于是,在"怀疑②"的义项确立以后,为了避免宾语小句既可以是真性否定也可以是冗余否定的歧义,这种句子应该逐步退出语言运用。事实也正是这样,在我们调查的 500 个"怀疑"句中只有下面一例:

(50) 民主党越抱怨布什在国家安全问题上做文章,选民们就会越<u>怀疑</u>民主党**没有**属于自己的严肃认真的反恐观点。(CCL 语料库)

上文说,在跟例(46—48)的 a—c 真值条件相同的情况下,必须使用例(46—48)e 这种隐性否定意义溢出的格式,而例(46—48)d 这种隐性否定意义不溢出的格式是不合格的。相反,在用"不"否定动词"怀疑"的格式中,这两种格式的合格性正好倒过来。[①]例如:

(46′) a. 大家都**不**<u>怀疑</u>王刚的法语水平。

　　　b. 大家都**不**<u>怀疑</u>王刚的法语水平很高这种传说。

　　　c. 传说王刚的法语水平很高,但是大家都**不**<u>怀疑</u>。

　　　d. 大家都**不**<u>怀疑</u>王刚的法语水平很高。

　　　e. ＊大家都**不**<u>怀疑</u>王刚的法语水平**不**高。

为什么在否定式中,"怀疑①"可以不溢出其隐性否定就直接支配谓词性宾语,而溢出了隐性否定的谓词性宾语反而是不合格的呢? 原因在于:"怀疑①"的隐性否定意义已经跟动词外部的否定互相抵消了,再也没有否定意义可以溢出了。没有隐性否定的语义溢出,当然就没有隐性

---

① 李兴亚(1987)没有注意到:"怀疑"在受否定时,只能是"不很相信"的意思(即"怀疑①"),不能是"有点儿相信"或"猜测"的意思(即"怀疑②")。

否定的语义倒灌，也没有"怀疑②"的义项浮现（emerge）和形成。这正好用来解释下面这个分布谜题：为什么"怀疑②"不能出现在这种否定式中？①

由此可见，"怀疑"的义项分化及其分布上的互补性，都跟"怀疑"中的隐性否定及其作用方式相关。②当然，上面这种分布描写和讨论，是就当代的共时平面而言的。至于历史上是否有过一个例（46—48）d 这种隐性否定意义不溢出也合格的阶段，还有待于调查相关近代汉语材料。另外，关于例（46—48）的 e 这种隐性否定意义溢出的格式出现的时代、"怀疑②"义项形成和确立的时代，这些问题也需要调查有关的近代汉语材料才能回答。

9. 否定的"上升-下降"和"溢出-倒灌"

从语义上看，否定反映的是概念之间的矛盾或对立关系，③或者是命题之间在真值上的反对（inversive）关系。因此，否定对于语言表达式的语义理解的作用十分重大；有无否定词或隐性否定算子、否定词或隐性否定算子落在什么地方（结构位置）、否定的作用范围（辖域）和具体对象（焦点）是什么，会直接影响语句的意义表达。比如，下列德语句子：④

(51) a. Was glänzt，ist **niemals** gold.（熠熠闪光的都不是金子）

　　 b. Was glänzt，ist **nicht** immer gold.（熠熠闪光的不都是金子）

　　 c. **Nicht** alles was glänzt，ist gold.（并非熠熠闪光的都是金子）

---

① 我们还发现，在"（没有＋人）＋（怀疑＋VP）"一类连谓结构中，因为否定词"没有"与"怀疑"中的隐性否定互相抵消，所以也没有隐性否定的语义溢出和倒灌现象；也就是说，其中的"怀疑"只能是"怀疑①"；"（没有＋人）＋（怀疑＋VP）"≈"（没有＋人）＋（［不＋相信］＋VP）"≈"人人＋相信＋VP"。例如："没有人怀疑叙述是话语建构"（《读书》2010 年第 6 期，第 28 页）≈"人人相信叙述是话语建构"。

② 沈家煊（1999：230—231）用"动态交际值"（degree of communication dynamism）的概念和"线性增量"（linear modification）原则，从功能上解释了"怀疑"意义、分布和搭配对象的如意性问题，值得参考。

③ 详见 Jespersen（1924：322），中译本第 464 页。

④ 引自 Jespersen（1924：327），中译本第 472 页。

我们人脑能够在结构和有关词项的语义的引导下,识别否定的辖域
(scope)和焦点(focus);①并且,还能够识别否定词的在语句结构中的"上
升"或"下降"等浮动轨迹。例如:②

(52) a. I don't think he has come.(我不认为他已经来了。)

    b. I think he has **not** come.(我认为他还没有来呢。)

(53) a. It isn't likely that he will arrive until midnight.(他不可能会
在半夜前到达。)

    b. It's likely that he won't arrive until midnight.(他可能不会
在半夜前到达。)

(54) a. All the perfumes of Arabia will **not** sweeten this little hand.
(阿拉伯所有的香水都不可能使这只小手变白。)

    b. **Not** all the water in the rough rude sea Can wash the blame
from an anointed king. (即使是咆哮大海中全部的水也不能
洗去一位恼怒的国王身上的香脂。)

(55) a. All that glisters is **not** gold. (熠熠闪光的不都是金子。)

    b. **Not** all that glisters is gold.(并非熠熠闪光的都是金子。)

(56) a. All things are lawfull vnto me, but all things are **not** expedi-
ent.(一切事物对我来说都是合法的,但并非一切事物都是出
于私利的。)

    b. All is **not** lost. (并非一切都失去了。)

    c. But all man are **not** born to reign.(并不是每个人生来就是统
治别人的。)

    d. For each man kills the thing he love, Yet each man does **not**
die.(并不是每个杀死他所喜爱的东西的人都要为之死去。)

例(52—53)中 a 和 b 的否定词的辖域不同,句子的意思和语气也随之变
化;但是,a 这种高层小句否定形式(high-clause negatives),可以有 b 这种

---

① 详见袁毓林(2000)及其所引文献。

② 例(52)引自 Horn(1978:144);例(53—56)及其说明,均参考 Jespersen(1924:327),中译
本第 472 页。

低层小句否定形式（lower-clause negatives）一样的解读。①例（54b）的结构本来应该跟例（54a）一样（否定算子 not 在全称量词 all 的辖域之中），只是为了表示强调（＝not even），让否定词上升到句首（否定算子 not 在结构形式上处于全称量词 all 的辖域之外），结果否定的大伞笼罩全句；例（55a）的结构本来应该跟例（55b）一样（全称量词 all 在否定算子 not 的辖域之中），但是为了让句子的主语居先和否定词紧靠动词，就让否定词下降到系动词之后（否定算子 not 在结构形式上处于全称量词 all 的辖域之中）；②例（56）中都是否定词下降的例子。这种否定词像乒乓球跳动一样上升和下降的句子，都不能简单地直接按照其表层的句法结构，来解读否定算子与相关全称量词的辖域关系，从而获得其正确的语义解释。既然人脑具有识别否定词在原位（in-situ）还是出位（dislocation）的能力，那么进一步具有识别隐性否定的语义"溢出"和"倒灌"的能力似乎也顺理成章。只是我们对于这方面具体的运作机制了解得还不够具体和深入。

参考文献

李兴亚　1987　《"怀疑"的意义和宾语的类型》，《中国语文》第 2 期。

吕叔湘　1985　《疑问·否定·肯定》，《中国语文》第 4 期。

吕叔湘主编　2009/1980　《现代汉语八百词》（增订本），北京：商务印书馆。

毛修敬　1985　《汉语里的对立格式》，《语言教学与研究》第 2 期。

沈家煊　1999　《不对称和标记论》，南昌：江西教育出版社。

袁毓林　1993　《现代汉语祈使句研究》，北京：北京大学出版社。

袁毓林　2000　《论否定句的焦点、预设和辖域歧义》，《中国语文》第 2 期。

Allwood，Andersson & Dahl　1977　*Logic in Linguistics*. Cambridge：

---

①　对于这种现象的各种解释方案，详见 Horn（1978），简单的说明请看本书第 49 页脚注①。

②　如果简单地按照表层结构，把例（55a）解读成全称量化短语"all that glisters"占广域，否定词"not"占窄域；那么这句话的意思就是："所有闪光的东西都不是金子。"这是假的，它否定了闪光的东西都有金子的属性；显然，这也是莎士比亚的原意。参见 Quine（1960）§29 的讨论。

Cambridge University Press.(《语言学中的逻辑》,王维贤,等译,石家庄:河北人民出版社,1984年。)

Boucher, J. & C. E. Osgood   1969   The Pollyanna Hypothesis, *Journal of Verbal Behavior* 8.

Chomsky, Noam   1965   *Aspects of the Theory of Syntax*. Cambridge Massachusetts: The MIT Press.

Deutscher, M.   1965   A Note on Saying and Believing, *Analysis* 105.

Fromkin, Victoria, Robert Rodman and Nina Hyams   2003   *An Introduction to Language*, Seventh Edition, Boston: Thomson/Heinle. 北京:北京大学出版社,2004年。

Givón, Talmy   1973   The Time-axis Phenomenon, *Language* 49.

Givón, Talmy   1978   Negation in Language: Pragmatics, Function, Ontology. In Peter Cole(ed.) *Syntax and Semantics*, Volume 9: *Pragmatics*, New York: Academic Press.

Hintikka, J.   1962   *Knowledge and Belief*, Ithaca, New York: Cornell University Press.

Horn, R. Laurence   1978   Remarks on Neg-raising. In Peter Cole(ed.) (1978) *Syntax and Semantics*, Volume 9: *Pragmatics*, New York: Academic Press.

Jespersen, Otto   1917   Negation in English and Other Languages, in *Selected Writings of Otto Jespersen*, London: George Allen & Unwin Ltd.

Jespersen, Otto   1924   *The Philosophy of Grammar*. London: George Allen & Unwin Ltd.(《语法哲学》,何勇,夏宁生,司辉,张兆星,译,王惟甦、韩有毅,校,廖序东,审订,北京:语文出版社,1988年。)

Kiparsky, C. & P. Kiparsky   1970   Fact. In Bierwisch, M. & K. Heidolph (eds.) *Progress in Linguistics*. The Hague: Mouton.

Leech, Geoffrey   1981/1974   *Semantics: The Study of Meaning*, second edition. Penguin Books.(《语义学》,李瑞华,等译,何兆熊,等校订,上海:上海外语教育出版社,1987年。)

Levinson, Stephen   1983   *Pragmatics*. Cambridge: Cambridge University Press.

Osgood, E. Charles & Meredith Martin Richards   1973   From Yang and Yin to *and* or *but*, Language 49(2).

Quine, W. V. O.   1960   *Word and Object*, Cambridge, Massachusetts: MIT Press.

Weinreich, U.   1966   Explorations in Semantic Theory. In Sebeok, T. A.(ed.)

Current Trends in Linguistics，Vol.III.，The Hague：Mouton.

袁毓林：yuanyl@pku.edu.cn
原载《中国语文》2012 年第 3 期，中国人民大学复印报刊资料《语言文字学》2012 年第 6 期全文转载，本书收录时有略有改动。

从预设否定看副词/素"坐、浪、漫"的隐性否定功用*

上海师范大学　　　张谊生

提　要　预设否定副词/素"坐、浪、漫"的表义功用与性质特征涉及付出与获得、顺向与逆向、积极与消极。"坐、浪、漫"的分布选择与使用方式涉及饰谓与内附、对举与配合、重复与叠加。"坐、浪、漫"的内在差异与演化趋势涉及语源与个性差异、转化为动词与成语、表达功用的羡余化与关联化。

关键词　隐性否定　词汇化　习语化　羡余化　关联化

在当前通行的语文词典及语言学教材中,对动词"坐失、浪费"以及习语"坐收渔利、浪得虚名"等词语的相应解释,虽然都基本阐释了这些词语的语义与用法,但都没有明确说明其中的语素"坐、浪"具有隐性的否定功用①。其实,"坐、浪"都曾是古汉语中具有不同特色的预设否定(presupposition negation)副词,所以,"坐失、浪费"相当于付出了特定代价但没有获得相应效益的"白白失去、白白花费",而"坐收、浪得"则是获得一定效益但没付出过相应代价的"白白收到、白白得到"。此外,当前语文词典都已说明"漫道、慢说"也就是"别说、休说",但也没提及语素"漫"的预设否

---

　*　本文是国家社会科学基金项目"程度副词的生成、演化及其当代功能扩展的新趋势研究"(15BYY131)与国家社会科学基金项目"汉语副词再演化的模式与功用、动因与机制的系统性研究"(20BYY153)的阶段性成果。

　①　当然也有例外,"百度"解释是:《成语大全》认为"浪死"的意思是"徒然死去;白白送死"。

定功用,所以也没能阐释清楚为什么"漫"可以直接表达否定①。至于"漫道、慢说"还具有的转折关联(adversative correlation)功能,迄今尚未受到过业界关注,当然还有待于进一步展开调查与探究②。

笔者(1994、1996、1999、2011)曾经对古代、近代与现代的副词"白、空、干、瞎、徒、虚、枉"的预设否定功用及其叠加现象做过多方面的研究。本文准备将研究视角拓展到预设否定副词"坐、浪、漫"的隐性否定功能;依次从历时与共时相结合角度对副词/素"坐、浪、漫"及相关成分的表达功用与性质特征、分布选择与使用方式、内在差异与演化趋势展开研究,当然也会涉及与其他预设否定副词的配合与叠加的现象③。由于双音化的发展趋势,这三个曾经的预设否定副词及其相关成分发展到现代,有相当一些已词汇化与习语化了,所以本文的研究对象,自然会涉及预设否定副词及其同形的副素两个方面。

本文例句主要引自北京大学汉语语言学研究中心语料库(CCL 语料库)以及少数网络博客,全部例句均标明出处。

1. 表义功用与性质特征

本节从不同角度分析副词/素"坐、浪"和"漫"预设否定的特定性质与表达功效。

1.1 付出与获得

按照常规,任何行为付出代价就会获得效益,但实际上付出代价不一定就会获得效益,而获得效益也不一定付出过代价。预设否定副词"坐、

---

① 《现代汉语词典》(第 7 版)和《现代汉语规范词典》(第 3 版)都认为"漫说、漫道"相当于"不说、别说",还告知"漫说、漫道"具有"慢说、慢道"与"谩说、谩道"的变体,但没解释它们表否定的原因。

② 吕叔湘主编《现代汉语八百词》(商务印书馆 1999 年)、张斌主编《现代汉语虚词词典》(商务印书馆 2001 年)、侯学超主编《现代汉语虚词词典》(北京大学出版社 1998 年)、朱景松主编的《现代汉语虚词词典》(语文出版社 2007 年)、曲阜师范大学编写组编《现代汉语常用虚词词典》(浙江教育出版社 1992 年),均未收录关联副词"慢说""漫道",表明这一因语篇功能强化而形成的新兴语法化现象,尚未被学界认可。

③ 根据笔者的研究,从古代汉语、近代汉语到现代汉语,相关的预设否定副词主要有"白、空、干、瞎、徒、虚、枉","坐、朗、漫",以及"谩、素"三大类、十二个;本文主要研究第二类。

浪"在表达隐性否定时,都可以分别表示已经付出但没有获得结果,或业已获得效益但没有付出过代价。例如:

(1) 及侯景之乱,肤脆骨柔,不堪行步,体羸气弱,不耐寒暑,<u>坐</u>死。仓猝者,往往而然。(北齐·颜之推《颜氏家训·涉务》)。

(2) 其不逞之间,岂可限量。设使遂其虐志,诸君欲安<u>坐</u>得乎?(《宋书·文五王》)

(3) 九有茫茫共尧日,<u>浪</u>死虚生亦非一。(五代·贯休《路难行》)

(4) <u>浪</u>得巧名儿,却不解,把郎心系。(明·汤显祖《紫箫记·巧合》)

上面的"坐死、浪死"都表示付出了生命的代价但并没效果,"坐得、浪得"则表示收获了好处却没付出代价。可见,近代汉语副词"坐、浪"都可以表达隐性否定功用,但发展到现代汉语"坐、浪"大都已固化成词语素化了。比较而言,"坐 V"表示付出代价没效果和获得好处没代价两种情况与现象都很普遍,比如"坐失 X"与"坐得 X",都很常见:

(5) 当时,蒋介石为了稳住孙传芳,在北伐出师后于8月特地复电孙传芳,表明国民革命军并无进攻江西的意图,"如果有略取江西之意,则敝军已集中湘东,岂肯屯兵不进,<u>坐失</u>时机也"。(朱小平《蒋氏家族全传》)

(6) 陈水扁的所作所为只是为了挑起统独的矛盾争端,然后他自己<u>坐得</u>渔利。(新华社 2002 年 8 月)

"浪 V"由于"浪费"高频使用,大都表示付出代价没有效果,在搜集语料中占到 80％以上。当然由于习语"浪得虚名"的感染,也有一些表达得到好处而没付出代价的类推用法。例如:

(7) 我之所以能够获得少许美名,其势然也,如果说我是"<u>浪</u>得名",也是并不冤枉的。话又说了回来,如果没有锡予先生,我能得到这一点点美名吗?(季羡林《回忆汤用彤先生》)

(8) 当时直声震惊朝野,后之谈清代史事者引为一大掌故,读后益信名非<u>浪</u>得。李光地是深得康熙宠信的道学名臣,贪位之巧宦本心,推见隐微,刻深刺骨。(《读书》vol-039)

1.2　顺向与逆向

尽管都是预设否定,但发话人关注的基点可以有不同选择:顺向就是

以行为发出者为否定基点,逆向就是以行为承受者为否定基点。先看顺向否定式。例如:

(9) 今年必须私籴常平米五十万石,准备来年出粜,若价高本重,至时每斗只减十文,亦须,<u>坐失</u>五万余贯。(宋·苏轼《相度准备赈济第一状》)

(10) 无功泽及人,而<u>浪度</u>岁月,晏然为天地间一蠹。(《宋史·道学传一·程颐》)

反之,如果是以行为承受者作为否定基点,则是逆向推断相应结果的否定方式。例如:

(11) 宜摄诸戍之兵,固守金墉,以待西师之救。金墉不下,晋必不敢越我而西,是我不战而<u>坐收</u>其弊也。(宋·司马光《资治通鉴》卷一一七)

(12) 谁想从朝不见影,到晚要阴凉,空教我立尽斜阳,临歧处<u>漫凝</u>望。(元·谷子敬《城南柳》第四折)

发展到现代,虽然"坐、浪、漫"都已语素化,但否定顺向与逆向的倾向仍然存在。例如:

(13) 他们认为,如不抓住这一良机,万一蒋经国突然有什么意外,台湾形势急转直下,势必<u>坐失</u>组党良机。另一原因是党外领袖有多人遭逮捕,形势更加险恶。(李松林《晚年蒋经国》)

(14) 俘虏还说,我军从榆林城郊撤退以后,多一半溃散了,少一半跑到黄河边上,准备逃过黄河,所以,这个村子里驻的敌人<u>浪吃浪喝</u>,很大意。(杜鹏程《保卫延安》)

(15) 西洋人的眼光里,中日战争无论谁败,实是两败俱伤的。他们反可<u>坐收渔人之利</u>。所以他们不援助我们于未败之前。(当代 CWAC-AHB0018)

(16) 四十九岁顶在头上的人了,为什么一直生活不及别人好过? 你懒吗? <u>浪吃浪用</u>吗? 还不是因为你太笨,脑子不灵巧,不会打算盘!? (高晓生《陈奂生包产》)

上面"坐吃"与"浪吃浪喝"都是顺向的否定,而"坐收、浪吃浪用"则是逆向的否定。

1.3　积极与消极

尽管同样是隐性的预设否定,但否定词直接修饰的"VP"可以有积极、消极之分。所谓积极,就是指表示积极意义的"VP";所谓消极,就是指表示消极意义的"VP"。积极意义"VP"大多指业已取得的或与生俱有的各种有利的条件。试比较:

(17) <u>浪得</u>巧名儿,却不解,把郎心系。(明·汤显祖《紫箫记·巧合》)

(18) 浮生虽多涂,趋死惟一轨。胡为<u>浪自苦</u>,得酒且欢喜。(唐·韩愈《秋怀诗十一首》)

(19) 我空学成七步才,<u>谩长就六尺躯</u>。(元·无名氏《渔樵记》第一折)

(20) 千古英雄成底事,徒感慨,<u>谩悲凉</u>。(宋·李好古《江城子》)

发展到现代,"坐、浪、谩"表达消极倾向的现象更为普遍,"谩"则趋向逆向否定。例如:

(21) 全农皆兵,反而变成有名无实,训练不精。只要全兵皆农,不是军人<u>坐食饷粮</u>,安逸无事,就够了。这种全兵皆农制,在当时称之为府兵。(当代 CWAC-APT0080)

(22) 是很难预料的,如果我们一味追求尽可能考虑周全,当决不决,就会<u>坐失良机</u>,造成损失。(当代 CWAC-CMB0187)

(23) 这也很正常,但可悲的是,掉下水的偏偏没学过游泳,于是水中再学,<u>浪费了自己</u>,耗费了家庭,减缓了个人的发展。(当代 CWAC-AEE0003)

(24) 不记仇? 说哪里话来。刘少奇、彭德怀都与您重归旧好。<u>谩说厉慧良</u>! 他多次表示:我不过一个只知"嘣登仓、工尺上"的卖艺人。(魏子晨《厉慧良凭吊毛泽东》)

总之,预设否定副词/素"坐、浪、谩"也都可以表达各种预设隐性否定,与"白、空、干、瞎、徒、虚、枉"的表达方式和功用大致相同;只是发展到现代,除了"坐"以外,由于特定的语义特征与使用语境的制约,"浪、谩"的着眼点大多已趋于逆向与消极了。

2. 分布选择与使用方式

本节主要描写与分析"坐 V、浪 V"和"谩 V"的各种不同分布与使用特点。

2.1 饰谓与内附

就分布选择而言,古代汉语中这三个副词主要充当句子谓语内的前状语。例如:

(25) 游禽暮知反,行人独未归。坐销芳草气,空度明月辉。(南朝齐·王融《和王友德之古意诗二首》)

(26) 古来几许浪得名,张颠老死不足数,我师此义不师古。(唐·李白《草书歌行》)

(27) 李知损,少轻薄,利口无行。梁朝时,以牒刺篇咏出入于内臣之门,繇是浪得虚誉,时人目之为"李罗隐"。(宋·陶岳《五代史补记·李知损》)

(28) 今年游寓独游秦,愁思看春不当春。上林苑里花徒发,细柳营前叶漫新①。(唐·杜审言《春日京中有怀》)

发展到现代,有相当一些"坐 V"和"浪 V"短语也可以进入句法成分之内充当定语了。例如:

(29) 他们把两件不相干的事情混在一起,用心险恶地要把我们的企业都变成坐吃山空的官僚衙门。(吴晓波《激荡三十年——中国企业史 1978—2008》)

(30) 这个从前的"小皇帝",到了美国之后,忽然长大了,一下子改掉了坐享其成的毛病。(李开复《世界因你而不同》)

(31) 在抗战初期,曾有支差过多、浪费民力的现象,这个毛病很快就得到了克服。(《世界的伟人　永远的小平》)

(32) 作为一个导演、一个因拍了几部所谓的青春偶像剧而浪得虚名的导演,在演员脸上找不到清纯的眼神,实在是让我束手无策。(《中国北漂·艺人生存实录》)

显然,由于一系列"坐 V、浪 V"已演化成词,所以在一些特定的场合就可以直接充当定语。

---

①　"上林苑里花徒发,细柳营前叶漫新"的解释是,上林苑中的花白白地开放了,细柳营前的柳叶也徒有新芽,这就表明例句中的"漫"确实是与预设否定副词"徒"对举的预设否定副词。

2.2　对举与配合

在具体使用中，"坐、浪、漫＋VP"经常会与其他同义或近义的预设否定副词"白、空、干、瞎、徒、虚、枉＋VP"等相互配合，形成对举、共现的模式。例如：

（33）莫惊宠辱<u>空</u>忧喜，莫计恩仇<u>浪</u>苦辛。黄帝孔丘何处问，安知不是梦中身。（唐·王维《疑梦》）

（34）<u>空</u>将闲岁月，尘埃<u>浪</u>销磨。（宋·梅尧臣《送正仲都官知睦州》）

（35）<u>空</u>烦左手持新蟹，<u>漫</u>绕东篱嗅落英。（宋·苏轼《章质夫送酒不达》）

（36）绍翻身大叫一声，又吐血斗余而死。后人有诗曰：<u>空</u>招俊杰三千客，<u>漫</u>有英雄百万兵。（《三国演义》第三二回）

就对举配合的使用频率来看，"空"前置比率较高，当然也有"坐、浪、漫"前置的。例如：

（37）<u>坐</u>令隐约不见收，<u>空</u>能乞钱助贲馏。（宋·王安石《哭梅圣俞》）

（38）平生<u>浪</u>有回天志，忧患<u>空</u>余避地身。（清·康有为《正月二日避地到星坡得》）

（39）<u>浪</u>抚一张琴，<u>虚</u>栽五株柳，<u>空</u>负头上巾，吾于尔何有。（唐·李白《嘲王历阳不肯饮酒》）

（40）于家<u>谩</u>劬劳，为国<u>空</u>生受。（元·杨梓《霍光鬼谏》第三折）

反正，就古代汉语、近代汉语预设否定的表达方式来看，为了强调凸显，对举配合的方式很常见。

2.3　重复与叠加

现代汉语可以表达各种预设否定功能的副词/素，主要有"白、空、干、瞎、徒、虚、枉"与"坐、浪、漫"十个，这些词/素在现代汉语中经常会重复叠加。例如：

（41）一位加油站的负责人告诉记者，"以往不是民营油企不愿意供油，而是没有进油的渠道，<u>白白坐视</u>商机的流失，而某些大型企业却是囤油待涨。这样不仅对行业不利，对消费者也无法交代。"（《谁将"有幸"成为第一个被告？》，山西新闻网2008年8月1日）

(42) 在福州,"假日经济"的魅力也正日益展现。春节放假 7 天,对商家来说,更是黄金时机,但遗憾的是,有些商家却固守传统的经营观念,白白*坐失*商机。(《假日经济大有文章可做　节假商机大商家莫坐失》,《福州日报》2000 年 2 月 15 日)

(43) 果然是白白*浪得*一副不着一物的臭皮囊！难道你以为老子跟你一样会把网络当成事业么？(《女人为难女人到底为难般·跟帖》,天涯社区 2006 年 5 月 3 日)

(44) 近年来,虽则处所政府也曾经组织上映,还请了一些剧团送戏到工地,可是农民工根本不领情,往往是一场演出只有几个人看,白白*浪花钱*,让组织者十分沮丧。(《茶楼卫生管理制度让农民工快乐多一点》,美食资讯网 2010 年 7 月 6 日)

就以最常用的"浪费"为例,由于语素"浪"的否定义已淡薄化,所以叠加很普遍①。例如:

(45) 交流站那个江南区图书馆几乎从不开门,白*浪费*几十部电脑在里面;(当然)摆设也有开的时候,我去看过一次,但好像去的人不多,时间上也没有南宁图书馆的正规。(《南宁的图书馆设在哪儿好》,时空博客 2010 年 12 月 26 日)

(46) 中国男足要想回到亚洲一流,得靠比赛成绩来说话,那种"谁怕谁"的空话起不到任何作用。与其站着说话不腰疼,空*浪费*唾沫,还不如到比赛的时候,像韦迪说的那样多下地铲上几脚来得实在。(《多说空话不如多铲几脚》,《成都日报》2010 年 2 月 5 日)

(47) 谁知,那中等身材倏地回答:"身材不好所以穿什么都不好,既然怎么穿都不好,那就不如随便穿,省得干*浪费*时间和精力。"(《女人涅槃记》)

(48) 盲目的不合理的投资,只能是乱花钱,瞎*浪费*人力、物力。要知道,"弯道超车"的机会并非恒久存在,用心不专不精,资金没有

---

① 在调查的近代与现代语料中,叠加"浪费"的预设否定副词还有"空、干、瞎"等,本文只列举"白"。

用到该用的地方上,不仅完不成"弯道超车"的志向,还会导致进入直道后的冲刺乏力。(《"弯道超车"更要"科学驾驶"》,《解放军报》2009 年 3 月 21 日)

总之,尽管"坐、浪、漫"特定的预设否定功用还在,但是发展到现代汉语,基本上都已经语素化了,所以,发话人为了强调与凸显,就会一再地重复、叠加使用。

3. 内在差异与演化趋势

本节主要探究与分辨"坐、浪、漫"的独特的内在差异及其不同的演化趋势。

3.1　语源与个性

"坐、浪、漫"三词由于本身都直接或间接地含有否定义素,比如"坐"的预设否定义源自"遇到事变没法去做","浪"的预设否定义源自"波浪起伏没有约束","漫"的预设否定义则源自"水流漫延没有际涯",所以,这些动词在充当状语的副词化中,其否定义素总会或多或少地沉淀于各副词语义成分和附加色彩之中。当然,由于虚化的理据与过程存在差异,各词的隐性否定也不可避免地会附带一些个性特征。例如:

(49) 先王昧爽不显,<u>坐</u>以待旦。旁求俊彦,启迪后人,无越厥命以自覆。(《尚书·商书·太甲上》一七篇)

(50) 汉魏不定其分,百官子弟不修经艺而务交游,未知莅事而<u>坐</u>享天禄,农工之业多废,或逐淫利而离其事,徒系名于太学,然不闻先王之风。(唐《通典》卷一四)

(51) 及十月,帝又病动,语士开云:"<u>浪</u>用之才外任,使我辛苦。"其月八日,敕驿追之才。帝以十月崩,之才十一日方到。(《北齐书》卷三三)

(52) 或复见忌于亲故,或亦遭谗于贵党,其欲致车右而动御席,语天下而辩治乱,焉可得哉!<u>漫</u>言举贤,则斯人固未得矣。(《宋书·列传》卷八二)

总体而言,决定这三个预设否定词演化轨迹与个性特征的语义基础主要涉及以下几个方面,见表1:

表1　"坐、浪、漫"演化轨迹与个性特征的语义基础

单词	预 设 推 断	否定内容	表义重点
坐	发生特定的情况必须采用相应的措施	措施的采用	消极性
浪	发生意外的情状更须受到相应的约束	情形的约束	放纵性
漫	发生特殊的情况也须遵循相应的规则	规则的遵循	任意性

正因为各词都具有特定的否定性语义特征,所以,这些副词从古代到近代乃至现代的发展过程中,动词"坐 V、浪 V、漫 V"中的"坐、浪、漫",都逐渐成了否定性语素。例如:

(53) 赵信为单于谋曰:"汉兵既度幕,人马罢,匈奴可<u>坐</u>收虏耳。"乃悉远北其辎重,以精兵待幕北。(宋·司马光《资治通鉴·汉纪》卷一一)

(54) 世隆屡征天光,天光不至,使椿自往邀之,曰:"高欢作乱,非王不能定,岂可<u>坐视</u>宗族夷灭邪!"(宋·司马光《资治通鉴·梁纪》卷一一)

(55) 兄得千金以报尊大人,只说在京授馆,并不曾<u>浪费</u>分毫,尊大人必然相信。(明·冯梦龙《杜十娘怒沉百宝箱》)

(56) <u>漫道</u>帝城天样远,天易见,见君难。画堂新构近孤山,曲栏干,为谁安?(宋·苏轼《江城子·孤山竹阁送述古》)

3.2　动词与习语

虽然"坐、浪、漫"的结合宽狭、用频高低还存在一定差异,但随着高频类推,发展到近现代,"坐受、坐视、浪费、浪游、漫说、漫道"都凝固为动词了。例如:

(57) 臣以为盐商纳榷,为官粜盐,子父相承,<u>坐受</u>厚利,比百姓实则校优。(唐·韩愈《论变盐法事宜状》)

(58) 院判道:"前日家兄也如此说,可惜小可<u>浪游</u>薄宦,到家兄衙里迟了,故此无及。这都是他两人数定,不必题了。"(明·凌濛初《初刻拍案惊奇》卷二五)

(59) 猖狂女将出西天,扰扰兵戈乱有年。<u>漫道</u>萤光晴日下,敢撑螳臂

帝车前。堪嗤后羿穿天箭,更笑防风过轶肩。(明·罗懋登《三
宝太监西洋记》第二六回)

(60) 薄媚黄头雀,便漫说缘由;急手还他窟,不得更勾留。(《敦煌变
　　　文集·燕子赋》)

而"坐吃山空、坐收渔利、坐享其成、浪得虚名、浪死虚生、漫语空言"都是
成语了。例如:

(61) 不止一日,计安觑着浑家道:"我下番无事,若不做些营生,恐<u>坐</u>
　　　<u>吃山空</u>,须得些个道业来相助方好。"(明·冯梦龙《警世通言》卷
　　　二〇)

(62) 是龙为使而池,<u>坐享其成</u>,日为而星,不必用其力也,君又何忧而
　　　弗乐乎?(钟惺《夏商野史》)

(63) 九有茫茫共尧日,<u>浪死虚生</u>亦非一。清净玄音竟不闻,花眼酒肠
　　　暗如漆。(唐·贯休《杂曲歌辞·行路难五首》)

(64) 王霸:"天下大乱,咱们凡夫俗子正是用武之时,试问:《铸剑之
　　　术》《治国之术》<u>漫语空言</u>,何用之有?"(赵鹏《恩怨情仇》)

3.3　退化与转化

在长期的不断使用中,由于双音节化的制约与类推,表示预设否定的
"坐、浪"在各种不同的语境中,否定功用都开始逐渐地趋向淡薄化,进而
羡余化了。尤其是"坐失、坐收、浪费、浪用、漫聊"中的"坐、浪、漫",否定
功用已经而且正在退化之中。例如:

(65) 近几年时兴卖书号,不少出版社以几千上万元把书号卖给书商,
　　　<u>坐收渔利</u>,至于书商编什么文章、出什么书就撒手不管、听之任
　　　之了。(《人民日报》1993 年 8 月 24 日)

(66) 非这番找足前文,不成文章片段;并不是他消磨工夫,<u>浪费笔墨</u>。
　　　(清·《儿女英雄传》第一二回)

(67) "满而不溢",指器物已满盈但不溢出,比喻有资财而不<u>浪用</u>,有
　　　才能而不自炫,善于节制守度。(《中国成语大辞典》条目)

(68) 二女公子挽留浮舟睡于其侧,与她聊起父亲在世之事,以及数年
　　　来蛰居宇治山庄之情状,虽不完整,却也<u>漫聊</u>极多。(〔日〕紫式
　　　部《源氏物语》,林文月译)

再进一步发展,否定动词"漫说"与"漫道"在相应语篇中由于语境吸收,逐渐由否定动词转化为转折连词了,而且,在关联组合中还经常跟"就是、即使""连、纵"等配合。例如:

(69) 10 年前,以"辽化为中心建设新辽阳"的口号就在辽阳市叫响了,但这口号在很长一段时间内没能很好落实,<u>漫说</u>全市的步子不大,<u>就是</u>辽化所在的宏伟区也步履蹒跚。(《报刊精选》1994 年)

(70) <u>漫说</u>在人类社会中,<u>即便是</u>动物界不也是如此,为什么开屏美丽的孔雀好求偶,为什么强壮的公牛公鹿公羊公猴能够独占一群雌性——竞争。(魏润身《挠攘》)

(71) 这里美丽的林木真是数不胜数,<u>漫说</u>葱茏林木是如何竞秀,<u>连</u>遍坡盛开的杜鹃,<u>也</u>不甘示弱地燃烧成一道道斑斓的风景。(《人民日报》1998 年 9 月 18 日)

(72) 叹村姑全不识个中利害,看不透这颠颠倒倒、倒倒颠颠的大千世界奥妙难猜。<u>漫道</u>是一颗头颅如草芥,<u>纵</u>豁上千百条性命,焉将这定案翻转来。(《人民日报》1993 年 1 月 27 日)

总之,含有预设否定义素的"坐、浪、漫"与相关成分在不断发展演化中,除了词汇化与习语化,甚至还出现了淡薄化与羡余化,甚至还衍生出衔接功能,进而关联化了。

4. 结语与余论

综上所述,可以归纳如下:首先,就表义功用与性质特征而言,主要涉及付出与获得、顺向与逆向、积极与消极三个方面。其次,就分布选择与使用方式而言,大致涉及饰谓与内附、对举与配合、重复与叠加三个方面。最后,就内在差异与演化趋势而言,基本上涉及语源与个性、动词与习语、退化与转化三个方面。

通过对副词"坐、浪、漫"的预设隐性否定化、词汇化、关联化研究,我们深深地感到:由于汉语独特的没有形态变化的类型学特点,所以,研究汉语各种语言现象及其发展与演化,既要突破印欧语语法的各种规则限制,深刻认识汉语发展演化的规律与特点,又要借鉴普通语言学的经典理论和研究方法;唯有如此,才能真正看清汉语表层结构后面的演化趋势与发展动因,才能揭示出汉语表达方式内在规律及其演化方式的相应机制。从以往研究结论与教学实践来看,由于学界一直没有把这些副词(素)当作否定词处理,对其共性与个性又缺乏深入的了解,从而不可避免地在理解近代汉语文献和编写历史词语辞典时出现各种问题。所以,作为语言工作者,显然还有义务研究从一系列语素起源来帮助分析当前这类词语的否定功用。

参考文献

陈振宇　姜毅宁　2019　反预期与事实性——以"合理性"语句为例,《中国语文》第 3 期。

刘　烨　2009　《预设否定副词"白"和"瞎"的比较研究》,北京:北京语言大学硕士学位论文。

陆方喆　2017　《现代汉语反预期标记研究》,北京:中国社会科学出版社。

王志英　2012　副词"瞎"的预设否定功能及其成因,《语言教学与研究》第 1 期。

邵敬敏　1986　"不要白不要,要了白要"是悖论吗?,《汉语学习》第 5 期。

任瑚琏　2002　"白"类副词是具有特定预设的副词,《西南民族学院学报(哲学社会科学版)》第 5 期。

袁毓林　2014　概念驱动和句法制导的语句构成和意义识解——以"白、白白(地)"句的语义解释为例,《中国语文》第 5 期。

张谊生　1994　"白"类副词的表义特征及其个性特点,《徐州师院学报》第 3 期。

张谊生　1996　现代汉语预设否定副词的表义特征,《世界汉语教学》第 2 期。

张谊生　1999　近代汉语预设否定副词探微,《古汉语研究》第 1 期。

张谊生　2011　预设否定副词叠加的方式与类别、动因与作用,《语言科学》第 5 期。

曾静涵　袁毓林　2017　汉语副词"干"的去范畴化——从名词到隐性否定副词的演变历程及其动因,《闽江学刊》第 6 期。

Goldberg　2006　*Constructions at Work:the Nature of Generalization in Language*,Oxford:Oxford University Press.(《运作中的构式:语言概括的本质》,吴海波,译,北京:北京大学出版社,2014）。

Hopper，Paul，J. & Traugott，Elizabeth C.　1993　*Grammaticalization*，Cambridge：Cambridge University Press.

张谊生：yingshen@shnu.edu.cn
原载《语文研究》2023 年第 4 期，本书收录时略有改动。

再说"意外三角"*

复旦大学中国语言文学系　　　陈振宇　包笑婷

提　要　"意外"主要有非常规和不合理两个来源,其中非常规占据主导地位。意外特征可以导致功能的语用迁移,自信与否和命题的消极积极在迁移中共同起作用。当说话人不自信时,语句语力迁移至疑问,包括揣测问、原因/理论问、细节/焦点问、信息来源问四种;当说话人自信时,如果命题积极,则有语用肯定解读,如果命题消极,则迁移至语用否定。感叹与意外始终是共生的,叠加在疑问、语用肯定、语用否定的语力之上。

关键词　意外　疑问　语用否定　感叹　语用迁移　自信　积极消极

1. 引言

意外(mirativity)是一种说话人指向的情感反映,是说话人收到某种外部信息而引起的反感、愤怒、痛苦或赞叹、幸福等强烈的感情或情绪(Aikhenvald 2012;陈振宇、杜克华 2015)。汉语研究中较早涉及"意外"的有 Matthews(1998),Chang(1998),陶寰、李佳樑(2009)等,他们分别研究了粤语的句末语气词"wo3",台湾闽南语的"讲"和新派上海话的句末"伊讲"。这些都是针对可以引起"意外"含义的具体语词的研究。但这些研究主要关注"意外标记"的语法化问题,对"意外"范畴在语法体系中的作用很少涉及。陈振宇、杜克华(2015)首先将"意外"视作一个语用语法范畴,认为它在语法系统中有关联疑问、感叹、否定这三个重要语法范畴

---

* 本文是上海哲学社会科学一般项目"汉语反事实与非事实条件句定量分析与计算"(2019BYY001)的阶段性成果。

的作用,并据此提出了"意外三角"的理论(如图 1 所示)。

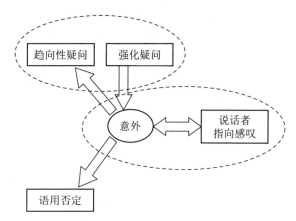

图1　陈振宇、杜克华(2015)的"意外三角"地图

意外范畴可以导致疑问、感叹、否定之间发生如图 1 所示的一系列语用迁移或叠加,陈振宇(2017:528)对其总结如下:

疑问(默认)＋[特征]意外→[主]语用否定＋[次]说话人指向感叹

疑问＋[特征]意外＋[特征]积极/非消极→纯感叹

强意外(默认)→[主]语用否定＋[次]趋向性疑问＋[次]说话人指向感叹

弱意外→[主]趋向性疑问＋[次]语用否定＋[次]说话人指向感叹

超强意外→[主]极性语用否定＋[次]说话人指向感叹

强意外＋[特征]积极/非消极→纯感叹(或者说是阻止导向语用否定)

然而今天看来,上述规则过于简略:一方面,"疑问-感叹"是一个连续统,经过了多个层次,语用否定和造成它的原因也都是复杂的,不能一概而论;另一方面,意外作为最重要的控制范畴,仍需要更细致的研究,它的内部应该有更多的层次。

除此之外,还应该将有关迁移和叠加关系分为两个方面:一是因为具有意外特征而导向的功能;二是某些功能会引起意外意义。"意外三角"应该主要研究前一方面,而"强化疑问→意外"则是后一方面,放在图中并不合适。这是因为引起意外的不仅仅是强化疑问,还有其他各种不同的语法范畴,例如汉语中的强化否定、传信/实据、突然事态等,我们应该另行讨论并画成地图。

　　经过仔细的考察,本文将"意外三角"理论限定在"意外特征所导向的功能迁移或叠加"这一方面①。我们将图 1 修改扩充如图 2。

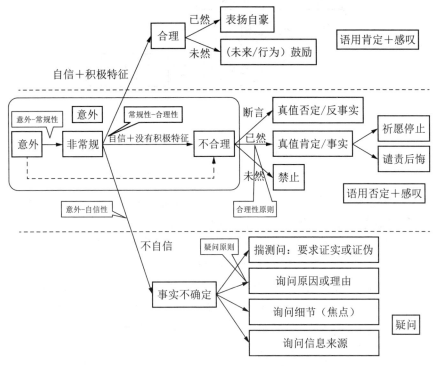

图 2　新修改扩充的"意外三角"地图

---

　　①　在语用迁移理论中共分三种:1)正迁移,指形式出现在易于体现或至少不阻碍它达成其已经高度规约化(记忆)功能的环境之中——或者是有条件满足它的规约性功能的实现,或者没有条件阻碍其实现。2)负迁移,指形式出现在不易于体现或阻碍它达成其规约化(记忆)功能的环境之中——或者是没有条件满足它的规约性功能的实现,或者有某种条件阻碍其实现。负迁移其实就是直接言语行为失效,而转向间接言语行为,这就是我们常说的"使用 A 范畴的话语形式,实现的却是 B 范畴的意义功能"。3)叠加,是多个功能叠加在一起的意义增量,首先是正迁移实现,但获得的功能又触发了新的迁移,继续获得新的间接的功能。与本文有关的仅仅是后面两种:负迁移和叠加。

新的地图中,除了暂时删去"强化疑问→意外"这一迁移路径外,有四个方面与原来的理论存在差异:

1) 将意外扩充为"意外、常规性、合理性"三个范畴组成的一个区域,即图中圆角方框内的部分。

2) 细化了由意外导致的疑问,由"趋向性疑问(揣测问)"一种疑问扩展为四种疑问:揣测问、原因/理论问、细节/焦点问、信息来源问。

3) 进一步深化由"不合理"到"反事实"的推理,重点是断言与非断言的区别,前者导致反事实解读,后者则不能。

4) "感叹"和"语用否定"都可能导致进一步的言语行为上的要求,如禁止、鼓励等。

下面详细讨论。

2. 意外、常规、合理

导致意外的原因主要有两个方面:非常规和不合理。

当一个命题在大概率情况下为真时,我们说它是"常规的"(conventional)。这类事件是说话人认为大多数人[在语言中常用"别人、大家、众人、(大)多数人"等表示]在大多数情况下[在语言中常用"常(常)、经常、总是、常见、一般、通常"等表示]会做或会遇见的事。请注意,这里的概率是说话人心理主观认识的概率,虽然在很大程度上与现实世界的事物频率重合,但并不总是如此,因为认知是不完备的,存在认知上的跳跃。参看袁毓林、刘彬(2016)的"反通常性"。

当一个命题与说话人的理性认识相符时,我们说它是"合理的"(rational)。由于并非大多数人认定的就是合理的,因此合理性实际上是说话人自己主观认定的性质,这与常规性的概率大小还具有相当的客观性不同,合理性是高度主观性的,完全由说话人自己决定。不合理的事并不是不存在的,刘娅琼、陶红印(2011)就指出,"否定反问句表达的就是不同程度的负面评断立场(negative evaluate stance)",即存在专门的语言手段来表示说话人认为事物是不合理的或不令人满意的。

合理是"理性化"(rationality)范畴研究的内容,使事物合法的因素称为"理由"(reason)。理由又分为两个维度:

1) 人们为社会性行为找到的理据,以此说明行为的适当或不适当,例如"她生病了,所以不去学校","生病"是让"不去学校"合理合法的一个理由。

2) 在某些情况下,在自然事物的思考领域也会使用理由,作为说话人让自己去"理解"有关现象的依据,例如"热了好一阵,该凉快点了",热了一阵并不是现在凉快的使因,而是让说话人感到理解天气转凉的理由,因为他的阅历告诉他事物往往会相互转化,所以热后又冷是"合理"的,于是他不再会对天气转冷感到意外。

非常规和不合理是不同的。例如"奇怪"一词一般表示认识主体认为事物是非常规的,而不是不合理的。"他很奇怪我怎么没去看他"="他认为我没去看他是非常规的事件",这是因为一般而言,亲人或特别好的朋友生病都会去看望。汉语"才怪"(这里的"怪"为奇怪义)在规约化为语用否定标记后,也不是表示不合理,而是表示非常规,而非常规的东西一般不存在,就此得到"反事实"意义,如"他不去找你才怪/他去找你不奇怪,他不去找你才怪呢"表示说话人倾向于认为"他不去找你"是非常规的,非常规的很可能不会存在,由此推导出说话人是认为"他会去找你"。

常规和合理之间是不对称的。合理性一般有内外两个方面的来源:在内是来自说话人对自己的自信(我的认识是合理的),在外是来自权威(权威说的做的是合理的)、事实(需要与自信、意外搭配共同起作用,自信时,存在的是合理的;意外时,存在的是不合理的)和常规(常见的很可能是合理的)。

在证明一个事物的合理性时,我们通常采用的、也最有效的证明方法是"常规和/或权威",当二者的方向通常是一致的、相互印证的时候,合理性最强,这样的语篇非常常见,如例(1)(2)所示;但常规与权威的观点不一致的时候,说话人只能求助于自己的信念来进行选择,如例(3):

(1) 英国科学家对午睡长远效果进行了深入的探讨……午睡对健康有益,它不仅可以消除紧张的心情,还有利于预防疾病,延年益寿(权威)……绝大多数人都愿意在午饭后睡一会儿(常规)。这并不是因为我们懒散,而是由于我们体内的生物节律在起作用。(《养生与健美方法100例》)(权威和常规印证午睡是合理的)

(2) 保养声音,首先应该学会如何正确地发声。有专家说,大约有七成人不会"说话",也就是说有很多人的发音方式是不正确的(权威与常规)。(张晓梅《修炼魅力女人》)(权威研究的就是常规,证明正确发声需要学习是合理的)

(3) 就像写文章可以用笔名一样,网友是有权享有隐私的。我可以完全不知道对方是谁,但如果对方利用匿名触犯了法律,有人来管就是了,这不构成实施实名制的借口(常规)。但是居然有专家说我反对实名制是替自己的利益着想(权威),他老昏头了,我从有网络到现在就是一直实名的,按理说你去实不实名根本不关我事。(博客)(常规反对权威,说话人认为常规是合理的)

而证明一个事物的常规性时,基本不会用合理性来证明,而是通过经验或(完全/不完全的)统计来确定。例如"绝大多数人都愿意在午饭后睡一会儿",这是根据大量实践经验得到的频率来确定的常规性。

常规与认识情态,包括能力情态有很大的关系,因为认识的来源以及能力的确定,是我们对事物情况的观察或总结,需要有相应的经验作为推理的条件,需要有可支撑的/外在的证据,不能仅凭自己的好恶;而合理则与道义情态和意愿情态有关,不论是希望的,还是应该的,都可以说是合乎说话者所持的"道理"的。①

意外一般都是与非常规和不合理相关:即"意外-非常规-不合理""不

---

① 常规和合理在语法化过程中也分别起作用:1)一个形式长期用于某种语用环境中,也就是形成了常规搭配,于是该形式默认就是这种语用意义。例如总括"都"用于"连……都"递进格式中,最终获得表示极端和意外的"甚至"意义。2)一个形式自身的语义结构会导致某种合理的叠加,从而获得新的语用意义。例如从"白(白)、空、干"等语义蕴含"徒劳"意义,所以相似的语词都容易获得这一新的意义。

当然,语法化也可能是两个方面因素共同作用的结果,如"说得好听",一方面它极大地概率用于消极情绪和反预期的语篇中,另一方面也有内在的道理:太好的东西往往不是事实,言说的内容往往是对现实的极端化(很难有人可以恰如其分地言说),所以说得太好的,当前事实很容易不符。那么,这两者谁更重要,影响更大? 我们认为,在一般的情况下,常规性影响更大,因为很多类似的语词或结构并没有产生这样的功能叠加,或者叠加的概率比较小,如"说得太好了、说得真好、说得十分好听"等就没有这一用法。参看张谊生(2022)关于"看似"的解释。

常规和合理其他方面的性质还有:常规的预期,一般与当前信息相符(正预期);合理的预期则大概率地与当前信息不符(反预期语篇),参看陈振宇、张嘉卉在"汉语研究国际青年语言学家高峰论坛"(2022)。

意外-常规-合理"。但是,这只是无标记的匹配,很多时候会出现"错位"。

　　我们需要考虑一个核心问题:意外、常规、合理既然有如此紧密的关系,那么它们是不分彼此完全混杂的,还是有一个推理顺序、有分工合作的范畴? 此前陈振宇、杜克华(2015)以及陈振宇(2017:526—530)均认为,"意外"以自身为核心起到触发作用,但我们进一步考察后发现需要做重大的修正,因此本文重新讨论。

　　我们认为,意外、常规和合理,三个范畴构成一个核心区域,但这个区域内却是不平衡的,常规性比合理性在意外中具有更大的作用。 常规性与意外的关系更为直接,合理性则一般需要经过一个"积极/消极"评价的过滤。李宇凤(2010)认为"反问"(实际上是指具有意外特征的疑问句)与不合理直接相联系,但我们认为这种联系一般需要经过"非常规"这一中间环节,和袁毓林、刘彬(2016)"在从疑问到意外的迁移中,'非常规性'起到重要的作用"的意见相似。 当然我们也承认,在特殊的情况中,意外也可以直接与不合理相联系。

3. 从意外(不自信)到疑问

3.1　自信性

意外与常规性之间的关系遵循如下原则:

【意外-常规性原则】:

　　① 说话人认为是常规的事物(包括符合"类指预期"的事物),不能让他感到意外。

　　② 如果表示对某一事物感到意外,而说话人又是自信的话,则表示该事物对说话人来说或者有非常规之处(包括违反类指预期),或者常规的事物没有成为事实。

　　(4) a.　"狼姊,你难道要一辈子都不结婚?"连尹泪不死心地继续努力。(慕枫《酷妹火狼》)

　　　　　徐以显见她红着脸低头不语,又说:"夫人难道甘做贼人之妾,不愿居皇后之尊么?"(姚雪垠《李自成》)

　　b. 其实共产党也为衣、食、住。难道他不吃饭? 不穿衣? 不睡

觉?（欧阳山《三家巷》）①

"孩子来到世上怎么会**没妈**呢? 他是我肚子里爬出来的,只会没爸,不会没妈。"（六六《双面胶》）

c. 黄克诚惟恐彭德怀不出席庐山会议会引起毛泽东的误解,便非常恳切地说:"老总,你是政治局委员,你怎么能**不去**呢? 还是我留下来值班,你去开会的好。"（《报刊精选》1994 年）

将军觉得有点反常,他大声地问:"哨兵,你难道**不认识我**吗? 为什么不敬个礼呢?"（《读者》）

例（4）中的所有例句,说话人都感觉到意外,例（4a）"一辈子不结婚""愿意做妾不愿意做皇后"是非常规的事物,它们违反了社会运行的常规模式"结婚""愿意坐更高的位置";例（4b）中的常规是"人不能不吃饭穿衣睡觉""人不会没有妈妈",所以"他可以不吃饭、不穿衣、不睡觉""孩子没妈"是反事实、不可能的;例（4c）中"你不去""你不认识我"违反了"你"所在的那个类"政治局委员、哨兵"的预期,政治局委员应该要参加会议,哨兵也应该认识将军。

请注意,这里的常规性是有层次的,例（4a—b）指的是普遍的类,常规性对所有（或绝大多数）妈妈、女人或其他人、物都成立;而例（4c）则是有限范围中的类,常规性仅仅是对这些人或事物成立,如果超出了这一范围,如"哨兵以外的人",则常规性就不成立了。正是因为对例（4c）来说,确定类的范围非常重要,所以这种针对某一类事物而不是所有事物的常规预期称为"类指预期",而且这种类需要在语篇或语境中得到明确的解释。

常规性可以进一步导向其他语用范畴,在这一过程中,"自信"和"积极"两个要素参与进来,起到了重要的调节作用。

---

① 袁劲（1986）认为,"道"有"料"义,"难道"即难以预料,虚化为副词后,表示深感意外的语气和情态,再由"反预期"产生反问意义。我们认为,"难道"语境中说话人没有想到的主要都是对他来说消极的事,所以消极意义占了上风,这就是语用否定的来源,我们几乎找不到表示纯粹的积极的感叹的例子。但当说话人不自信时,意外会转变为揣测问,即说话人有所猜测,但是不敢肯定,希望对方语义证实或证伪,如"难道你真的是这里的老板?"不过,反问的用例常见,而推测的用例少见。

"自信"(confident)是说话人对所言说内容的事实性态度,也体现了他针对其他交际参与者的社会或知识优势地位。"不自信"(not confident)则反映了说话人认识到自己的社会或知识地位不够高,甚至是很低,预见到可能自己的话语有错误、可能遭遇别人的反对,从而在面临言说任务时表现出更多的犹豫。[①]因此,自信与否会影响到说话人对事件真值以及合理性的判断。

具体到语言形式,说话人在无标记时都是自信的,而不自信是有标记的。如果以一般自信为中性点,则有:[②]

	不自信	自信
语速	更慢	中等
音高	平均基频更高	……
音强	比自信弱	……
发音控制	难以控制发音	……
连续性	不连续不稳定	……

"积极/消极"涉及说话者对事物的社会价值的判断。人们普遍具有趋利避害的心理,因此如果说话人认为这是积极的事,他很难认为它不合理,这也就导致了常规性与合理性之间存在了错位,非常规的不一定不合理,合理的非常规事物也会导致感叹,但是这是有标记的情况。

【常规性-自信性原则】:在言说事物或行为时,如果说话人认为它是非常规的,则:

① 当说话人自信时,需要进一步看事物是否具有明显的积极倾向;

② 当说话人不自信时,那么说话人无法确定事件的真假(弱事实、弱反事实或非事实)。

---

① 这里的"自信"和"不自信"代替了以前我们使用过的"强意外"和"弱意外"的术语,因为"强、弱"本身难以定义。

② 请注意,这里往往是韵律上的细微差异,如陈振宇、姜毅宁(2019)所言,重读的"就、就是"是强调(他反预期)标记,如"他 ' **就**这么差!"轻读的"就、就是"是意外(自反预期)标记,如"他就……' **这么**差!"当"就"重读时,表示说话者强调他的差劲,这反映自信或强化自信,并且要求对方认同这一点;当"就"轻读,"这么"重读时,表示说话者感到意外,不相信他的差劲是真的,因此需要对方证实或证伪。

下面按照自信和不自信分别论述。本节先讨论不自信的情况,自信的情况下一节再阐释。

3.2 意外→非常规(不自信)→不确定→疑问

非常规可以引起意外,而当说话人不自信时,他无法判断这一事实的确定性,也就很可能进一步触发疑问功能,与疑问范畴产生关联。陈振宇、杜克华(2015)和陈振宇(2017:538—539)认为,意外可以使其他范畴迁移为趋向性疑问(即一般文献中的"揣测问""求证问"),但进一步研究发现,意外也可以导向其他类型的疑问句,它们遵循着如下的【询问原则】。

【询问原则】:

① 说话者如果认为事物是弱事实或弱反事实(非事实),则需要对方证实或证伪(求证),或者告诉为什么如此(问理由),或者告诉有关细节(问细节),或者告诉信息的来源。这些语用功能的目的都是为了消除不确定性。

② 说话者如果不需要对方证实或证伪,也不需要告诉理由,也不需要告诉有关细节,也不需要告诉信息来源,则他是已经能够确定事物是事实或反事实,不具有不确定性。

各种疑问用法分别举例如下。

1) 先看意外导致揣测/求证问:

(5) a. 他愤愤地说:"不嫁给我,你难道要嫁给这个穷小子吗?(琼瑶《水灵》)

　　b. 林秘书,在办公的地方带小孩子来做什么?温总竟然不闻不问吗?(席绢《雪儿姑娘》)

　　c. 方达生:(顿住了,片刻)自然,现在我跟你没有什么关系。

　　陈白露:(不放松)难道从前我们有什么关系?(曹禺《日出》)

上述各例均有两种解读可能。以(5a)为例,当说话人不自信时,他无法确定"要嫁给穷小子"这一事实是否为真,因此迁移为表求证,希望对方能够证实或证伪。但当说话人自信时,表示他认为"穷小子"不合理,或者责备,或者教育她不应该嫁给穷小子,或者断言她一定不会嫁给这个穷小子。

"意外→求证问"的这一功能,已经有不少研究成果,如对于"难道、不成"等所谓"反问"标记的研究,都发现它们先有表示意外(语用否定)的功能,再发展出求证问的功能(参看袁劲 1986;陈振宇、邱明波 2010);古代汉语的"乎"等语气词,既有感叹功能,又有疑问功能,很可能也是从意外发展而来的;成都话句末语气词"哇"从意外发展为求证问(参看陈振宇、杜克华,2015)。

2) 再看问原因或理由:

(6) a. "婕凝,我不是病人,你怎么会一副我急需急救的样子? 怎么回事?"(梦萝《巧探妙佳人》)

　　b. "秦朋友,你何必一定要赶尽杀绝,好汉相惜,改日你们有幸再互相切磋武技,不也是美事一件,请看在下薄面……"(柳残阳《魔箫》)

　　c. 李石清:(气了)你怎么能输这么些! (曹禺《日出》)

上述各例中,如果说话人不自信,则他不确定"一副我急需急救的样子""赶尽杀绝""输这么些"为什么会发生,因此迁移为询问理由。当说话人自信时,则表示他认为"一副我急需急救的样子""赶尽杀绝""输这么些"是不合理的,表达了说话人的责备。

"意外→原因/理由问"也有不少研究成果,如"怎(么)"的方式疑问和原因疑问是同源但路径不同的演化过程,对原因疑问来说,刘月华(1989:288),李湘(2019),陈振宇、杜克华(2019),李强(2021)等都认为,它是来自诧异、惊异、意外,因为意外而推出希望告知原因(理由),后来逐渐演变为询问原因。

3) 再看问细节:

(7) a. "妈? 你到底怎么倒在地上了?"(老舍《二马》)

　　b. 父亲又劈了他一个巴掌:"老三,你看见了什么? 你究竟中了什么邪了?"(杜文和《聊斋先生》)

　　c. 罗亦鑫忍不住地大吼,"你这个女人到底有没有一点常识?"(丁千柔《网络女精灵》)

上述例子中,如果说话人不自信,则不确定事情究竟是怎么样的,于是迁移为询问事物的细节,如究竟"为什么倒在地上"、究竟"看见了什么、中了什么邪"、究竟"有没有常识"。但当说话人自信时,则表示他认为"妈妈不应该倒在地上""没有看见什么和中邪(现在的疑神疑鬼的表现是不合适的)""没有常识",这些表达了说话人的不满或责备。

"意外→细节问"在以往的研究中很少提及,不过有一个很突出的例子:汉语史上的"好/多 A"表示感叹(意外),指程度非常高,令人惊讶;进而表示高度无法确定,进而表示问细节(具体高度是多少),进而得到疑问用法——问程度/数量。这就是从意外演变为询问细节。李晋霞(2005)说,性质形容词"好"先演变为表示程度高/感叹意义的副词"好",大约在唐宋出现,如:

(8) a. 清秋华发好相似,却把钓竿归去来。(赵嘏《江上逢许逸人》)

   b. 去了俺眼中钉,从今后好快活。(《刘知远诸宫调》)

直到相当晚近,汉语方言中才出现用"好"询问事物数量/程度的用法,如伍金辉(2008)关于永州方言的例句:

(9) a. 你买这块衣裳要咖好多仔钱?(你买这件衣服花了多少钱呢?)

   b. 从这当到车站有好远仔?(从这里到车站有多远呢?)

4) 再看问信息来源:

(10) a. 娘娘站在井边这儿撸胳臂挽袖子打算往下走呢,呼啦抄全过来了,拦在这儿:"娘娘,娘娘,穷妖精莫追啊!""啊?你怎么知道他没钱?""不是那个词儿啊,原来这个词儿叫'穷寇莫追',现如今换了妖精了,杀妖精不过头点地,雨过地皮湿,娘娘您给他留一个机会吧。"(《郭德纲相声集》)

   b. "听谁说的,仲石死了?"(老舍《四世同堂》)

   c. "但他在追求你。""谁说他在追求我?他自己就从来没有说过。他还表示过,他对爱情有恐惧症,最好一辈子不谈恋爱!"(岑凯伦《爱情帖》)

上述例子中,说话者听到信息"他没钱(穷妖精)""仲石死了""他在追求我",如果说话人不自信,则有可能他对此信息的来源感到困惑,从而询问"你怎么知道的""(听)谁说(的)"。但当说话人自信的时候,他认为"他不是穷妖精""仲石没死""他没追求我",即认为说话人的信息来源不可靠,表达了说话人对对方知识错误的不满和对自身知识水平的肯定。

"意外→信源问"在以往的研究中也很少提及,不过还是有一个汉的例子,需要特别讨论一下:关于表示意外和语用否定的"哪(儿/里)"(历史上还有"那个")的来源,有不同的看法,主流的看法之一,如吕叔湘(1985:260—261)、俞理明(1989)、吴福祥(1995)等指出,它的出现早于表示询处所的"哪",所以不是从处所疑问词演变过来的。周法高(1959:189)、吴琼(2002)等提出表示意外和语用否定的"哪",是在东汉从"奈何"合音或省缩音变而来。在此之前,"奈何"已经演变为语气副词,便是强烈的意外,因此"哪"一开始就应该是意外副词:

(11) a. 文度因言桓求己女婚。蓝田大怒,排文度下膝,曰:"恶见,文度已复痴,畏桓温面?兵,<u>那可嫁女与之</u>?"(《世说新语·方正》)

　　 b. 其时复有谣言曰:"卢橙橙,逐水流,东风忽如起,<u>那得入石头</u>?"卢龙果败,不得入石头。(《宋书·五行志·诗妖》)

我们认为,除了意外与语用否定意义,这一个"哪"在今天的现代汉语中还在向询问功能转变,这一演变和处所询问有关,是问信息来源(哪得知,表示从哪里知道或从哪里证明),或者问在"哪个可能世界中/哪个方面来说"有这样的事。如:

(12) a. "我哪……<u>哪有说谎</u>?"(兰京《御梦英豪》)(我在哪个方面说谎了)

　　 b. 想想看,他们一个个吃了我这么多年,老六好歹都快五十岁了,他们成家、立业、生儿育女时,<u>我哪一个少给过红</u>?(阿蛮《却下水晶帘》)[我在哪一个可能世界(哪一种情况)中少给了红]

　　 c. "<u>我哪一句提到是被推下楼的</u>?"(夜蝴蝶馆《晚娘病毒》)(问信息来源-我在哪里说过)

　　 d. "确定,江君大夫交代的事,<u>我哪一回失过手了</u>?"(宛宛《红尘蝶恋》)(在哪个可能世界失过手)

　　 e. "<u>我哪里说你老</u>?人家我刚刚是要夸你怎地这么老——实。"(袁圆《意外的春天》)(从哪里或哪一句证明)

可以看到,说话人的自信程度不同,语句会产生不同的解读。在说话人不自信时,疑问句保留了较多询问的功能,希望通过求证(揣测问)、问理由、问细节、问信息来源来消除说话人的不确定。但当说话人自信时,就较少承担询问信息的功能,而更多表达说话人的情感和语用否定意义。由于自信的程度是一个连续统,因此,疑问形式表疑问和表感叹的功能也非截然分别的,二者之间存在很强的连续性。

4. 从意外(自信)到感叹

在说话者自信的情况下,非常规可以进一步叠加感叹。感叹句的根本功能在于表达说话者强烈的情感(吕叔湘 1982:311;朱德熙 1982:24),因此由意外的非常规性引起感叹是顺理成章的事情。陈振宇、杜克华(2015)认为,与意外相关的,主要是说话者指向感叹(speaker-orientated),用来反映说话人自身的强烈情绪,不必对他人产生影响。

感叹缺乏独立性,可以在陈述、祈使、疑问语力的基础上同时表达出强烈的感叹。这也为感叹与其他语力叠加,其他语力向感叹发生迁移提供了条件,这一方面的论述可参看陈振宇、张莹(2018),张莹(2015)。在意外范畴中同样如此,除了单纯表达说话人对命题的强烈情感外,感叹也可以附着在疑问、否定、肯定的语力上,作为主要或次要的意义功能。此外,感叹也对说话人的自信程度很敏感,当说话人自信时,语句的感叹色彩往往较强;不自信时,则感叹程度很低,甚至接近于零,这时是更为纯粹的疑问功能。

在意外范畴中,感叹有否定和肯定两种附着语力。进一步的推导遵循如下原则:

【常规性-合理性原则】:在言说事物或行为时,如果说话人认为它是非常规的,且说话人自信,则:

① 当事物不具有明显的积极倾向,则他认为这是不合理的(解反预期除外),表达语用否定和感叹;

② 当事物具有明显的积极倾向,事物当然是合理的,这时说话者表达语用肯定和感叹。

另外,意外一般不直接与合理性发生关联,而是需要常规性的过渡。但在特殊的情况下,说话人无法判断事实常规性的时候,意外也可以直接与合理性相联系:

【意外-合理性原则】:说话人无法做出<u>常规性</u>判断时,且说话人自

信,则:

　　① 合理的事实不能让他感到意外。

　　② 如果表示对事实 X 意外,则该事实不合理。

　　(13) a. 可是万一回不去呢? 难道要<u>在山上过一辈子</u>吗?(柳盈《狼的
　　　　　 花嫁》)

　　　　 b. "这种时候怎么能够<u>闭眼睛</u>? 大炮子随时都会落下来的。"
　　　　　 (巴金《家》)

　　例(13a—b)中,因为事件的罕见性或特殊性,说话人都无法做出常规
性判断,不知道"在山上过"和"闭眼睛"是否常规。但因为说话人表达出
意外的情绪,说明说话人认为这种事实是不合理的。

4.1　从意外到语用否定:真值否定问题

　　当说话人认为事物非常规,且事物没有明显的积极特征时,说话人会
推论认为这一事物不合理。不合理会导致语用否定,这一点前人已经有
充分的阐释,参看李宇凤(2010b),袁毓林、刘彬(2016),陈振宇、杜克华
(2015),李强(2021),等等。但是,这里还有重要的问题没有解决:从合理
性否定到真值性否定的限制条件是什么,或者说,什么时候只否定合理性
而不否定真值,什么时候从合理性否定进一步获得真值否定?

　　陈振宇、杜克华(2015)说,如果是对命题 X 的语用否定,则分为两类:
一类是否定命题 X 为真;另一类是承认命题 X 为真,但否认命题 X 的合
理性。可称前者为"真值否定",称后者为"合理性否定"。有的意外句可
以否定真值,如例(14a),有的却只否定合理性,如例(14b):

　　(14) a. "他<u>有什么了不起</u>? 只不过是长得比别人高大一点儿而已。"
　　　　　 (羽昕《千万买主》)(说话人认为他没有什么了不起的)

　　　　 b. "谁呀? <u>大半夜地瞎叫唤什么</u>!"店小二从屋中探了出来,只见
　　　　　 三个背影向远处跑去。(豆豆猫《戏梦闯江湖》)(说话人不否定
　　　　　 "有人在叫唤"的事实性,只是觉得不应该在半夜大声喊叫)

　　迄今为止,学界对于这一问题还没有提出解决方案。李宇凤(2010a)
分出"不应该做 XP""不应该认为 XP""不应该说 XP"。我们认为它们实
际上都是"合理性否定",因为有"不应该";但是,只有"不应该认为 XP"会
进一步得到真值否定,即 XP 为假;其他两类都得不到真值否定。李虽然

没有进一步论述何时是"不应该认为 XP",但这一论述启发了我们:限制条件应该是看这个 XP 的性质。

XP 是引起说话者意外的非常规的事物,当说话者自信,而且它没有明显的积极性质时,说话者认为它不合理。此时,可以将 X 分为两类:

【合理原则 1】:当说话人认为,XP 是某个认识主体的断言(也就是引述性的内容①,不管是对动态还是静态事件的判断)时,且说话人自信,说话人认为该断言是错误的(反事实的),应该修改为相反的断言。

(15) a. "你们倚仗人多,使用歹毒的利器,这等所为,难道<u>不觉得太下流卑鄙</u>?"(司马翎《丹凤针》)

b. 我也是傻子,有眼不识泰山,竟然<u>相信你是个乡下姑娘、偷渡客</u>。(岑凯伦《金冠天使》)

c. "原振侠! 你居然<u>相信耶稣升天</u>,那真可教我失望! 那太不科学了!"(倪匡《复活》)

例(15)中,三个事物都没有明显的积极性。因此,如果说话人是自信的,就表达了他认为"不觉得行为卑鄙""相信你是乡下姑娘""相信耶稣升天"这些事件是不合理的,其中"觉得/相信"都是表示某个认识主体的断言,对相应断言的否定,也即说话者认为这些断言是反事实的,应当修改为相反的断言命题"行为卑鄙""不是乡下姑娘""没有耶稣升天"。正是通过对断言的否定,意外范畴否定了语言的事实性。

【合理原则 2】:当说话人认为 XP 不是某个主体的断言,XP 不合理,且说话人自信时,则:

① 如果说话人认为 XP 是已然的,则虽然承认它是事实,但谴责或后悔;如果 XP 具有延续的特征,则要求停止(从事实转为反事实)。

② 如果说话人认为 XP 是未然的,则要求禁止它的发生(阻止成为事实)。

(16) a. "小姐,你怎么还<u>一副没事的样子</u>? 你可知道大事不好了!"
(楼采凝《乞丐郡主戏诸葛》)(说话人承认"一副没事的样子"是事实,但是表示不解和谴责)

---

① 李宇凤(2010)的"不应该认为 X"中的"认为"就是在说 X 是某个认知主体的断言。

b. "天哪！我竟然<u>一整个晚上</u>都在谈公事，你不会觉得无聊吧?"(语绿《劫艳鹊桥》)(说话人承认"一整晚都在谈公事"是事实，但是表示后悔)

c. "都中午了，你怎么<u>还</u>在发呆啊!?"(席绢《富家女》)(说话人承认现在她仍旧在发呆，但是要求她立刻停止)

d. "难道<u>明天</u>你也不去接她出院?"(夏娃《俗气情人》)(说话人无法确定明天的情况，但认为应该去接她出院，努力禁止"不去接她出院"的情况成为事实)

已然时，说话人否定的是合理性，承认事实，如上面的对事实的谴责、后悔及禁止，如例(16a—c)。但是，当 XP 是未然时，禁止的是从未发生的事物，此时，该事物是否会在未来发生，依然是不能确定的(因为说话人的要求可能实现也可能不会实现)，所以本质上是"非事实"的[①]，如例(16d)。

下面来看看一些虽表面相同，但其语用语篇性质完全不同的例子，这说明了语用歧义的情况：

(17a) 甲：他最近在写小说。

乙：他写什么小说！骗你的！

(乙认为"他写小说"是甲的判断，乙反对，并认为"他写小说"是反事实)

(17b) 甲：他最近在写小说。

乙：他写什么小说！好好休息不好吗?!

(乙承认他写小说是事实，但是认为这是不合理的，表达了谴责和禁止)

在例(17a)中，说话人乙是认为甲做了一个判定"他在写小说"，并且认为这一判断是不合理的，从而否定了事件的真值。但在(17b)中，说话人乙认为甲不是自己做出判断，而仅仅是在陈述事实，所以仅仅是认为"他写小说"是不合理的事，但没有否定其真值。这里后续句起到了关键

---

① 本文采用陈振宇、姜毅宁(2018)的术语，如果说话者认为命题为真，则是"事实"；命题为假，则是"反事实"。如果说话者无法判断或没有言明命题究竟是真是假(可能真可能假)，则是"非事实"。

的作用,"(他)骗你的"说明乙试图影响甲的判断,所以使得判断真值的功能凸显出来;"好好休息"与"写小说"对立起来,乙比较二者的价值,所以仅仅停留在对"写小说"事件的合理性的阐释上,没有涉及事件的真值。

请注意,当说话人以不自信的语气说事物不合理时,不能确定事物的真假。

(18) a. 杀父之仇,他︱不应该无动于衷啊!

　　 b. 杀父之仇,他不应该……无动于衷啊↗?

例(18a)有特别的重音,体现了说话人自信的语气,本身是一种感叹,说话人通过对事件不合理性的强调,表明说话人认为事情不是这样的,"他"很可能有某种行动,只不过我们不知道罢了,是一种对"无动于衷"的事实性的否定。相反,例(18b)的语调是上升的、迟缓的,表示说话人不确定他是否真的无动于衷,因此表达求证、问原因等功能,其中以求证问最为凸显。但随着说话人自信的增强,在上升语调中也可以发展出承认"无动于衷"的事实性、批评"无动于衷"态度的解读。总而言之,自信程度的不同会使语句产生不同的解读。

4.2　从意外到语用肯定:积极性质

当事物具有明显的积极倾向,事物当然是合理的,这时非常规的事物只能引起说话者的语用肯定和感叹。当然这也需要进一步区分:

【合理原则3】:当说话人认为非常规事件合理时,且说话人自信,则:

① 如果说话人认为事件是已然的,则说话人虽然惊讶,但仍表达出欣喜、称赞或自豪;

② 如果说话人认为事件是未然的,则说话人鼓励这件事的发生。

(19) a. 其实,在丰子恺六十余年的笔耕生涯中,他居然为了此书的完成,历经了四十余年的沧桑岁月。(《人民日报》1993 年 9 月30 日)

　　 b. 冰冷的刀锋,一下子就已到白玉京咽喉上,他却连眼睛都没眨一眨。(古龙《七种武器之长生剑》)

　　 c. "公子,你可算回来了!"(沧月《武之魂系列》)

　　 d. 另一人迫不及待地道:"师父,你终于要告诉我的身世了。"(上官鼎《沉沙谷》)

已然时，说话人肯定事物的事实性，且由于其具有积极倾向，因此尽管惊讶，仍旧肯定其合理性，并表达称赞、欣喜等，如（19a—c）；但是，当XP是未然时，说话人称赞的是尚未发生的事物，此时，该事物是否会在未来发生依然不能完全确定，但说话人因其积极性质鼓励其发生，例(19d)。

总之，当说话人自信时，如果合理性较为明晰且积极，则语句获得肯定性感叹意味；如果事实性不确定或事实不合理，感叹可以作为叠加于怀疑和语用否定上的情感。与疑问语力相比，当自信增强时，以"意外"为中介，说话人对事实性的认定容易由常规性转向合理性，此时语句语力从疑问迁移至语用否定或语用肯定。

5. 结语

本文将"意外三角"限定在"意外特征所导向的功能迁移或叠加"。与此前研究不同的是，我们认为"意外"主要有非常规和不合理两个来源，二者中非常规占据主导地位，不合理性则往往需要消极情感对非常规的过滤而推断得出。说话人的自信与否会影响事实性判定：说话人不自信时，语句一般表达疑问，包括揣测问、原因/理论问、细节/焦点问、信息来源问四种；说话人自信时，若命题是消极的，则容易从疑问迁移至语用否定，对事实性的认定从非常规转向不合理，进一步再根据是否引述某一认识主体的断言区分是否否定命题的真值；若命题有明显的积极倾向，则具有语用肯定意味。感叹与"意外"是同生共存的，可以叠加在疑问、否定、肯定的语力上；自信的增强同样伴随着感叹强度的增加。

参考文献

陈振宇   2017   《汉语的指称与命题》，上海：上海人民出版社。

陈振宇   杜克华   2015   《意外范畴：关于感叹、疑问、否定之间的语用迁移的研究》，《当代修辞学》第 5 期。

陈振宇   杜克华   2019   《"怎么"新说》，《汉语副词研究论集》(第四辑)，上海：上海三联书店。

陈振宇   姜毅宁   2018   《事实性与叙实性——通向直陈世界的晦暗与透明》，

《语言研究集刊》(第二十辑),上海:上海辞书出版社。

陈振宇　姜毅宁　2019　《反预期与事实性——以"合理性"语句为例》,《中国语文》第 3 期。

陈振宇　邱明波　2010　《反预期语境中的修辞性推测意义——"难道、不会、怕、别"》,《当代修辞学》第 4 期。

陈振宇　张嘉卉　2022　《正/反预期性触发语的比较研究——以合理性"按说"和常规性"一般说(来)"为例》,汉语研究国际青年语言学家高峰论坛。

陈振宇　张　莹　2018　《再论感叹的定义与性质》,《语法研究与探索》(第十九辑),北京:商务印书馆。

李晋霞　2005　《"好"的语法化与主观性》,《世界汉语教学》第 1 期。

李　强　2021　《"怎么"表达意外:疑问、反问和感叹》,《汉语学报》第 1 期。

李　湘　2019　《状语"左缘提升"还是小句"右向并入"？——论"怎么"问句质询意图的共时推导与历时变化》,《中国语文》第 5 期。

李宇凤　2010a　《反问的回应类型与否定意义》,《中国语文》第 2 期。

李宇凤　2010b　《从语用回应视角看反问否定》,《语言科学》第 5 期。

刘娅琼　陶红印　2011　《汉语谈话中否定反问句的事理立场功能及类型》,《中国语文》第 2 期。

刘月华　1989　《汉语语法论集》,北京:现代出版社。

吕叔湘　1982　《中国文法要略》,北京:商务印书馆。

吕叔湘　1985　《近代汉语指代词》,江蓝生,补,上海:学林出版社。

陶　寰　李佳樑　2009　《方言与修辞的研究接面——兼论上海话"伊讲"的修辞动因》,《修辞学习》第 3 期。

吴福祥　1995　《敦煌变文的疑问代词"那、那个、那里"》,《古汉语研究》第 2 期。

伍金辉　2008　《论永州方言中的疑问代词"好"》,《重庆科技学院学报(社会科学版)》第 8 期。

吴　琼　2002　《试论"恶、安、焉"的演变和"那(哪)"的产生》,《语言研究》第 1 期。

俞理明　1989　《汉魏六朝的疑问代词"那"及其他》,《古汉语研究》第 3 期。

袁　劲　1986　《说"难道"》,《青海师范大学学报(哲学社会科学版)》第 4 期。

袁毓林　刘　彬　2016　《"什么"句否定意义的形成与识解机制》,《世界汉语教学》第 3 期。

张谊生　2022　《试论"看似"的主观否定倾向与逆转衔接功能——兼论"看似"与"貌似、像似、好似、疑似"的异同》,《语言科学》第 2 期。

张　莹　2015　《现代汉语感叹范畴研究》，上海：复旦大学硕士学位论文。

周法高　1959　《中国古代语法·称代编》，"中央"研究院历史语言研究所。

朱德熙　1982　《语法讲义》，北京：商务印书馆。

Aikhenvald，A. Y.　2004　*Evidentiality*，Oxford：Oxford University Press.

Chang M.　1998　The Discourse Functions of Taiwanese Kcmg in Relation to Its Grammaticalization，Selected Papers from the Second International Symposium on Languages in Taiwan，Taipei：The Crane Publishing Co.，Ltd.

Matthews，S.　1998　Evidentiality and Mirativity in Cantonese：wo3，wo4，wo5！，*Proceedings of the Sixth International Symposium on Chinese Languages and Linguistics*. Taipei：Academia Sinica.

陈振宇：chenzhenyu@fudan.edu.cn

包笑婷：22110110008@m.fudan.edu.cn

原载《当代修辞学》2023 年第 5 期，本书收录时略有改动。

遂志副词"毅然"的话语关联与情态结构[*]

暨南大学文学院　　赵春利
广东财经大学人文与传播学院　　张　博

提　要　本文以语义语法、语义整体论和语用整体论为理论基础，按照"从话语关联、句法分布到情态结构"这一由大及小、由表及里的逻辑顺序提取并验证副词"毅然"的"遂志革新"话语关联及其情态结构。第一，综述前人成果并指出亟待解决的三个问题：缺乏基于话语分布的话语关联建构，缺乏基于句法分布的语义组配分析，缺乏基于逻辑关系的情态结构解析。第二，根据调查，不仅建构"毅然"句的底层逻辑"外层转折、中层因果、内层选择"，而且从概念层面对应性地提出"优劣旧势—势与志违—革除旧势—创立新局"语义关系，并根据"革旧创新"的隐性否定来建构"遂志革新"话语关联。第三，根据副词"毅然"的"述人主语陈述句状位"单句分布，从话语关联角度提取其句法分布的三个原则：结果句强制优先原则、革旧句自然分布原则和立新句分界凸显原则。第四，根据话语关联和句法分布，概括出"毅然"语义必须指向陈述句述人施事主语而具有"认知的志向性、意决的慎重性、态度的果断性、意志的坚定性"情态结构。

关键词　副词"毅然"　遂志革新　势与志违　意志坚定

*　本项研究得到 2022 年度国家社会科学基金一般项目"现代汉语方式副词的句法语义与分类排序研究"(22BYY135)、广东省社会科学青年项目"动词与结果补语的组配规律与句法后果"(GD24YZY02)的资助。论文曾在 2022 年华中师范大学举办的"汉语语气问题"国际学术研讨会和复旦大学举办的"汉语句法语义理论研究学术讨论会——隐性否定"上宣读。

1. 引言

任何语言的语法都是由一系列在时间轴上相对静止的"共时系统"按照时间先后组成的动态"历时系统"(Shi 2023:61，546)。可以说，系统性是语法的根本性质，事物的性质决定事物的研究方法，而要揭示语法的系统性就必须选择系统方法。那么，什么是系统方法呢？正如魏宏森(1983:76)所言:"系统方法就是按照事物本身的系统性把对象放在系统的形式中加以考察的一种方法。即从系统的观点出发，始终着重从整体与部分(要素)之间，整体与外部环境的相互联系、相互作用、相互制约的关系中综合地、精确地考察对象，以达到最佳地处理问题的一种方法。"因此，要研究语法系统中的副词，就必须把副词放在其所在的单句、复句甚至话语中来考察，不仅定位其在单句、复句中分布的有序性，还要定位其在话语关联中的层次性、整体性，据此提取副词的话语关联与情态结构。

2. 前人关于副词"毅然"的研究

根据调查，1965 年版《现代汉语词典》(试用本)[①]是最早解释"毅然"语义的。五十年多来，语法学者对"毅然"的关注并不多，有关"毅然"的零星观点散见于词典和论文，并没有把"毅然"作为一个研究对象进行独立分析。按照理论方法和学术观点差异，可以分成两个阶段，基于传统语法的词典释义阶段和基于描写语法的语义辨析阶段。

第一，基于传统语法的词典释义阶段。在此阶段，学者们主要基于传统语法，通过语感来界定"毅然"的语义。《现代汉语词典》(试用本)(1965:1222)中提出"毅然"表示"坚决地，毫不犹疑地"，修订本(1996:

---

① 本文引用以下几个版本的《现代汉语词典》:中国科学院语言研究所词典编辑室编，《现代汉语词典(试用本)》，北京:商务印书馆，1965/1973。中国社会科学院语言研究所词典编辑室编，《现代汉语词典(修订本)》，北京:商务印书馆，1996。中国社会科学院语言研究所词典编辑室编，《现代汉语词典(第 5 版)》，北京:商务印书馆，2005。中国社会科学院语言研究所词典编辑室编，《现代汉语词典(第 7 版)》，北京:商务印书馆，2016。

1496)增加用例"～决然|～献身祖国的科学事业",第 5 版(2005:1619)标注了词性"副词",最新第 7 版(2016:1557)其释义与用例没有变化。可以说,这一释义都被其他词典延续下来,不过值得注意的是,《现代汉语虚词词典》(侯学超 1998:670)从情态角度精确定位为"态度坚决",并强调"毅然＋动词短语"的句法组配,而《现代汉语虚词词典》(朱景松 2007:503—504)则提及"毅然"修饰"做某事或做出决断"的语义组配及其带"地"修饰动词的句法特点。可以说,该阶段以传统语法基于语感的词典释义为主,标注了词性,定位了"坚决"的情态域"态度",初步涉及了句法特点和语义组配。

第二,基于描写语法的语义辨析阶段。何云(2011:23—25)从句法上确认了"毅然"修饰"动词性成分"的功能并从语义上宏观地把"毅然"归入"对相关的行为和状态进行描述、刻画"的描摹性副词。而邵敬敏(2016:17—18)首次根据句法上主语是否为人、谓语是否为"决定、决议",通过主观客观、感情色彩、语义重心三个角度的细致比较把"毅然"与"决然"区别开来,即"毅然"体现"动作主体的主观性,褒义……强调心态……表示果断、勇敢而坚决,义无反顾……有大义凛然的意味"。据此,杨雨晴(2021:102—107)提出,"毅然""在语义上具有[述人][描摹性][具体情状义]特征,在语义指向上,可以兼指动作者和动词谓语中心"并表示"主观态度类的副词"。

可以说,前人基本上廓清了"毅然"的词性、句法、语义,更为重要的是,通过比较部分触及了坚决、果断、主观、褒义、义无反顾等语义和情态的细节。但也存在三点不足:没有基于其话语分布来定位话语关联,没有基于其句法分来分析语义辖域,没有基于其逻辑关系来解析情态结构。比如用"坚决"释"毅然"时,就没有考虑二者句法组合的差异。例(1)中"毅然"可以修饰"决定、下定决心"等,"坚决"却不太合法;"坚决"可以修饰"打击、斗争"等,而"毅然"却不太合法。这说明简单地用"坚决"解释"毅然"并不能有效地掌握"毅然"的用法,因为"毅然"与"坚决"各自具有特有的话语分布、句法环境和语义组配系统。

（1）a. 她**毅然**决定去报考。 ＊她**坚决**决定去报考。

    b. 领导**毅然**下定决心。 ＊领导**坚决**下定决心。

    c. ＊我们**毅然**打击犯罪分子。 我们**坚决**打击犯罪分子。

    d. ＊中国同恐怖分子进行了**毅然**斗争。

    中国同恐怖分子进行了**坚决**斗争。

正如 Frege（1884/1986：105）基于方法论提出的语境原则（Context Principle）所言："不能孤立地解释一个词的意谓，而必须在一个句子联系中解释它。"因此，本文试图以语义语法理论（邵敬敏 2004；赵春利 2014）为指导，结合语义整体论（Semantic Holism）（Lepore 1999：829—830）和语用整体论（Pragmatic Holism）（完权 2020：19—20），根据北京大学汉语语言学研究中心语料库（CCL 语料库）的调查①，运用系统方法从大到小、从粗到细逐层定位、提取并验证"毅然"句的话语关联、句法分布及其情态结构。

3. 副词"毅然"句的典型话语关联

每一个副词，特别是情态副词的分布都具有一定的系统性，只有着眼于副词的话语关联、句法分布的系统性，才能在整体对部分的约束性、在部分与部分的选择与排斥中，提取具有整体性的话语分布、具有精确性的句法分布，并由前至后梳理出话语关联中蕴含的逻辑关系，由表及里挖掘出句法分布中隐含的约束条件，从而建构一个副词的情态结构。

根据 Wittgenstein（1953：20）所言"一个词语的意义就是它在语言中的用法"，要界定一个副词的意义，就必须揭示其在语言中的用法，而句子与句子组成的话语关联是揭示副词用法的最大单位。从部分组成整体的角度来说，句子与句子总是按照由逻辑、语义、情态所决定的顺序、层次组成具有整体性和系统性的话语关联，而反过来，从整体制约部分的角度来说（Linda 和 Haegeman 2019：697），话语关联不仅能从形式上精确锚定句

---

    ① 为节省篇幅，本文所举例句不再一一标明出处。

子与句子之间的先后排序、上下层次、分布位置,而且还能从意义上准确解释句子与句子之间的逻辑关系、语义关系、情态结构。因此,话语关联作为一个系统可以"直接制约某个句子的分布而间接约束该句子中某个副词的分布"(赵春利、何凡 2020:368)。那么,如何提取出副词"毅然"句的系统性话语关联呢?

从形式上说,连词是标记"句子之间的内在逻辑联系"的最直接的形式(方梅 1994:137),而介词也能表示句子之间的逻辑关系,动词可以标前后句子之间的语义关系,由此,我们可以通过 CCL 语料库的查询模式来统计并分析副词"毅然"句与前后句子中同现的连词、介词、动词等词类的语义类型、先后排序及其同现数量(Maekelberghe 2019),从而据此提取并验证"毅然"的话语关联。可以采用两种方法:一是观察统计法,即在语料库中直接输入"毅然",逐一观察并统计"毅然"句中及其前后句子中出现的连词、介词、副词、动词等,并注明同现位置、同现顺序和同现数量,据此初步勾勒"毅然"所处的逻辑关联和语义关系;二是正反对比法,即把现代汉语的各类典型连词、介词、副词、动词等搜集起来并列成词表,通过语料库调查并对比分析"毅然"与这些词类及其具体词语能否同现,并从语义角度正反对比能否同现的词语。把这两种方法得到的数据结合起来,为提取并正反验证话语关联奠定数据基础。

根据 CCL 的调查并结合连词、介词、动词的统计分析,副词"毅然"句的话语关联逻辑层次可以分为三个层次:第一层是外层转折关系,第二层是转折句分化出来的中层因果关系,第三层是"毅然"句通常占据的结果句分化出"革旧句"和"立新句"组成的内层选择复句,而与逻辑层次对应的语义功能分别是:优劣旧势、势与志违、革除旧势、创立新局,即"主体虽曾拥有优势或处于劣势,但因优劣旧势有违于志向,为实现志向而慎重、果断、坚定地革除旧势、创立新局",可缩略为"遂志革新",其中"革除旧势"就属于隐性否定的一种类型。副词"毅然"句的话语关联及其所包含的逻辑层次、语义关系、形式标记如表 1 所示:

表1　副词"毅然"句的话语关联

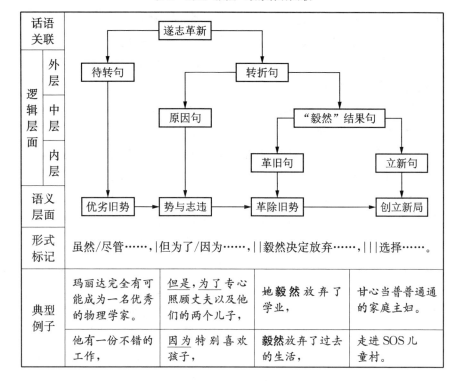

话语关联		遂志革新			
逻辑层面	外层	待转句	转折句		
	中层		原因句	"毅然"结果句	
	内层			革旧句	立新句
语义层面		优劣旧势	势与志违	革除旧势	创立新局
形式标记		虽然/尽管……,|	但为了/因为……,||	毅然决定放弃……,|||	选择……。
典型例子		玛丽达完全有可能成为一名优秀的物理学家。	但是,为了专心照顾丈夫以及他们的两个儿子,	她**毅然**放弃了学业,	甘心当普普通通的家庭主妇。
		他有一份不错的工作,	因为特别喜欢孩子,	**毅然**放弃了过去的生活,	走进 SOS 儿童村。

　　下面从形式印证、语义关系、排序变化和缺省现象四个角度分别论述"毅然"句的"遂志革新"的话语关联。

3.1　典型话语关联的形式印证

　　根据 CCL 语料库的调查,副词"毅然"句所处的典型话语关联由三层组成:

　　外层是待转句与转折句,中层是原因句与结果句,而内层是革旧句与立新句。从形式印证角度看,标记外层的主要是连词,标记中层的主要是连词和介词,而标记内层的主要是动词。一是标记外层转折关系中待转句的连词主要有"虽然、尽管、固然、纵然、即使"等,标记转折句的连词有"但、但是、可、可是、却、不过、而、然而"等。二是标记中层原因句的连词和介词有"为、为了、因、因为、由于、鉴于、出于、基于、迫于、受命于、不甘于、就是"等,其中出现频次最高的是目的标记"为、为了",标记结果句的连词是"于是、所以、因此、因而、从而、之所以、为此、故、便"等。三是标记内层革旧句的动词有"革除、祛除、废除、排除、解除、放弃、抛弃、摒弃、舍弃、丢弃、辞去、辞掉、离开、脱离、冲破、打破、攻破、克服、退出、告别、停止、不顾"等"隐性否定"动词,而标记立新句的动词有"创办、独创、开创、挑起、承担、担当、担负、选择、参加、返回、回到、加入、投入、投身、成立、办起"等"隐性肯定"动词,如例(2)。值得注意的是:革旧句总是在立新句的前面,这一"先革旧后立新"的固定语序符合"否前肯后、除旧迎新"的认知顺序,更突出地固化在"弃医从文、投笔从戎、离家出走、辞官归乡、解甲归田"等"否前肯后"的固定搭配中。

(2) a. 厂长郭裕健原是二轻企业干部,为振兴黄田畈经济,**毅然**砸掉
　　　　"铁饭碗",创立了橡塑机械厂。

　　b. 那里虽然偏僻,但果木资源丰富,他**毅然**辞职来到这个山沟,
　　　　进行果木资源开发。

　　c. 条件固然优越,可是乡亲们仍在贫困中挣扎。他坐不住了,**毅然**辞掉了供电站优越的工作,决心率领乡亲们脱贫致富。

　　d. 纵然科学无祖国,但是,科学家是有祖国的,他**毅然**放弃了洋房、小汽车、高薪,回到了当时还是一穷二白的祖国。

3.2　典型话语关联的语义关系

副词"毅然"句的话语关联在逻辑层次上是外层转折、中层因果、内层选择;从语义关系上看,待转句的"优劣旧势"因不利于实现原因句的"志向目标"而构成"势与志违"的转折式违逆关系,因此遭到革旧句的革除,即放弃优势或破除劣势,而"敢于担当、勇于奉献、建立创新"的立新句就是实现原因句的"志向目的",其"遂志"的前提则是革旧句"弃优破劣"的"革除旧势"(见表2)。

表2　副词"毅然"话语关联的语义关系

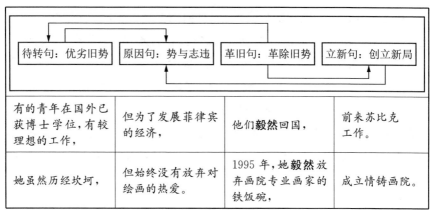

有的青年在国外已获博士学位,有较理想的工作,	但为了发展菲律宾的经济,	他们**毅然**回国,	前来苏比克工作。
她虽然历经坎坷,	但始终没有放弃对绘画的热爱。	1995年,她**毅然**放弃画院专业画家的铁饭碗,	成立情铸画院。

3.3　典型话语关联的排序变化

根据调查,话语关联的内部排序变化比较少见,主要是以目的为核心的原因句移位到话语关联的首位(例3a—b)或末位(例3c—d),当然,这是为了突出志向、意图、目的、原因等。

(3) a. 为了彻底解决这个问题,尽管当时经济很紧张,我还是**毅然**下定决心,花一千余元购买了电子磅。

　　b. 张玉文响应计划生育的号召,虽只有一个女孩,却**毅然**退回二胎指标,办了独生子女证,她同丈夫一心扑在发家致富上。

　　c. 黄兴虽未便公开争执,但拒绝加入新党,**毅然**离日赴美,为的是避免与孙中山正面冲突。

　　d. 上海人恋家,但瞿莉考大学,**毅然**考到北京,就是为了摆脱上海的母党。

3.4　话语关联的缺省现象

根据调查,"毅然"句话语关联中的缺省现象主要有两类:一是待转句缺省(例4a—b),二是原因句缺省(例4c—d),为什么可以缺省呢? 主要受革旧句与待转句、立新句与原因句两类语义关系的制约,即革旧句所放弃的优势或所革除的劣势恰恰是待转句所表示的"优劣旧势",因此,待转句的语义可以从"毅然"结果句所包括的革旧句中推导出来,从而造成缺省。

同理可知,立新句所选择的行为目的就是为了实现原因句所述之志,因此,原因句的语义就可以从"毅然"结果句所包括的立新句的目标中推导出来。

(4) a. 被称为中国"两弹元勋"的邓稼先,当年为了试制祖国的核武器,**毅然**告别妻儿,来到位于大戈壁的军事禁区,隐姓埋名达28年。

　　b. 1895年中日甲午战争后,中国面临亡国灭种的危险,他**毅然**抛弃宁静的书斋生活,投入爱国救亡的维新运动。

　　c. 他出自中医世家,具有精湛的医术,正当他事业有成时,却**毅然**辞去公职,以变卖家产为资,踏上了万里考察之路。

　　d. 作为一个有一技之长的农艺师,经过出色的答辩即将走上县水产局局长的岗位,然而他却**毅然**辞职,决心回到生他、养他的银湖。

虽然"原因句"在话语关联中因强调志向或原因而造成偶尔首尾移位现象,"转折句"和"原因句"也因与"革旧句"和"立新句"的语义关系而存在一定的缺省现象,但无论是移位还是缺省,都能在"遂志革新"的典型话语关联得到诠释,并能够准确定位和直接约束"毅然"结果句在话语中所处的逻辑地位和语义关系,那么,副词"毅然"在具体结果句中呈现出什么样的句法分布规律,具有什么样的情态结构呢?

4. 副词"毅然"的句法分布规律

要定位副词"毅然"的分布规律,可以有两个角度:一个是底层微观的单句选择角度,二是高层宏观的话语关联角度,二者结合就看得更加清楚。

首先,从单句选择看,主要是指对句子功能、句子主语、句法位置的选择。根据调查,副词"毅然"通常分布于主语为述人名词或代词的陈述句状语位置(例5a),不能分布于主语前状位,而是选择主谓之间的状位,但排斥疑问句(例5b)、祈使句(例5c)、感叹句(例5d)的状位。

(5) a. 他选择了水利专业。　　　　他**毅然**选择了水利专业。

　　b. 他选择了什么?　　　　　　*他**毅然**选择了什么?

c. 快点儿选择吧!   ＊快点儿**毅然**选择吧!

d. 多么好的选择啊!   ＊多么**毅然**好的选择啊!

但是,并非任何有述人主语的陈述句都可以不受限制地在其状位插入副词"毅然",哪<u>些</u>陈述句可以插入而哪<u>些</u>陈述句不可以插入呢? 就需要从宏观的话语关联角度提出逻辑约束与语义约束(Talmy 2000:350)。

其次,从话语关联看,"毅然"所分布的陈述句必须受到"遂志革新"话语关联的直接约束,既要遵循"外转折中因果"的逻辑关系并承担结果角色,也要符合"前革旧后立新"的语义选择关系并瞄准遂志角色。检索CCL,从话语关联语义角色的角度可以发现,副词"毅然"主要分布于三个位置:作为选择主句的结果句状位,作为选择前分句的革旧句状位,作为选择后分句的立新句状位。"毅然"对三个状位的选择并非随机的、无序的,而是遵循一定的分布原则(Ernst 2002:380; Cinque 2004:705)。

4.1 结果句强制优先原则

当"遂志革新"话语关联的结果句是一个单句时,结果句的谓语都是"决定、决策、决断、宣布、断言、表态、表示、下决心、拍板、同意、答应、提出、回答、说"等指向动作行为的决定义动词,其宾语通常是由"革旧句"与"立新句"组成的"前革旧、后立新"语义选择复句(例 6),偶尔也有单独的"革旧句"(例 7a—b)和"立新句"(例 7c—d),那么,副词"毅然"就会被强制性地优先分布于结果句的状语位置,而如果把副词"毅然"从结果句状位移位到宾语的革旧句状位(例 8a—b)或者立新句状位(例 8c—d),则句子都不合法。

(6) a. 谢赛克**毅然**<u>决定</u>放弃在法国的优越条件,回国为家乡的乒乓球事业尽些力。

b. 1966 年,法国总统戴高乐**毅然**<u>宣布</u>退出北约军事一体化机构,仅仅保留参加北约的政治机构。

c. 刘其栋经理**毅然**<u>下决心</u>革除国有企业的痼疾,尽快与市场经济接轨。

d. 在重灾区聂荣县,县委和县政府**毅然**<u>决定</u>卖掉一辆工作用车,将所得款项投入了项目配套。

(7) a. 他已苍老了许多,因此我怀着遗憾的心情,**毅然**<u>决定</u>放弃我的计划。

　　b. 大水缸放在厨房既占地方,又碍手脚。经过痛苦的选择,父亲**毅然**<u>决定</u>,砸掉这个家里的"传家宝"。

　　c. 望着队友与教练焦急的目光,童非**毅然**<u>决定上场</u>。

　　d. 这前后如此强烈的比照,使他不得不信服这么一个富有效力的政府。他**毅然**<u>拍板投资</u>。

(8) a. 谢赛克决定【＊**毅然**】<u>放弃在法国的优越条件</u>,回国为家乡的乒乓球事业尽些力。

　　b. 他已苍老了许多,因此我怀着遗憾的心情,决定【＊**毅然**】<u>放弃我的计划</u>。

　　c. 谢赛克决定放弃在法国的优越条件,【＊**毅然**】<u>回国为家乡的乒乓球事业尽些力</u>。

　　d. 望着队友与教练焦急的目光,童非<u>决定</u>【＊**毅然**】<u>上场</u>。

　　这说明:以革旧句、立新句为宾语而以决定义动词为谓语动词的陈述性结果句是强制"毅然"优先进入其状位的先决条件,如果把"毅然"所修饰的决定义谓语动词替换为"知道、明白、清楚、了解、理解、掌握"等获悉义动词,句子也不合法,如例(9):

(9) a. 他**毅然**<u>决定放弃学业</u>。　　　＊他**毅然**<u>知道放弃学业</u>。

　　b. 她**毅然**<u>宣布企业全部倒闭</u>。　＊她**毅然**<u>明白企业全部倒闭</u>。

4.2　革旧句自然分布原则

　　如果结果句不是单句,而是由革旧句和立新句组成的选择复句,则副词"毅然"通常会自然地分布于革旧句第一个谓语动词的状位,修饰"放弃、解除、革除、排除、破除、退掉、辞掉、去掉、流掉、推迟、离开、冲破、打破"等隐性否定的勇革义动词,如(例10a—b),即使革旧句有两个勇革义动词结构前后连用,"毅然"通常位于第一个动词前(例10c),极少用于第二个动词前(例10d):

(10) a. 他从南非大学和威特沃特斯兰德大学毕业后,**毅然**<u>放弃贵族生活</u>,投身于民族解放事业。

　　b. 20多年前,中美两国领导人共同努力,**毅然**<u>打破了中美关系的僵局</u>,揭开了两个伟大民族交往史上的新篇章。

c. 她**毅然**冲破父母的竭力阻挠,摒弃社会舆论的压力,忘我投身于崇高的护理工作,开创了造福人类的护理事业。

d. 为了参加毛泽东《在延安文艺座谈会上的讲话》发表 30 周年纪念会,她谢绝了医生的好心劝告,**毅然**流掉了腹中的第一个小生命,赴北京参加文艺调演。

4.3　立新句分界凸显原则

在不违反结果句强制优先原则的前提下,为了标记革旧句与立新句边界并凸显敢当立新句的坚强意志,副词"毅然"可以移位到立新句首个谓语动词的状位,成为区别革旧句与立新句先后排序的分界标记。常见的敢新动词有"创办、担负、挑起、承担、投入、投身、选择、献出、回到、返回、跑到、踏上、开始、发动、坚持、加入"等肯定性动词,如例(11),即使立新句有两个以上敢新动词结构连用,"毅然"通常位于第一个敢新动词前,如例(12):

(11) a. 1967 年香港发生了动乱,部分港人移居海外,但他的信心未减,1969 年他和朋友一起**毅然**创办了合和实业有限公司,专门从事地产建筑业。

b. 他放弃原厂很好的收入,**毅然**挑起经济效益亮"红灯"的灯芯绒总厂厂长重任,以顽强拼搏的精神带领全厂职工努力摆脱困境。

c. 因为小鹿纯子的笑容和执着对马云的激励,马云不顾家人的极力反对,**毅然**开始了第三次高考的复习准备。

d. 明知母亲的生命没有几天了,可机装车间的杜世盛还是挥泪告别了病危中的老母,**毅然**踏上试航的大船。

(12) a. 有的人放弃国外优厚的待遇,**毅然**回到祖国,把知识和才华献给祖国的建设事业。

b. 邱明才研究员,放弃了在加拿大拿绿卡的机会,**毅然**返回天津,创建起我国第一个骨计量学实验室。

c. 他们大胆打破旧框框,**毅然**买进击弦机,仔细研究了一番,并很快拿出了一套完备的设计方案。

d. 1994 年 4 月,他怀着"建立中国自己的组合数学基地"的心

愿,放弃国外优越的工作环境和生活待遇,**毅然**回国,来到南
开大学数学研究所,为推动中国组合数学研究贡献自己的
力量。

总的说来,副词"毅然"优先分布结果句状位,并选择与决定义动词
搭配;其次自然分布于革旧句状位,并选择勇革义动词;最后分界凸显
分布于立新句状位,选择立新义动词。可以说,无论是句法位置还是动
词搭配,"毅然"的句法分布具有较强的规律性。总体分布规律如表 3
所示:

表 3 副词"毅然"的句法分布

单句功能选择	述人主语陈述句的状位		
话语关联位置	结果句	革旧句	立新句
动词类型搭配	决定义动词	革旧义动词	立新义动词

那么,分布于"遂志革新"话语关联中的副词"毅然"究竟具有什么样
的情态结构,使其在句法分布上呈现出这一规律性呢?

5. 副词"毅然"的情态结构

副词"毅然"之所以能在话语分布上选择"遂志革新"的话语关联,并
在句法分布上选择述人主语陈述性结果句、革旧句和立新句的状位,是因
为两个因素:一个是语义,即"毅然"必须指向陈述句述人施事主语;一个
是情态,即"毅然"具有"认知的志向性、意决的慎重性、态度的果断性、意
志的坚定性"这一情态结构。情态结构是指一个词语的情态内涵因受制
于一定的话语关联而呈现出一种由认知、态度、意志等因素所形成的因果
关联性。但就副词"毅然"而言,其情态内涵因受制于"毅然"句"遂志革
新"的话语关联,呈现出的情态结构体现了当事人基于认知志向、态度果
断、意志坚决地做出决定的事实。

5.1 认知的志向性

认知的志向性是指主体基于一定的世界观、人生观和价值观而认识
到当前形势下自己更应该实现但与自身优劣旧势相违逆的目标。在"遂

志革新"的话语关联中,认知的志向性主要是通过原因句来表达出来,是主体审时度势后果断决定"革除旧势、创立新局"的动力。常见的标记有"为了、由于、因为、鉴于、想着、怀着、带着、看到、听到、考虑到"等介词或动词,从志向内容的分类看,主要有"报效祖国、教育事业、引开敌人、争取和平、方便群众、抗洪大局、支持抗战、避免分裂、坚定信念、抓住时机、抓获罪犯、抢救病人"等国家或集体利益,少数是"音乐、兴趣、梦想、爱情、喜欢孩子、补习功课"等个人利益,如(例13):

(13) a. 有的村干部3年工资没兑现,可<u>为了给孩子建新校舍</u>,**毅然**决然地拿出了自家卖猪的钱。

b. 1948年,孙静霞赴美进修。进修期满,美国医院极力挽留她,但她一心一意<u>想着要报效祖国和人民</u>,**毅然**回国。

c. 王铭伟的父亲不久前因车祸去世,在大连经济开发区留下产业需要他去接替,可他<u>考虑到祖国的需要、部队的培养</u>,**毅然**要求到艰苦的地方去。

d. <u>带着对玻璃艺术创作的兴趣</u>,1987年,年过而立的王侠军**毅然**离开电影界,远赴美国学习玻璃艺术创作。

根据"毅然"原因句认知志向的价值选择,结合"革旧立新"两类句子的语义取向,可以发现,"毅然"所要革除的通常是对主体个人有利的优势或者不利的劣势,所要立新实现的志向却常常是维护国家、民族、集体、他人的利益,即使是兴趣、爱情、音乐、体育等个人利益,也是符合人性的,是名正言顺的价值取向。正因为如此,"毅然"的认知志向蕴含着强烈的"舍己为人、公而忘私、理直气壮"的正当性、正义性。邵敬敏(2016:17—18)认为"毅然"体现"褒义,义无反顾……有大义凛然的意味"本质上就是其志向性对"集体利益"的价值取向。

5.2 意决的审慎性

意决的审慎性是指主体为了实现自己的志向而果断地革除旧势、创立新局前所进行的反复论证、权衡利弊的意图决定过程。因此,其主要表现在结果句前做出决定所经历的繁难历程。常见的表达形式有"经过……的斗争/论证/考虑",如"经过激烈的思想斗争、经过一番思想斗争、经过一番讨论、经过反复论证、经过反复讨论、经过了多次的激辩、经

过审慎抉择、经过慎重考虑、经过深思熟虑、经多方论证"等,如例(14):

(14) a. 那是 1948 年,章乃器接到中国共产党的邀请之后,<u>经过激烈的思想斗争</u>,终于**毅然**抛下自家在香港的企业,来到东北参加革命。

b. <u>经过一番讨论后</u>,村民们**毅然**打破正月不迁坟的旧习,顶风冒雪,两天就迁完了 108 座祖坟。

c. <u>宋焕威反复考虑后</u>,**毅然**决定将这些钢锭坯全部回炉,进行重炼。

d. <u>经过长久的酝酿之后</u>,华侨城的决策者**毅然**地把一亿元资金撒在深圳湾畔的那片荒滩上。

5.3　态度的果断性

态度的果断性是指主体为了实现自己的志向,在审慎论证或情急之下做出决定时毫不迟疑的快速性。根据调查,态度的果断性主要通过结果句前的状语来表现,如"果断、二话没说、当机立断、毫不犹豫、没有犹豫、毫不迟疑、没有迟疑、迟疑片刻、危急时刻、危急关头、紧要关头、关键时刻、严峻时刻、严峻形势"等,如例(15):

(15) a. 衡阳市人大常委会会同市政府<u>果断</u>作出决定,**毅然**关闭了在造纸行业小有名气的衡阳西渡造纸厂,缓解了造纸水对湘江衡阳段的污染。

b. 秦末,各地反秦起义风起云涌,吴芮审时度势,<u>当机立断</u>,**毅然**响应起义反秦,被项羽封为"衡山王"。

c. 早年他在美国麻省理工学院毕业,获得科学博士学位,而且赢得老师的赏识,要留他在本校教书做研究,在科学界中成名成家。但是他<u>没有犹豫</u>,**毅然**归国。

d. 中原军区部队<u>毫不迟疑</u>,**毅然**决然地于 6 月 26 日展开突围战役,并一举杀出国民党军苦心经营半年之久的内层包围圈。

5.4　意志的坚定性

意志的坚定性是指主体为了实现自身志向,审慎考虑后果断决定"革除旧势、创立新局"的勇敢、坚决与自主。因此,在"遂志革新"的话语关联中,"毅然"的意志坚定性主要表现为以下三类句子的谓语结构:

一是结果句谓语结构的决定性。结果句呈现出主体从意志上下定决心"革旧立新遂志"的决定性,常见的谓语动词有"决定、决策、决断、断言、下决心、拍板、同意、答应、提出、宣布、做出决定、做出决策"等,如例(16):

(16) a. 张东明厂长和赵汝华书记面对困境,**毅然**拍板:从转换机制入手,向强化管理要效益。

b. 是守株待兔、坐等危机,还是迎接挑战、争取更好的效益?航民村的领导**毅然**决断:冲破省界,到原料产地和销售市场去创办企业!

c. 为了人民和孩子,即使赔本贴息也心甘情愿。他**毅然**下定决心,为群众兴教办学,让所有的孩子都能进学校。

d. 他们**毅然**作出战略决策:下乡办厂,通过向乡、村转移劳动密集型的中间产品,迅速扩大生产规模。

二是革旧句谓语结构的旧止性。革旧句呈现出主体果断而主动地"放弃优势、破除劣势"的革旧行为,常见的动宾组合有"放弃高薪、放弃学业、抛弃仕途、丢弃理发手艺、辞去军职、卖掉别墅、关掉诊所、推掉演出、脱掉救生衣、停止化疗、离开家乡、冲破世俗观念、打破僵局、突破常规、排除困难、解除婚约、革除痼疾、禁绝酒店营业"等等,在停止、放弃旧事物中展现出主体的坚定意志,如(例17),其中动词通常带"弃、掉、破、除、绝、开、断、下、去"等停止义结果补语:

(17) a. 面对异国亲友的召唤和久病妻子的负债,沈阳军区某团工程师高成道**毅然**放弃高薪聘请和出国机会,立志军营建功立业,被誉为"不恋金钱,热恋军营"的楷模。

b. 那个女人是一个印尼华侨的女儿,大学毕业后,为参加新中国的建设,**毅然**离开亲人,离开舒适的环境,回到祖国的怀抱,成了一名中学教师。

c. 20多年前,中美两国领导人共同努力,**毅然**打破了中美关系的僵局,揭开了两个伟大民族交往史上的新篇章。

d. 梅兰芳遂全身心探研京剧艺术,借此忘怀恋情。孟小冬为相思所苦,**毅然**祛除情欲,去尼庵带发修行,祈福来世。

三是立新句谓语结构的新起性。立新句呈现主体敢于主动"担当奉献、建立创新"的立新行为,常见的动宾组合有"担负重任、承担起任务、挑起重担、担起使命、捐献物资、捐出左肾、回到祖国、踏上归途、走上革命道路、加入共产党、打开国门、发出号召、发动事变、调动大军、开始复习、进行斗争"等,如例(18),其中动词通常带"起、到、入、上、出、回"等起始义结果补语:

(18) a. 中国老将于淑梅去年刚刚做过颌窦切除手术,但为了这枚金牌,**毅然**担当起最后一棒的重任,为这块金牌拼尽了全力。

b. 最近为抗洪救灾,他**毅然**捐献出三百万元赈灾物资,帮助灾区人民恢复生产,重建家园。

c. 他的双眼严重伤残,然而,他却身残志不残,心揣一团火,**毅然**回到家乡,为改变贫穷落后面貌奉献生命的光和热。

d. 张建平是一个身残志坚的中国妇女,为了让儿子更好地学习和生活,她不顾别人劝阻不顾家庭的贫困,**毅然**加入厂里集资建房的行列。

值得注意的是:从正面来说,结果句的决定义动词、革旧句的旧止义动词、立新句的新起义动词,不仅具有共同的语义基础"自主控制义",而且还具有共同的意志基础"止起坚定义",因此,语义的自主控制和意志的止起坚定是可以受"毅然"修饰的两个必要条件。

从反面来看的话,如果动词缺乏自主控制性,就不能进入到结果句、革旧句和立新句的状语位置,比如"失去、失掉、丢失、陷入、沉入、看中、晓得、通晓、获得、获悉、知道、误解、错怪、遇到"等非自主动词就没有自主控制义,因此不能进入"毅然"所修饰的革旧句和立新句的谓语位置,否则不合法,如例(19);如果动词语义具有自主控制性却缺乏意志的止起坚定性,也无法进入"毅然"的辖域中,比如:"考虑、思考、酝酿、纪念、分析、探讨、商讨、讨论、斟酌"等都是自主动词,但都是不会短时解决问题确定结果的未定心理动词,缺乏意志的止起坚定性,也就不能进入"毅然"句中,如例(20):

(19) a. 他毅然辞去乡长职务。　　* 他**毅然**失去乡长职务。

b. 小战士毅然跳入洪水中。　　* 小战士**毅然**沉入洪水中。

　　c. 他毅然挑<u>中</u>了这位小伙子。　＊他**毅然**<u>看中</u>了这位小伙子

　　d. 我毅然征得了锡予先生的同意。

　　　＊我**毅然**<u>获得</u>了锡予先生的同意。

(20) a1. 曾汉雄虽面有难色,但还是**毅然**<u>接下</u>了任务。

　　a2. ＊曾汉雄虽面有难色,但还是**毅然**<u>考虑</u>了任务。

　　b1. 两位将军以爱国的赤诚之心,秉持抗日救亡的民族大义,**毅然发动**西安事变。

　　b2. ＊两位将军以爱国的赤诚之心,秉持抗日救亡的民族大义,**毅然**<u>酝酿</u>西安事变。

可以说,语义的自主控制义是意志止起坚决性的基础,受"毅然"修饰的动词不仅要求在概念层面具有语义的自主控制性,而且还要具有情态层面意志的止起坚决性。

　　总的说来,遂志副词"毅然"通过话语关联"遂志革新"和句法分布而呈现出"认知的志向性、意决的慎重性、态度的果断性、意志的坚定性"这一情态结构,使其语义更加明确,即主体为实现志向经审慎考虑而态度果断、意志坚定地做出"革除旧势、创立新局"的决定义。

表 4　副词"毅然"的情态结构

情态关系	基于认知的志向性而慎重果断地做出"革旧立新"的坚定决定			
情态范畴	认知	意决	态度	意志
情态性质	志向性	慎重性	果断性	坚定性
情态表现	原因句	结果句状语	结果句状语	结果句(革旧句/立新句)的谓语动词
	为了、由于、因为、鉴于、想着、怀着	经过一番/审慎/反复/多次考虑	二话没说、当机立断、毫不犹豫、危急时刻	自主可控的止起决定义动词:决定、决策、下决心、革除、打破、放弃、挑起、回到、踏上

6. 结语

　　根据遂志副词"毅然"的话语关联、句法分布和情态结构,再回头比较

例(1)中"毅然"与"坚决"的句法差异,就会发现:"毅然"在"革旧立新"中主要修饰"止旧起新"的止起决定义动词,所以"毅然"可以修饰"决定、做出决策"(例 1a—b),却极少修饰"反对、打击、抵制、斗争、支持、维护、拥护"等立场义动词(例 1c—d),而"坚决"已有"决"之义,故而不可以再修饰"决定义动词",但可以修饰"反对-支持"的立场义动词,并且"坚决"可做形容词,做"斗争"的定语(例 1d),"毅然"只有副词词性。

　　总的说来,基于外层转折、中层因果、内层选择的逻辑关系及其所对应的"优劣旧势—势与志违—革除旧势—创立新局"的语义关系而建构的副词"毅然"话语关联"遂志革新",不仅从整体上约束了"毅然"在句法分布上对结果句及其革旧句、立新句的选择,而且也由表及里地逐渐敞开了其所蕴含的"认知的志向性—意决的审慎性—态度的果断性—意志的坚定性"这一情态结构。可以说,"毅然"受到了逻辑关系、语义关系和情态结构的三重关系约束,因此,根据语用整体论的"一个意思(语义)的表达与其所属的整个系统相关"且"意义"(完权 2020:21)是"预期关系的心理表征"(Travis Proulx 和 Steven J. Heine 2006:310),我们可以把"毅然"的语义界定为:主体为实现志向经慎思而果断、坚定地做出"止旧起新"的决定性选择。而从语义类别看,"毅然"既不是方式副词(manner adverbs),也不是言者对主体行为进行主观评价的主观副词(subjective adverbs),而是语义指向主体目的和意愿的意志副词(volitional adverbs)(Huddleston, Rodney D.和 Geoffrey K. Pullum 2002:676—677)。

参考文献

方　梅　1994　《北京话句中语气词的功能研究》,《中国语文》第 2 期。

何　云　2011　《"X 然"类词的多角度研究》,西宁:青海师范大学硕士学位论文。

侯学超　1998　《现代汉语虚词词典》,北京:北京大学出版社。

邵敬敏　2004　《"语义语法"说略》,《暨南学报》第 1 期。

邵敬敏　2016　《副词释义的精准度及其方法论探讨》,《暨南学报》第 1 期。

完　权　2020　《从皮尔斯符号学到语用整体论》,《当代修辞学》第 3 期。

魏宏森　1983　《系统科学方法论导论》,北京:人民出版社。

杨雨晴　2021　《"X 然"类描摹性副词研究》,《现代语言学》第 1 期。

赵春利　2014　《关于语义语法的逻辑界定》,《外国语》第 2 期。

赵春利　何　凡　2020　《副词"索性"的话语关联与情态验证》,《世界汉语教学》第 3 期。

朱景松主编　2007　《现代汉语虚词词典》,北京:语文出版社。

Cinque, Guglielmo　2004　Issues in Adverbial Syntax. *Lingua* 114.

Ernst, Thomas　2002　*The Syntax of Adjuncts*. Cambridge: Cambridge University Press.

Frege, Gottlob　1884/1986　*Die Grundlagen der Arithmetik*, Hamburg: Felix Meiner.

Huddleston, Rodney D. and Geoffrey K. Pullum　2002　*The Cambridge Grammar of the English Language*. Cambridge: Cambridge University Press.

Lepore, Ernest　1999　Semantic Holism. In Robert Auri ed., *The Cambridge Dictionary of Philosophy*, 2nd edition. Cambridge: Cambridge University Press.

Linda, Badan and Haegeman, Liliane　2022　The Syntax of Peripheral Adverbial Clauses. *Journal of Linguistics* 58, 4.

Maekelberghe, Charlotte　2019　The English Gerund Revisited Exploring Semantic Differences Through Collocational Analysis. *Corpus Linguistics and Linguistic Theory* 15, 1.

Shi, Yuzhi　2023　*The Evolution of Chinese Grammar*. Cambridge: Cambridge University Press.

Talmy, Leonard　2000　*Toward a Cognitive Semantics*. Cambridge: MIT Press.

Travis Proulx & Steven J. Heine　2006　Death and Black Diamonds: Meaning, Mortality, and the Meaning Maintenance Model. *Psychological Inquiry* 17, 4.

Wittgenstein, Ludwig　1953　*Philosophical Investigations*. Oxford: Basil Blackwell.

赵春利:ctzhaocl@foxmail.com

张博:1052041823@qq.com

原载《当代语言学》2024 年第 4 期。

作为离范畴动词和反叙实动词的"说是"*

上海师范大学人文学院　　　宗守云

提　要　本文讨论两种性质不同的"说是",即离范畴动词"说是₁"和反叙实动词"说是₂"。"说是₁"是复合动词,"说"和"是"都有实在意义;"说是₁"没有言说主体,带一个离范畴性质的指称宾语,在语篇中有前后小句共同出现,后续小句必须出现。"说是₂"更接近派生形式,"是"是词内成分/附缀,没有实在意义,"说是"和"说"意义相同;"说是₂"有言说主体,带宾语从句,后续小句可以出现,也可以不出现。"说是₁"和"说是₂"的差异既反映了指称和陈述的对立,也和它们的来源有关。

关键词　说是　离范畴动词　反叙实动词

1. 引言

现代汉语固化的"说是"有多种性质和功能。陈颖、陈一(2010)认为有两种不同性质的"说是",分别是间接引语标志和传信标记,后者有预示转折的功能。①吕为光(2011)认为除跨层结构外,还有三种不同性质的"说是",分别是传信标记、反叙实标记和话语标记;方梅(2018)也认为有三种,分别是传信标记、模棱语和态度标记。刘焱(2010)认为"说是"有两种不同功能,包括篇章衔接功能和话语标记功能;李冬梅、施春宏(2020)也认为"说是"有两种不同功能,包括人际功能和篇章功能,其中人际功能又

　＊　本文获上海师范大学"比较语言学与汉语国际传播"创新团队资助。

　①　前人文献中常有不同学者用不同术语指称同一对象的情形,本文论述内容如果和前人文献相关,则按照前人文献术语论述。

包括评价功能和传信功能,篇章功能又包括解说衔接功能和预示转折功能。前人也有就"说是"的一种功能作深入分析的,比如,李佳樑(2014)讨论了"说是"的示证语用法,樊中元(2016)讨论了"说是"作为非叙实标记的用法,等等。

从前人研究看,"说是"在性质上可以作为引述标记、传信标记、反叙实标记等,在功能上有评价、解释、预示转折等多种功能。这些性质和功能具有层次性和历时联系,"形成了一个异质的层次复杂的集合"(李冬梅、施春宏 2020)。根据李冬梅、施春宏(2020)的研究,"说是"在形义匹配过程中首先通过韵律机制固化,而后经重新分析发生构式词汇化,"说是"用于引述,在对比语境中发展出评价功能,在问答语境中发展出传信功能,在衔接语境中发展出解说衔接功能,在反预期语境中发展出预示转折功能。

前人研究成果丰硕,从各种不同角度揭示了固化"说是"的性质和功能,尤其是李冬梅、施春宏(2020)的研究,对"说是"的共时和历时联系进行了深入的分析,这为后续研究提供了基础。本文拟讨论两种前人未予分化的"说是"用法,可以分别概括为"离范畴动词"和"反叙实动词"。

2. 离范畴动词和反叙实动词的区分

先看一些前人研究用例:

(1) 我们沿着一条土筑公路折向西南方向,说是公路,实际上是一条大车道。(吕为光 2011)

(2) 他回山东去了,说是不出四五天就回来,可是一直没有回来。(吕为光 2011)

(3) 说是主席台,其实没有台,就是在伙房一头的墙上挂一面党旗,旗下摆一张桌子是记录席。(樊中元 2016)

(4) 我小时候由于嘴馋,总爱到厨房围着母亲转,说是帮忙,实在是为了捞点吃的。(樊中元 2016)

(5) 三是迎合了人们想发家致富,想当富豪的心理特点。说是"富豪",其实价格只有 300 余元。(李冬梅、施春宏 2020)

(6) 冯玉祥的用意很清楚:他说是出兵 14 万助蒋伐桂,实际上仍然是

"出声不出力"。(李冬梅、施春宏 2020)

吕为光(2011)把例(1)(2)"说是"称为"反叙实标记",樊中元(2016)把例(3)(4)"说是"称为"非叙实标记",李冬梅、施春宏(2020)认为例(5)(6)"说是"具有"预示转折功能"①。总之,例(1—6)"说是"都被看成同一种性质的成分,只是各家说法各不相同。

仔细观察发现,例(1)(3)(5)和例(2)(4)(6)情况并不相同,前者"说是"带一个指称性宾语,这个指称性宾语是一个名称,其名称不符合实际情形,但不一定是错误的或虚假的,这个名称不是所在范畴的典型成员或中心成员,具有"离范畴"(decategorization)性质②,"说是"可以称为"离范畴动词",记作"说是₁";后者"说是"带一个宾语从句,宾语从句所反映的事实为假,"说是"是"反叙实动词"③,记作"说是₂"。"说是₁"和"说是₂"是两种不同性质的动词,即离范畴动词和反叙实动词。这两种动词都是根据它们所带宾语的性质命名的,离范畴动词带一个离范畴的指称宾语,反叙实动词带一个反叙实的宾语从句。本文主要讨论"说是"的这两种不同用法。

3. 离范畴动词"说是₁"

3.1 "说是₁"的性质和构成

3.1.1 "说是₁"的性质

根据认知语言学原理,认知范畴是由原型成员和边缘成员组成的,或

---

①　李冬梅、施春宏(2020)在共时分析中把例(5)(6)都处理为预示转折功能,而在历时分析中也注意到了例(5)的特殊性,把例(5)的"说是"称为"元话语层面"用法,认为"说是"元话语层面的用法是从预示转折功能发展来的。

②　我们用"离范畴"不用"去范畴",是因为去范畴(decategorization)一般是用来分析语言客体范畴的,指某一范畴的成员在一定条件下失去该范畴部分特征的现象或过程,是动词本身"去范畴",比如,从主句动词到认证义动词就是去范畴化(方梅 2005)。"离范畴"则用来分析概念/语义范畴,是动词标示的宾语"离范畴"。关于概念/语义范畴和语言客体范畴的区分,可以参看张敏(1998:78)。

③　例(4)"帮忙"表面看似乎不是反叙实,实际上仍然是"实质性证伪",即"帮忙是假,捞点吃的是真",相关论证详见 4.1.1"'说是₂'的性质"。

者说是由好样本和差样本组成的。边缘成员/差样本都不同程度地离开范畴中心,具有离范畴性质。动词"说是₁"所带宾语是具有离范畴性质的指称宾语,"说是₁"是"离范畴动词"。例如[本文用例除引用、转换的例子外,都出自北京大学中国语言学研究中心语料库(CCL 语料库)为节省篇幅,不再一一标明出处]:

> (7) 这部书说是新作,其实是两位教授二十余载呕心沥血讲授这一课程的结晶,一九七七年就由他们所执教的武大哲学系铅印成稿本,以后数易其稿,最近才得以正式出版。

> (8) 第一七〇师说是一个师,其实兵力也仅仅相当于一个团而已。

例(7)(8)"说是"所在的小句都是完整的主谓结构。"说是"是带宾语的动词,宾语都具有离范畴性质。"新作"是"新近写的作品"(《当代汉语词典》2001),典型的"新作"是新近完成、新近出版的作品,而例(7)"新作"是新近出版而不是新近写作的作品,显然不是"新作"这一范畴的典型成员;"一个师"兵力在一万二左右,这是典型的"师",如果只有一个团的兵力,虽然名义上是"师",但肯定不是"师"范畴的典型成员。

原型成员和边缘成员可以通过属性列举、家族相似、实物完形等进行区分。比如,"鸟"都具有"孵蛋、有喙、有翅、有羽"等属性,"鸟"的典型成员还具有"身小、腿细、会飞、鸣叫"等属性。对"鸟"而言,如果不具有典型成员的属性,甚至不具有"鸟"的必有属性,就可以作为"说是₁"的宾语,后面用转折小句说明这些属性的缺失;反之,如果具备"鸟"范畴典型成员的属性,则不能作"说是₁"的宾语:

> 说是鸟,其实不能孵蛋/＊说是鸟,可以孵蛋。

> 说是鸟,其实没有鸟喙/＊说是鸟,有鸟喙。

> 说是鸟,其实身体非常庞大/＊说是鸟,身体非常小巧。

> 说是鸟,其实两腿非常粗壮/＊说是鸟,两腿非常纤细。

"在原型和边界之间,认知范畴包含的成员,在典型性上可以从好样本到差样本的范围内划分等级。"(弗里德里希·温格瑞尔、汉斯-尤格·施密特 2009:24)在一个范畴中,只要是离开原型成员,不论等级程度高低,都可以用"说是₁"引出:

> 说是鸟,却有点像鱼。　　说是鸟,却更像是鱼。　　说是鸟,却特别像鱼。

认知范畴是作为心理概念储存在我们大脑中的,并以语言中的词来表示。语言中的词是"名",而储存在我们大脑中的心理概念所反映的是"实",因此认知范畴往往涉及名和实的关系,如果名实一致,一般情况下就是范畴的典型成员,如果名实不一致,就不是范畴的典型成员,有不同程度的离范畴性质。"说是₁"引出一个名称,后面的转折小句反映的是实际情形,两个小句相继,反映了名实的不一致性。

3.1.2 "说是₁"的构成

"说是₁"由表言说意义的动词语素"说"和表判断意义的动词语素"是"构成,但"说是₁"的离范畴性质是不能根据构成成分推出的,因此"说是₁"是动词而不是动词短语。

在"说是₁"中,"是"的作用非常重要,"是"某种程度上还保留着判断动词的性质,因此,"说是"在构词形式上是复合动词。在语法形式上至少有以下两方面表现:首先,"说是₁"可以改写为插入形式,"说"和"是"之间可以插入一个代词,句子意义不变;其次,"是"必须出现,如果只保留"说",句子不合法。例如:

(9) a. 热情的卡塔里娜还带我们参观了村里生产手工毛衣的工厂。<u>说是工厂</u>,其实不过是一个个家庭小作坊。

 b. <u>说它们是工厂</u>,其实不过是一个个家庭小作坊。

 c. *<u>说工厂</u>,其实不过是一个个家庭小作坊。

(10) a. 1984 年底,33 岁的彭中亚被任命为聋哑盲学校校长。<u>说是校长</u>,其实跟随他的只有一枚公章,连学校建在哪里,都等他去筹划。

 b. <u>说他是校长</u>,其实跟随他的只有一枚公章,连学校建在哪里,都等他去筹划。

 c. *<u>说校长</u>,其实跟随他的只有一枚公章,连学校建在哪里,都等他去筹划。

例(9)(10)中 b 句是插入形式①,和原句 a 意义相同,但语法意义略有差异,a 句不凸显判断主体,b 句凸显判断主体;c 句"是"不出现,是不合法

---

① 例(9)(10)中 b 句的"说"需要重读。

的句子。

3.2　"说是₁"无言说主体

从语篇看,"说是₁"所在句子至少应该由三个小句构成:引发小句＋"说是"小句＋转折小句。"说是"小句由"说是₁＋宾语"构成,宾语是从引发小句中提取的指称性成分,"说是₁"没有言说主体。

首先,叙述者不是言说主体。在"说是"的诸多用法中,叙述者都不是言说主体,叙述者引述言说主体的话语,用来引用、传信、评价、解释。"说是₁"也是如此,叙述者用"说是₁"引出一个名称,这个名称是语篇或语境提供的,叙述者只是在叙述中引说这个名称,他自己并不是言说主体。正因为如此,"说是₁"排斥第一人称主语,不能说"我说是……,其实……"。"说是"的其他用法也多是如此,尤其是传信、评价等,都排斥第一人称主语。

其次,主语不是言说主体。"说是₁"很多情况下是没有主语的,形式为"说是……,其实/实际上……"。有时"说是₁"前面出现主语,但不是言说主体。比如例(7)(8),"这部书""第一七〇师"是主语,但不是言说主体,"说是"所指谓的言说行为与当前句子中的主语没有论元指派关系。我们再看两个例子:

(11)勐拉<u>说是</u>市,其实规模只同中国的镇差不多大。

(12)努克<u>说是</u>首府,其实只有一条主街,严格说只有一处红绿灯。

例(11)(12)主语是地名,不是言说主体。

3.3　"说是₁"带指称宾语

在一个简单句中,宾语不论是 NP 还是 VP,都可以是指称性的,NP是典型的指称性成分,VP 在宾语的位置上可以指称化,从而成为指称成分。宾语位置上的 VP,其指称性有一定的等级差异,根据陆丙甫(2009)的研究,模态词的宾语完全没有指称化,真谓宾动词的宾语虽然没有指称化,但却可以"指代化",而一般谓宾动词("开始、主张"类)的宾语已经不同程度地指称化了,至于"准谓宾动词",其宾语原本就是指称性的,在作为备用单位时就已经具有名词性。模态词实际上就是情态动词。也就是说,只有情态动词后面的谓词是陈述性的,其他动词后面的谓词都可以是指称性的。

"说是₁"除了带 NP 指称性宾语,也可以带 VP 指称性宾语,例如:

(13) "学着做"礼貌学校是专门教授礼貌风度的名牌学校。说是学校,其实只有一名教员,那就是该校的创始人乔伊·戴维斯女士。

(14) 到胶东,你若吃不上酱豆,就很难体会胶东浓郁的乡情、清醇的民风、厚重的文化底蕴。吃酱豆说是吃,其实是"品"。

(15) 说是过生日,也就是做个生日蛋糕,增加几个菜,一家人在家里吃顿饭。

例(13)"学校"毫无疑问是指称宾语。例(14)"吃"和例(15)"过生日"虽然是谓词宾语,但都是指称性的,它们具有元语性质,只是表达一个名称,即"名义上是吃、名义上是过生日",不表达一个事件,无法改写为陈述形式,比如不能加体标记"了",不能加句末语气词"的",不能加情态词或时间、处所状语等等,而反叙实动词"说是₂"所带的宾语从句完全没有这些限制。

下面这个例子更能说明"说是₁"后面的 VP 是指称宾语:

(16) 在放开煤价而市场又疲软的情况下,煤价未及理顺又被垫底。河南省煤炭运销公司经理乔心伦对记者说:"说是放开价格,其实名不符实。"

例(16)"放开价格"虽然是 VP,但后续小句"其实名不符实"明示"放开价格"是一个称名,而且这个称名是不符合实际的。

"说是₁"所带指称宾语具有非定指性。"说是₁"的宾语在语篇或语境中是一个可定指的对象,但作为"说是"的宾语,只是一个称名或一个说法,具有元语言性质,其性质是非定指的。"说是₁"的宾语可以是光杆普通名词、非定指的名词短语、具有指称性质的动词或动词短语,排斥不带修饰成分的专名和定指的名词短语:

说是电脑,其实不能编辑文档。　　说是面试,其实就是走个过场。

＊说是诸葛亮,其实没有智慧。　　＊说是北京,其实一点也不繁华。

＊说是这棵树,其实没有叶子。　　＊说是那位老师,其实从来不上课。

当然,"说是"后出现专名,可以作为反叙实解读,"说是诸葛亮,其实根本不是","说"后面的"是诸葛亮"是宾语从句,事实为假。如果是"说是₁",则不能带专名宾语。最能说明问题的是,当语篇或语境中的对象是一个专名时,只能提取中心成分或修饰成分作为"说是₁"的宾语,不能提取整个专名:

 (17) 郑州市区内有个紫荆山。说是山(＊说是紫荆山),其实并没山的踪影。

 (18) 会理招待所濒临"琼海"边上。说是"海"(＊说是琼海)其实是个大湖泊。

 (19) 翻过唐古拉山,经雁石坪、朵尔曲沿,来到沱沱河小镇,说是"小镇"(＊说是沱沱河小镇),其实算不上个镇,几家鸡毛小店夹路而建,实在太小了。

 (20) 庙内最有名的是"千柱殿"。说是千柱(＊说是千柱殿),其实是997根石柱,每根石柱一个人都搂抱不过来。

例(17)—(19)"说是"提取的是中心成分,例(20)"说是"提取的是修饰成分,整个偏正结构作为专名,不能成为提取对象。

3.4 "说是₁"后续小句必现

"说是₁"的宾语是从引发小句中提取的一个指称对象,该对象或者直接在引发小句出现,或者可以根据常规情理推出,转折小句用来说明"说是₁"的宾语作为一个名称,其真实情况究竟如何。例如:

 (21) 厢梁,桥梁上类似于小房间的一种结构,说是小房间,其实高度只有七八十厘米,人在里面干活只能蹲着或者坐下。

 (22) 于是我父亲就回到了故乡,说是农民,但又无田可耕。

例(21)引发小句中的"小房间"作为一个对象,由"说是"引为宾语,后面的转折小句说明实际情况是连小房间的标准也达不到。例(22)引发小句没有出现"农民",但可以根据"回到故乡"这一情理推出,"说是"把所推出的"农民"引为宾语,后面转折小句"无田可耕"说明父亲作为农民是不典型的。

引发小句存在着一个对象,或者可以推出一个对象,这个对象作为一个名称,由"说是"引出成为宾语,后面必须出现一个转折小句来说明这一名称的实际情形,说明名不符实的具体表现何在。

表 1　三个小句及其对应的要素和关系

构成	引发小句	"说是"小句	转折小句
要素	对象	名称	实际
关系	存在	提取	说明

"说是₁"所带宾语是一个名称,后续小句用来说明这一名称是怎样"名不符实"的,具体说来有以下三种情况。

首先,后续小句说明"这个名称是不完整的"。例如:

(23) 茶馆去年 4 月份刚开业,店主是一位叫尼玛的藏北姑娘。说是茶馆,其实也有餐饮和住宿的功能。

(24) 太太和翠儿,说是主仆,其实情同姐妹。

例(23)"茶馆"这个说法是不完整的,因为还有餐饮和住宿功能;例(24)"主仆"这个说法是不完整的,因为还有姐妹关系。

其次,后续小句说明"这个名称是不准确的",如例(25)(26)的"暑期乐园""便饭":

(25) 说是"暑期乐园",其实很简陋,学校腾出一排六年级 3 间教室开设了乒乓球室、棋艺室、图书室。

(26) 到了吃饭时间,主人便邀客人吃顿便饭。说是便饭,其实很丰盛,菜一大桌,陪吃的人八九个,还要喝酒。

再次,后续小句说明"这个名称是不正确的"。例如:

(27) 写累了,一帮文人就在住所外的操场上"撞拐"。说是文人,其实,一查出身,也都是些"武人"。

(28) 说是绿叶,其实只有淡淡的鹅黄色,如同雏鸟的嘴边儿。

例(27)"文人"这个名称是不正确的,实际上是武人;例(28)"绿叶"这个说法是不正确的,实际上是鹅黄色叶。这种情况下,宾语离中心范畴更远,甚至已经延伸到其他范畴。

后续小句反映了"说是₁"宾语的名不符实性质,其实际情形不一定是错误的,但一定是"离范畴"的,即它们都偏离了范畴中心。就离范畴程度而言,"名称不完整"只是稍微偏离了中心范畴,"名称不准确"则是较远地偏离了中心范畴,"名称不正确"偏离中心范畴最远,已经延伸到了其他范畴。

4. 反叙实动词"说是₂"

4.1 "说是₂"的性质和构成

4.1.1 "说是₂"的性质

从叙实性的角度看,说话人通过主句谓语动词规定宾语从句的真值情况,如果事实为真,谓语动词是叙实动词;如果事实为假,是反叙实动词;如果真假不确定,是非叙实动词(袁毓林 2020)。"说是₂"作为主句谓语动词,后面带一个宾语从句,宾语从句事实为假,因此"说是₂"是反叙实动词。例如:

(29) 王迪开和妻子便赶着这 43 头肥猪,浩浩荡荡,从村西头走到村东头。说是给猪洗澡,实际上是带猪"游行示众",让村民看看榜样的力量。

(30) 他自己说是"很懒",其实是一心蛰伏在他的"静虚村"里营造大作。

例(29)"给猪洗澡"为假,"游行示众"是真;例(30)"很懒"是假,"营造大作"是真,"说是"都是反叙实动词。

李新良、袁毓林(2016)较为穷尽地列举了汉语的反叙实动词,包括"吹嘘、幻想、假装、梦见、梦想、妄称、污蔑、诬陷、伪装、想象(着)、佯装、装作、以为",同时认为,"假装"类反叙实动词和其他类型有所不同,即"假装"的宾语在有的情况下是真的(如"假装摔倒"),在有的情况下是假的(如"假装害怕"),这是因为,"假装"的宾语既可以是主体故意做出的假动作,也可以是主体通过假动作制造的假象。唐正大、强星娜(2019)认为,"假装"作为反叙实动词,是对某个事件进行证伪操作,假装行为作用于实质性谓词,是对该谓词本身表示的事件进行证伪,如果作用于现象谓词,要么是证伪该谓词内部的实质性语义部分,要么是证伪该谓词表达的事件之外的事件,"假装"都是实质性证伪。

"说是"和"假装"性质大致相同,有时具有"表面上如此,实际上并非如此"的含义,这也是"实质性证伪",例如:

（31）以后几乎每次到京都要看望林先生。<u>说是</u>看望,其实是找麻烦,不外乎约稿、征求办刊意见之类,有时还要打打林先生的招牌办些事情。

（32）是呀,乡下人么,他总是不愿意让女儿白吃他家的饭,<u>说是</u>送到我们家来长见识,其实也就是省下一个人的粮食,让我们替他养着女儿。

例(31)有"看望是假,找麻烦是真"的意味,例(32)有"送到我们家来长见识是假,让我们替他养着女儿是真"的意味,两例都属于"实质性证伪"。

4.1.2 "说是₂"的构成

"说是₂"由表言说意义的动词语素"说"和虚化成分"是"构成。在"说是₂"中,"是"是一个词内成分("词内成分"见董秀芳 2004),有附缀(clitic)性质(张斌 2021:123—130),"是"没有实质性语义贡献,因此,"说是"在构成上更接近派生形式。在语法形式上,"说是₂"可以删"是"留"说",用"说"引出后面的反叙实宾语从句,意义不变。例如:

（33）a. 趁此良机,我又去了一次葛洲坝,<u>说是</u>想看大江发电厂,其实我是专为了到放淤堤的尖端上去。

   b. 趁此良机,我又去了一次葛洲坝,<u>说</u>想看大江发电厂,其实我是专为了到放淤堤的尖端上去。

（34）a. 她<u>说是</u>去丁玲家,结果却跟一个勘探队的人跑出去了。

   b. 她<u>说</u>去丁玲家,结果却跟一个勘探队的人跑出去了。

例(33)(34)中 a 句和 b 句意义基本相同,可见"说是₂"中"是"只是个词内成分/附缀,没有实在意义。

有的用例用"说",不用"说是",但用法相同,都是反叙实动词。例如:

（35）当然,说谈判容易,其实也非如此,算起来美国和苏联为削减战略武器问题前后谈了至少 20 年之久。

（36）前一段编了个电视剧,说天桥没有桥,实际上天桥有桥。

在"说是₂"中,"是"是词内成分,反叙实意义主要是由"说"承担的。在汉语中,言说动词可以引申出认知动词的用法,具体为"言说义>认为义>以为义"(李明 2003,苏颖 2020),既然"说"可以由言说义发展出以为义,而"以为"主要用作反叙实动词,那么,"说"由言说动词发展为反叙实动词,是符合语言发展规律的。

4.2 "说是₂"有言说主体

具有叙实性功能的谓词和主语、宾语从句一道组成补足语构式,在这样的补足语构式中,宾语从句用来表达话语的基本内容,主句谓语动词用来表达意识主体的心理状态或心理过程,主句主语是一种"站在前台的概念化者",整个补足语构式的话语功能是:邀请站在后台的概念化者和站在前台的概念化者以及说话人进行认知上的协作,并指导听话人按照说话人通过主句所指定的方式对宾语从句进行识解(Verhagen 2005,袁毓林 2020)。"说是₂"作为带宾语从句的主句谓语动词,必然存在"站在前台的概念化者",就是言说主体,在句法上以主句主语的方式呈现,例如:

(37) 当我们到上海还未立定脚跟,志摩又追随到了上海。当时,他<u>说是</u>和我讨论学术的事,其实,还是紧盯小曼不放。

(38) 女老乔<u>说是</u>汇报工作,其实是想争取自己副处级调研员的事。

例(37)(38)言说主体都是确定的对象。言说主体也可以是非确定的对象。例如:

(39) 确实,有的人<u>说是</u>在自我批评,其实是在自我表功,这成绩那贡献,似乎没了他不成,工作上他是独领风骚。

(40) 转让价格的高低掺杂着很多地方政策行为,有的<u>说是</u>出资多少多少,实际仅在账面上转一转,还有的甚至干脆采用行政划拨。

主句主语有时出现在前面某小句中,在当前小句中承前省略。例如:

(41) 她还是觉得当初写作时在艺术上不够自觉,今天看来尚有某些不足之处,<u>说是</u>要修订一下,其实她一直在重写与改写。

(42) 他便拿我作掩护,<u>说是</u>带我上街玩,其实与他的朋友们会合后,就去了电影院。

例(41)(42)主句主语分别是"她"和"他",都承前省略,可以补出,意义不变。

"说是₁"和"说是₂"在有无言说主体上形成鲜明对立:无言说主体,就是"说是₁";有言说主体,就是"说是₂"。宾语同样是谓词,无言说主体,是指称性宾语;有言说主体,是宾语从句。试比较:

(43) 他又走回来,<u>说是</u>走,其实撒开腿跑起来。

(44) 她每天都要上岸走一会，说是去散心，其实是给自己拣一个场所痛哭一场。

例(43)(44)"说是"都带谓词宾语，表面上性质相同，实际不然：例(43)没有言说主体，前一小句的"他"和说话人"我"都不是言说主体，不能补在"说是"前面，谓词宾语"走"受限，不能加情态成分、时体成分等，是指称性质的宾语；例(44)有言说主体"她"，可以补在"说是"前面，"去散心"是宾语从句，不受限制，可以加情态成分或时体成分等，如"说是要去散心、说是去散散心、说是去散一会儿心、说是去散心了"等。可见，在小句中，"说是"即使表面看来相同，但性质可能是完全不同的。

4.3 "说是₂"带宾语从句

在现代汉语中，宾语从句的主句动词主要是言说动词或认知动词，宾语从句必须是定式小句(finite clauses)，形式上等同于一个自足句，具有和主句同样的成句条件，比如可以有时体标记等等，具有强主句特征(唐正大 2019)。"说是₂"所带的宾语从句都具有主句特征，宾语从句可以是复杂形式，也可以是简单形式，但都具有主句特征。例如：

(45) 有时抗议无效，常被妈妈通告苦着脸吃苦瓜，说是苦瓜可以退火，其实是因为家中的苦瓜生产过剩。

(46) 爸爸虽说是去大连休养，其实比在北京还忙。

(47) 是宋建平约刘东北到这里来的。说是约他来游泳，实际上是想跟他说一说自己的那事儿。

(48) 他们把山薯送给有过施舍的人家，说是答谢，实则提醒，请施主赶紧再结善缘。

例(45)宾语是主谓小句，例(46)(47)宾语是动词短语，例(48)宾语是动词，无论宾语简单还是复杂，都是宾语从句，具有主句特征——可以通过增加情态成分、时体成分、语气成分进行扩展。例如：

(49) a. 今天晚上，她和几个旧同学见面，翁朝山竟然又怀疑她。他说是担心，她知道是怀疑。

　　b. 他说是他担心她的安全，她知道是怀疑。

　　c. 他说是他会担心她的安全，她知道是怀疑。

　　d. 他说是他担心着她的安全，她知道是怀疑。

　　e. 他<u>说</u>是他担心她的安全呢,她知道是怀疑。

　　例(49)中 a 句是原句,b、c、d、e 都是扩展后的完整主谓小句,c 句增加了情态词"会",d 句增加了体标记"着",e 句增加了语气词"呢",这些扩展的完整小句都具有主句特征。

　　有些用例形式上似乎是"说是$_2$＋NP",实际上应该解读为"说＋是NP","说"是反叙实动词,"是 NP"是宾语从句。例如:

　　(50) 他<u>说是</u>六种,实际上只有五种。

　　(51) 她生日的那个周末正好同一首歌来济南,我骗她<u>说是</u>朋友送的票,实际上是花了 580 元钱买的票。

　　例(50)根据上下文,原小句可以改写为"他说宪法解释的方法是六种";例(51)原小句可以改写为"我骗她说这是朋友送的票",原小句和改写的小句意义相同,说明"说"是反叙实动词,"是 NP"是宾语从句①。

　　"说"的宾语可以是非常复杂的形式,甚至还可以再嵌套"说/说是＋谓词宾语"。例如:

　　(52) 同时,陶阿毛还在巧珠奶奶面前挑拨,说汤阿英经常出去,跟不三不四的男人在一道鬼混,名义上<u>说</u>是开会,实际上谁也不了解她做些啥事体。

　　例(52)第一个"说"管界到句末,后面四个小句都是"说"的宾语,这是挑拨的话语,是反叙实的,"说"是反叙实动词;"说是开会"是里面嵌套的反叙实小句,由反叙实动词"说是"和宾语从句"开会"构成。

4.4　"说是$_2$"后续小句可现

　　"说是$_2$"可以出现后续小句,也可以不出现后续小句。

　　在前人研究中,"说是$_1$"和"说是$_2$"被看成是同质的语言成分,主要是因为形式上都有预示转折的后续小句,而"说是$_1$"和"说是$_2$"又都有表面的否定意义。其实,"说是$_1$"和"说是$_2$"的语义背景本质上是不同的。"说是$_1$"的语义背景是:语篇中某个指称性成分用"说是"引出,然后通过后续转折小句说明这个指称性成分是怎样偏离原型范畴的。"说是$_2$"的语义

───────────────

　　①　例(50)(51)"是 NP"仍然可以加上情态成分扩展,如"他<u>说</u>宪法解释的方法应该是六种",因此是宾语从句,而"说是$_1$"即使用插入形式也不能扩展,如例(9)"*<u>说</u>它们一定是工厂"。

背景是：某个主体说出一个反叙实命题，"说是"引出这个反叙实命题，通常还需要说明真实情形。"说是$_2$"后面如果有后续小句，是用来说明真实情形的。例如：

(53) 如今他正在招兵买马，说是和你商量，其实是强要你家的孩子。

(54) 大哥递上托人从富锦捎来的苹果，大姐就问哪儿来的钱？ 大哥说是替老乡熟皮子赚的，其实却是挪用了寄给家中的钱，他也是万般无奈。

例(53)(54)都有后续小句说明真实情形，例(53)是"和你商量是假，强要你家的孩子是真"，例(54)是"替老乡熟皮子赚的是假，挪用了寄给家中的钱是真"。

"说是$_2$"后面也可以不出现后续小句，或者是语境提供了真实情形，或者是不需要说明真实情形。"说是$_2$"常和反预期标记共现，例如：

(55) 她记得二哥不准她声张，洗净了血污，第二天照常去上班，却说是夜里走路自己跌伤了的。

(56) 这哪里是城里银钱买得来的？ 城里人把这种趣味强夺了去，却说是自己发明。

(57) 在这个时候，张小甫竟然说是逃回来的，他不相信。

(58) 上次那封信已经够烦人了，这回竟然说是专程来看你。

例(55)(56)语境提供了真实情形，例(55)二哥是在沧白堂事件或较场口事件中受的伤，而不是夜里走路自己跌伤的；例(56)品茶的趣味是山里人发明的，而不是城里人发明的。例(57)(58)是不需要说明真实情形的，只要把"说是"后面的命题内容作反向解读，就是句子所要表达的内容，例(57)是"张小甫不是逃回来的"，例(58)是"乔致庸的太太不是专程来看你的"。

李冬梅、施春宏(2020)认为，当"说是"表达认识立场对立时，意味着言者"对引语真实性有所保留"，甚至是"否定"，比如："那些不明真相和别有用心的人就要把罪名加到我们的头上，说是我们虐待，不给生活费。"这里"说是"实际上有两种功能，从所引出命题的否定性方面看，"说是"是反叙实动词；从说话人的态度看，"说是"意味着认识立场的对立。前者着眼于语义，后者着眼于语用，两者并不矛盾。"说是"作为反叙实动词，符合

"说是₂"的条件:有言说主体,可以用"说"替换意义不变,带宾语从句且宾语从句事实为假。

5. 结语

"说是₁"和"说是₂"表面相同,但本质不同。"说是₁"是离范畴动词,是复合动词,固化不够彻底,"说"和"是"都有实在意义,且中间可以插入代词;"说是₁"没有言说主体,带一个离范畴性质的指称宾语;在语篇中,"说是₁"小句有前后小句共同出现,后续小句必须出现。"说是₂"是反叙实动词,更接近派生形式,"是"是词内成分/附缀,没有实在意义,"说是₂"和"说"意义相同;"说是₂"有言说主体,有时言说主体是确定的,有时是不确定的,但都是必然存在的;"说是"带宾语从句,其宾语从句具有主句特征;"说是₂"后续小句可以出现,也可以不出现,说话人可以根据实际情况选择不同的表达方式,关键是要保证听话人理解真实情形。具体对比可见表2。

表 2 "说是₁"和"说是₂"的差异

	性 质	词法	形 式	言者主体	宾 语	后续小句
"说是₁"	离范畴动词	复合	可插入代词	无	指称宾语	必现
"说是₂"	反叙实动词	派生	可替换"说"	有	宾语从句	可现

"说是₁"和"说是₂"的差异,本质上可归因于它们的宾语性质的差异,即宾语是指称性的还是陈述性的,这实际上反映了指称和陈述的对立。从来源看,固化的"说是"都是从跨层的"说是"发展来的(陈颖、陈一 2010;吕为光 2011;李冬梅、施春宏 2020)。根据李冬梅、施春宏(2020),"说是"首先是在主语隐含的条件下发生韵律组块,如"外边有一个秀才,说是王文举","说是"在韵律上进行了组块,在结构上则是跨层的,这就形成了形义错配;当"说是"后面成分为动词或小句时,其形义出现新的匹配,"说是"发生重新分析而词汇化为引述动词。在反预期语境中,"说是"通过对比项凸显而浮现出预示转折功能,"整个句法格式表达'说是 X,实际上却非 X'的意思"(李冬梅、施春宏 2020)。"说是 X,实际上却非 X",意味着 X

为假,因此,"说是"本质上是反叙实动词,这是从引述动词直接发展出来的用法。

李冬梅、施春宏(2020)认为"说是"元话语层面的用法(如"说是教室,其实就是祠堂的大厅")是从预示转折功能发展而来:"及至现代汉语,'说是'更为频繁地用于提取上文中某一表述,并在后续句中说明该表述根本不具备适切性,即发生了'说是'由预示转折功能向元话语层面的进一步拓展。"我们认为,预示转折功能的"说是"和元话语层面的"说是"距离远,不容易产生历时联系。第一,预示转折功能的"说是"后面是陈述成分,元话语层面的"说是"后面是指称成分,陈述和指称在功能上是对立的。第二,预示转折功能的"说是"出现语境为典型的口语对话语境(李冬梅、施春宏 2020),而元话语层面的"说是"出现语境不是口语对话语境,二者在出现语境上存在差异。第三,预示转折功能的"说是"和元话语层面的"说是"在句法语义上存在一系列差异。因此,元话语层面的"说是"应该不是从预示转折功能的"说是"发展而来的。

"说是"元话语层面的用法应该是从最早的韵律组块直接发展而来,在反预期语境中,"说是"用来提取上文中的某个名称,进而词汇化为离范畴动词。韵律组块的"说是"和元话语层面的"说是"距离近,容易产生历时联系。首先,韵律组块的"说是"和离范畴动词"说是"后面都是指称成分,二者在形式上相同;其次,二者的"说"和"是"都有实在意义,"说"表言说意义,"是"表判断意义,因此意义上相近;最后,离范畴动词"说是"某种程度上还积淀了韵律组块的跨层性质,比如中间可以插入代词等。所以我们有理由认为,离范畴动词"说是"是从韵律组块的"说是"直接发展而来。

兹将离范畴动词"说是"和反叙实动词"说是"的来源图示如下:

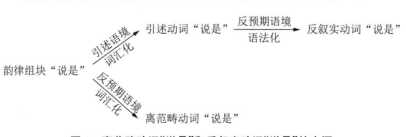

图 1　离范畴动词"说是"和反叙实动词"说是"的来源

参考文献

陈　颖　陈　一　2010　《固化结构"说是"的演化机制及其语用功能》,《世界汉语教学》第 4 期。

董秀芳　2004　《"是"的进一步语法化：由虚词到词内成分》,《当代语言学》第 1 期。

樊中元　2016　《"说是 X"语篇的语义关系及其特征》,《海外华文教育》第 4 期。

方　梅　2005　《认证义谓宾动词的虚化——从谓宾动词到语用标记》,《中国语文》第 6 期。

方　梅　2018　《"说是"的话语功能及相关词汇化问题》,《中国语言学报》(第 18 期),北京：商务印书馆。

弗里德里希・温格瑞尔、汉斯-尤格・施密特　2009　《认知语言学导论》(第二版),彭利贞,等译,上海：复旦大学出版社。

李冬梅　施春宏　2020　《跨层词"说是"的多重话语功能及其浮现路径与机制》,《语文研究》第 4 期。

李佳樑　2014　《现代汉语的示证视角——基本出发点和课题》,《语言研究集刊》(第十二辑),上海：上海辞书出版社。

李　明　2003　《试谈言说动词向认知动词的引申》,载吴福祥、洪波主编《语法化与语法研究》(一),北京：商务印书馆。

李新良　袁毓林　2016　《反叙实动词宾语真假的语法条件及其概念动因》,《当代语言学》第 2 期。

刘　焱　2010　《"说是"的功能与虚化》,《宁夏大学学报》第 4 期。

陆丙甫　2009　《基于宾语指称性强弱的及物动词分类》,《外国语(上海外国语大学学校)》第 6 期。

吕为光　2011　《"说是"的语法化》,《语言与翻译》第 3 期。

莫　衡等主编　2001　《当代汉语词典》,上海：上海辞书出版社。

苏　颖　2020　《汉语心理动词与言说动词的双向演变》,《中国语文》第 3 期。

唐正大　2019　《命题态度与主宾语从句不对称性初探》,《汉语学报》第 1 期。

唐正大　强星娜　2019　《言者-主体-观者三方的知情状态与"假装"的反叙实效应》,《辞书研究》第 1 期。

袁毓林　2020　《叙实性与事实性：语言推理的两种导航机制》,《语文研究》第 1 期。

张　斌　2021　《现代汉语附缀研究》,北京：社会科学文献出版社。

张　敏　1998　《认知语言学与汉语名词短语》,北京:中国社会科学出版社。

Verhagen Arie　2005　*Constructions of Intersubjectivity*:*Discourse*,*Syntax*, *and Cognition*. Oxford/New York:Oxford University Press.

宗守云:zongshouyun@sina.com
原载《世界汉语教学》2023 年第 4 期。

双条件假设句类型及允准条件[*]

华中师范大学文学院　　　朱　斌
新疆社会科学院语言研究所　　　段佳璇

提　要　假设句根据逻辑语义关系可以划分为六种类型：充分条件假设、必要条件假设、推论假设、说法假设、目的假设和让步假设。假设句能够通过条件焦点化的假设"真值否定"进行预期推理，表达充分而又必要的双条件或条件完美。在"如果 A，那么 B，否则 C"句式中，"双条件"则是由假设的充分条件或必要条件，与否定这个充分或必要条件的真值得到的反转必要或充分条件合并而成。在假设句的六种语义类型中，有三种类型可以形成双条件句：一是部分充分条件假设句，二是反说必要条件假设句，三是限制性目的假设句。总体上这三种双条件假设句有两个共同的允准条件：一是待议条件焦点化引发假设"真值否定"，二是充分条件和必要条件的排他性统合。

关键词　双条件　假设句　允准条件

1. 引言

双条件表达条件的充分而又必要，是在逻辑真值基础上语用推理或强化的结果。对于双条件的界定和实现，国内外学者给出了不同的定义和解释。

吕叔湘（1982/1942—1944：416）指出，充足条件和必需条件"往往有

---

　　*　本研究受国家社会科学基金重大项目"现代汉语源流考"（22&ZD294）和教育部人文社会科学研究一般项目"汉语排他性范畴研究"（20YJA740046）资助。

从两方面来说，表示条件之为充足而又必要的"。例如"你能吃就吃点儿，不能吃倒别勉强"，该句即为我们说的充分条件和反说必要条件合用的"显性双条件"。如果只单说"你能吃就吃点儿"，从语表形式上表示充分条件假设，即"如果你能吃就吃点儿"，但可以通过隐性否定假设条件得到一个反向必要条件，即"如果你不能吃就别勉强"，从而实现双条件或条件完美的语用推理，形成"隐性双条件"。

西方语言学界较早注意到隐性双条件或条件完美现象的是 Bolinger（1952，1965：247），他提出"线性修正原理"（principle of linear modification），即后面的内容修改或语义上缩小了前面的内容，把后置条件有助于条件完美作为例证之一（Auwera，1997a：270—271）。Ducrot（1969，1984：23）独立地发展了一种类似于 Grice 量准则的第一次准则最大数量（submaxim of quantity）的方法，他称之为"一种经济规律"（Auwera，1997a：271）。

首先给双条件句（biconditionals）和条件完美（conditional perfection，CP）命名的是 Geis 和 Zwicky（1971：561—562），他们认为"If John leans out of that window any further, he'll fall."（如果约翰再向窗外探身，他就会掉下去。）"If you mow the lawn, I'll give you five dollars."（如果你修剪草坪，我就会给你五美元。）之类的条件句能够推理得到双条件的完美条件句（perfect conditionals to biconditionals）：A sentence of the form X ⊃ Y invites an inference of the form ∼ X ⊃ ∼ Y。他们称这条原则为"条件完美"，并把这种推理称为"邀请/召请/诱导/诱使推理"（invited inference）。

对于双条件或条件完美的解释，较有代表性的是运用 Grice(1975)合作原则的量准则的两条次准则。一个是应用 Grice 量准则第二次准则："说者不应超额地说"，促成条件句强化，如 Atlas 和 Levinson(1981)、Levinson(2000)和 Horn(1984—2000)等。另一个是应用 Grice 量准则的第一次准则："说者应该尽量地说"，条件句强化被解释为是量级含义（scalar implicature）的结果，如 Horn(1972)、Noordman(1979)、de Cornulier(1983)和 Auwera(1997b)等。（黄振荣，2010：327）

Atlas 和 Levinson(1981)、Levinson(1981，1983，1987，2000：37，

117)运用信息量原则（［Informativeness］-principle，I-heuristic）解释"if"的双条件、条件完美。莱文森的信息量原则源于 Grice(1975)合作原则的第二量准则，即所说话语不应包含超出需要的信息。Levinson 的信息原则包括两方面：说话人准则是"最小化准则"，说话人"尽量少说"，即提供交际所需的最少信息；听话人推理采取"充实规则"，听话人努力扩展信息，以便充分理解说话人意图。（姜望琪，2003：175；黄华新、陈宗明，2005：227—228）。Atlas 和 Levinson(1981：44)、Levinson(1987)认为霍恩量级（Horn's Scale)⟨S，W⟩中的"S"和"W"必须同等词汇化，而且都是"关涉"同一事物的，因此没有⟨iff，if⟩这种霍恩量级。（姜望琪，2003：161—162，170—171，174—177；吴炳章，2015：335）Levinson(2000：117)对条件完美的信息量解释如下：

条件完美(Geis & Zwicky 1971)：

"If you mow the lawn, I'll give you five dollars."如果你修剪草坪，我就会给你五美元。

I+>'If you don't mow the lawn, I will not give five dollars.' or perhaps 'If I give you ＄5, you will have mown the lawn.'

信息量原则的含义："如果你不修剪草坪，我就不会给五美元。"或可能"如果我给你五美元，你就把草坪修剪了。"

++>'(If and) only if you mow the lawn, will I give you five dollars.'

综合意义：当且仅当你修剪草坪，我就会给你五美元。（除非你修剪草坪，我才会给你五美元。）

Horn(2000：309)建议条件完美中数量蕴含的正确量级为：

whatever the case(无论什么情况)，q

(whether p or not-p, q)

↑ if p, q

为了解释量级中没有给出必要的含义，霍恩指出，在"if p, q"的断言中，q 有条件的为真，而且当断言 p 为 q 的充分条件时，可以推断 p 提供了相关贡献。问题是什么构成了"相关"贡献？ Horn 用反问回答了这个问题："什么能使一个条件比它的必要性更相关？"(Elder，2019：213)。

Auwera(1997b)则用量准则第二次准则的量级含义来解释双条件：

...

If p, q and if r, q and if s, q

If p, q and if r, q

↑ If p, q

Auwera 不把条件完美看作从"if"到"if and only if"的词汇强化,而是认为,如果说话人把 r、s 等视为 q 的可能前提,那么说话人就会说出它们,因此"if p, q"的断言蕴含 p 是产生 q 的唯一可能条件。(Elder, 2019: 212)。

在认知语言学方面,Dancygier(1998)、Dancygier 和 Sweetser(1996, 2005)应用心理空间分析条件句,解释条件完美。把 if 条件句区分为预言类(predictive)和非预言类(non-predictive),预言类条件句的心理空间有两个,一个是条件成立(为真)的情形,另一个是条件不成立(为假)的情形,通常只有预言类会发生条件完美,因为预言大都是基于可选择情形(alternatives)做出的。(吴炳章,2015:337—338)。

黄振荣(2010)认为,结合 Barwise 和 Perry(1983)的情景论与 Sperber 和 Wilson(1986,1995),Wilson 和 Sperber(2004)的关联论,条件句强化应该是显义的现象而非寓意。

吴炳章(2015)认为,条件完美的允准条件包括:1)"if p, q"必须是实质蕴含条件句;2)在语用上具有诺成性;3)受到语境利益格局的影响。吴炳章、郭嘉琪、廖巧云(2022)认为条件强化有基础条件和限制条件,是说话人在交际意向主导下进行的语用推理。基础条件包括 p 与 q 间的蕴含关系和具有建构性及量级特征的特设参照集。限制条件指言语行为的意向,条件强化的言语行为意向包括承诺和劝阻。

完权(2022)基于"整体语用观",把条件句分为单义条件句和多义条件句,前者具有偏重性和并置性,不能强化;后者具有语义不确定性和不可分化性,有可能却未必被解读为条件强化,条件强化是会话人基于语言符号和语言使用中的整体语用因素做出的选择性解读。

基于待议问题(question under discussion, QUD)理论,Elder(2019: 215—216)认为,焦点测试(focus test)为预测条件句是否会引发条件完美

推理提供了强有力的指导原则。推理条件完美是否出现取决于条件句的哪个元素处于焦点，因此产生了一组备选方案："when-q"问题将焦点放在先行词上，因此条件完美预计会出现，而"what-if-p"问题将焦点放在结果词上，条件完美预计不会出现。

"否则"具有回指焦点功能，可以用来投射条件句焦点。邢福义（1983，2001:309—331）讨论了"p，否则 q"句式，"否则"之类关系词语含有先假设否定前面所说的事，然后转到肯定后面所说的事，表示"假言否定性的逆转"。"p，否则 q"表意重心一般在 p。Webber 等（1999）把连词区分为结构连词和回指连词，Kruijff-Korbayová 和 Webber（2001）讨论了英语回指连接词"otherwise"（否则）如何对上文相关从句的信息结构（information structure，IS）敏感，展示了信息结构（主位-述位）如何影响哪个成分成为"否则"的回指成分。朱斌、伍依兰（2012）指出"否则"具有焦点定位功能，也就是焦点投射功能，"否则"的焦点投射域就是"否"在前文的否定范围。从逻辑语义关系看，"否则"大体相当于"如果不这样，那么"，表示的是假设否定，能够表示充分条件或反说必要条件，这样就为"显性双条件"的推理或强化提供了逻辑语义支撑。

对于假设句而言，要想探究条件的双条件推理，首先要理清假设句都能表达什么逻辑语义关系，其次，要清楚不同的假设句进行双条件语用推理需要满足怎样的允准条件。从逻辑语义关系上，假设句可以划分为六种类型：充分条件假设、必要条件假设、推论假设、说法假设、目的假设、让步假设。在"如果 A，那么 B，否则 C"句式中，通过"否则"的假设否定，由假设的充分条件或必要条件，与否定这个充分或必要条件的真值得到的反向必要或充分条件合并，从而形成"显性双条件"。例如［本文例句均来自北京大学语言研究中心语料库（CCL 语料库）］：

(1) 对于儒家文化，如果能够自觉地加以利用，汲取其积极因素，剔除其消极因素，将会促进经济、社会的发展，否则，它的负面作用就会显现。（《人民日报》1998 年 9 月 5 日）（充分条件假设）

(2) 如果没有违法行为，印尼武装部队将不会采取行动。否则，为了国家和政治的稳定，武装部队将不得不采取有效措施。（《人民日报》1998 年 5 月 11 日）（必要条件假设）

（3）家父如果在家，就一定在里面，否则就不知道上哪儿去了。（古龙《圆月弯刀》）（推论假设）

（4）如果说过去主要靠规模、有形资本，可以在竞争中取胜，现在则主要靠知识创新，否则再大的企业也会垮台。（《人民日报》1998 年 7 月 3 日）（说法假设）

（5）一个国家如果希望富强，除非文官不爱财，武将不怕死。否则，只有自取灭亡。（星云法师《佛教的真谛》）（目的假设）

（6）如果一时还不能完全做到这一点，至少也必须把思想政治工作放在重要地位上，否则党的领导既不可能改善，也不可能加强。（邓小平《贯彻调整方针，保证安定团结》）（让步假设）

观察可知，假设句的六种语义类型中，总体上有三种类型可以形成双条件句：一是部分充分条件假设句，如例（1）；二是反说必要条件假设句，如例（2）；三是限制性目的假设句，如例（5）。推论假设句、说法假设句和让步假设句因焦点域不在条件，而无法构成双条件句，如例（3）（4）（6）。本文依托"否则"假设否定的焦点投射功能，讨论双条件假设句的语义类型、事实性类型与情态分布，以及它们实现为双条件句所需的允准条件。

2. 充分条件假设句中的双条件

充分条件假设句，指假设前提表示充分条件，后件表示结果或结论。充分条件假设句可推理得到双条件假设句、无条件假设句、双充分条件假设句、单充分条件假设句和结果选择式假设句。充分条件假设句如何排除其他类型而得到双条件句，需要三个允准条件。

2.1 充分条件假设句中双条件的允准条件

国内外学者在谈到条件句时，特别是双条件允准条件时，往往概括为实质蕴含条件，这是一种双条件的重要类型，蕴含条件就是充分条件，这种条件句要实现双条件的推理，需要三个允准。

2.1.1 假设的充分条件

充分条件假设句形成双条件假设句的首要条件是：A 是假设的充分条件，即首要满足 A→B，如例（1）。

2.1.2　充分条件的焦点化

充分条件假设句的焦点域可以在假设前提的充分条件,也可以在结果或结论。当焦点域在充分条件时,可以推理得到双条件假设句和无条件假设句;当焦点域在结果或结论时,可以推理得到双充分条件假设句、单充分条件假设句和结果选择式假设句。

当焦点域在前件时,"如果 A,那么 B,否则 C"表达的是"如果 A,那么 B,如果非 A,那么非 B",这就构成了充分条件和必要条件的合并,逻辑式表达为"A→B∧¬A→¬B≡A↔B"。而焦点域在后件时,"如果 A,那么 B,否则 C"只能构成充分条件,而无法推得双条件所需的必要条件。其中双充分条件假设句的充分条件 A 和相应的结果或结论 B 之间构成了第一个充分条件推理,"否则"式表达了由 A 这一大前提和非 B 这一小前提共同得到 C 的第二个充分条件推理过程,因此只构成两个充分条件的叠加,无法构成双条件,其逻辑式表达为"A→B∧(A∧¬B)→C"。根据假设前提的语义,双充分条件假设句可分为事理性双充分条件假设句,如例(7),以及时间性双充分条件假设句,如例(8)。在单充分条件假设句中,充分条件 A 和相应的结果或结论之间构成一个充分条件推理,"否则"式表达了否定 B 后得到了与 A 相反对立的结果或结论 C 这一过程,正是充分条件"如果 A,那么 B"的否定后件式推理,因此只构成单充分条件,无法形成双条件,其逻辑式表达为"A→B∧¬B→¬A"。根据假设前提的语义,单充分条件假设句可分为事理性单充分条件假设句,如例(9),以及时间性单充分条件假设句,如例(10)。在结果选择式充分条件假设句中,充分条件 A 和相应的结果或结论 B 之间构成一个充分条件推理,"否则"式表达了否定 B 后得到与 B 相对并立的选项 C 的过程,也只可构成充分条件推理,因此无法得到双条件,其逻辑式为"A→(B∨C)"。根据选项间的语义关系,结果选择式假设句可分为结果列项选假设句,如例(11),以及结果让步选假设句,如例(12)。

(7) 如果是虚构的历史故事,就决不可滥用真实的历史人物的姓名,否则,就是侵犯历史。(《人民日报》2000 年 6 月 3 日)(事理性双充分条件假设句)

(8) 如果这活动发生在一九九三年十二月一日以后,就要受到一定的

限制,否则便会好事变成坏事,构成违法行为。(《人民日报》1996年2月28日)(时间性双充分条件假设句)

(9) 如果感染就会变白并呈现混浊,否则即表明没有感染。(新华社2003年9月)(事理性单充分条件假设句)

(10) 如果当有一天我们需要结婚时,首先做的事情应该是面对面了解,否则怎么联姻。(新浪网2006年4月)(时间性单充分条件假设句)

(11) 如果对方势在必行或必止,便是命令,否则便是祈求、要不然就是商酌。(托马斯·霍布斯《利维坦》)(结果列项选假设句)

(12) 如果有可能,历史家应该亲临其境,目睹其事;不然的话,他也应该采用不偏不颇的报告,选择那些不会因偏见而夸大或贬抑的口证。(周祥森《历史学是什么:新时期几种史学定义简议》)(结果让步选假设句)

2.1.3　¬A→B 为假

无条件假设句的焦点域虽然在充分条件,但否定假设前提后得到的是与 B 相同的结果或结论,即¬A→B 为真,这样"如果 A,那么 B,否则 C"推得的只是一正一反两个充分条件的合并,因此同样无法形成双条件所需的必要条件,其逻辑式为"A→B∧¬A→B≡(A∨¬A)→B"。根据 B 和 C 之间的语义关系,可分为对等反无条件假设句和让步反无条件假设句。例如:

(13) 若依法判决此案,损失的是国家,否则,损失的还是国家。(《报刊精选》1994年)(对等反)

(14) 这时父亲如果能够保持着相当丰裕的收入,家中当然充满一片天伦之乐,即令不然,儿女人数不多,只要分配得平均,也还可以过得相当快乐,万一分配不太平均,反正儿女还小,也不至闹出大乱子来。(闻一多《关于儒、道、土匪》)(让步反)

2.2　条件性双条件假设句的语义类型

充分条件中双条件假设句,A 表示假设的充分条件,B 表示相应的结果或结论,C 表示否定 A 后得到的与 B 相反或相对的结果或结论。因此双条件假设句回答的是在某一条件下会产生某结果,没有这一条件就不会产生某结果,逻辑式为"A→B∧￢A→￢B≡A↔B"。假设充分条件可以是事理性的,也可以是目的性的。

2.2.1 事理性双条件假设句

事理性双条件假设句,A表示假设的事理性条件,B表示相应的结果或结论,C表示否定A后得到的与B相反或相对的结果,基本格式为"如果A,(那么/那)(就/便/则/将)B,否则非B"。从事实性类型上看,A可以表示现实事实、可能事实、反事实或虚构事实,其中以可能事实居多;B可以表示现实事实、可能事实或反事实,也以可能事实居多。情态上,B有认识情态、道义情态、动力情态三种,其中以必然的认识情态居多;C也有认识、道义和动力三种情态,也以必然的认识情态居多。例如:

(15) 如果分数可观,计算机会鼓励你进入更高级别的测试,否则便规劝你打好基础,选一些其他的同级题或更简单的试卷做。(《人民日报》1995年11月23日)(认识:必然-认识:必然)

(16) 如果看到,第二天就可以开斋;否则,还要继续斋戒,但一般最多只延续三天。(林崇德主编《中国儿童百科全书》)(道义:许可-道义:必要)

(17) 如果他们克服了这些,他们就能正直地生活,否则就不能。(罗素《西方哲学史:柏拉图的宇宙生成论》)(动力:能力-动力:能力)

2.2.2 目的性双条件假设句

目的性双条件假设句,A表示假设的目的性条件,B表示相应的结果或结论,C表示否定A后得到的与B相反或相对的结果,基本格式为"如果(想/要)A,(就)B,否则非B"。事实性类型上,A和B一般都表示可能事实。例如:

(18) 如果您将来想看DHCP消息,就选择"YES",否则选择"NO"。(比尔·盖茨《未来时速》)

情态上,B有认识情态、道义情态、动力情态三种,C主要是认识和道义两种情态。例如:

(19) 如果主人要见你们,自会在外面相见,否则你找来也没有用,藏剑庐中绝不容外人进去。(古龙《圆月弯刀》)(认识:必然-认识:

必然)

(20) 如果你们那边的人要你,我们就去交换;否则,我们就杀掉你们。
（儒勒·凡尔纳《格兰特船长的女儿》）（道义:承诺-道义:承诺）

(21) 如果美方确有诚意解决非法转口问题,中方愿意同美方就此共同调查并再次进行磋商,以取得双方都能接受的结果。否则,中方将不得不作出进一步反应。（《人民日报》1995 年 5 月 6 日）
（动力:意愿-道义:必要）

3. 必要条件假设句中的双条件

条件假设句中,除了实质蕴含条件或充分条件能推理得到双条件,必要条件也可以推理得到双条件,这在以往是没有注意到的。

3.1 必要条件假设句中双条件的允准条件

必要条件假设句,假设前提表示必要条件,根据 A、B 的肯否,分为正说必要条件假设句和反说必要条件假设句。必要条件假设句如何排除其他类型而得到双条件句,需要三个允准条件。

3.1.1 假设的必要条件

必要条件假设句形成双条件假设句的首要条件是:A 是假设的必要条件。即首要满足 ¬A→¬B(B→A),A 和 B 构成的真值条件意义满足"A 为真且 B 为真",或"A 为真但 B 为假",或"A 为假且 B 为假"。例如:

(22) 他表示,如果没有违法行为,印尼武装部队将不会采取行动。否则,为了国家和政治的稳定,武装部队将不得不采取有效措施。（《人民日报》1998 年 5 月 11 日）

3.1.2 必要条件反说

反说必要条件假设句具有形成双条件的可能,一是因为 A 和 B 之间满足 ¬A→¬B 的必要条件推理关系,二是在于反说式否定假设前提后具有形成充分条件的可能。而正说必要条件假设句否定假设前提后并未得到一个充分条件,而是必要条件的否定前件式推理,二者只构成单纯的必要条件,无法形成双条件。例如:

(23) 如果她能适当地证明尤金有钱,他才劝她去告尤金,不然就没有

意义。（德莱塞《天才》）（正说）

3.1.3　必要条件的焦点化

反说必要条件假设句可分为双条件反说式必要条件假设句和逆结果反说式必要条件假设句，前者的焦点域一般在 A，后者的焦点域一般在 B。可见只有当焦点域在必要条件时，才可以构成双条件假设句。

当焦点域在前件时，"如果 A，那么 B，否则 C"表达的是"如果非 A，那么非 B，如果 A，那么 B"，这就构成了必要条件和充分条件的合并，逻辑式表达为"$\neg A \rightarrow \neg B \wedge A \rightarrow B \equiv A \leftrightarrow B$"。而焦点域在后件时构成的逆结果反说式必要条件假设句，虽然非 A 和非 B 之间构成了必要条件的推理，但 C 表示在非 A 这一大前提下，否定 B 后得到的结果或结论，无法得到 $A \rightarrow B$ 的充分条件推理，因此无法形成双条件，其逻辑式表达为"$\neg A \rightarrow \neg B \wedge (\neg A \wedge B) \rightarrow C$"。例如：

（24）如果不戴手套就不能触摸金属物体，否则会烫出泡来。（新华社 2004 年 4 月）（逆结果反说式必要条件假设句）

3.2　双条件反说式必要条件假设句的逻辑式、事实性和情态

双条件反说式必要条件假设句，假设前提表示否定性条件，结论表示相应的否定性结果或结论，C 表示肯定性条件下得到的肯定性结果或结论，基本格式为"如果不/没有 A，就不/没有 B，否则 B"，逻辑式为"$\neg A \rightarrow \neg B \wedge A \rightarrow B \equiv A \leftrightarrow B$"。事实性类型上，A 和 B 一般都表示可能事实。情态上，B 一般为认识情态，C 一般为道义情态。

4. 目的假设句中的双条件

除了条件假设句能推得双条件，目的假设句也可以推得双条件。目的假设句，A 表示假设的目的、愿望，B 表示实现该目的、愿望的条件、手段、方式或途径等，C 表示非 B 的结果或结论。

4.1　目的假设句中双条件的允准条件

根据 B 的语义特点，目的假设句分为限制性目的假设句和规范性目的假设句。目的假设句如何排除其他类型而得到双条件句，需要四个允

准条件。

4.1.1　假设的目的

目的假设句形成双条件假设句的首要条件是：A 是假设的目的。其一般格式为"如果想/要 A，(那么)B，否则 C"，例如：

(25) 如果在法国的战斗要继续下去，那只有在布雷斯特半岛和孚日那样林木茂密的地区或山岳地区进行。否则，法国就只好投降。（温斯顿・丘吉尔《第二次世界大战回忆录（第二卷）：最光辉的时刻》）

4.1.2　限制性条件

限制性条件具有形成双条件的可能，而规范性条件无法形成双条件，原因在于规范性条件只能进行充分条件推理，缺少双条件所需的必要条件。

规范性目的假设句可分为违目的式、逆结果式和结果选择式，在违目的规范性目的假设句中，假设的目的、愿望 A 与表示实现该目的、愿望的手段、方式或途径 B 之间构成了一个充分条件推理，"否则式"表达了否定 B 后得到的与 A 相反对立的结果或结论 C 这一过程，也只是"如果 A，那么 B"的否定后件式推理，因此只构成单充分条件，无法形成双条件，其逻辑式表达为"A→B∧¬B→¬A"，如例(26)。在逆结果式规范性目的假设句中，假设的目的、愿望 A 和表示实现该目的、愿望的手段、方式或途径 B 之间构成第一个充分条件推理，"否则"式表达了由 A 这一大前提和非 B 这一小前提共同得到 C 的第二个充分条件推理过程，因此只构成两个充分条件的叠加，无法构成双条件，其逻辑式表达为"A→B∧(A∧¬B)→C"，如例(27)。结果选择式规范性目的假设句，表示想要实现某一目的、愿望 A 的情况下，能得出实现该目的、愿望的行为或手段 B，也能得出与之相对并立的行为或手段 C，也只构成充分条件推理，因此无法得到双条件，其逻辑式表达为"A→(B∨C)"，如例(28)。

(26) 如果要想使中央银行的货币政策能够有效，就必须综合协调财政政策、投资和收入分配政策，否则货币政策将难以发挥作用，也不可能达到应有的调控目的。（《报刊精选》1994 年）（违目的规范性目的假设句）

(27) 如果想带出境,那必须获得矿产部出具的出境允诺证,否则海关会找你麻烦。(新华社 2001 年 11 月)(逆结果式规范性目的假设句)

(28) 如果美英联军包围巴格达,似应动用 60 万地面部队。否则,只能要道控制、重点控制,围而不包。(新华社 2003 年 3 月)(结果选择式规范性目的假设句)

4.1.3 限制性条件的焦点化

限制性条件的焦点化是目的假设句实现为双条件句的第三个允准条件。虽然限制性目的假设句和规范性目的假设句的焦点域均在后件,但规范性目的假设句的后件只是由前件推得的结果或结论,而限制性目的假设句的后件不仅是由目的推得的结果或结论,同样也是实现目的的一个限制性条件。因此限制性目的假设句的 A 和 B 之间可以互相推论,具有充分而又必要性,满足双条件的要求。

4.1.4 限制性条件的排他化

限制性条件的排他性是目的假设句实现为双条件句的第四个允准条件。限制性条件的排他性解释离不开其焦点化的作用,在对"如果 A,那么 B,否则 C"中的 B 表示的限制性条件进行焦点化后,即引发了假设"真值否定",这也就隐含着对非此条件的否定,产生了排他性,因此将此限制性条件强化为了唯一条件。例如:

(29) 如果溥仪先生还想和解,那只有承认她的完全自由,否则除了向法庭提出诉讼外,再没有别的办法了。[《读者》(合订本)]

4.2 违目的限制性目的假设句的逻辑式、事实性和情态

违目的限制性目的假设句,A 表示假设的目的、愿望,B 表示实现该目的、愿望的限制性条件,C 表示非 B 的结果或结论,为非 A。基本格式为"如果想 A,(那)除非/只有 B,否则非 A",逻辑式为"A→/↔B∧¬B→¬A(≡A↔B)"。事实性类型上,A 和 B 一般都表示可能事实。情态上,B 和 C 通常都是认识情态。例如:

(30) 一个国家如果希望富强,除非文官不爱财,武将不怕死。否则,只有自取灭亡。(星云法师《佛教的真谛》)(认识:必然-认识:必然)

5. 结语

5.1　双条件假设句语义类型与事实性类型

通过考察发现,在假设句的六种语义类型中,双条件句主要分布在三种类型中:一是部分充分条件假设句;二是反说必要条件假设句;三是限制性目的假设句。其中,充分条件占绝对优势,占98％多,三种双条件句的用例从多到少依次为:部分充分条件假设(259)＞限制性目的假设(4)＞必要条件假设(1)。为了更清楚地看双条件在假设句中的分布及比重,我们看假设句的各种逻辑语义关系类型的统计数据,见表1。

表1　充分条件假设句、必要条件假设句和目的假设句逻辑语义类型统计

逻辑语义类型			焦点	句式和逻辑式	例数
充分条件	双条件	事理性	A	如果 A,(那么/那)(就/便/则/将)B,否则非 B A→B∧￢A→￢B≡A↔B	248
		目的性	A	如果(想/要)A,(就)B,否则非 B A→B∧￢A→￢B≡A↔B	11
	无条件正反	对等反	A	如果 A,就 B,否则 B A→B∧￢A→B≡(A∨￢A)→B	2
		让步反	A	如果 A,B,否则 B A→B∧￢A→B≡(A∨￢A)→B	1
	双充分大小	事理性	B	如果 A,(那么/那)(就/便/则/将)B,否则 C A→B∧(A∧￢B)→C	170
		时间性	B	如果 A,(那么)(就)B,否则 C A→B∧(A∧￢B)→C	11
	单充分	事理性	B	如果 A,(那么/那)(就)B,否则非 A A→B∧￢B→￢A	10
		时间性	B	如果 A,B,否则非 A A→B∧￢B→￢A	1
	结果选择	列项选	B	如果 A,(那)(就/便)B,否则 C A→(B∨C)	12
		让步选	B	如果 A,B,否则也 C A→(B∨C)	1

续表

逻辑语义类型		焦点	句式和逻辑式	例数
必要条件	正说	A	如果 A,才 B,否则非 B A←B∧¬A→¬B	6
	反说 双条件	A	如果不/没有 A,就不/没有 B,否则 B ¬A→¬B∧A→B≡A↔B	1
	反说 逆结果	B	如果不/没有 A,就不要/不能 B,否则 C ¬A→¬B∧(¬A∧B)→C	13
目的	限制性 违目的	B	如果想 A,(那)除非/只有 B,否则非 A A→/↔B∧¬B→¬A(≡A↔B)	4
	规范性 违目的	B	如果想/要 A,(那么/那)(就/将)B,否则非 A A→B∧¬B→¬A	35
	规范性 逆结果	B	如果 A,(那么/那)(就/则)B,否则 C A→B∧(A∧¬B)→C	27
	规范性 结果选择	B	如果 A,B,否则 C A→(B∨C)	1

从上表可以看出,双条件分布在三类假设句中,其中在充分条件假设句中,双条件的占比大约是 55%,在必要条件假设句中,双条件的占比大约是 5%,在目的假设句中,双条件占比大约是 6%。

"A"和"B"的事实性类型在双条件假设句中的分布,见表 2。

表 2　双条件假设句语义类型的事实性类型

假设语义类型		事实性类型								
		SS	SK	KK	KF	KX	FF	FK	XK	小计
充分条件	事理性	2	2	237	1		3		3	248
	目的性			11						11
必要条件反说	双条件			1						1
限制性目的	违目的			4						4
小计		2	2	253	1	0	3	0	3	264

注:S 表示"现实事实";K 表示"可能事实";F 表示"反事实";X 表示"虚构事实"。

从事实性类型看,双条件假设句中,"A"和"B"的事实性类型配置共有六种,最多的是"可能事实＋可能事实",用频等级为:可能事实＋可能事实＞反事实＋反事实/虚构事实＋可能事实＞现实事实＋现实事实/现实事实＋可能事实＞可能事实＋反事实。

5.2 双条件假设句语义类型与B、C的情态类型

吴炳章(2015)认为,条件完美的其中一条允准条件是:在语用上具有诺成性。吴炳章、郭嘉琪、廖巧云(2022)认为条件强化的言语行为意向包括承诺和劝阻。而据我们考察发现,"承诺"和"劝阻"只是道义情态中的祈诺语气中的两种情况,分别是承诺和祈使中的劝阻,而它们只占双条件情态的一小部分,不能代表双条件意向特征的整体面貌。双条件假设句中B、C情态类型的分布特征见表3和表4。

由表3和表4可知,在双条件假设句的B中,认识情态约占70%,其中以必然占绝对优势,约占68%;道义情态约占19%,其中以许可居多,约占6%;动力情态约占11%,其中以能力居多,约占9%。在C中,认识情态约占76%,其中以必然占绝对优势,约占71%;道义情态约占21%,其中以祈使居多,约占6%;动力情态约占2%,其中以能力居多,约占1.5%。因此,双条件假设句中B、C的情态均以必然的认识情态占绝对优

表3　双条件假设句语义类型、焦点域和B情态

假设语义类型和焦点域				认识情态		道义情态							动力情态		小计
				必然	可能	单纯			祈诺语气			能力	意愿	
						必要	理当	许可	祈使	允诺	承诺			
充分条件	A	双条件	事理性	167	7	2	4	13	8	8	10	23	4	246
			目的性	5				2	1		2		1	11
必要条件	A	反说	双条件	1										1
目的	B	限制性	违目的	4										4
小计				177	7	2	4	15	9	8	12	23	5	262

表 4　双条件假设句语义类型、焦点域和 C 情态

假设语义类型和焦点域				C情态									
				认识情态		道义情态						动力情态		小计
						单纯			祈诺语气					
				必然	可能	必要	理当	许可	祈使	允诺	承诺	能力	意愿	
充分条件	A	双条件	事理性	176	15	8	12	3	14		12	4	2	246
			目的性	5		1	1	1	1		2			11
必要条件	A	反说	双条件			1								1
目的	B	限制性	违目的	4										4
小计				185	15	10	13	4	15	0	14	4	2	262

势。假设句的结果 B 和逆反结果 C 都以必然性认识情态为主,这为正反两种条件提供了不同的结果的选择性。这也能解释为什么 Dancygier (1998),Dancygier 和 Sweetser(1996,2005)从心理空间提出预言类条件句有真假两个心理空间才能形成双条件。

5.3　双条件假设句的允准条件

根据前文可知各类假设句的允准条件。充分条件假设句的双条件有三个允准条件:1)假设的充分条件;2)充分条件的焦点化(排除焦点在结果的双充分、单充分、结果选择);3)¬A→B 为假(排除无条件)。

必要条件假设句的双条件有三个允准条件:1)假设的必要条件;2)必要条件反说(排除正说单纯必要条件推理);3)必要条件的焦点化(排除逆结果非条件焦点)。

目的假设句的双条件有四个允准条件:1)假设的目的;2)限制性条件(排除规范性充分条件);3)限制性条件的焦点化;4)限制性条件的排他化。

综括以上三种双条件类型及其允准条件,可以得到双条件的两个共同允准条件:第一是待议条件焦点化引发假设"真值否定";第二是充分条件和必要条件的排他性统合。

参考文献

董秀英　2020　《跨语言视角下的汉语假设句研究》,北京:科学出版社。

黄华新　陈宗明　2005　《描述语用学》,长春:吉林人民出版社。

黄振荣　2010　《条件句的强化与显义学说》,《当代语言学》第 4 期。

姜望琪　2003　《当代语用学》,北京:北京大学出版社。

吕叔湘　1982　《中国文法要略》,北京:商务印书馆。

完　权　2022　《语用整体论视域中条件强化的语义不确定性》,《世界汉语教学》第 3 期。

王维贤　张学成　卢曼云　程怀友　1994　《现代汉语复句新解》,上海:华东师范大学出版社。

吴炳章　2015　《条件完美的允准条件》,《外语教学与研究》第 3 期。

吴炳章　郭嘉琪　廖巧云　2022　《英语 If-条件句中条件极化的基础条件和限制》,《外语教学与研究》第 3 期。

邢福义　1985　《复句与关系词语》,哈尔滨:黑龙江人民出版社。

邢福义　2001　《汉语复句研究》,北京:商务印书馆。

张雪平　2017　《现代汉语假设句的分类系统》,《渤海大学学报(哲学社会科学版)》第 5 期。

章　敏　2016　《现代汉语中情态指向的反事实句研究》,杭州:浙江大学博士学位论文。

朱　斌　2011　《"如果 A,那么 B,否则 C"的语义关联及其"否"的辖域》,《世界汉语教学》第 4 期。

朱　斌　伍依兰　2008　《"祈使十陈述"型因果复句》,《汉语学报》第 3 期。

朱　斌　伍依兰　2012　《句联层构与"否则"焦点投射》,《汉语学报》第 4 期。

Atlas J. D. & S. C. Levinson　1981　*It-clefts, Informativeness, and Logical Form: Radical Pragmatics*, New York: Academic Press.

Dancygier B. & E. Sweetser　2005　*Mental Spaces in Grammar: Conditional Constructions*, Cambridge: Cambridge University Press.

Declerck R. & S. Reed　2001　*Conditionals: A Comprehensive Empirical Analysis*, Berlin: Mouton de Gruyter.

van der Auwera J.　1997a　Pragmatics in the Last Quarter Century: The Case of Conditional Perfection, *Journal of Pragmatics*(3).

van der Auwera J.　1997b　*Conditional Perfection*, Amsterdam: John Benjamins Publishing.

Elder Chi-Hé　2019　*Context*，*Cognition and Conditionals*，Basingstoke：Palgrave Macmillan.

Geis M. L. & A. M. Zwicky　1971　On Invited Inferences，*Linguistic Inquiry*(4).

Horn L.　2000　From if to if：Conditional Perfection as Pragmatic Strengthening，*Journal of Pragmatics*(3).

Kroeger P. R.　1997　*Analyzing Meaning*：*An Introduction to Semantics and Pragmatics*，Second Corrected and Slightly Revised Edition，Berlin：Language Science Press.

Levinson S. C.　2000　*Presumptive Meanings*：*The Theory of Generalized Conversational Implicature*，Cambridge，MA：The MIT Press.

Mie Tsunoda　2012　Five-level Classification of Clause Linkage in Japanese，*Studies in Language*(2).

Newstead S. E.，Ellis C.，Evans J. St. B. T.，& Dennis I.　1997　Conditional Reasoning with Realistic Material，*Thinking* & *Reasoning*(3).

Nickerson R. S.　2015　*Conditional Reasoning*：*The Unruly Syntactics*，*Semantics*，*Thematics*，*and Pragmatics of "If"*，New York：Oxford University Press.

Sweetser E.　1990　*From Etymology to Pragmatics*：*Metaphorical and Cultural Aspects of Semantic Structure*，Cambridge：Cambridge University Press.

朱　斌：ccnuzb@126.com

段佳璇：jxduan@mails.ccnu.edu.cn

原载《汉语学习》2023 年第 6 期,本书收录时略有改动。

互动视角下汉语规约性间接否定机制研究[*]
——以构式"X 什么 Y"为例

华东师范大学国际汉语文化学院/国家语委全球中文发展研究中心
祁 峰

提 要 本文以构式"X 什么 Y"为例,探讨互动视角下汉语规约性间接否定的产生机制。通过对对话语体语料的观察与分析,研究发现:规约性间接否定应该区分不同的层次,包括合理性否定、言语活动否定、人际否定等;在互动视角下,构式"X 什么 Y"在话轮设计中,在具有否定功能的同时,还具有语篇衔接等功能,而且这种语篇衔接功能进一步强化;重音是促成"语力"转化的一个重要因素。

关键词 规约性间接否定 构式"X 什么 Y" 互动交际

1. 引言

关于否定范畴的分类,陈振宇(2013:33—35)指出,根据形式与功能的不同,否定范畴可分为两大类:显性否定和隐性否定。所谓隐性否定,是指没有专门表示否定意义的语言形式,但仍表示某种否定意义。具体来说,隐性否定又可分为语义否定和语用否定。语义否定又称"内置否定",即不包含否定形式,但词汇意义中含有否定意义,如英语中的"avoid、fail、refuse"等词本身的语义内容可以表示一个否定命题;"语用否定"是

* 本研究得到国家社会科学基金一般项目"多元语法理论视野下汉语强调表达研究"(21BYY156)资助。初稿曾在汉语句法语义理论研究学术讨论会(复旦大学,2022 年 11 月)宣读,承蒙陈振宇、郭利霞、李双剑、李宇凤、陆志军、赵春利、朱斌等先生正正,谨此一并致谢!

指,不采用否定形式,而且词汇内容中也不含否定命题,但存在某种表达否定的语用机制,从而产生否定功能。它是基于间接言语行为而产生的否定意义或功能,这种间接言语行为可以表达否认、拒绝、述无、指反、示否、抑制、禁止、言非等否定意义,也称为"间接否定",并且进一步分为规约性间接否定和非规约性间接否定。所谓规约性间接否定,是指根据某些特殊词语、固定构式或特殊句式等形式推导出来一种否定意义,这些形式都有词汇化、语法化或构式化的过程,并已约定俗成为一种特定的言语行为。

关于汉语疑问词"什么"的否定用法,吕叔湘(1999)、邵敬敏(2014)、刘月华等(2019)都专设章节讨论过,而关于"X 什么 Y"这一结构的句法、语义和语用特点,黄喜宏(2008),姜炜、石毓智(2008),夏雪、詹卫东(2015),袁毓林、刘彬(2016),汪昌松(2017),梁凯(2021)等都进行了相应的分析,具体内容详见下文的研究述评。

本文拟在前人研究的基础上,以构式"X 什么 Y"为例,来探讨互动视角下汉语规约性间接否定的产生机制,主要讨论以下问题:

第一,构式"X 什么 Y"的语用否定是怎样达成的? 是疑问词"什么"的否定用法,还是整个构式"X 什么 Y"所带来的否定功能?

第二,邵敬敏(2014)区分了否定性"什么"和反诘性"什么",那么这二者之间的界限在哪儿? 它们跟说话人语气的强弱有什么关系?

第三,吕叔湘(1999)敏锐地指出,"什么"的否定是在引述别人的话,那么"X 什么 Y"这种否定构式在互动语境中是如何表现的? 它在对话语体中具有什么样的语篇衔接功能?

需要说明的是:第一,陈振宇(2013)所说的"语义否定"跟沈家煊(1993)的"语义否定"是不同的,沈先生所说的语义否定是指否定句子表达的命题的真实性,即否定句子的真值条件,例如"张三有三个儿子"的否定句是"张三没有三个儿子"。由于本文主要讨论语用否定(即"间接否定")的产生机制及相关问题,因此对"语义否定"这一概念不再进行辨析。第二,本文例句主要来自北京大学中国语言学研究中心(CCL)语料库、北京语言大学(BCC)汉语语料库以及前人研究的相关文献。

2. 前人相关研究述评

关于"什么"的否定用法,前人已有不少相关论述,主要有吕叔湘(1999),姜炜、石毓智(2008),邵敬敏(2014),袁毓林、刘彬(2016),刘月华等(2019),具体如下:

吕叔湘(1999:484—485)指出"什么"表示否定的四种情况:

第一,引述别人的话,加"什么",表示不同意。例如:

(1) 什么"不知道",昨天我还提醒你来着。

(2) 看什么电视,还不赶快做功课。

(3) 还散什么步呀,你看看都几点了。

第二,"有+什么+形[+的]",表示不以为然。例如:

(4) 这事有什么难办。

(5) 说两句话有什么不好意思的。

第三,用在动词后,表示不满等。例如:

(6) 你跑什么,还有事跟你说呢!

(7) 你知道什么!

第四,用在形容词后。例如:

(8) 重什么! 才一百来斤。

(9) 年轻什么啊,我都五十了。

刘月华等(2019:100—101)谈到疑问代词的活用时,指出疑问代词除表示疑问外,还可表示反问。例如:

(10) 你着什么急? 有话慢慢说嘛!

具体有两种情况:(刘月华等,2019:791—792)

第一,在形容词或心理动词后加"什么",表示对某一性状或某种判断加以否定,带有不同意或反驳的语气。句子的重音在"什么"上。例如:

(11) 这间教室大什么? 只坐得下十几个人。(不大)

(12) A:你一定很喜欢你的小孙子。

　　　B:喜欢什么? 他太淘气。(不喜欢)

第二,在一般动词后加"什么",表示"没有必要"或"不应该""不能实现"。如果动词带宾语,"什么"在宾语前。这种反问句有时带有不满意、不赞成或责备的语气。句子重音落在动词或宾语上,"什么"轻读。例如:

（13）你和我，见<u>什么</u>外！（不该见外）

（14）钱都丢了，还买<u>什么</u>衣服啊！（买不成衣服了）

（15）衣服那么多了，还买<u>什么</u>衣服啊！（没有必要再买衣服了）

邵敬敏（2014：364—369）区分了否定性"什么"和反诘性"什么"，其中否定性"什么"出现在句中，表示说话者对所议对象持一种否定态度，具体语境中可以表示反驳、贬斥、禁止、劝阻、讽刺等态度，具体包括：什么 X，什么 X、Y(Z……)，什么 X、X'，什么 X 不 X，什么 X、－X 这五种格式；而反诘性"什么"出现在反问句中，并不负载疑问信息，而只是起到加重反诘语气、强化否定性质的作用，主要有三种格式：一是"什么"直接充当宾语（V/A＋什么）；二是"有＋什么＋动词性成分"；三是"什么"插在动宾词组或支配式动词中间，具体有三种类型：X 什么 Y；X 的什么 Y；X 的是什么 Y。

邵敬敏（2014：370—372）进一步指出，疑问代词"什么"有两个基本作用：一是表示指代对象，二是表示疑问语气。否定性"什么"和反诘性"什么"这两种引申用法体现为：指代作用弱化，而疑问作用转化为否定作用。否定性"什么"不指代某个对象，只是表示说话人的一种否定态度，这种否定在形式上没有否定词，是一种语义上的否定。反诘性"什么"也不指代某个对象，反问句仅仅只有问的形式，而无问的实质，"什么"起的作用也是表示语义上的否定。

姜炜和石毓智（2008）指出"什么"的否定用法来自询问目的的"做什么"，其否定功能是通过对已经成为现实的状况的存在目的的否定，来达到对该状况发生的必要性的否定，并否定其继续存在的合理性。从动词和形容词之后的"什么"以及名词和句子之前的"什么"来分析"什么"否定用法的使用条件。"什么"是口语中非常活跃的否定手段，它有着其他否定标记不可取代的特殊功能。它的否定用法属于有标记一类的，只能用在句子的层面上。

袁毓林和刘彬（2016）描写"什么"句表示否定意义的七种主要环境，指出这种"什么"句主要表示对某种事物（或性状、行为、观点等）的合理性的否定，也就是认为它不具有合理性；疑问代词"什么"表示否定往往是对"引述内容"的否定，是一种元语言否定（即语用否定），而不是语义否定。

"什么"句表示否定意义的内在原因是:"什么"所否定的对象在意义上往往具有"反通常性"的特点,说话人由反常的迹象而心生疑惑;在"疑善信恶"原则的指导下,对相关的事情进行否定性猜测,即不相信某种正面和积极的可能性,转而相信某种负面和消极的可能性,从而使得整个"什么"句涌现出否定意义,即否定某种事物或行为的合理性;听话人在识解表示否定意义的"什么"句时所采取的策略是基于"疑善信恶"这种反常思想。

综合上述关于"什么"否定用法的研究成果,不难发现:

第一,实际上,吕叔湘(1999)提到第二、第三、第四这几种情况也都可用于"引述别人的话",比如说:A:这事儿我知道。B:你知道什么?

第二,刘月华等(2019)指出否定性"什么"表示反问,带有不同意、反驳或者不满意、不赞成、责备等语气。其实吕叔湘(1999)也提到了"表示不同意或不满等"。当然,关于"什么"的重读与否,可以进一步讨论。

第三,邵敬敏(2014)根据"什么"的句法位置,区分了否定性"什么"和反诘性"什么",其中反诘性"什么"就是刘月华等(2019)所谈到的表示反问的"什么",否定性"什么"也基本上可以用吕叔湘(1999)所提出的"引述别人的话"来概括;而根据上文对吕叔湘(1999)观点的分析,"引述说"基本上可以涵盖上述二者。沈家煊(1993)就指出,语用否定都是引述性否定,即否定一个引述性成分,也有人称之为"元语"否定,因为语用否定是否定某种"说法"的适宜性。邵敬敏(2014)进一步指出这是一种语义上的否定。这跟本文开篇指出的语义否定不同。如上所述,这里的否定是语用否定,即是基于间接言语行为而产生的否定意义或功能。袁毓林和刘彬(2016)也指出疑问代词"什么"表示否定往往是对"引述内容"的否定,是一种元语言否定(即语用否定),而不是语义否定。

第四,姜炜、石毓智(2008),袁毓林、刘彬(2016)都指出"什么"句的否定意义主要在于:否定某种事物或行为的合理性。袁毓林和刘彬(2016)对"什么"的否定功能和意义的形成机制进行了解释:"什么"所否定的对象在意义上往往具有"反通常性"的特点,说话人由反常的迹象而心生疑惑;在"疑善信恶"原则的指导下,对相关的事情进行否定性猜测,转而相信某种负面和消极的可能性。这也就是邵敬敏(2014)所提到的怀疑作用的强化,或者说疑问和否定的相通性。

总的来说,前人对"什么"的否定用法及其出现的主要环境做了较为全面的梳理,并对其否定意义的产生机制("怀疑说")做出了一定的解释。

3. 汉语规约性间接否定机制探析

沈家煊(1993)指出,"语用否定"不是否定句子的真值条件,而是否定句子表达命题的方式的适合性,即否定语句的适宜条件。"适宜条件"就是为达到特定的目的和适合当前的需要,语句在表达方式上应该满足的条件。否定语句的适宜条件往往就是否定语句的隐含意义或言外之意。那么,所谓的"规约性间接否定",其实就是沈家煊(1993)提到的"语用否定",它否定的是一定社会文化中约定俗成的隐含意义,即"约定隐含"(conventional implicature)。换言之,这种语用否定是指言语活动否定,也可称为"合适性否定"(negation of appropriateness/suitability),即不否定命题内容,也不否定言语活动的形式,而否定说话者发出这一言语活动的合适性,从而间接指责说话者不该发出这一言语行为。

下面我们来讨论引言部分提出的三个问题:

第一,构式"X 什么 Y"的语用否定是怎样达成的? 是疑问词"什么"的否定用法,还是整个构式"X 什么 Y"所带来的否定功能?

根据上文的分析,构式"X 什么 Y"的语用否定正是否定语句的适宜条件,即否定说话者发出这一言语活动的合适性。例如:

(16) 圆圆:我妈去于奶奶家串门儿去了。

傅老:吃完饭不在家好好待着,到外面串什么门儿么!(《我爱我家》)

上例中,傅老认为圆圆妈妈吃完饭就应该在家里好好待着,而不是跑到别人家里去串门儿。很明显,圆圆的说法(更确切地说,是圆圆妈妈的这种做法)让傅老觉得这样做不合适。

下面我们讨论"X 什么 Y"是不是一个构式的问题。关于构式语法(construction grammar),学界普遍认同 Goldberg(1995,2003)的观点,认为语言中存在着一个一个的构式,构式是形式和意义或功能的匹配,构式本身能表示独特的语法意义。根据这些观点,"X 什么 Y"这一结构可视为一种否定性构式,具体来说,它属于否定性构式中的图式构式(schematic constructions)，也就是说，"X"和"Y"是开放性的，它们有不止一个实例，一般来说，"X"和"Y"之间是动宾关系，例如：

(17) 祝无双：师兄，你怎么不在跑堂啊？

白展堂：我跑什么堂啊，那人正在大堂激情燃烧呢，我躲还躲不及呢。（《武林外传》）

(18) 和平：别动！人多嘴杂，要注意保密！

志国：这这自己家的东西咱保什么密呀……（《我爱我家》）

根据语料，这种动宾关系的"X 什么 Y"已经凝固化或构式化了，这方面的例子非常多。但我们发现，这种构式已成为一种"框填式"的构式，具有较强的类推性，"X"和"Y"之间也不限于动宾关系，例如：

(19) 志国：哎呀……哎什么呀……你平常出门儿在外，我想帮你也帮不上啊！（《我爱我家》）

(20) 爸爸：这是秘密。

妈妈：都说出来了，还秘什么密啊？（《顺英的抉择》）

(21) 白展堂：怪怪怪兽！

佟湘玉：怪怪怪，怪什么兽，大清早的胡说啥呢？（《武林外传》）

再看构式"X 什么 Y"的否定功能，这是疑问词"什么"的否定用法带来的，还是整个构式"X 什么 Y"所带来的？对于这类结构，前人关注的是"什么"的非疑问用法，例如吕叔湘（1999），姜炜、石毓智（2008），邵敬敏（2014）等，他们认为，该结构的否定义源于"什么"，即"什么"具有否定义项。这里，我们秉持构式语法观，认为这类结构的否定功能是整个构式带来的，其构式义就是否定某种事物或行为的合理性。

第二，邵敬敏（2014）区分了否定性"什么"和反诘性"什么"，那么这二者之间的界限在哪儿？它们跟说话人语气的强弱有什么关系？

邵敬敏（2014）主要从"什么"的句法位置来区分否定性"什么"（如"什么 X"等）和反诘性"什么"［如"X 什么（Y）"等］，其中"什么 X"中的"X"以名词性成分为主，后面一般还有进一步表示说话者否定态度的话语。例如：

(22) 什么好事！ 一去就是两三个钟头，太腻人啦！

(23) 什么老字号啊！ 越老越不值钱。

　　如果把上面两个例句改成"X什么Y"这种结构,例句依然是成立的。例如:

　　(24) **好什么事**! 一去就是两三个钟头,太腻人啦!

　　(25) **老什么字**号啊! 越老越不值钱。

　　可见,邵敬敏(2014)所区分的否定性"什么"和反诘性"什么"都属于语用否定,但是语用否定的层次是不同的,所以这二者的语气强弱也是有差异的。邵敬敏(2014)在谈到例指性"什么"和否定性"什么"时也指出,例指性"什么"的句重音落在列举项上,"什么"相对轻读;否定性"什么"的句重音落在"什么"上,后面的中心语相对轻读。例如:

　　(26) **什么**张三、李四,全都来了。

　　(27) **什么**张三、李四,我根本不认识!

　　而在反诘性"什么"中,"X什么Y"中的"什么"一般轻读,例如:

　　(28) 夏东海:你呀,没事儿看看书多好。

　　　　刘梅:我都一把年纪了,还看**什么**书啊,你要嫌弃就别娶我呀。

　　　　(《家有儿女》)

　　吕叔湘(1990:290)指出:"反诘实在是一种否定的方式:反诘句里没有否定词,这句话的用意就在否定;反诘句里有否定词,这句话的用意就在肯定。"上述的这两种语用否定,如果从"什么"的句法位置来区分可能还是不够的,还应该进一步区分不同的否定层次。比如说,有的跟"什么"相关的语用否定是言语活动否定,即"合适性否定",此时"什么"一般要轻读。例如:

　　(29) A:那么早啊,我睡觉觉。

　　　　B:这么早睡**什么**觉?

　　　　A:你坐车我睡觉啊。

　　　　B:我会叫你起床的。

　　　　A:叫不醒叫不醒,啦啦啦啦。(BCC语料库)

　　而有的跟"什么"相关的语用否定则是合理性否定(negation of rationality),即不否定命题内容,而是否定这一命题内容的合理性,从而间接指责有关的事件不该如此。例如:

　　(30) 哭**什么**? 这么大了还哭!(不应该哭)

还有的跟"什么"相关的语用否定是人际否定（interpersonal nega-tion），属于元语否定中的一种，即指对某人（一般是对方）的人身攻击，例如："什么人啊！""你懂什么啊！"这种"V＋什么"句式侧重表达说话人严厉、愤怒的情绪，礼貌级别是比较低的。（参看晏宗杰，2004）

第三，吕叔湘（1999）敏锐地指出，"什么"的否定是在引述别人的话，那么"X什么Y"这种否定构式在互动语境中是如何表现的？它在对话语体中具有什么样的语篇衔接功能？

近年来，学界开始从语言的交互主观性出发来关注言者立场的互动特点，强调语言是社会交际、行为组织的重要资源，主张在语言产生、使用的自然环境——互动交际中对语言进行实证研究，特别关注语言各要素与言谈互动之间的相互塑造关系：交际互动塑造着语言的结构和意义，而语言结构和使用模式反过来也在塑造互动交际。从这个角度讲，言者立场通过互动在语言建构、协商中来实现。请看下面的例句：

（31）李星：老刘，后天彩排是吧，咱们什么时候试场？
　　　东东：试什么场啊，汤豆豆都不在。（《五星饭店》）

（32）王：诶，等等等等。我正将他的军呢，你看。
　　　孩子：哎呀，还将什么军呢？还挺爱下。（《婚姻保卫战》）

（33）周小北：可能是樊斌的什么朋友跟他开玩笑吧，回头我问问。
　　　樊斌妈：开玩笑，开什么玩笑啊，怎么能开这个玩笑啊？（《新闻蜜时代》）

在上面例句的对话语体中，构式"X什么Y"都是对上一话轮进行回应，也就是说，该构式一般不会出现在开启一段新话题的话轮当中。说话者根据之前话轮的形式和内容来设计后一话轮，以适应、回应或接应之前的话轮。

具体来说，构式"X什么Y"在表达否定功能的同时，其语篇衔接功能也是进一步凸显的。这些功能的表达或凸显都充分体现出言者的主观性，符合立场表达的要求。所谓态度立场，是指表达个人的态度或感觉，包括各种评价和情绪等。通过对语料的观察，不难发现，在立场表达方面，辩驳性是构式"X什么Y"大多数语料所反映的特点，请看下面的例句：

（34）秀儿：俺是说，叫鲜儿姐当传武的媳妇，我给二老当闺女。
　　　（众人一愣。）
　　　文他娘：秀儿，说什么傻话！（《闯关东》）

（35）周小北：陪我上个洗手间。
　　　韩文静：你干嘛呀，自己不会去啊？
　　　周小北：废什么话！（《新闻蜜时代》）

　　在上面例句的对话语体中，构式"X 什么 Y"不是对上一话轮中的某个话题进行回应，而是就整个话轮的内容进行辩驳性回应。这正如刘月华等（2019）所指出的那样，否定性"什么"带有不同意、反驳或者不满意、不赞成、责备等语气。当然，说话者也需要考虑接受者的情况来设计话轮，这就是互动语言学中比较重要的"接受者原则"（recipient design）。

4. 结语和余论

　　本文以构式"X 什么 Y"为例，基于互动视角讨论了跟汉语规约性间接否定相关的一些问题，主要看法是：

　　第一，语用否定应该区分不同的层次，包括本文讨论的合理性否定、言语活动否定（合适性否定）、人际否定等。当然，这些语用否定之间的关系还需要进一步梳理。

　　第二，在互动视角下，构式"X 什么 Y"在话轮设计中具有否定功能的同时，还具有语篇衔接等功能，而且这种语篇衔接功能进一步强化，往往在构式"X 什么 Y"之后还有后续句。

　　第三，除了"什么"等这类疑问词具有否定用法之外，相关用法在汉语方言中也存在，如湖南永州话的"的话"（贡贵训，2012）、湖南邵阳话的"咯话"（蒋协众，2014）、湖南茶陵话"还会"（罗渊等，2015）等，而且这些成分一般都需要重读。

　　如上所述，刘月华等（2019）指出，在形容词或心理动词后加"什么"，表示对某一性状或某种判断加以否定，句子的重音在"什么"上；在一般动词后加"什么"，表示"没有必要"或"不应该""不能实现"，句子重音落在动词或宾语上，"什么"轻读。祁峰（2020）则指出，重音可以分为两种：一般句重音和特别句重音。一般句重音落在疑问代词上；特别句重音如果落在疑问代词上,这时疑问代词比常规询问句要读得更重一些,音长更长一些,有刻意强调的意味,该特指问句从存在肯定向全称否定转化,从而得到反问句。具体来说,在表原因时,当疑问代词是某个句法成分的宾语时,一般句重音就落在疑问代词上,但在表示反问的特别句重音配置中,句重音落在动词上,说话人的意思倾向于"你应该去"。例如:

(36)<u>侬</u>做啥勿去?(你干什么不去?)

可见,重音是促成疑问句"语力"(illocutionary force)转化的一个重要因素。

参考文献

陈振宇 2013 《汉语句子否定的类型性质》,《语言研究集刊》(第十一辑),上海:上海辞书出版社。

贡贵训 2012 《湖南永州方言"的话"的否定功能》,《中国语文》第1期。

黄喜宏 2008 《"什么"的否定用法研究》,上海:上海师范大学硕士学位论文。

姜 炜 石毓智 2008 《"什么"的否定功用》,《语言科学》第3期。

蒋协众 2014 《湖南邵阳方言"咯话"的否定与转折功能》,《中国语文》第2期。

梁 凯 2021 《否定构式"X什么Y"的功能表达及其特点》,《语文学刊》第1期。

刘月华等 2019 《实用现代汉语语法(第三版)》,北京:商务印书馆。

罗 渊等 2015 《茶陵话"还会"的否定功能》,《湖南科技大学学报(社会科学版)》第1期。

吕叔湘 1990 《吕叔湘文集(第一卷)·中国文法要略》,北京:商务印书馆。

吕叔湘 1999 《现代汉语八百词(增订本)》,北京:商务印书馆。

祁 峰 2020 《疑问与焦点的互动——以吴方言特指问句为例》,《汉语学报》第2期。

邵敬敏 2014 《现代汉语疑问句研究(增订本)》,北京:商务印书馆。

沈家煊 1993 《"语用否定"考察》,《中国语文》第5期。

汪昌松 2017 《韵律句法交互作用下的汉语非典型疑问词研究——以"V什么(V)/(NP)"中的"什么"为例》,《韵律语法研究》第1期。

夏 雪 詹卫东 2015 《"X什么"类否定义构式探析》,《中文信息学报》第5期。

晏宗杰　2004　《从"V＋什么＋V"看汉语表达的礼貌级别》,《汉语学习》第 5 期。

袁毓林　刘　彬　2016　《"什么"句否定意义的形成与识解机制》,《世界汉语教学》第 3 期。

Goldberg，A. E.　1995　*Constructions：A Construction Grammar Approach to Argument Structure*. Chicago：Chicago University Press.

Goldberg，A. E.　2003　Construction：A New Theoretical Approach to Language,《外国语》第 3 期。

祁峰：fqi@hanyu.ecnu.edu.cn

"谢谢"的行为反语功能*

四川大学文学与新闻学院/国家语言文字推广基地
李宇凤

提　要　本文讨论"谢谢"类施为短句回应抵触性言语行为、实施言语行为对抗的隐性否定新用法,即行为反语。"谢谢"的行为对抗功能,朝着交际非当面、回应对象非可控角度发展,从日常对话向网络虚拟对话演进,其行为对抗强度、负面情绪态度发生强化,形成"我谢谢你"等负面对抗性固化表达。"谢谢"的行为对抗功能填补了不礼貌抵触类行为配对的交际空位,满足了互动平衡中"文明对抗"的交际需要。

关键词　"谢谢"　冲突回应　行为反语　负面强化　文明对抗

1. 引言:负面态度的"谢谢"

当代日常交际特别是网络媒体交际中,盛行"谢谢"类短句①的一种新用法。说话人用"谢谢"回应"不好"的事件、状态、行为等,展现自己鲜明的态度、强烈的情绪,是一种独特的应对方式。例如:

(1) A:哎你最近是越来越圆润了呢!

　　B:我谢谢你!(日常对话.减肥②)

(2) 三十张　大四的作业　我谢谢你。(脆烈青尖刀/微博/2022.09.23)

---

*　本文在 2022 年复旦大学举办的隐性否定专题会议上讨论过,感谢与会专家的意见建议。

①　为论述方便,我们用"谢谢"指称以"谢(谢)"为中心构成的习用短句,包括"谢谢、我谢谢你、我真的会谢、栓 Q"等形式及其语用功能。

②　文中例证来自日常对话录音和网络记录的分别标记为"日常对话.片段名"和"当事人/网络平台/日期"。

　　学界对"谢谢"的新用法有两种研究角度：一种是考虑"谢谢"言语行为的感谢真诚性或礼貌性质（李娟 2008；裴邵波 2018a；李平萍 2019），认为"谢谢"表虚假礼貌；一种是概括说明"谢谢"的反讽、无语、不满等语用功能（曾金金 2004；匡川 2010；胡涉洋 2016；裴邵波 2018b；吕金妹、詹全旺 2019）。基本共识是"谢谢"回应抵触性言语行为[①]，表反讽，来源于"标新立异"和"流行泛化"（裴邵波 2018b）或"虚假礼貌"的感谢伴随抵触性言语行为（李平萍 2019）。

　　"虚假礼貌"与"谢谢"回应抵触性言语行为的语用目标有所冲突，也与"谢谢"作为感谢行为（而非表现形式）的礼貌根源不符。虚假礼貌是以表面礼貌的形式实施实际不礼貌的行为，潜在威胁对方面子或身份（Beebe 1995：154—168），有掩饰、委婉和避免冲突的作用（Leech 1983：142—145）。"谢谢"用在抵触性言语行为回应中，负面态度明显强烈，没有伪装掩饰和弱化伤害的意思。作为感谢类习用表达，"谢谢"只有表示感谢时才是和谐类言语行为，感谢行为是礼貌的，"谢谢"形式本身无所谓礼貌，不构成虚假礼貌。作为言语行为的施为表达形式，"谢谢"不存在肯定形式与否定语义的错位，不是命题意义上的反讽修辞。

　　"谢谢"的新用法有其流行或语用泛化因素[②]，但关键在于其言语行为功能的语境适应变化和社会交际平衡规范的深层动因。"谢谢"是言语行为性质的隐性否定，是通过和谐类言语行为的表达形式，实施回应抵触性言语行为的"行为"反语。"谢谢"适应交际环境参数从和谐回应到对抗回应、从当面交际到非当面交际、从可控应对到非可控应对的时代变化，通过表达的标异形式，保证其"无言以对＝千言骂语"的对抗回应效果。

2. "谢谢"的行为反语性质

　　"谢谢"施为性新用法的特点，在于其以和谐类言语行为的表达形式

---

　　① Leech（1983：104—105）按礼貌级别将言语行为功能分为竞争类、和谐类、协作类、抵触类。

　　② 在 2022 年复旦大学隐性否定会议上，陈振宇教授指出北京话中早就有"我谢谢您嘞"表回应对抗。特此感谢。

回应抵触性言语行为,是跟常规的"命题"反语对应的"行为"反语。它在抵触性言语行为回应中,依据言语行为和谐配对原则塑造成型,并由特定形式固化其语用功能。

2.1　"谢谢"的行为反语与常规命题反语

"谢谢"表感谢是礼貌正面的言语行为,表抵触对抗是负面否定的言语行为。从命题和行为角度看待形式与语义/功能的错位,可以认为:原本表正面行为回应的"谢谢",用于实现负面否定的言语行为功能,属于言语行为性质的隐性否定,即行为反语;而一般讨论的反语则是命题反语。

命题与行为反语性质不同,承担不同的交际功能,可以配合使用。例如:

(1)′ A:哎你最近是越来越圆润了呢!

　　B:我谢谢你! 我哪儿圆润了? 你不圆润! 你是衣服买小了吧。

(3)(看到一篇凤凰网财经新闻报道)

　　[标题]梁建章:年轻人如果暂时找不到工作 可以先去结婚生子

　　……

　　谢谢啊　真是好办法[微笑]　(不想当正义的味方的 kiri/微博/2022.06.17)

例(1)′是在前例(1)"谢谢"回应话轮中加上一个反问句、两个反语表达。"我哪儿圆润"是说"我不圆润(胖)","你不圆润"和"你衣服买小了"是说"你也胖(还好意思说我)"。例(3)是微博中命题反语"馊主意"和"谢谢"行为反语的连用。"谢谢"无法概括为具体的负面语义。前人研究说"谢谢"表"无语",其实是"谢谢"的对抗行为功能无法从命题语义角度表达。

行为反语或者说负面对抗行为,有自己的形式,不能转述为命题反语。例如:

(4) A:39.8。我继续躺尸了。

　　B:哈哈哈哈哈。没事儿,过两天就好了,或者,煮熟了。

　　A:滚! (日常对话.发烧)

类似的负面对抗行为,多数是"滚、爬、边儿去"等驱离性祈使,还有就是"你妹、NND、操、问候你八辈儿祖宗"之类禁忌骂语。它们都不能用负面否定的语义描述来表达。

2.2 "谢谢"行为反语的语境与形式限制

从"谢谢"言语行为配对的冲突性，很容易看出其行为反语性质。言语表达是实现社会目的的工具（Austin 1962:108，Leech 1996:104—105），不同的言语表达在社会交际中发挥不同的言语行为功能（Searle 1976）。作为社会行为，言语表达必须遵从一定的社会规范，表达与表达之间形成倾向性（preferred）的接邻对（adjacency pairs）（Sacks et al. 1974，Schegloff 2007:3），在交际互动中引发决定回应的形式和语义/功能选择（Thompson et al. 2015:6—8）。正面友好的行为配对，如问候-问候、宣布-"哦"、帮助-感谢、损害-道歉等。负面抵触的行为配对，如伤害-"操"、侮辱-侮辱、嘲笑-"滚"、咒骂-咒骂等。行为配对的性质相当，构成和谐配对，否则，即为不和谐配对。

交际行为的倾向性配对通常是一种和谐配对。这是 Leech(2014:96) 所谓"义务准则"（the obligation maxim）的具体表现，即交际者有义务对特定社会行为做出符合社会习俗的行为回应。如果交际者违背行为配对义务，比如收到礼物而不表示感谢，就会打破交际平衡状态，说话人会感受到社会压力，其行为将被视为不礼貌（Culpeper 1996）。

抵触性行为回应的"谢谢"，构成一种表面失衡的不和谐配对，负面抵触行为回应以正面和谐形式表达，两者的言语行为性质发生冲突。同样类型的不和谐配对，还有对立表态-"再见"、不当建议-"滚"、负面情况-赞扬等。

"谢谢"用于冲突性语境，回应的是对说话人造成损害的言语行为或现实状态。对于冲突性语境中抵触类行为的常规回应，是相应的抵触对抗行为，如前例(4)讨论的驱离祈使或粗俗骂语。"谢谢"出现在抵触对抗的回应位置，常规理解就是发挥同样的抵触对抗作用。例如：

(5) A:如果你到四十岁还嫁不出去，我可以跟你凑合一下。

　　B:<u>我谢谢你啊！</u>（日常对话.同学）

(6) A:涣散……瞳孔没涣散就要继续奋斗！

　　B:<u>你妹的天天玩儿，天天让老子奋斗。</u>（日常对话.工作）

(7) a. 国庆放八天上七天，<u>卧槽！</u>

b. ♯国庆休 7 上 7 是种啥体验♯ 发明调休的人,<u>我谢谢你全家</u>!
（流浪汉的流浪/微博/2023.10.13）

(8) 好烦　听一下午微积分例题头晕脑涨　然后做转专业样题英语好难全是生词　六级难度<u>我谢谢全家</u>（水蜜桃味 QQ 糖/微博/2022.03.14）

对比例(5)(6)和例(7a—b)可知,面对抵触类引发行为,说话人可以采用正面行为的常用形式"谢谢",也可以采用负面行为的常规形式"你妹的、卧槽",受话人会按照引发决定回应的原则理解,其作用都是回应对抗。所不同的是,"谢谢"带着正面行为的遗留影响,体现行为反语特点;同时"谢谢"通常针对责任方,而直白负面的对抗回应可以模糊地针对现实状况。例(7)(8)表明,现实状况对说话人不利,无论有无行为主体或损害意图,都会造成听说冲突,说话人都可以用"谢谢"实施对抗行为。

说话人采用主观语气词、固定格式、图标、负面内容说明等有标记手段将"谢谢"的抵触对抗回应跟致谢行为区分开来。回应对抗的"谢谢",最典型的特征是其行为主体"我"的出现,"我""你"对立共现,显示反同盟关系(张帆、翟一琦、陈振宇 2017),"我谢谢了、我谢谢你"基本可以确定为对抗性行为表达。"我谢谢你全家、我真的会谢、听我说谢谢你、栓 Q 了"等固化用法都是对抗回应的。添加语气词、强调副词"真(是)、啦、了、啊"等能够增强"谢谢"对抗回应的语力。负面表情图标如死亡微笑、怒骂、裂开等,有利于明示对抗态度。负面情况或态度描述从回应对象和对抗行为缘由角度,可以进一步明确"谢谢"的回应对抗性。例如:

(9) 卫峥:蔺公子,蔺公子你还在吗?

蔺晨:<u>我谢谢你</u>,人还活着呢,喊什么?（《琅琊榜》五十一集）

(10) ♯AI 换脸换声让已故演员重现屏幕♯ <u>我谢谢你啊</u>,以后 AI 诈骗越来越多了（不期而遇 1640/微博/2023.08.24）

(11) <u>听我说谢谢你</u>[微笑]学了一天固物,公式重新推了一天,发现不考了。（小熊软糖要橘子味的/微博/2022.05.03）

(12) 理解能力<u>真谢谢了</u>,不知所云（小飞鱼/百度贴吧/2022.09.26）

3. "谢谢"行为反语的"语境-功能"协同变异

冲突性回应语境是"谢谢"发生行为反语功能变异的典型触发因素。语境条件因素的细微变化制约着"谢谢"的形式选择和对抗回应的行为功能强化。冲突性回应语境及其相关因素,改变"谢谢"所实施言语行为的功能性质,从和谐类到抵触类;强化"谢谢"对抗回应远距离负面行为/状态的交际语力;促进"谢谢"应对非可控不利行为/结果的强烈负面情绪的宣泄。

3.1 不利/损害行为的对抗回应

言语行为的和谐配对,体现社会交际中的惯例(ritual)或义务(obligation),关注社会活动中抽象的互动平衡。人们总是追求得失相当、酬劳一致、付出与收获成正比,所谓"你敬我一尺我敬你一丈"①。"谢谢"遵循社会交际普遍的互动平衡原则(李宇凤 2023),体现和谐的言语行为性质配对。即面对有利/恩惠行为,回应"谢谢"实施正面感谢的和谐类行为,面对不利/损害行为,回应"谢谢"实施负面对抗的抵触类行为。具体而言,"谢谢"出现在原本应该由"滚、NND、去死、狗日的"等损害/不利等抵触性行为回应的位置,代替其实施相应的损害/不利等对抗行为,以对抗说话人受到的实际/面子/情感伤害。"谢谢"从"帮助(友善有利)-感谢(友善有利)"的性质平衡,发展为"损害(冲突不利)-对抗(冲突不利)"的性质平衡,其功能就从表示感谢变成实施言语对抗的抵触性行为。

3.2 媒体交际的非当面回应与对抗语力增强

话语交际中对抗回应的"谢谢",在网络媒体中比在日常生活中更为活跃,其情绪态度的对抗性也更凸显。口语当面对话中,"谢谢"调侃、嗔怪、开玩笑似的批评等更多,其回应对抗的不利情况没那么严重,说话人受到的伤害也没那么大。如前文例(1—5)。网络媒体交际中的"谢谢",对抗性更强,其引发行为通常是说话人主观认定的极端事件,如网卡死了、整夜失眠、当众出丑被嘲笑、被封账号、价格疯涨、被人诬陷、失去一

---

① Grice(1975)讨论了交际合作的公平交易(trade-off)。Culpeper & Tantucci(2021:150)提出(不)礼貌的对等性[(im)politeness reciprocity]。袁毓林(2018:244—248)用"劳酬均衡原则"解释副词"白"的意义。

切、遇到雪糕刺客、花大钱遭罪……如前文例(7—8)以及(10—12)。

网络媒体交际在时空距离上比较遥远,不利于说话人实施应对极端事件的对抗行为。一方面,负面损害行为/状态发生时,说话人不一定能立刻予以对抗回应。另一方面,说话人高强度的对抗行为也无法直接作用于实际或潜在的责任主体。引发行为与回应效果的悬殊,造成"谢谢"对抗回应的交际语力减弱,必须采用标记强化方式表达。

"谢谢"的对抗意义负载,首先是语句加长,语义愈重。实施对抗行为的"谢谢"通常不会单独使用。"我谢谢你",或者再加上语气词、强调副词等有助于强化对抗功能。"我/你"对立呈现,突出行为态度的对立。语气副词、语气词等的添加会增强主观对抗情绪。语气词"啊、了"、语气副词"真(的)"等还能带上特殊重音突出情绪对立。再加上文化互文作用,如"我谢谢你全家"是"我问候(咒骂)你全家"的互文转化,对抗强烈、态度鲜明。"我真的会谢、听我说谢谢你"等是新时代流行文化中的互文对抗表达。单独的"谢谢",带上阴阳怪气的语调,如重音拖长,是以语音方式实现的强化对抗,跟形式变异固化对抗的"栓 Q"作用方式相当。

网络媒体交际中,"谢谢"回应对抗的往往是抵触类现实行为及其不利结果,它们不以言语表达出现在引发话轮中。为了明确"谢谢"的对抗行为,彰显自己的强烈负面态度,说话人往往会对不利/损害的抵触类引发行为进行说明,指出其对自己造成的极端不利后果,从而增加表达负荷以明确"谢谢"的对抗功能。几种负面对抗的强化手段还常配合使用,明确和强化"谢谢"的对抗语力。例如:

(13) 我可真是谢谢你啊,怎么我实话实说还不行了,说不过就捂人嘴,你们家几几做的事还不让人说了[微笑][微笑][微笑]祝你家几几能早日踩上缝纫机[兔子][兔子](小 k 总失眠/微博/2022.09.21)

(14) 真的会谢,本来去实习,因为四级就请假了,现在四级考不了,实习去不了,再想想石家庄工资不高,物价飙升,连个煎饼果子都天天涨价,下辈子我要逃离河北再当个富二代[黑线][黑线][黑线](灌汤包小公主/微博/2022.09.13)

媒体交际中的"谢谢"带给说话人隔着屏幕的安全感,有助于其尽情挥洒负面态度,促进其强化回应对抗行为。说话人的对抗行为明确强烈,很能彰显其鲜明独立的个性,大大促进了实施对抗行为的"谢谢"在网络空间的流行。

3.3 不利对象的非可控回应与负面情绪宣泄

在回应对象上,"谢谢"对抗回应越是进入网络媒体交际,其对象的意识主体性、可控性就越不受控制。"谢谢"的回应对象从主观恶意的、有明确责任人的损害行为/相关现状发展到无相关恶意、无明确责任方甚至完全不可控非自主的无意识事物、现状等。

当面对话的"谢谢"回应对象是有意识的行为自主的个体,而网络媒体中"谢谢"回应的对象包括不愿/不会/不能直接对话的个人、团体、机构、无生命/抽象事物,如超市老板、宿管阿姨、经纪公司、网管中心、XX大学、放假通知、疫情、病毒、落枕、车祸、咖啡、网络、手游、剧情等。对于有主观故意造成损害性引发行为的回应对象,"谢谢"的对抗回应是一种维护互动平衡的主动回击行为;即使此时应该为损害负责的个体对象不在跟前,或其行为实施不一定故意针对说话人。例如:

(15) 小洋人,<u>我谢谢你啊</u>!(四海小区群聊/2022.08.22)

(16) <u>我真的谢谢</u>,今天两门课都被老师点起来回答问题[裂开](Bittersweet_dm/微博/2022.09.22)

对于有意识但没有主观意图、不针对说话人的损害性引发行为,"谢谢"对抗回应是把责任和损害主观归咎于回应对象(及其背后责任人)的反击行为。例如:

(17) #江西省教育厅 骗子# <u>我真的谢谢你啊</u> 就是不给文科生一点活路呗 提前三天通知开学让爷女娲补天呢(是李子木/微博/2020.05.08)

(18) 一天封我三次<u>我真谢谢你了</u>百度贴吧(小瑶·小志/百度贴吧/2023.01.30)

对于责任人(受话人)不明确、隐没或无法追究的损害性引发行为/结果状态,"谢谢"对抗回应只能宣泄自己的情绪,无法实施损害还击行为;彰显强烈态度、发泄负面情绪成为"谢谢"的主要行为功能。例如:

(19) 想要帅哥式神 歪出来仁全是美女 <u>我谢谢你啊阴阳师</u> 茨林

还是没有(喵哥只有唐大炮他从来也不骑/微博/2022.09.21)

回应对象/行为的意识性、可控性降低,说话人采用"谢谢"的现实反抗回击作用随之减弱。我们无法对无生命无意识的抽象行为主体/不利状态予以同等的回应损害,只能尽力宣泄反抗情绪,挑明敌对态度,以求心理平衡,替代无法实现的现实平衡。有意思的是,说话人无论如何都把回应对象当作"你/你们",非当面交际处理为当面交际,无生对象当作人类对象,体现出强烈的交互主观性和情绪对抗性。

"谢谢"的对抗回应是一种从真实到虚拟的对话发展序列。"谢谢"的功能发生了从言语行为对抗,到对象无可回击的情绪转向。对话的虚拟化和对象的不可控,提升了说话人增强负面情绪、宣泄敌对态度的必要性和可行性。当面对话中说话人不便于将对立态度拉满,因为直接对抗会引起直接反击,带来交际冲突(Leech 1983:142—145)。对象不在跟前,或者是无生命物质,我们需要且可以尽情发泄。对话的虚拟、对象的不可控,一方面让说话人无法对引发行为主体造成实际行为损害(如辱骂带来的面子伤害),"谢谢"宣泄强烈负面情绪成为必然;另一方面说话人也不必担心损害回击会引起新的不利情况,"谢谢"宣泄回击完全可行。

有意思的是,即使是虚拟对话,"谢谢"如果对抗回应明确的个人,说话人也能感觉到潜在的冲突。这从反面证明了"谢谢"的强势对抗和虚拟对话的保护作用。例如:

(20) 舍友真的吵[微笑]还说什么喜欢住安静的宿舍,结果宿舍就她最吵,我谢谢你,酝酿了一个小时都没睡觉,我是一个只敢在网上发牢骚的人,现实根本不敢叫她小声点什么的,我祝她事事不顺心,发不了一点财(用户 6593775203/微博/2024.03.18)

4. "谢谢"行为反语的"文明对抗"效应

作为强烈鲜明的对抗性言语行为,"谢谢"在日常对话和网络媒体虚拟对话中盛行,是因为它是"文明对抗"的互动交际手段。"谢谢"既能满足说话人负面对抗行为的需要,又符合社会交际中的文明规约,还能造成意犹未尽、无言胜千言的对抗效果。

4.1　文明规约下的交际手段缺位

当代社会交际中,"尽量不说不好的话"是交际者的默认选项。按照礼貌原则(PP)和合作原则(CP)(Grice 1975;Leech 1983:132、2014:90,Brown & Levinson 1987:70),我们通常不会说难听的话伤及对方面子,以免对方同样伤害我们,影响交际顺利进行。按照乐观假设(pollyanna hypothesis),人们总是乐于谈论生活中光明美好的一面,话语中喜欢采用积极正面的表达,即"多说好的"。按照中华民族含蓄文明的传统,我们也尽量"不说坏的"。总之,说话人会感受到负面表达的社会压力,而倾向于少说、不说"坏话",或者换一种方式表达。

但是,社会交际并不总是和谐友好的,现实中有文明礼貌的要求,也存在实施不礼貌行为和进行不文明表达的需要。社会交际惯例中的互动平衡原则,保证我们交际中的正当权益,即存在互动行为的和谐配对,"投桃报李"或"以牙还牙"。正面行为的言语应对自然没有问题,回应以正面言语既符合礼貌原则也顺应平衡原则。但不利/损害等抵触类行为的平衡回应就会存在两种原则的拉扯,造成交际手段的缺位。如表1所示。

表1　交际行为的平衡配对关系

帮助:谢谢	谢谢你:不客气	再见:再见
损害:??? 　　爬! 滚蛋! 去死! 　　TM的! 操! 混蛋!	对不起:没关系	你好:你好

表1中以文明礼貌为中心的正面或中性的行为配对,都有固定的社会规约选择。但对于抵触类行为的回应方式,我们只有肮脏禁忌的骂语(驱离类祈使句也是一种骂)。从交际行为互动平衡来说,骂语并不能真正实施对抗还击行为,更多是主观负面情绪的宣泄。更重要的是骂语在跨文化的各种语境中都不是符合语用规则的优选项。它不仅损害受话人的积极面子,也损害说话人自身的消极面子即自我理想的素质/身份面子(李成团、冉永平 2014)。

抵触类行为的回应手段呈现出"缺位"状态,我们需要一种恰当的对抗还击手段,既明确我们的态度,能实施有效反击,又文明礼貌,无损于自身形象。"谢谢"作为感谢回应的以言行事手段,成为对抗回应的不二选择。一方面,"谢谢"是形式上文明礼貌的正面表达;另一方面,"谢谢"具有互动平衡的言语行为效力,即作为感谢的"谢谢"本身是一种行为回应方式,具有恩惠方面的平衡补偿作用(李娟 2008;董振邦 2015)。"谢谢"利用互动平衡原则,回应恩惠帮助时是感谢,回应不利损害时是对抗还击,程度可高可低,形式、语境、功能相互配合(李宇凤 2023)。

4.2　无言胜千言的语用效果

说话人用"谢谢"这么文明的方式回应对抗损害行为,是否会减弱其交际语力和反击效果呢? 事实上,在互动平衡原则作用下,"谢谢"能够发挥出弹性对抗回应作用,会随着引发行为的损害程度实现强度相当的反击效果,并在文化/互文/多模态语境和形式选择的交互作用下,实现对抗回应交际语力的策略化和最优化。我们举两个例子,对比说明"谢谢"的推理过程和"无言胜千言"的交际效果。例如:

(21) 早睡早起精神好睡觉睡得好好的,心情也挺好的! 可你什么意思? 什么以为我不在? 你近视就算了,你还是瞎子的吗?! 我还没死呢! 你才不在! 真是令人反感!! 谢谢你啊!(流浪的天空/微博/2023.5.21)

(22) A:我男朋友控制欲太强了吧……我交朋友都要管

B:还有这种事? 快点分手吧

(隔天)

A:哈哈哈哈哈就是她说我们两个快点分手的

C:谢谢你啊(咬牙)

B:……(青鸟与飞鱼/微博/2022.09.03)

例(21)是虚拟对话类似独白的"谢谢",例(22)是日常对话中的"谢谢",两者都用于实现说话人的对抗行为。不同的是,例(21)除了"谢谢"还有一大段附加说明,充分展示了说话人的对立态度和负面情绪,例(22)则只有一句"谢谢你啊",但并不影响说话人的对抗目标实现。你知道我说"谢谢"是用"错"了地方,你知道我说"谢谢"是针对你的损害行为平衡损益的,我表达的并非感谢而是对抗,宣泄负面情绪并非和谐友好。但是,我并没有说什么难听的话,你不知道我话里有话隐藏了什么难听的具体言语攻击。总之,"谢谢"好像没说什么但又涵义丰富,言语文明而负能量满满。"无言胜千言"的"谢谢"回应,适合像例(22)这种当面对话,受话人可以自己体会"谢谢"代表的各种可能的负面表达和言语攻击。而例(21)的网络虚拟对话中,说话人担心不能充分展示自己的对抗态度,所以采用直白的累积的愤怒宣泄方式加以强化,最后的"谢谢"类似于意犹未尽的概括总结。

当然,构式、语气、互文等带来的语用规约化会慢慢磨损"谢谢"对抗回应的文明效果,如"我谢谢你爹你妈你全家"跟"我X你全家"不相上下,可能最后只剩下文明的外衣。

5. 结语

本文讨论了日常和网络对话交际中"谢谢"的对抗回应用法。我们在论证其行为反语性质的基础上,讨论了交际语境变化对"谢谢"对抗功能演化的制约作用,阐述了在互动平衡原则作用下"谢谢"实施对抗回应行为的功能特征,并证明其"文明对抗"交际效应的社会文化动因和语用推理过程。

"谢谢"本是"恩惠-感谢"社会互动行为中的回应平衡选项,在应对抵触类引发行为时借来发挥损害平衡作用,从而具备回应对抗性。"谢谢"的回应对抗是言语行为性质的反语,它不可以描述为"否定词+命题"的反语意义,作用接近于"滚、TMD"等负面行为回应。"谢谢"在从日常对话到网络虚拟对话的冲突性语境变动中,从和谐类言语行为发展为抵触性言语行为,其对抗负面的行为强度随着交际距离拉远、交际对象不可控而不断强化,形成像"我TM谢谢你、真的会谢、我谢谢你全家"等趋于语用固化的表达形式。"谢谢"原有的感谢行为用法使其获得形式上的正面肯定性,互动平衡中的行为回应又让其足以实施性质程度相当的对抗、不必明确为负面行为。最终,"谢谢"发展为"无言胜千言"的文明对抗表达。

参考文献

曾金金 2004 《由"谢谢"的使用谈语言与文化教学》,载陆俭明编《第七届国际汉语教学讨论会论文集》,北京:北京大学出版社。

董振邦 2015 《致谢类言语行为研究》,长春:吉林大学博士学位论文。

高增霞 2008 《"谢""致谢""感谢""谢谢"》,《廊坊师范学院学报》第 1 期。

胡涉洋 2016 《面向对外汉语教学的汉语道谢语研究》,哈尔滨:黑龙江大学硕士学位论文。

匡 川 2010 《基于语料库的汉语感谢言语行为研究》,成都:电子科技大学硕士学位论文。

李成团 冉永平 2014 《虚假礼貌的实现方式及语用特征分析》,《外国语(上海外国语大学学报)》第 3 期。

李 娟 2008 《试论感谢言语行为的生成机制》,《新乡学院学报(社会科学版)》第 5 期。

李平萍 2019 《"谢谢"社会功能研究》,武汉:华中师范大学硕士学位论文。

李宇凤 2023 《论对话交际中的互动平衡原则——以"谢谢"的言语行为功能演化为例》,《汉语学报》第 3 期。

吕金妹 詹全旺 2019 《及物性视角下过度礼貌致谢语探析》,《怀化学院学报》第 7 期。

裴邵波 2018a 《"谢谢"的语法化》,《湖北第二师范学院学报》第 4 期。

裴邵波 2018b 《话语标记"谢谢"的语义语用特征》,《大庆师范学院学报》第 4 期。

袁毓林 2018 《汉语否定表达的认知研究和逻辑分析》,北京:商务印书馆。

张 帆 翟一琦 陈振宇 2017 《再说"我们"——人称代词、复数与立场》,《语言研究集刊(第十九辑)》,上海:上海辞书出版社。

Austin, John. L. 1962 *How to Do Things with Word.* Oxford: Oxford University Press.

Beebe, Leslie M. 1995 Polite Fictions: Instrumental Rudeness as Pragmatic Competence. In: James E. Alatis, Carolyn A. Straehle, Brent Gallenberger &. Maggie Ronkin(eds.) *Linguistics and the Education of Language Teachers: Ethnolinguistic, Psycholinguistic, and Sociolinguistic Aspects*, 154—168. Georgetown: Georgetown University Press.

Brown, Penelope and Stephen Levinson 1987 *Politeness: Some Universals in Language Usage.* Cambridge: Cambridge University Press.

Culpeper, Jonathan 1996 Towards An Anatomy of Impoliteness, *Journal of Pragmatics*(25).

Culpeper, Jonathan & Vittorio Tantucci　2021　The Principle of (Im)politeness Reciprocity. *Journal of Pragmatics* (175).

Grice, Paul　1975　Logic and Conversation. In: Peter Cole and Jerry Morgan, eds., *Syntax and Semantics*, Vol. 3: Speech Acts, 41—58. New York: Academic Press.

Leech, Geoffrey N.　1983　*Principles of Pragmatics*. London: Longman.

Leech, Geoffrey N.　2014　*The Pragmatics of Politeness*. Oxford: Oxford University Press.

Sacks, Harvey, Emanuel A. Schegloff, and Gail Jefferson　1974　A Simplest Systematics for the Organization of Turn-Taking for Conversation. *Language* 50(4).

Schegloff, Emanuel. A.　2007　*Sequence Organization in Interaction: A Primer in Conversation Analysis*, Volume 1. Cambridge: Cambridge University Press.

Searle, John R. A.　1976　Classification of Illocutionary Acts. *Language in Society*, (5).

Thompson, Sandra A., Barbara A. Fox & Elizabeth Couper-Kuhlen　2015　*Grammar in Everyday Talk: Building Responsive Actions*. Cambridge: Cambridge University Press.

李宇凤:yufenglicq@163.com
原载《汉语学习》2024 年第 4 期。

隐性否定"才怪"的反意外功能和语用化路径[*]
——兼议反问与反事实在隐性否定上的语用分化

华中科技大学人文学院/国家语言文字推广基地

陈 禹

提 要 "才怪"是现代汉语中一种隐性否定构式,来源于反事实条件句的结论,其语用功能莫衷一是。本文采用预期与意外学说的理论框架,通过对"才怪"构式的紧邻成分进行合取操作,得出反意外是其构式义的必要组成部分。借鉴反制约理论,我们可以描述反意外浮现的语用化路径,其中语用包装的机制发挥重要作用。同样是隐性否定,反问句与"才怪"对虚拟表达的相容性存在差异,关键因素在于语用滞留的分殊。

关键词 "才怪" 隐性否定 合取操作 反意外 语用化 语用包装 语用滞留

1. 引言

现代汉语中,位于句末的"才怪"通常表示否定意义,比如:

(1) 跟修车的女儿在一起,长大不修车才怪。(刘震云《一地鸡毛》)

　　→跟修车的女儿在一起,长大**不可能**不修车。

例(1)中命题"长大不修车"添补"才怪"之后,蕴含"长大不修车"的否定命题,我们有理由相信这否定是由"才怪"带来的。成分带来命题真值

---

* 本文是国家社科基金青年项目"现代汉语反意外标记的语用功能及其演化机制研究"(21CYY029)的阶段性成果。

的翻转是否定意义的主要特征,在此基础上多位前贤对"才怪"的语用功能进行了许多有益的探索。

张谊生(1996)认为"才怪"代表一种感叹句式,表示推断必然。关于推断必然,张文没有展开论述,却提示"才怪"几乎都要求前成分出现"不"或类似否定表达。不过,也有少数反例疑似之前并无否定,比如:

(2)明天的房钱还**没**指望,要能谈学问**才怪**!(老舍《婆婆话》)

"才怪"多配合否定,这是为什么?少数情况也能配合肯定,条件又是什么?此外,"才怪"后还可以添加"呢"等语气词,比如:

(3)丁尚武这人,要是在从前不闹点脾气才怪**呢**!(刘流《烈火金刚》)

吕叔湘(1999:108)据此把"才怪"描述为强调确定语气。我们认为"强调"的具体指向与"确定语气"的事件选择在"才怪"构式中有一定的复杂性,有必要进一步澄清。"强调"究竟是指向"才怪"的否定意义,还是"才怪"之前的命题,需要说明;"确定语气"似乎跟"才怪"构式的对应事件有冲突,"才怪"多用于未然事件。确定语气多表达已然事件,未然事件的确定语气是否存在?若存在,未然事件与已然事件的确定语气是否相同?这也需要说明。

李宗江、王慧兰(2011:475)将"才怪"的释义修改为确信,并分出两个义项:一是前接假设,表示确信假设不会发生;二是构成"不……才怪"格式,表示确信某事会发生。虽然这种处理可以回应前接成分肯否定的差异,但是,以上两种情况是可能发生交叉的。那么如果既前接假设,又能构成"不……才怪"格式,比如例(3),"要是在从前"表示前接成分是假设,"不闹点脾气才怪"是"不……才怪"格式,是否应统一解读为:确信一个否定的假设会发生?这种交叉反映的语用实质有待仔细考察。

除此之外,"才怪"本身带有否定意义,却无需显性否定词,即隐性否定,而我们知道最常见的隐性否定手段是反问,两者有一定的相似性,也有明显不同。马宁(2013)认为"才怪"比反问的否定强度更强。该文较为简略,没有给出否定强弱的判断标准,但是引出两个非常有意义的问题:为什么"才怪"的否定强度比反问更强?用什么方式可以测试隐性否定否定强度的差别?

本文就以上有关"才怪"的问题展开论述。第二节重点讨论"才怪"作为一种句末构式与前后成分的互动关系,从而提取出其完整的构式意义。

第三节具体考察"才怪"构式所表达的语用功能是如何形成与实现的。第四节通过与反问句的比较，寻找不同隐性否定手段导致的语用分化，以此探究隐性否定之于显性否定的系统性差异。

2. "才怪"的前后成分及其构式义

我们把"才怪"定义为隐性否定构式，只出现在小句句末，前接完整述谓结构。根据北京大学中国语言学研究中心（CCL）语料库的调查，在除去不相关语料之后所得到的 383 条句末"才怪"构式例句中，333 条是前接成分包含否定表达（占比 86.9％），后接成分包括 138 个"呢"、39 个"哩"（两者共占比 46.2％），虽未过半，但几乎所有"才怪"构式之后的语气词都可以补上或者换成"呢"，两者之间的相容性极高。前后成分的这些倾向究竟说明了什么问题呢？

2.1　前接成分的否定倾向及其效应

首先，最常见的前接成分还是包含否定副词"不"的组合，共有 320 条，比如：

（4）夏琳那么骄傲一人儿，现在混成这样儿，嘴上不说，心里**不委屈才怪**呢！（石康《奋斗》）

其次，前接成分含有"没/没有"，数量不多，共有 9 条，比如：

（5）其实，以你的条件，**没有人追求才怪**呢！（岑凯伦《蜜糖儿》）

最后，一类比较特殊，语例也不多，一共只有 4 例，即前接成分含"不"的可能补语，比如：

（6）两个烤面包、一份开胃酒、一杯可乐、一份铁板黑椒牛扒和煎蛋通心粉，再加一个浓郁清香的玉米汤，**吃不饱才怪**呢！（林琳、何志雄《汕头人喜欢吃西餐》）

因为"才怪"本身具有否定意义，因此前接成分（记作 X）倾向使用否定，实际上是把整个"X＋才怪"塑造成一个双重否定的格局。吕叔湘（1985）指出双重否定不仅仅是单纯的肯定，而是对肯定的加强（如"没有一个不赞成"）或者肯定的减弱（如"你不是不知道"），肯定加强则语气更为坚决，肯定减弱则语气较为缓和。那么否定＋"才怪"究竟是肯定加强还是肯定减弱呢？我们需要设计一套验证办法帮助测试，可以在否定＋

"才怪"的小句后分别追补含有高程度/数量与低程度/数量的解释小句,前者测试是否与加强语气相容,后者测试是否与减弱语气相容,如果都相容,则说明原句语气既没有加强,也没有减弱,如下所示①:

(7) 他心里不委屈才怪(,他心里万分委屈√)。

　　他心里不委屈才怪(,他心里有点委屈×)。

(8) 没有人追求你才怪(,很多人追求你√)。

　　没有人追求你才怪(,很少人追求你×)。

(9) 这么多食物吃不饱才怪(,都吃得超级饱√)。

　　这么多食物吃不饱才怪(,都吃得比较饱×)。

通过追补解释小句测试,可以看到否定+"才怪"这样的双重否定跟加强肯定的语气相容,而不能跟减弱肯定的语气相容,所以我们有理由相信前接成分的否定倾向造成的一个比较明显的语用后果是:通过塑造一个双重否定,达到强化肯定的效果,显示语气的坚决。

2.2　后接成分的语气倾向及其效应

"才怪"与"呢/哩"构式的高相容性促使我们有必要考察这两个语气词的语义表现。北京大学中文系 1955、1957 级语言班(1996:345)指出"哩"是"呢"的方言变体。也就是说后接成分的"呢"与"哩"可以看作同一个功能,而"呢"在陈述句中可以分出五种语气功能,分别是揣测、夸张、醒悟、不满、转折。不过这五种功能貌似有些是把整个句子的语气置于"呢"上之嫌,比如:

【揣测语气】

(10) 说不定那幢新校舍躲在什么角落儿里呢。(北京大学中文系
　　　1955、1957 级语言班　1996:345,下 4 例皆是)

【夸张语气】

(11) 钱老先生的劲头可大呢,什么都不服输。

【醒悟语气】

(12) 差一点忘了,这还有一封信呢。

---

① 为了尽量控制变量,测试时对例(7)(8)(9)进行了一些修改,譬如除去句末语气词的影响。

【不满语气】

（13）我才不稀罕你的同意呢。

【转折语气】

（14）不要说王三胜输给他，沙子龙也不是他的对手。不过呢，王三胜
　　　到底和老头子见了个高低，而沙子龙连句硬话也没敢说。

　　例（10）（12）（14）即使把"呢"删去，以上语气依然存在。尽管该解说
较为具体，但对于陈述句句末的"呢"的分析不够贴切。《现代汉语词典》
（第7版）对比释义为"用在陈述句末尾，表示确认事实，使对方信服（多含
夸张语气）"（中国社会科学院语言研究所词典编辑室 2016:943），这排除
了整句语气的干扰。考察"才怪"语料，可以发现夸张语气是有迹可循的，
一方面，表示极端程度的"死"经常在同一小句出现，比如：

（15）"我爸爸要是知道我来了这儿，不骂**死**了我才怪呢。"金枝说。
　　　（陈建功《皇城根》）

（16）范登高老婆说："你这个建议要不把有翼他爹**气死**才怪哩！人家
　　　就是怕有翼的翅膀长硬了，才半路把他从学校叫回来。"（赵树理
　　　《三里湾》）

　　另一方面，还存在运用夸张的修辞手法的情况，一般这样的描述超出
常理，比如：

（17）得了吧你，我妈不**一脚把你踢出去**才怪呢。（石康《奋斗》）

（18）让加利福尼亚队挑战俄罗斯，不**被揍扁**才怪呢！（新华社2004年）

　　无论把人"一脚踢出去"还是"揍扁"是违背常理的，都是夸张的修辞
手法增强表达的效果，所以夸张语气的"呢"是与"才怪"相容的。

　　值得注意的是，在383条"才怪"语料中，只有7条含"呢"前接小句表
示正面或者中立评价，而且都是港台、网络与翻译语料，其他例句都是负
面评价，比如：

（19）李梦**失望至极**：班长这弯子绕大了，我看他明白才怪呢。（兰晓
　　　龙《士兵突击》）

（20）人干得比全单位人的还要多；跑上，忙下，还有横向联系，**哼**，不
　　　病才怪呢！（李建永、戴东颖《撒娇的流派》）

"失望至极"与"哼"都明示后文的含"才怪"小句是说话人不满的表

达。夸张语气和不满语气的共通性可作为"呢"的语义要素。共通性在于两者都彰显说话人的确信。因为夸张与不满都要将话说满才能达到效果,如果是不确信,则无法得到两者所需的表达力度。所以,后接成分语气词"呢/哩"重在彰显说话人对于某个事实的确信。

2.3 前后成分的共通处与"才怪"的构式义

从以上讨论可以得知,"才怪"构式与典型前接成分否定倾向的共通之处在于强化肯定、语气坚决,与典型后接成分"呢/哩"倾向的共通之处在于彰显确信、合乎预期。"才怪"构式的构式义可以借助前后典型成分的语义共性进行推导。这里的原理在于,"才怪"构式的前后典型成分的部分语义都会与构式本身的构式义保持一致,那么前后典型成分语义特征的合取结果就是语义一致的部分。姚双云(2018)指出句尾成分的人际功能会得到强化,浮现互动用法。因而从互动角度出发,意外性(mirativity)恰好可以沟通前后成分的语义共性。

先看前接成分。强化肯定即徐晶凝(2000)所诠释的"重说"功能。重说是让对方格外注意所传达的信息(鲁莹 2020),那么在说话人看来,这段信息必然是反预期的,但是反的不是说话人自己的预期,而是听话人的预期,即他反预期(陈振宇、姜毅宁 2019)。他反预期既可以是意外也可以是反意外。一方面,他反预期可能是意外的(mirative),即说话人与听话人的预期同时违反,并伴随强烈情绪,比如:"居然没有人不喜欢他",相当于告知听话人一则新闻;另一方面,他反预期也有可能是反意外的(counter-mirative),所谓反意外是说话人对意外的逆反,含有说话人自己丝毫不意外的态度,并暗示听话人没有意外的必要(陈禹 2018、2021a),比如:"天下没有不散的筵席",相当于说话人申明一个自己认为众所皆知、不在话下的事实,打消听话人已经存在或者可能存在的意外。他反预期不可能是无意外,因为无意外是跟意外无关,而他反预期的内涵已经表明是在听话人的意料之外了。综上,前接成分的意外性可以归纳为:意外 ∨ 反意外,意为取值是意外或者反意外。

再看后接成分。"呢/哩"倾向表明确信的判断,王珏(2020)将之称为肯定语气词,是以言者指向为主,提高命题可信度。这可以理解为说话人透露了一项自己非常相信的信息,并提醒听话人这个信息及其相信程度。

命题不仅为真,而且说话人对其深信不疑,属于合预期。从意外性角度,合预期排除了意外的情况,这可以用追补小句"这太意外了"测试,比如:"×小张来过呢,这太意外了",结果表"呢"与意外无法共存。不过,合预期与反意外相和谐,典型的反意外,一定能后接小句"这毫不意外",比如:"小张来过呢,这毫不意外",因此表达合预期"呢"包容反意外。另外,无意外是可以与合预期相容的,一个典型证据是"呢"可以用于正在进行事件的报道,比如"我在路上呢"。由此可知,后接成分的意外性则是:反意外∨无意外,取值为无意外或者反意外。

张莹、陈振宇(2020)使用合取操作证明条件句中的事实性取值,很有启发性。"才怪"构式除隐性否定之外,我们可以在意外性框架下,对前后成分的意外性表现保留共有的特征,剔除不同的特征,得到的也就是"才怪"构式的构式义特征。从本节讨论可知,前接成分的语义特征是他反预期:意外∨反意外,后接成分的语义特征是合预期:无意外∨反意外,那么,用合取操作可推知"才怪"的构式义包括:

他反预期 & 合预期⇒(意外∨反意外)&(反意外∨无意外)⇒反意外

这表明,除否定之外,反意外也是"才怪"构式义的有机组成部分。

3. 语用包装与"才怪"的语用化路径

"才怪"构式的反意外功能究竟是怎样产生的呢?我们知道"才怪"解读为隐性否定,是借助语用推理的后果:"X+才怪"是"如果发生X,这才是件奇怪的事",由此推导出"不奇怪的事是X不发生",奇怪的事是小概率的,因为发生得少,所以奇怪;而不奇怪的事是大概率的,是默认的情况、通常的情况,由此再推导出"X大概率不发生",达成否定的功能。而反意外也是一种语用效应,涉及说话人认识、情绪以及立场,是跟命题意义无关而跟人际功能相关的语气范畴(陈禹 2018)。因此,语用因素对"才怪"构式意义的塑造起到极其重要的作用,考察其反意外功能的产生,就是探求各种语用因素是如何协同作用,使隐性否定衍生出反意外语气的,以勾勒出"才怪"构式的语用化路径。

语用化(pragmaticalization)最早是由 Erman & Kotsinas(1993)提出,意指语言成分获得语用功能的历时过程。张秀松、张爱玲(2016、

2017),张秀松、刘通(2020),张秀松(2020)通过对近代汉语话语标记和会话程式语的考察,发展了语用化理论学说,认为除了概念转喻、重新分析、语境吸收等语法化、词汇化共用机制以外,还有仪式化、语用模仿、重新解读、语境扩展等特有机制。

我们认为语用化还存在另外一种特有机制:语用包装(pragmatic packaging)。所谓语用包装,是说话人借助某语言成分的相匹配语境,将该语言成分放入与其本身无关,甚至相反的新语境之中,从而让新语境获得相匹配语境的一些语用特点的过程。语用包装可以看作一种特殊的语境吸收,语言成分不仅把语境意义固化成自身新的意义,而且是将非匹配语境与其本身意义相协调的一种机制。这种语用化机制的理论来源受到邢福义(1991)的启发,邢先生认为复句格式对复句语义关系的具有反制约作用,比如虚拟的复句格式可以来说现实的事件关系,例(21)就是用"即使 p,也 q"以虚言实:

(21) 那几年<u>即使</u>天天挨饿,我<u>也</u>没叫过一声苦。(邢福义 1991,下 3例皆是)

＝那几年<u>虽然</u>天天挨饿,我<u>也</u>没叫过一声苦。

反之亦然,例(22)是用"既然 p,就 q"以实言虚:

(22) <u>既然</u>明天有可能,我们<u>就</u>再等一天吧。＝<u>要是</u>明天有可能,我们<u>就</u>再等一天吧。

同时,存在反预期的事件关系(邢先生称之为"逆转")也可以用没有反预期的复句格式(邢先生称之为"顺列"),比如例(23)用并列格式联系含有转折的内容,显顺隐逆:

(23) <u>一面</u>笑脸相迎,<u>一面</u>暗暗诅咒。＝笑脸相迎,<u>却</u>暗暗诅咒。

当然也可以用转折格式联系只有并列含义的内容来显逆隐顺,比如:

(24) 她比根林聪明,根林<u>却</u>比她成熟。＝她比根林聪明,根林比她成熟。

除了虚实与顺逆之间的反制约,陈禹(2021b)增补了轻重反制约,意思是表示程度降低的格式可以联系事实上程度增高的内容,有时重转实际放在轻转关系之中,以轻配重,比如:

(25) 我才懒得管这些事儿呢。<u>只不过</u>,照片为什么摆在这儿?(陈建

功《皇城根》）

＝我才懒得管这些事儿呢。<u>可是</u>,照片为什么摆在这儿?

"只不过"是最典型的轻转,而"可是"则是重转,或者以重配轻,比如用重转的"但是"表达实际是轻转"只是"的程度,比如:

(26) 其实我认识的人真的还有的还蛮有钱的,<u>但是</u>还比较有钱肯定不是那种富豪型的······（引自姚双云 2017:297—299）

＝其实我认识的人真的还有的还蛮有钱的,<u>只是</u>还比较有钱肯定不是那种富豪型的······

邢福义(1991)认为这种复句格式的反制约作用体现的是说话人的主观视点,跟客观事实可以不必完全一致,是一种基于语用的选择。Langacker(2008:73—85)的观点更为激进,他把主观视点(perspective)作为语言组织最基本的特征之一,认为这是人类一般认知能力在语言识解(construal)中的具体表现。而我们得到的启发是,一部分功能性语言成分不仅可以跟与之相匹配的语境进行组构,还有能力借助主观视点改造与之不相匹配的语境,淡化该语境的实际语用特点,突出功能性成分相匹配语境的语用特点,从而对当下语用功能加以包装,包装成说话人希望呈现的效果。那么,之所以我们认为"才怪"构式的反意外是通过语用包装的机制发展而来,是因为"才怪"的基本含义有时与实际语境出现矛盾,比如:

(27) 人往往是怪相,住惯了星级酒店的主儿,若乍让他歇宿乡村鸡毛店,他<u>不</u>**跳起八丈高骂人才怪**。（张卫《你别无选择》）

"X+才怪"本义是"如果发生 X,这才是件奇怪的事",换到例(27)中,就是"他不跳起八丈高骂人,这才是件奇怪的事",但"跳起八丈高骂人"才应该是超乎寻常、稀奇少见的,做不到反而是正常的。有时候 X 可能与奇怪与否关系非常疏远,但也用"才怪"进行否定,比如:

(28) 这种自命不凡的世家子弟,也会做这种不要脸的事,以后**我若再理他**才怪。（古龙《小李飞刀》）

＝这种自命不凡的世家子弟,也会做这种不要脸的事,以后我<u>决不会</u>再理他。

因为"理"即理睬,是非常轻微的行动,无论是理还是不理都算不上奇怪的事。句子中的"若……才怪"其实等价于"决不会",表示说话人不容分说的口吻。但是这种不容分说跟常见或罕见并无关系,纯粹是说话人执意选择。

由上述讨论可知,"才怪"可以放到与其基本含义并不匹配的语境之中,以实现语用上的反制约,把表达内容包装成说话人理想的效果。那么这种效果究竟是不是反意外? 我们需要考察"才怪"最典型语境,因为不匹配的语境的包装一定是故意显示最典型语境的常规语用特征,即在"X+才怪"的使用中,X 必须稀罕离奇。从语料中我们发现,X 还不能只是一个孤立的奇怪现象的陈述,比如:"♯太阳从西边出来才怪"就会造成语用不适;X 的奇怪往往依赖前文设定的某个条件,比如:

(29)世界排球运动在发展,中国队却在墨守成规,**这样不落伍**才怪。

(《人民日报》1994 年 10 月 5 日)

例(29)的隐性条件句是"才怪"最典型语境,即在一定条件 S 下,X 不会发生,即 ¬X 确定发生。为什么不直接陈述"要是 S,X 不会发生",而是迂回借助"要是 S,X+才怪"表达同样的意思? 实际上,上文已经谈到"X+才怪"是一组紧缩的条件句,也就是在条件句的结果小句中再嵌套一个条件句,我们知道这个含"才怪"的嵌套条件句是反事实的。袁毓林(2015)提出汉语的反事实条件句有明显的情感倾向,并且指出由此生发的汉语反事实推理的隐秘特点是:重结果对比而轻因果推理。借助 Roese(1994)对反事实作用的两分,袁先生推论结果对比会让结论更加极端:想象反事实的正面结果,容易造成对现实的更为不满,产生遗憾、后悔、内疚、自责等情绪,比如:"要是当时再努力一点就好了"(遗憾);想象反事实的负面结果,让说话人对现实更加满意,产生庆幸、知足、自满等情绪,比如:"要是当时晚一分钟就糟了"(庆幸)。"X+才怪"跟反事实条件句的语用效应类似,既可以表现负面结果,如例(1),也可以表现正面结果,如例(5),但与正面表达这些结果所不同的是,"X+才怪"使该情绪更加强烈,这是一种更强势的立场。而反意外的重要语用价值正是说话人站在更强势的认识立场,展现自己更优越的认识状态(陈禹 2018)。

"X+才怪"反事实推理恰好作用在认识状态上,因为前文我们已经看到,一般使用"X+才怪"时,之前往往会设定一个条件。根据这个条件,说话人会做出一个判断,这个判断多是基于已有条件与主观认识的一种推测①,也是认识状态的表现。推测部分又分为 X 与"才怪"这一组紧缩的条件与结论,"才怪"是结论,是针对反事实结果的一种负面评价,而且评价不仅仅是错误,而且是"怪",说明反事实的情况是荒谬的,即在理智上根本说不通。所以,小条件 X 不符合常理,那么,大结论的推测就是 X 的反面就是常理,常理是毋庸置疑、不言而喻的,是不必大惊小怪的,从而排斥意外的必要,反意外也就从这种无疑性、自明性中浮现出来。

小结一下本节内容,因为典型语境中的"才怪"构式处在一组嵌套的条件句之中,是大条件句的结论,多表现为推测这样的认识行为。而"X+才怪"本身又构成一组紧缩的反事实条件句,通过反事实推理,强调 X 的荒谬,进而浮现说话人认识状态上的优越态度,反意外语气由此浮现出来。典型语境中的"才怪"构式可以移用到非典型的语境之中,从而包装出同样的语用效果,尽管 X 可能毫不奇怪甚至平常至极,但说话人可以借助格式对意义的反制约作用,通过主观视点的调控,凸显反意外语用意义。反意外是"才怪"基于自身本有的词汇意义,反向制约所在句子语境意义,是一种在语用功能上的语境吸收,是说话人利用"才怪"构式营造出其最典型语境下由反事实推理所造成的效果②。

4. 反事实否定与反问否定的分化

"才怪"最直接的语用功能是否定,反意外是借助反事实推理的语用后果。另一种常见的隐性否定格式是反问,甚至否定可以看作反问句最核心的功能(胡德明 2010:292)。那么,"才怪"构式的隐性否定和反问的隐性否定是否有区别? 这是个非常难回答的问题,反问最直接的衍生功能是辩驳与责怨(胡德明 2010:308),"才怪"构式都能找到与此对应的语料,比如:

(30)"啥地洞? 咱磨房**咋会有地洞**?""哼哼,没地洞,干你们这行没地

---

① 虽然少部分可能是言语行为,但最典型的还是对未然之事的推测。

② "才怪"构式的隐性否定意义也可以看作反事实推理的效果。

洞**才怪**哩！给我扒！"(李晓明《平原枪声》)

(31)"我要有主意**才怪**!"孙七很着急,很**气愤**,但是没有主意。(金庸《天龙八部》)

例(30)是辩驳,后一说话人对前一说话人的判断进行否定;例(31)是责怨,后文的"气愤"暗示前文"才怪"的使用是对听话人的反同盟(unaligned),也是通过否定达成负面评价。我们可以看到,由于辩驳与责怨功能都是直接由否定引发,因而两者并不能显示出明显的差别,虽然可能在分布倾向上有所差异,但是倾向性区别很大程度上受制于样本规模,而且倾向性解说虽然稳妥周全,然而缺乏理论力度,无法窥探两者的本质差异。而且反问,尤其是轻微反问也完全可以承载反意外语气(陈禹2021a)。于是,我们不妨尝试转换分析法,先找出"才怪"构式与反问构式的区别性语境。

张文贤、乐耀(2018)借助 Labov & Fanshel(1977:100)的 AB-events理论,把反问句根据反问内容的已知情况分成了四种:说话人单方面已知内容,听话人单方面已知内容,双方都已知内容,常识内容[①]。我们发现第一、四类反问句可以转化为"才怪"构式,但第二、三类则不行。

【说话人单方面已知内容】

(32)我哪儿做的了这主啊(√我做的了这主才怪),爷爷早上就出去办这事儿去了。(引自张文贤、乐耀 2018,下三例皆是)

【听话人单方面已知内容】

(33)爸,您这是干什么? 你干嘛把我洗澡大盆也拿来呀? (×你把我洗澡大盆也拿来才怪)

【双方都已知内容】

(34)没有! 根本没有! 和平,你在背后不也总说咱爸是个明白人吗? (×你在背后不也总说咱爸是个明白人才怪)

【常识内容】

(35)你自己都不重视,人家怎么会重视呢? (√人家会重视才怪)

---

①　原文把这四类称作"基于 A-events 的反问""基于 B-events 的反问""基于 AB-events 的反问"与"基于 O-events 的反问",但其实质就是已知内容在听说双方的分布。

以上四类但凡听话人可能是信息权威,就不能转换成"才怪"构式。说话人单方面已知内容,这是必然的说话人权威;听话人单方面已知内容,这是必然的听话人权威;而双方都已知的内容,由于反问依然是在索求信息,所以听话人依然是可能的信息权威;但常识内容是说话人选取的人人都应该知道的信息,摆出常识可以是表示听话人没有注意到,也可以表示听话人缺乏常识,所以在这种条件下,听话人不可能是信息权威。

上文已经提到,"才怪"构式中前接小句往往可以使用夸张手段,夸张是一种修辞格,是对常规表达的偏离,以加强表达效果(王希杰 2014:14)。我们发现一旦"才怪"构式是偏离常规的夸张,不能直接转化成反问句,而必须要加"能""会"等表示可能性的认识情态标记,比如:

(36)要是让乃亭他们知道,<u>不笑掉大牙</u>才怪。(/×怎么不笑掉大牙? /怎么**能**不笑掉大牙?)(于晴《红苹果之恋》)

(37)谁若娶了她这种尖嘴滑舌的女人,<u>不被她吵死</u>才怪!(/×难道不被她吵死? /难道不**会**被她吵死?)(古龙《陆小凤传奇》)

反问句加认识情态标记,否定的是命题的可能性或者合理性,这说明使用反问句进行夸张,必须显性提示命题表达的是可能世界。"才怪"构式开启可能世界可以是无标记的,反问句开启可能世界是有标记的。用"才怪"构式进行夸张比反问句更为自由,语言编码也更为简单,这跟两者的语用化源流息息相关。

反问句当听话人为信息权威时,反问句依然有疑问的作用,尽管已经有明显的否定意味,但听话人完全可以当作一般疑问来正面回答,反问句滞留了疑问这一先在功能。只有说话人为信息权威时,语用化才更为彻底,几乎失去了疑问功能,更接近单纯的否定功能。可见反问句对于夸张的限制性主要来自疑问功能的滞留。

"才怪"构式来源于反事实条件句的结论,而反事实可以是违背事实,也可以是超越事实,违背事实是设想跟现实截然相反之事,可记作"违实性";超越事实是设想现实不可能存在之事,可记作"虚拟性"。夸张多是对事物的数量、程度、效应进行扩展,表现成一种不可能的虚拟状态,即偏离常规。所以"才怪"构式包容夸张也是反事实条件句的结论在虚拟性上的滞留。

　　不能进行转换的原因正是在于，虽然在隐性否定上，反问与反事实可以取得统一，但在来源上毕竟会受到原有语用功能的影响，类似于语法化成分在词汇上的语义滞留（Hopper 1991），语用成分的在原有语用功能上的保守性称之为语用滞留（pragmatic persistence）[①]。所以，虽然反问句和反事实条件句的结论[②]都逐渐发展出隐性否定的语用功能，但是在表现上有各自的优势之处：反问句在否定之中容易兼顾信息的问询，而条件句的结论在否定之中可更易采用夸张的修辞。当然不排除在特殊语境下，两者也可以交叉。

　　基于此，我们可以回答为什么部分研究中认定"才怪"构式的否定强度要大于反问句。因为"才怪"构式使用夸张更加自由，而反问句在夸张上有一定限制，夸张伴随的程度量级可以是极端大的，所以"才怪"借此增强语力较为容易。而反问句有时兼顾信息问询，在否定功能上存在相对的不确定性，削弱了否定的语力，而"才怪"构式不存在这个情况。

5. 结论

　　我们围绕隐性否定构式"才怪"，着重讨论了其构式义中的反意外功能，已有释义中的几种说法都源自反意外彰显的自明性。借助形式对意义的反制约视角，我们描述"才怪"语用化的一种可能路径，并认为语用包装是反意外在各种语境下统一浮现的重要机制。比较反问句的隐性否定，构式"才怪"出于功能来源的差异，更容易在否定中兼具夸张。显然，无论是反事实条件句的语用迁移还是隐性否定的多重表现，本文只是领略冰山一角，但是完全可以预见，其中包含众多有意思且有意义的语言事实和理论探索，有待方家继续发现。

　　[①]　语义滞留侧重语法成分在概念意义上的滞留，语用滞留侧重语用成分在会话含义、言语行为、信息组织上的滞留。

　　[②]　汉语方言中，来源于反事实条件句结论的否定构式还有武汉话中的"才巧"；光山话中的"才蹊跷"；宜春话中的"还不得了哦"；武义话中的"别奇怪吧"；温州话中的"有鬼"。兰州话、富阳话、台州话、宁波话、绍兴话没有发现类似构式，或者是使用整合度比较低的小句形式。

参考文献

北京大学中文系 1955、1957 级语言班　1996　《现代汉语虚词例释》,北京:商务印书馆。

陈　禹　2018　《作为反意外范畴标记的"还不是"》,《世界汉语教学》第 4 期。

陈　禹　2021a　《句末"不就 X 了"构式的形义表现与反意外功能——兼论反意外与意外、解-反预期以及反问之关联》,《世界汉语教学》第 1 期。

陈　禹　2021b　《反意外:表轻转"只不过"的语用本质与演化动力》,《汉语学报》第 2 期。

陈振宇　姜毅宁　2019　《反预期与事实性——以"合理性"语句为例》,《中国语文》第 3 期。

胡德明　2010　《现代汉语反问句研究》,合肥:安徽人民出版社。

李宗江　王慧兰　2011　《汉语新虚词》,上海:上海教育出版社。

鲁　莹　2020　《汉语强调研究 60 年:手段、概念和体系》,《汉语学习》第 3 期。

吕叔湘　1985　《疑问·否定·肯定》,《中国语文》第 4 期。

吕叔湘　1999　《现代汉语八百词》,北京:商务印书馆。

马　宁　2013　《"才怪"的语用否定性》,《语文建设》第 9 期。

王　珏　2020　《由功能模式出发研究语气词口气及其系统》,《中国语文》第 5 期。

王希杰　2014　《汉语修辞学》(第 3 版),北京:商务印书馆。

邢福义　1991　《汉语复句格式对复句语义关系的反制约》,《中国语文》第 1 期。

徐晶凝　2000　《汉语语气表达方式及语气系统的归纳》,《北京大学学报(哲学社会科学版)》第 3 期。

姚双云　2017　《关联标记的语体差异性研究》,北京:世界图书出版公司。

姚双云　2018　《口语中的连词居尾与非完整复句》,《汉语学报》第 2 期。

袁毓林　2015　《汉语反事实表达及其思维特点》,《中国社会科学》第 8 期。

张文贤　乐　耀　2018　《汉语反问句在会话交际中的信息调节功能分析》,《语言科学》第 2 期。

张秀松　2020　《近代汉语中语用标记"可又来"的多功能性与语用化研究》,《中国语文》第 1 期。

张秀松,刘　通　2020　《古代汉语程式问候语"幸会"的语用化研究》,《海外华文教育》第 1 期。

张秀松、张爱玲　2016　《"阿弥陀佛"向会话程式语的语用化》,《当代修辞学》第

2 期。

张秀松、张爱玲 2017 《"好说"向会话程式语的语用化》,《当代修辞学》第 3 期。

张谊生 1996 《现代汉语副词"才"的句式与搭配》,《汉语学习》第 3 期。

张　莹、陈振宇 2020 《汉语的反事实条件句和非事实条件句》,《汉语学报》第 3 期。

中国社会科学院语言研究所词典编辑室 2016 《现代汉语词典》(第 7 版),北京:商务印书馆。

Erman, B. & Kotsinas, U. -B. 1993 Pragmaticalization: The Case of "ba" and "You Know". *Studier i Modern Språkvetneskap* 10.

Hopper, P. 1991 On Some Principles of Grammaticalization. In E. C. Traugott & B. Heine(eds.). *Approaches to Grammaticalization*, vol.1, 17—35. Amsterdam: John Benjamins.

Labov, W. & D. Fanshel 1977 *Therapeutic Discourse: Psychotherapy as Conversation*. New York: Academic Press.

Langacker, R. 2008 *Cognitive Grammar: A Basic Introduction*. Oxford: Oxford University Press.

Roese, N. 1994 The Functional Basis of Counterfactual Thinking, *Journal of Personality and Social Psychology* 66(5):805—818.

陈　禹:hkchenyu@hust.edu.cn

原载《汉语学报》2022 年第 4 期,本书收录时略有改动。

反问标记与背景命题
——"哪"字反问句的句法语义分析*

广东工业大学　　　陆志军
广东外语外贸大学　　　石定栩

提　要　本文拟从句法-语义接口来解释"哪"反问句所体现的结构形式与深层表达之间的错配现象。言者在会话言谈中使用"哪"字反问句表达对背景命题内容感到惊讶,同时使用本句命题表达出否定断言的言外语力。"哪"的句法环境(语调是非问)表达疑问语力,但是"哪"字反问句却表达否定断言的言外语力。这种语力转换的"词法因素"是"哪"的强否定极性,而"句法因素"则是"哪"的强否定极性所触发的去Q化、隐性移位以及言外否定断言三种依存性。

关键词　哪　反问标记　背景命题　强否定极性　言外否定断言

1. 引言

反问句"形式上是疑问句,但不要求回答,只是用疑问的形式表达肯定或否定"(朱德熙 1984:204)。反问标记最初跟相应表示时间、地点等的特指疑问词没有任何关联,所有的反问标记都承担着"代理"(surrogates)作用,即说话者逐渐采用某些特指疑问词来表达反问命题的功能。Cheung

---

　* 本文是石定栩教授主持的国家社会科学基金重大项目"生成语法的汉语研究与新时代汉语语法理论创新"(18ZDA291)的阶段性成果。本文初稿曾在"隐性否定——汉语语义和语用机制研究"(复旦大学,2022 年 11 月 5—6 日)上宣读,感谢陈振宇教授等与会专家的建议。文中若有疏漏,皆由作者负责。

(2009)考察发现,人类语言至少有 18 种语言采用 where 作为反问标记,而汉语的"哪"就是一个典型代表。"哪"既可充当表处所义的特指疑问词(1a),也可充当表事理义的反问标记(1b)。

(1) a. 华海的前途在<u>哪</u>?

b. 他<u>哪</u>会借钱给我?!①

现有文献在反问标记"哪"的语法表现(朱德熙 1984,袁毓林 1993,邵敬敏 1996,李宇明 2002,叶建军 2010),语义特征(张伯江 1997,史芬茹 2010),反问识别(李宇明 2002,刘彬、袁毓林 2019)以及反问特性(Hsieh 2001,Cheung 2009)等方面取得一定的创获,然则现有文献所言的反问标记只是"哪"的表象身份,其语法本质还亟待进一步分析。本文拟从句法-语义接口来解释"哪"字反问句所体现的结构形式与深层表达之间的错配现象,并主张反问标记"哪"作为一种有标记的言外否定断言标记,"自有其句法-语义上的理据"(张伯江 1997:108)。鉴于此,本文首先详解"哪"的强否定极性和言外否定断言特性的语义特性,然后探析"哪"与背景命题之间的关系,最后分析"哪"的线性位置并诠释"哪"字反问句的句法生成机制。

2. "哪"的语义特性

刘月华等(2001)认为,汉语反问句体现了句法结构形式(反问标记形式)与深层语义表达(强否定语义)之间的错配现象,如例(2—3)。这就是 Cheung(2009)提出的错配结论条件(Mis-Conclusion Condition):言者采用"反问词+p?!"的形式,认为听者有绝对理由相信 ¬p。

(2) 废铁商聪明得很,这点简单的道理他<u>哪</u>能不知道呢?!

(3) 老唐说:"你添什么乱,把猫还给人家。你<u>哪</u>有时间玩猫?!"

我们主张,"哪"字反问句这种错配现象的本质因素是"哪"的语义特性:强否定极性和言外否定断言特性。正是基于这两种语义特性,言者在会话言谈中使用"哪"字表达对背景命题(background proposition,姚瑶、石定栩 2015,石定栩等 2017)或所言命题(at-issue proposition)内容感到

---

① 除非特别标注,本文例句均源于北京大学中国语言学研究中心现代汉语(CCL)语料库。

的惊讶(mirative)，同时使用本句命题(local proposition)表达出否定断言的言外语力。

2.1　"哪"的强否定极性

Han(2002)认为典型的是非问句(例4)不能允准强否定极性，并提出极性转换原则(例5)。刘月华等(2001)也认为汉语反问句体现了句法结构形式与深层语义表达之间的极性迁移特性。

(4) Did John lift a finger to help Sam?

(5) 极性转换：

　　a. 反问句标示否定的答复(相反的极性)；

　　b. WH-反问句中的 WH 词所标示的内容为一空集。(Han 2002:6)

"哪"字反问句属于否定极性问句(negative polarity question, Krifka 2012)，解读为与原问句相反的否定断言(negative assertion)意义，如例(6)所示。

(6) 你外婆福气好，一辈子不愁吃不愁穿，我<u>哪</u>能跟她比？这都是命呀！

我们主张，反问标记"哪"字只对语调是非问句①这样的逆真实句法语境具有极性敏感度。所谓"逆真实性"，就是当且仅当一个非真实性(non-veridical)算子的命题 p 蕴含着 not p($\neg$p)在个体认知模式中为真(Gian-nakidou & Cheng 2006)。反问句的极性算子 Op 与强否定极项"哪"通过算子-变项(operator-variable)关系来实现它们之间的句法约束以及语义允准关系：极性算子 Op 具有否定值$\neg$，为"哪"字赋予了强否定极性，因而该反问句能解读为与原问句相反的否定断言意思。

反问标记"哪"所预设的是说话者对原问句(7a)命题的认知立场或态度，即"我相信命题 p 不是这么回事"。言者非常怀疑有关的反常情况，因而使用反问句故意对该情况进行质疑(刘彬、袁毓林 2017)(7b)。此时，"哪"字反问句获得与原问句相反的极性解读(7c)，即"我相信命题$\neg$p 是

---

① 刘月华(1988)提出汉语具有两种是非问句，一种是语气词"吗、吧、哈"引导的典型是非问句，另一种是没有语气词但语调高扬的语调是非问句。

这么回事"(7d)。这表明,反问句的识别需要"寻找非 q 的存在"(李宇明 2002:377)。

(7) a. 张三哪知道你要来?!

b. Op$_i$[张三哪$_i$ 知道你要来]

c. ¬[张三知道你要来]

d. 张三(根本)不知道你要来。

反问标记"哪"字以重音形式来表现其强否定极性,如例(8)所示。表处所义的特指疑问词"哪"因为"疑问-焦点"对应规律而获得重音,而反问标记"哪"因其"否定意义,它本身应当带有一个结构焦点重音"(汪昌松 2017:90)。

(8) 不就因为咱穷吗? 我′哪知道咱为啥总穷?!

2.2 "哪"的言外否定断言特性

史芬茹(2010)认为,反问句的疑问词失去疑问焦点的作用,因为言者心中已然有了答案,反问句的采用并不是为了寻求答案,而是为了表达言语行为的某种语义特性。这种"语义特性"就是"哪"的否定断言特性。Sadock(1971)认为,反问句表达了跟表面问句相反的,表极性断言的强"言外语力"(illocutionary force),从而产生一种不寻求答案的反问效果。这种"反问效果"就是"哪"的言外否定断言特性。

Krifka(2012:363)提出,really 类副词和否定焦点也可以引出 VERUM 算子。而 Repp(2012)提出一个 FALSUM(否认)算子,该算子作为一种言外层面表示情态的否定算子,将命题真值意义与言外意义关联起来,从而产生命题与共识(common ground,CG)之间的极度不协调和明显不相容。命题否定是对某一否定命题内容进行断言,言语否定是对某一肯定命题内容不进行断言,而言外否定则是在言外层面对某一命题进行否决,"就是带有 FALSUM 算子的一种断言"(Repp 2012:241)。

我们据此提出反问标记"哪"其实是一个言外之意层面的否定断言算子,并依据"VERUM/FALSUM 算子"和"命题/言语/言外否定"这两组概念来比较分析是非问句(例 9a—b)和反问句(例 10a—c)。显然,是非问句与不同反问标记连用会表现出不同反问语气:在"吗"字是非问句(例 9a)和语调是非问句(例 9b)中,言者对 p 没有持任何认识倾向,p 和 ¬p 都听者可能选择的答案。"难道"反问句(例 10a)、"怎么"反问句(例 10b)和"哪"字反问句(例 10c)分别表现出邵敬敏(1996)所言的三个等级的反问程度：弱级反问(困惑和申辩)、中级反问(催促和提醒)和强级反问(责备或反驳)。"难道"反问句(例 10a)表明，言者对 ¬p 持有倾向，认为极有可能将 ¬p 纳入共识 CG 之中，因而质询 ¬p 是否具有很高的可信度，该反问句相当于"他真的会借钱给我?"。"怎么"反问句(例 10b)表明，言者不肯定 p，因此质询将 p 纳入共识 CG 的可能性是否很小，该反问句相当于"他不会借钱给我?!"。"哪"字反问句(例 10c)表明，言者认为 p 的可信度为零，因此质询将 p 纳入共识 CG 的可能性是否为零，该反问句相当于"他根本不会借钱给我!"。

(9) a. 他会借钱给我吗?　　　　　　$\{p, \neg p\}$

　　b. 他会借钱给我?　　　　　　　$\{p, \neg p\}$

(10) a. 他<u>难道</u>会借钱给我?!　　　　$\{\mathrm{VERUM}(\neg p)\}$

　　 b. 他<u>怎么</u>会借钱给我?!　　　　$\{\neg \mathrm{VERUM}(p)\}$

　　 c. 他<u>哪</u>会借钱给我?!　　　　　$\{\mathrm{FALSUM}(p)\}$

3. 言外否定断言算子"哪"与背景命题

　　背景命题相当于 von Fintel(2006)的"先行命题"(prejacent proposition)，也就是言者进行逻辑推理时所依据的某一个先存命题。背景命题和本句命题在语义真值上可以是完全对立且绝对否定的关系。言者使用评价副词"根本、偏偏"是"为了突出两个命题之间的对立，通过反驳背景命题达到强调本句命题的效果"(姚瑶、石定栩 2015：714—715)。因此，例(11)的背景命题是[林阿花是女的]，而本句命题是[林阿花是男的]。例(12)的背景命题是[老天下起了雪]，而本句命题是[老天别下雪]。

　　(11) 你真"菜"! 林阿花<u>根本</u>就是男的!　　(姚瑶、石定栩 2015：712)

　　(12) 眼看该上班了，可老天<u>偏偏</u>下起了雪。　　(石定栩等 2017：919)

　　在例(13)中，言者对背景命题[户主应该知晓装修不少猫腻]深感惊讶，极度质疑这一背景命题内容，然后提供"隔行如隔山""装修业中机关甚多"等完全相反信息，为听者提供合理的解释。此时，"哪"字的作用就是提示，在话语中存在一个与背景命题完全对立的本句命题，然后对该背

景命题进行坚决的反驳以及否定的断言。因此,尽管本句命题是以肯定
形式出现的,但其语义真值却是否定。

(13)"隔行如隔山",装修业中机关甚多,户主哪能尽知?!

言者表达坚决的反驳以及否定的断言语气是因为某一特定命题已然
违背了言者的期望值(Rett 2011)。言者在言谈中使用"哪"坚决反驳并否
定断言某一背景命题基础是言者在语境中所列出的依据。这种依据可以
是言者自身(例14)、听者(例15)或他人经历(例16)的直接证据,也可以
是某一普遍共识(例17)的间接证据。

(14)我在村里有固定收入,哪能再领一份呢?!

(15)你哪是来做生意?!你根本就是有意捣乱,来搅我们局的!

(16)带班的汉奸班长上楼听了听,毫无动静,向那站岗的骂道:"混
蛋!怕死鬼。八路都到吉祥镇南边去了,这里哪会有八路?!"

(17)人常在河边走,哪能不湿鞋呀?!

李宇明(2002:399)认为"对反问句的理解也可以概括为'命题+否
定',这个命题就是由疑问句变换为陈述句后所表达的命题"。显然,李宇
明所言的这个命题就是背景命题,即"说话人基于判断得出的命题"(石定
栩等2017:918)。"哪"字反问句的前提是上文存在一个需要说话人进行
言外否定断言的背景命题,那么"哪"字反问句就是表反问的陈述句。①我
们主张,语调是非问句(例18a、例19a)加上强否定极项"哪"字后,极性转
换原则促使反问句含义表现为原问句的相反极性含义。"哪"字肯定反问
句(例18b)因"哪"字的否定断言而被解读为"否定+背景命题",该肯定反
问句的句式意义相当于"根本+否定+背景命题"。"哪"字否定反问句
(例19b)的"否定副词在能愿动词之后"(刘月华等2001:797),因"哪"字
和否定词的双重否定断言而被解读为"否定+否定+背景命题",该否定
反问句的句式意义相当于"完全+背景命题"。

(18)a. 他会借钱给我?

　　b. 他哪会借钱给我?!　　　　(=他根本不会借钱给我。)

(19)a. 他不会借钱给我?

---

① 本文首发《外国语》,感谢《外国语》匿名审稿专家提出的建议。

b. 他哪会不借钱给我?! （＝他完全会借钱给我。）

Repp(2012)还指出,言者在会话之前对某一命题 p 已经持有一种认识倾向(epistemic bias),希望进一步核实该 p 是常识的一部分,言者提供了某一新消息,然后言者使用 FALSUM 算子,希望听者把该信息作为常识的一部分,对该命题进行合理判断。我们据此提出,所谓的反问标记"哪",其实是一个言外之意层面的否定断言算子。在例(20)中,听者希望能够判断其所提出的命题内容"蒋介石会吃毛福梅这一套"的可信度,希望将之纳入会话双方的常识之内。言者就命题 p 提供了额外的上文信息"蒋介石生性暴戾",该上文信息恰恰否决了命题内容,为此使用"哪"字作为 FALSUM(否定)算子,从言外行为层面对命题 p 进行情态的否定,使得命题 p 可信度为零,没有任何可信度而言。

(20) a. 蒋介石生性暴戾,哪会吃毛福梅这一套?!

b. ［Q［FALSUM 哪［蒋介石会吃毛福梅这一套］］］(FALSUM(p)且 p∉常识)

Repp(2012)指出,FALSUM 算子表现出命题与共识之间的三种关系:命题是不是共识的一部分,命题是不是新信息,以及对话双方对于命题的即时立场——该命题是不是惊讶或者预期的,该命题是成为共识的一部分还是从中删除。

现在我们可以依据以上分析来详解"哪"字反问句(例 21)所表达言外语力的形式表征,如表 1 所述。在会话过程中,言者要推理语调是非问句所指的背景命题[我有工夫看小说]。听者希望能够判断其所提出的背景命题内容的可信度,希望将之纳入会话双方的共识 CG 之内。言者就背景命题 p 提供了额外的直接证据[每周专业课就有三四十节],该证据信息

表 1 "哪"字反问句言外语力的形式表征

背景命题	$p=\lambda w$:我有工夫看小说 in w
本句命题	¬p:我没有工夫看小说
"哪"的言外语力	1) FALSUM(p) 2) 将 ¬p 纳入 CG 3) $t_s \in \text{TARGET}(t_1)$

恰恰否决了背景命题内容,为此使用"哪"字作为 FALSUM(否定)算子,从言外行为层面对背景命题 p 表达出情态的否定断言义"我根本没有工夫看小说"。因此,背景命题内容无法纳入 CG,言者把本句命题(¬p)纳入双方共识,使得背景命题 p 可信度为零,没有任何可信度而言。而且,言者说话时间 t_s 是紧随着言者知悉背景命题的时间 t_1。

(21) 他随后又各有补充,"每周专业课就有三四十节,我**哪**有工夫看小说?!"

疑问词与相应反问词(如:怎么)具有不同义项,"后者是在前者的基础上遵循一定的认知机制、语用规则进行动态推理而得到的"(李湘 2019:553)。我们据此主张"哪"字反问句的语用迁移步骤,如例(22)所示:

(22) 他**哪**会借钱给我?! ("哪"+情态词$_{认识}$+TP)①

　　a. [语境前提]言者要推理是非问句所指的命题"他会借钱给我"。

　　b. [言语行为]言者依据已有信息而直接否决命题的预设:¬[他会借钱给我]。

　　c. [言外语力]言者表现出极致的主观态度:他(根本)不会借钱给我。

4. "哪"的句法分析

"哪"字反问句表象的线性结构可能表明"哪"只是一个处于 TP 之上的一个反问标记,这只是我们对"哪"字反问句"线性顺序的直观描述而已,然而这种句法结构的线性顺序与生成句法所秉承的层级性是不相一致的"(陆志军、温宾利 2019:402)。生成语法理论一贯强调,任何特殊语义关系的句法实现都应该满足允准成分与被允准成分之间基于层级结构的成分统制(C-command)关系。言者使用"哪"对背景命题内容感到惊讶,因此使用本句命题表达出否定断言的言外语力,"哪"的句法地位决定

---

① 例(22)在没有上下文的情况下可以优先解读为反问句。我们认为,例(22)的句式"哪+情态词$_{认识}$+VP?"中认知情态动词的言者主语言域认知以及"哪"言外否定断言正好是反问语气的特征所在,由此进一步强化了反问义的解读。感谢《外国语》匿名审稿专家提出的建议。

其线性位置与结构位置。我们主张"哪"的强否定极性触发了去 Q 化、隐性移位以及言外否定断言三种依存性（dependency），这三种依存性助于我们推导出"哪"字反问句的句法生成。

4.1　已有研究

第一，Hsieh（2001）认为反问词"哪"字是生成在一个居于 TP 和 PredP 之间的［Spec, QP］位置上，是一个具有［＋NEG］特征的否定算子的显性实现。我们认同反问词"哪"字的［＋NEG］特征，但是 Hsieh（2001）的研究缺陷在于，如果"哪"字是 TP 和 PredP 之间［Spec, QP］位置上的语音实现，"哪"字一词就跟反问句没有任何关联性可言。第二，Cheung（2009）认为粤语"边（度）"反问句（例 23）是带有句尾语气词的特指疑问句，CP 域的隐性算子"回答空集词素"（empty answer set morpheme）要求该问句的答案集合为空集。我们认为疑问语气词"啊"的消失并不会影响例（23）的反问句解读，而且"回答空集词素"的否定解读值得商榷。因而，我们尝试对"哪"字反问句提出一种全新的句法生成思路。

（23）佢边度会识德语啊?!　　　　（Cheung 2009:298）

4.2　反问标记"哪"的句法环境

首先，邵敬敏（1996）认为事理义的"哪"字可以被"怎么"一词所替换，而且不会改变句子的意思，如例（24）。第 2.2 节已明述，"哪"字反问句与"怎么"反问句分别属于强级反问和中级反问，这两种问句的反问程度显然并不对等。

（24）a. 那么多东西，我们哪吃得完?!

　　　b. 那么多东西，我们怎么吃得完?!　　　（邵敬敏 1996:176）

由于"怎么"居前于认知情态词时具有"原因"义（蔡维天 2007），而且"哪"必须处于认知情态词之前，因此严格来说，"怎么"只有居前于认知情态词时，才能与反问标记"哪"互换，表示反问语气。如此而言，例（24a—b）都省略了一个认知情态词（如：能、可能），即存在一个隐性认知情态词（参见蔡维天 2019），分别如例（25a—b）所示。既然"怎么"是 CP 域中居前于认知情态词的外状语（蔡维天 2007），那么"哪"跟"怎么"一样，在 CP 域中也居前于认知情态词，"哪"辖域整个句子，即成分统制整个 TP。

（25）a. 那么多东西，我们哪能吃得完?!

　　b. 那么多东西,我们怎么能吃得完?!

　　其次,Hsieh(2001)考察发现,"想知道、不知道"要求后接宾语必须是特指疑问子句,因此例(26a)中"哪"不能处于宾语子句之中,而"为什么"所处的宾语子句是真正的特指疑问句(26b)。

　　(26) a. ＊他想知道我哪去过中国。(Hsieh 2001:195)

　　　　 b. 他想知道我为什么去过中国。

　　又次,例(27)似乎表明"哪"只能出现在是非问句之中。但是例(28—32)却不支持这种初步推测。这表明,"哪"不能出现在所有是非问句中:只能出现在语调是非问句(例 27)(刘月华 1988),而不能出现在"吗"字句(例 28)、"吧"字句(例 29)和"哈"字句(例 30)之中。因此,只有语调是非问句才是反问标记"哪"的句法语境。尹世超(1999)依据疑问程度的高低顺序将这四类是非问句排序为:语调是非问句＞"吗"字句＞"吧"字句＞"哈"字句。反问标记"哪"与吗、吧、哈的疑问用法相冲突。语调是非问句的"至疑"义与反问句的"极信"义之间的此消彼长关系促使"哪"字反问句表现出强烈倾向性的否定态度,"把句子的否定意义推向极致"(张伯江1997:108)。

　　(27) 他哪会借钱给我?

　　(28) ＊他哪会借钱给我吗?!

　　(29) ＊他哪会借钱给我吧?!

　　(30) ＊他哪会借钱给我哈?!

4.3　"哪"的线性位置

　　Rizzi(2004)提出 CP 句法域可以细分为多种功能性投射,如例(31)所示:

　　(31) Force Top ＊ Int Top ＊ Focus Mod ＊ Top ＊ Fin IP(Rizzi 2004:242)

　　CP 句法域是"言者优先(speaker-oriented)用法的大本营,与所谓'言者主语'对现实世界的认知有密切的关联"(蔡维天 2010:18)。左缘结构包括语力(Force)-限定(Fin)系统、话题(Top)-焦点(Focus)系统以及情态(Mod)系统。Force 是言外语力所在的中心语,而且中心语 Int(interrogative)是疑问[＋Q]特征所在的句法位置。句末疑问语气词是句式标示(clause-typing)的一种方式,而语调在没有显性疑问语气词的情况下也能起到句式标示的作用(Cheng & Rooryck 2000)。

"哪"在反问句中与各种句法成分的相对线性位置是固定的。首先,反问标记"哪"只能出现在动词之前的句法位置(例 32),有时动词前面存在一个隐性认知情态词。认知情态词的句法位置要高于 TP 域(蔡维天2010),虽然"哪"字的线性位置处于认知情态动词之前(例 33)。

(32) 他哪有那种机灵劲儿啊?

(33) 我说:"我是个卖书的,文化程度又很低,哪能写出东西来?"

其次,我们考察发现,"哪"必须居后于该话题,处在该话题的辖域范围之内。

(34) 那可说不上,这种事他哪会叫咱知道?!

(35) 这些事情他们哪会知道?!

再次,"哪"所在的投射似乎应该低于 IntP 投射。第 4.2 节说明反问标记"哪"只出现在语调是非问句这样的句法环境。然则,语调是非问句由于"哪"的成分统制关系而不再具有任何疑问[+Q]特征(即"去 Q 化",详见第 4.4 小节),因此,反问句是一种无疑而问的假性疑问句(叶建军2010),"哪"所在投射应该高于 IntP 投射。

又次,Drubig(1998)提出 CP 域存在一个 PolP,其中心语 Pol 用以容纳否定极性词、焦点敏感助词或抽象肯定词。那么,"哪"处于极性投射PolP 的 Pol 中心语位置。因此,"哪"字处于 TP 域之上,能够成分统制整个 TP。

最后,Pan(2022)将汉语句末助词从低位到高位分为四层:S. AspP"了、来着、呢"、OnlyP"而已"、iForceP"吗、吧₁、吧₂"和 AttP"呢、啊、呀"。我们考察发现反问标记"哪"字只能与句末助词"啊、呀、嘛"共现,如以下CCL 例句所示。为此,我们在 ForceP 之上增加一个 AttP 投射,以容纳"啊、呀"这类句末助词,用来解释"哪"字与句末助词"啊、呀"共现的句法现象。①

(36) 这一条绣这么大的花,我哪能穿啊?

---

① 感谢《外国语》匿名审稿专家提出的启发性建议。

(37) 我要有钱,哪能饿好几顿呀?

综上所述,我们将"哪"的句法结构位置表述为例(38)所示。

(38) [_AttP Att [_ForceP Force [_TopP Top [_PolP **哪**[_IntP Int [_ModP Mod_认知 [_TP T …]]]]]]]

4.4 "哪"字反问句的句法生成

Krifka(2012:370)指出,TP 命题经由 ForceP 域内的言外算子 ASS 而获得某种语力。"小句成分的线性顺序是结构位置的反映,而结构位置则取决于成分的句法功能。"(石定栩等 2017:917)由于"表否认的惊叹用法为言者中心,处在言域或补词层,属于最高的言域"(蔡维天 2011:201),那么我们有必要将"疑问词的非典型用法和句子左缘语力的允准条件串联起来"(杨洋、蔡维天 2019:21)。"哪"的句法环境(语调是非问句)表达疑问语力,但是"哪"字反问句却表达否定断言的言外语力,这种语力转换(force shift)"只发生在句子和语境的交界处,配合言语行为而来的语力因词法、句法的因素产生了质变"(杨洋、蔡维天 2019:20)。我们认为言外否定断言标记"哪"类似于英语 incredibly 的用法:处于 Force 中心语位置的 incredibly 能够对其后接 TP 命题进行言外否定断言。"哪"字反问句也表明,言者认为某一 TP 命题内容是一种 incredible 情形,"这对听者来说是一种挑战,希望听者能够否决该言外行为"(Krifka 2012:387),如图 1 所示。但是,不同于 incredibly 的是,"哪"字并不处于左缘结构最高的 Force 位置,而是处于左缘结构中 Pol 位置,因而"哪"反问句具有更复杂的句法生成机制。

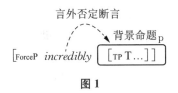

图 1

我们如下详解"哪"字反问句(例 39b)言外否定断言的"词法、句法的因素"。这种语力转换的"词法因素"是"哪"的强否定极性。其"句法因素"则是"哪"的强否定极性所触发的去 Q 化、隐性移位以及言外否定断言三种依存性,这三种依存性的句法左缘结构图如图 2 所示。第①种依存性属于词法的非连续依存性,而第②③种依存性构成句法的连续依存性。

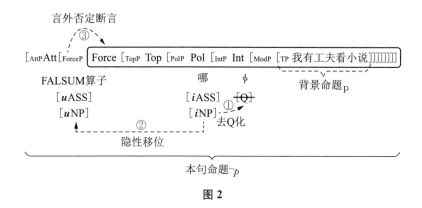

图 2

(39) a. 我有工夫看小说?

　　b. 我**哪**有工夫看小说?!

首先,"哪"只对语调是非问句(例 39a)这样的句法语境具有极性敏感度。"哪"字的句法环境是语调是非问句,因此存在一个成分统制 ModP 的疑问中心语 Int。带有[＋Q]特征的中心语 Int 应该可以把句式标示为语调疑问句。但是成分统制 Int 的中心语 Pol"哪"的强否定极性能够触发"去 Q 化"操作,促使空位的 Int 无法启动句式标记的句法作用"去 Q 化"表明句式失去了是非问句的高扬语调,并被转化为平调。此时,ModP 后接的 TP[我有工夫看小说]是背景命题 p 的具体内容。

然后,处于中心语 Pol 位置的"哪"字与后接的 IntP 外合并后,处于[Spec, TP]的主语"我"经由连续循环移位上移至[Spec, PolP],形成线性语序[我哪有工夫看小说?!]。如果"看小说"也经由连续循环移位上移至Top 位置,就形成了话题式句子[看小说,我哪有工夫?!]。"哪"字具备两种语义特征:可解的否定极性特征[iNP]和可解的断言特征[iASS],这两种特征为"哪"字赋予了否定断言的特性。句子推导到这个阶段,"哪"字反问句只能表现出命题否定或在言语否定,否定断言的言外语力进一步将陈述句的平调转化为反问句的降调。"哪"字必须在左缘的 Force 位置来实现言外否定的句法作用。由于"哪"字反问句的线性语序使得"哪"字无法进行显性移位,那就只能通过隐性移位而上移至 Force 位置。

最后,语力中心语 Force 的边缘特征(edge feature)吸引"哪"隐性移位至 Force。该移位形成了两种特殊语义关系。其一,"哪"的可解否定极性特征[iNP]和可解断言特征[iASS]经由隐性移位后可以核查并删除 Force 位置所具备的无解否定极性特征[uNP]和无解断言特征[uASS]。"哪"的可解特征[iNP]和[iASS]核查并删除 Force 的无解特征[uNP]和[uASS]。其二,"哪"只有隐性移位至 Force,才能使其已然具备的否定断言特性获得言外语力,从而形成言外否定断言算子(即 FALSUM 算子)。该算子可以在左缘结构最高的言外语力层面成分统制并对其后整个 TopP 或者 PolP 进行言外否定。"哪"已然具备的否定断言特性获得言外语力,Force 的言外否定断言算子(即 FALSUM 算子)在左缘结构最高的言外语力层面成分统制并对其后整个 TopP 或者 PolP 进行言外否定(即本句命题 ¬p),形成正确线性语序[我哪有工夫看小说?!](例 39b)。如果 Att 出现句末助词"啊、呀",这就形成了"哪"字与句末助词共现的句子[我哪有工夫看小说啊/呀?!]或话题式句子[看小说,我哪有工夫啊/呀?!]。

5. 结语

姚瑶、石定栩(2015),石定栩等(2017)分别讨论了背景命题的触发项"根本"和"偏偏",本文着重分析另一背景命题触发项"哪"的句法环境特性、语义特性以及句法地位,从而解释"哪"反问句所体现的结构形式与深层表达之间的错配现象。如果本文的结论是正确的话,将有助于我们进一步认识反问标记与背景命题之间的关联性,并促进背景命题相关理论的完善与应用。

参考文献

蔡维天 2019 《汉语的语气显著性和隐性模态范畴》,《语言科学》第 1 期。

蔡维天 2007 《重温"为什么问怎么样,怎么样问为什么"——谈汉语疑问句和反身句中的内、外状语》,《中国语文》第 3 期。

蔡维天　2010　《谈汉语模态词其分布与诠释的对应关系》,《中国语文》第 3 期。

蔡维天　2011　《从"这话从何说起?"说起》,《语言学论丛(第四十三辑)》,北京:商务印书馆。

李　湘　2019　《状语"左缘提升"还是小句"右向并入"? ——论"怎么"问句质询意图的共时推导与历时变化》,《中国语文》第 5 期。

李宇明　2002　《语法研究录》,北京:商务印书馆。

刘　彬　袁毓林　2019　《"哪里"类反问句否定意义的形成与识解机制》,《华中师范大学学报(人文社会科学版)》第 1 期。

刘月华　1988　《语调是非问句》,《语言教学与研究》第 2 期。

刘月华等　2001　《实用现代汉语语法》,北京:商务印书馆。

陆志军　温宾利　2019　《"才 VP"句与"就 VP 了"句的语法特性、时间指称以及句法结构分析》,《当代语言学》第 3 期。

邵敬敏　1996　《现代汉语疑问句研究》,上海:华东师范大学出版社。

石定栩　周　蜜　姚　瑶　2017　《评价副词与背景命题——"偏偏"的语义与句法特性》,《外语教学与研究》第 6 期。

史芬茹　2010　《汉语特殊疑问句形式反问句的形式特征调查分析》,《神奈川大学言语研究》第 32 期。

汪昌松　2017　《韵律句法交互作用下的汉语非疑问用法》,《韵律研究》第 1 期。

王　栋　盛玉麒　2009　《汉语否定极项(NPI)自动抽取研究》,《中国计算机语言学研究前沿进展(2007—2009)》,北京:清华大学出版社。

杨　洋　蔡维天　2019　《念力移转的韵律语法及实验研究》,《世界汉语教学》第 1 期。

姚　瑶　石定栩　2015　《背景命题及其触发机制——从"根本"说起》,《外语教学与研究》第 5 期。

叶建军　2010　《〈祖堂集〉疑问句研究》,北京:中华书局。

尹世超　1999　《说语气词"哈"和"哈"字句》,《方言》第 2 期。

袁毓林　1993　《现代汉语祈使句研究》,北京:北京大学出版社。

张伯江　1997　《疑问句功能琐议》,《中国语文》第 2 期。

朱德熙　1984　《语法·修辞·作文》,上海:上海教育出版社。

Cheng, L., & Rooryck, J.　2000　Licensing Wh-in-situ. *Syntax* 3(1).

Cheung, L. Y.-L.　2009　Negative Wh-construction and Its Semantic Properties. *Journal of East Asian Linguistics*, 18(4).

Drubig, H. B.　1998　*Focus and Connectedness: Towards a Typology of Focus*

Constructions. Ms. University of Tübingen.

Giannakidou, A., & Cheng, L.　2006　(In)definiteness, Polarity, and the Role of Wh-morphology in Free Choice. *Journal of Semantics*, 23(2), 135—183.

Han, C.-H.　2002　Interpreting Interrogatives as Rhetorical Questions. *Lingua*, 112(3).

Hsieh, M.-L.　2001　*Form and Meaning: Negation and Question in Chinese*. Los Angeles, CA: University of Southern California.

Krifka, M.　2012　Negated Polarity Questions as Denegations of Assertions. In Kiefer, F., & Lee, C.-M. (eds.) *Contrastiveness and Scalar Implicatures*, Springer.

Pan, J.-N.　2022　Deriving Head-Final Order in the Peripheral Domain of Chinese. *Linguistic Inquiry*, 53(1).

Repp, S.　2012　Common Ground Management: Modal Particles, Illocutionary Negation, and VERUM. In Gutzmann, D., & Gartner, H.-M. (eds.) *Expressives and beyond. Explorations of conventional non-truth-conditional meaning*, Oxford: Oxford University Press.

Rett, J.　2011　Exclamatives, Degrees and Speech Acts. *Linguistics and Philosophy*, 34(5).

Rizzi, L.　2004　Locality and Left Periphery. In Belletti, A. (ed.) *Structures and Beyond*, Boston and Oxford: Oxford University Press.

Sadock, J. M.　1971　Queclaratives. *Papers from the Seventh Regional Meeting of the Chicago Linguistic Society*, 7.

von Fintel, K.　2006　Modality and Language. In Borchert, D. M. (ed.) *Encyclopedia of Philosophy* (2nd edition). Detroit: MacMillan Reference. URL: http://mit.edu/fintel/fintel-2006-modality.pdf.

陆志军: luzhijun@gdut.edu.cn。

石定栩: 201670017@oamail.gdufs.edu.cn

原载《外国语》2024 年第 2 期。

从意外到语用否定:社会心理视角
——以"怎么"句为例

上海大学文学院　　李　强

提　要　意外和否定之间具有十分紧密的关联性,由意外通过语用迁移可以实现否定。但是对于这种语用迁移的机制是什么,现有研究并没有说清楚。本文以"怎么"句为例,描述其从意外到否定的用法实现过程,借助社会心理学提出的图式和认知保守说明这种语用迁移的可能性,进而刻画出"怎么"反问句否定意义的形成机制和过程。此外,意外和否定是"怎么"示证性的两种表现形式,表面上承担意外和否定功能的"怎么"实质上体现出交互主观性:通过"示证"让说话者的心理预期向听话者明示。

关键词　意外　否定　图式　认知保守　示证性

1. 引言:意外和否定

汉语学界关于"意外"(mirativity)范畴的研究已经取得了相当丰硕的成果,强星娜(2017)对此做过较为精炼的概述。相关研究中,从整体全局层面思考"意外范畴在整个汉语语法系统中的地位、功能与运行条件"的是陈振宇、杜克华(2015),他们展示了"意外"与疑问、否定、(消极性)感叹之间的基本关系,并试图解释汉语与其他语言中的相关语法现象,寻求语法化背后的修辞语用机制。值得称道的是,在这篇文章中作者勾勒了关于"意外"范畴的一组三角关系。具体而言就是疑问、感叹分别借助"意外"这一桥梁彼此向对方转化,同时产生或强或弱的语用否定功能。这种"意外三角"(mirative triangle)关系可以表示成图1。

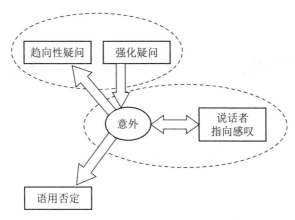

图 1　意外三角语用修辞关系

　　其中,意外和否定之间的关联性尤为殊妙。就汉语来说,从形式上看,汉语里的意外标记常常包含否定义语素,如由"不、没、别"等否定词构成的"不料、不想、没想到、没料到、别说",以及由疑问代词"谁、哪、怎、岂"的非疑问用法表示否定而构成的"谁知(道)、哪料、哪想、岂料、怎知"。(陆方喆 2014)从功能上看,如图 1 所示,从意外到否定之间存在一种语用迁移过程,由语用迁移而形成的"否定"就是"语用否定",即不依赖于显性的否定词而主要通过语用推理(pragmatic inference)获得否定性意义的解读。很多语言里的反问句(即表达否定义)都具有某种形式特征表达说话者对相关事实的意外,如汉语的"难道"(袁劲 1986)、马达加斯加语的kamba(陈振宇、安明明 2013)、俄语的 razve(引自陈振宇、杜克华 2015,Comrie 1984:21—22)。

　　本文感兴趣的问题即后者,从意外到语用否定这种语用迁移的过程究竟是如何实现的? 在语用否定性意义的涌现过程中"意外"发挥了什么样的作用? 本文主要以"怎么"类特指反问句为例对上述问题进行探查。

2."怎么"句由意外到语用否定

　　文献里经常说到的"怎么"句表否定意义指的就是下面这些"怎么"类

特指反问句(刘彬、袁毓林 2019)[1]:

　　(1) a. 可是,吃不上饭,<u>怎么</u>教书呢?

　　　　 ＝吃不上饭,不可能教书。

　　 b. 她没有说,你们<u>怎么</u>知道她要嫁人?

　　　　 ＝她没有说,你们不可能知道她要嫁人。

　　这些"怎么"句主要表示一种否定意义,其意义往往可以语用解读成"不(可)能/不应该……"。

　　关于"怎么"的这种否定性用法,不少文献都从不同角度做过探讨,刘彬、袁毓林(2019)对此进行了概述,此处不赘。从已有研究成果看,虽有不少文献谈及了"怎么"的"惊异"这种意外用法,但鲜有论及"怎么"句否定意义的来源和意外之间的关联性。比如,刘月华(1985)、吕叔湘(1980/1999)、邵敬敏(1995)和张斌(2001)都只是指出"怎么"具有"惊异"义。刘焱、黄丹丹(2015)从话语标记的角度区分了表示惊异或意外的"怎么₂"和表示批评或嗔怪的"怎么₃",同时指出"当说话者接收到与自己的预期相反或者不在自己预期内的新信息时,说话者除了感到'惊异'或'意外',更有甚者,会由此产生不满,对反预期的信息来源进行批评或指责"。她们所提及的"批评""嗔怪"和"指责",如果统一概括即是"否定",但是上述相关论述仍然没有说明表示"不满"的这种否定义是如何产生的。与之类似的是,刘彬、谢梦雅(2019)也区分了句中表原因的"怎么₂"和句首表惊异的"怎么₃",认为它们都有惊异用法。并且认为由"怎么₂"构成的反问句中的相关语境信息对于说话者而言是新的、意想不到的,甚至难以理解的,因此使得说话者感到非常惊讶、意外,进而使"怎么₂"反问句进一步传达出责备、不满等主观情感。而"怎么₃"由"怎么₂"虚化而来,其惊异义更为明显,是一个独立的惊异标记。相关这些论述也同样没有说清楚惊讶和

---

　　① 本文首发《汉语学报》。《汉语学报》的匿名审稿专家指出"怎么"否定句还存在一类特殊情况,如一方问"你怎么尿床了?",对方应答"尿床怎么了?",后者代表一种引述性否定疑问句。关于这类"X＋怎么了(啦)"否定句,殷志平(2021)做过详细的研究。整体而言,这类否定句具有其语用上的特殊性,是一种元语言的语用否定表达格式,与本文讨论的常规"怎么"反问句有差别。从预期性角度看,这类"X＋怎么了(啦)"否定句或多或少地也带有言者的某些意外之意,当然这还需要更为细致的考察。本文目前讨论的仍是常规"怎么"反问句一类情况。

意外是怎样导致责备和不满等主观情感的出现。而刘彬、袁毓林(2020)在讨论"惊异"是推动反问向感叹转化的关键性的语义和情感因素时提到了一个很有启发性的观点,他们指出"反问往往由惊异激发,并且由反问这种强调性语言表达形式来强化这种惊异。因为反问句一般用于反通常性语境中,这种语境中的某种违背共同预设或与自己的信念或预期相冲突的反常情况对于说话者来说是意想不到的,因而使得说话者感到非常惊讶、意外。正是由于这种强烈的惊讶、意外情感,促使了疑问句在表达反问的同时产生感叹性语气,从而进一步形成感叹句的表达形式"。应该说,他们认为的由惊异促成疑问句变成反问句(具有语用否定)这种观点,我们非常赞同。但是,我们还想追问:为什么惊异能够促使疑问句转变成反问句,其机制到底是什么? 下面以"怎么"句为例来探讨意外在句子中的表现及作用。

陈振宇、杜克华(2015)认为,大多数反问句都具有某种形式特征来表达说话者对相关事实的"惊讶",与"意外"有关的一种语用迁移是"疑问+[特征]意外→[主]语用否定+[次]说话者指向感叹"。但是,"疑问+意外"并不总是推导出语用否定的意义效果。就"怎么"句而言,有些"怎么"句仅仅表达惊异或意外,而不具有否定的语用效力(pragmatic effect)。例如:

(2) a. 小李<u>怎么</u>这么高兴?

b. 党委书记贺玉梅进来了,脸上血拉拉的好几道子。吕建国吓了一跳:<u>怎么</u>,又干仗了?

这两例"怎么"句都只是表达说话者的意外,因为实际状况并不在说话者的心理预期之内,是意料之外的事情。例(2a)中,说话者没有料到小李会那么高兴,即高兴的程度超出了说话者的一般常规预期,所以产生意外。例(2b)中,贺玉梅和别人打架的事情是说话者原本没有想到的,因此看到脸上的印子就感到非常意外。通过观察还可发现,在这两例中说话者的心理预期内容和实际事况之间并不构成抵牾和冲突,或是与实际事况保持同向性[如例(2a)中说话者的心理预期内容可以是小李有些高兴,但不是实际状况的那么高兴],或是根本没有什么心理预期内容[如例(2b)中说话者可能不会预料到打架的事情]。正是由于不存在抵牾冲突,因此这两例"怎么"句仅仅表现出说话者的意外,而不表达否定。

但是,如果说话者原来的心理预期内容和实际状况之间是矛盾对立的,那么"怎么"句不仅表现意外,还具有语用否定的效果。例如:

(3) a. "不是当面请示过您吗?!"谁知康生大怒,在电话里喊:"<u>怎么</u>,你连中央的意见也听不进去吗?!"

　　 b. 兰珍虽说大学毕业了,可究竟还是年轻,阅历浅,她<u>怎么</u>(能)懂得人和人之间那<u>些</u>复杂的关系?

上面两例中发生的实际状况与说话者的心理预期内容之间是截然不同的。例(3a)中说话者康生的心理预期内容是要听中央的意见,但从对话内容可知实际状况是对方以为请示过就可以不听中央的意见,两者之间具有反向对立性,说话者用"怎么"句否定了实际状况的合理性。例(3b)中说话者的心理预期内容是年轻阅历浅自然不懂得复杂的人际关系,但实际状况可以是与之相反的内容,即大家都认为兰珍应该懂得处理人际关系,说话者用"怎么"句否定了实际状况的可能性。因此可以认为:正是由于心理预期内容和实际状况之间存在对立,"怎么"句不仅表现出说话者的意外,而且也表达对某种情况的否定。

上述两组"怎么"句的差异也同样反映在下面例(4)中。

(4) a. 甲:小王<u>怎么</u>买了那么多书啊!

　　　　乙:这家书店最近在搞促销。

　　 b. 小王<u>怎么</u>买了那么多书啊! 家里本来就小,都没地方放了。

例(4a)中,甲的心理预期内容可以是"小王最多会买三本书",但实际上买了二十多本,大大超出了原来预期的数量。整个句子表达意外,同时也表示感叹,还有向听者问询原因的意味,但并不强制性要求对方回答。

例(4b)中,"怎么"句的否定意义很明显,"怎么买了那么多书"相当于"不应该买那么多书"。造成这种否定义解读的原因是后一小句提供的语境及推理常识:因为家里地方小没空间放书,因而不能多买。这里,言者根据家里面积的大小情况确信自己的预期命题如"书最多买三本"是对的,而小王却买了二十多本,大大超出了自己的预期。言者利用"怎么"句表达否定意义。

此外,还存在另外一种情况:即使说话者原来的心理预期内容和实际

状况之间是矛盾对立的,但"怎么"句也只表现出意外,而没有语用否定的效果。例如:

(5) a. 这时,邻桌过来一个既和我们认识也和那伙人熟识的小个儿,
满脸堆笑对高晋和那人说:"<u>怎么</u>,你们还不认识吗? 我给你
们介绍一下……"

b. "你的男朋友呢?"他问道,"<u>怎么</u>,难道你还能没有位漂亮的骑
士么?"

这两例"怎么"句显然暗含了说话者的意外情绪,即说话者原本认为"你们应该认识""你应该有男朋友",但实际情况是"你们不认识""你没有男朋友",两者构成了对立。但它们不具有语用否定的效果,说话者并非向听话者传递"你们应该认识""你应该有男朋友"这样的信息,也就不是意在指责埋怨对方。其中的原因在于说话者心理预期的内容只是一种推断和揣测而非定识,因此他无法对自己预期的信息做出事实为真的必然性保证。当客观实际状况违反了说话者的推测,也就否定了他原本预期内容的真实性,因为客观情况与心理预期的不同,说话者进而表现出意外。

结合上面例(2—5),我们觉得虽然这些"怎么"句都表示言者的意外体验,但它们是由两种不同类型的预期因素引发的,进而也影响到"怎么"句的语用否定意义的表达。与陈振宇、张莹(2018)区分出"量的意外"和"质的意外"有些相似但不完全相同,我们认为一种是由"量预期"(quantity expectation)引发的意外,如例(2)和例(4a)所示,也就是实际状况和心理预期之间存在量差别。言者心理预期为空,但实际发生了某种情况;或者言者心理预期某种程度,但实际状况超出或低于这种程度,进而引发了意外。这种量预期可以表示为:

图2　意外的量预期描述

另一种是由"质预期"(quality expectation)引发的意外,即实际状况

和心理预期之间存在质差异。概括起来就是，言者心理预期出现命题 p，但实际情况是 ¬p，两者相互矛盾抵牾，进而引发了意外。这又包含两种情况：其一，言者确信自己心理预期内容的真实性，实际状况与之对立，产生意外同时否定实际事况的可能性或合理性。如例（3）和例（4b）所示。其二，言者推测自己心理预期内容的真实性，实际状况与之对立，产生意外同时接受实际事况。如例（5）所示。这种质预期可以表示为：

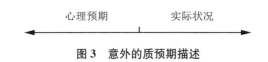

图 3　意外的质预期描述

因此，上面两种不同类型的预期共包含四种情况，即：

a. 言者无预期内容＋意料之外的实际情况→［特征］意外

b. 言者预期某种量＋超出/低于预期量的实际情况→［特征］意外

c. 言者相信预期内容的真实性＋实际情况的背离→［特征］意外→否定

d. 言者推断预期内容的真实性＋实际情况的背离→［特征］意外

可见，言者预期命题的认识性（epistemic），即言者可以根据相关事理对命题为真的必然性或可能性做出判断，是"怎么"句否定意义生成的重要因素。具体来说就是，言者相信自己预期的真实性和可靠性，但实际出现了与预期相背离的情况，由此言者产生了意外情绪，进而否定了实际情况的合理性或可能性。

我们认为，表面上看"怎么"句的否定意义是由意外触发的，即陈振宇、杜克华（2015）提出的"疑问＋［特征］意外→［主］语用否定"这种语用迁移，以及刘彬、袁毓林（2020）指出的"正是由于这种强烈的惊讶、意外情感，促使了疑问句在表达反问的同时产生感叹性语气"。但根本上还存在一种社会心理机制促成意外向语用否定的转化，否则就无法解释为什么上述四种情况都能够产生意外，但只有 c 另可生成否定。

3. "怎么"句否定意义的实现机制

关于"怎么"句的否定意义是如何生成的这个问题，不少成果都已分别从不同角度做过探讨。其中,胡德明(2010:179—181)认为:"从根本上说,反问句否定语义来源于说话者针对句子命题的一种主观否定态度。反问句的否定不是句法上的否定,而是语义-语用层面的否定。"对此,刘彬、袁毓林(2019)指出这种观点并没有说明反问句是怎样表达说话者的主观否定态度。除此以外,我们还想知道为什么反问句可以表达说话者的主观否定态度。

为了探求"怎么"类反问句否定意义的形成机制,刘彬、袁毓林(2019)转向交际活动中的心理层面,提出"疑有信无"的怀疑心理机制,认为正是在怀疑心理的作用下使得"怎么"类反问句涌现出否定性意义。他们指出否定义的形成过程是:

上下文和交际情境明示或暗示了 VP 是不可能的或不合理的→说话者说出"怎么"类特指句,在合作原则的作用下,标定这是一种反问句,交际的意图不是进行询问,而是质问或反问→故意对语境中 VP 的方式或原因、理由提出怀疑→怀疑[①"不相信正面"(即"疑有"),②"相信反面"(即"信无")]内置了否定意义→推动"怎么"类特指反问句涌现出否定性意义:不可能/不应该 VP。

从怀疑这种心理视角来说明"怎么"句否定意义的生成过程,是十分有启发性的。并且,我们相信"语言结构生发于语言使用过程","语言使用会影响到语法"(Bybee 2010/2020:13,233),而语言使用无外乎是人类认知与心理共同作用而产生的结果。因此,心理机制对于语言结构具有非常重要的模塑作用。如果"疑有信无"这种怀疑心理代表了人类一种领域普遍性(domain-general process)的心理机制,那么利用它来解释相关语言现象也是十分得当的。但是,我们怀疑在"疑有信无"之外,也经常会碰到"疑无信有"的情形。比如,古语有云"宁可信其有,不可信其无",意在劝诫人们宁可相信某事确实发生或某物确实存在,也不应该相信没有。今有谚言"不怕一万、就怕万一",也旨在警示我们要居安思危,时刻为突如其来的事件做好准备;如果只是一味相信未来是一片坦途没有困难,那最后可能就会尝到失败的苦果。此外,科学哲学家托马斯·库恩(1996)提出的"范式转换"(paradigm shift)也强调了,科学探索的不断进步离不开怀疑主义精神的推助,每一次的科学革命都是打破固定思维对既定事实发起挑战的结果。这背后仍是"疑无信有"的心理在起作用,即我们相信有尚未解决的问题而不相信所有问题都已经很好地解决了(即不相信没有尚未解决的问题)。①

总之,因为"疑有信无"之外还存在"疑无信有",我们认为把"怎么"句否定意义的形成机制归结为"疑有信无"这种怀疑心理有一定道理但还不够全面。因此,还需要从更具普遍意义的心理角度对"怎么"句由意外到否定的意义生成机制做出解释。

社会心理学的研究显示,人们关于某些概念或刺激容易形成有组织、结构化的认知集合,这样的认知集合被称作"图式"(schema),它包含关于这些概念或刺激的知识、不同认知之间的关系以及特定的例子(Fiske & Taylor 1991)。并且,图式可以提供特定的预期内容(Taylor *et al.* 2006/2010:80)。比如,我们对于"外向者"的图式可能包括"富有活力""好交际""热情""自信"这些特征内容。意外情绪的产生就源于话语主体的认知状态里的图式所提供的预期内容与实际状况发生冲突、构成矛盾,因此形成对预期图式的损害。面对这种情形,认知主体要做出抉择:或是坚持原来的预期图式,或是对原有预期图式进行修正。根据 Reisenzein(2000:265)的观念,并对比做适当修改,我们将由实际状况导致的图式矛盾到最后的图式修正的过程表示为图 4。

语言结构形式由意外到否定的语用迁移过程对应的就是上图中由"图式矛盾导致意外"到"维护/修正预期图式"的过程,其实现离不开一种普遍存在的认知保守(cognitive conservatism)心理。即对于已经形成的认知、信念或态度等,人们会想尽办法去保护和维持;在形成最初的想法

---

① 从中国哲学传统看,"有"和"无"是本体论中的一对核心概念。冯友兰(1964)说:"《老子》中的宇宙观当中,有三个主要的范畴:道、有、无。因为道就是无,实际上只有两个重要范畴:有、无。"而在道家哲学中,"有"指实有,为事物的存在之意;"无"指虚无,为事物的无有之意。因此,心理层面上的"疑无信有"追溯到本体认识论层面即为"疑虚信实",这正体现了中国哲学的实证主义功用特点(铃木大拙 2019;牟复礼 2009:186—189),也解释了为什么在中国文化里没有产生宗教神话层面上的创世造物主,而只有伦理道德层面上的至高无上的圣贤。冯友兰(2015:41—43)认为中国农耕生活的那种固守土地的特质决定了先民们关心真正的实际利益胜过抽象的概念,而其他重视商业的古代文明则更加关注数字和抽象的数学概念。因此,对于汉民族而言,心理上的"疑无信有"至少可以在"疑虚信实"的本体认识层面得以落实。

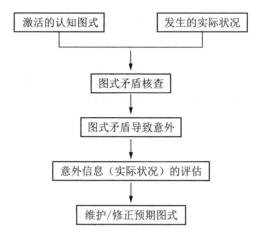

图 4　由实际状况(意外事件)引发的认知加工模型

或印象后,也常常会去寻求证据以证明最初的想法或印象是对的。比如,你认为某个异性喜欢你,那么对方以后在你面前的任何行为,都会使你更加认定对方喜欢你。这种先入为主的想法在心理学叫作证实偏差现象(confirmation bias)——人们对最初的假设和观念具有寻求确认的倾向。并且,人们还经常对这些假设的真实性十分有信心,巴鲁克·费雪夫(Baruch Fichhoff)称之为"事后聪明偏差"或者"后见之明"效应(hindsight bias)。它们是人类认知倾向于保守的重要表现。(阿伦森 2007:112—113)这种心理让人们在心中先假定一个想法,这个想法不一定与事实相符,但随后的行为都会在这个想法的指导下进行,或者去验证这个想法。心理学的大量证据都表明证实偏差是人类思维中的一种普遍倾向。

　　认知保守是人类数万年来不断进化的产物,它显然给人类带来了巨大的生存优势和价值,进而保留下来。心理学家艾略特·阿伦森(Elliot Aronson)在《社会性动物》(2007:113)中指出:认知保守"可以让我们将所感知到的社会生活,视为一个连贯而且稳定的空间"。也就是说,我们总是尽力保持自身生活方式,认知观念和社会环境的稳定。剧烈的变动会引起我们内心的不安,并需要消耗能量去适应,甚至会动摇现有的利益。当然,认知保守有时也会付出代价。为了维护旧有的观念,如果我们不能及时更新对世界的看法,就有可能对人或事物进行歪曲,从而形成对现实的错误认知和偏见,比如种族主义、性别歧视、偏见和刻板印象等。

我们认为,人类认知的保守性可以说明"怎么"句语用否定义的涌现。在含有否定义的"怎么"句里,说话者都强烈地持有一个预期和立场,并且相信自己预期的真实性和合理性。当外在的实际状况违背了原有预期时,说话者不得不对实际状况进行否定以确保能够维护自己的预期,这其实就体现了一种认知保守。说话者所维护的预期从性质上看主要分为两种:一种是基于事理的共享预期,如例(6);一种是基于定识的个人预期,如例(7)。

(6) a. 刘招华,你的老婆要生小孩,你他妈的怎么(能)忍心将她一个人丢下不管呢?

　　共享预期:老婆生孩子,丈夫要在身边。

b. 兰珍虽说大学毕业了,可究竟还是年轻,阅历浅,她怎么(能)懂得人和人之间那些复杂的关系?

　　共享预期:一个人年轻阅历浅,自然不懂得人和人之间复杂的关系。

(7) a. 她没有说,你们怎么知道她要嫁人?

　　个人预期:她没有说,所以你们不可能知道她要嫁人。

b. 现在的年轻人怎么这么开放? 太让人难以接受了。

　　个人预期:年轻人不应该这么开放。

无论是共享预期还是个人预期,在说话者看来都具有不可否认的真实性、正确性或合理性(共享预期代表社会群体默认的惯常情况,通常是合理的;个人预期代表社会个体特定的认知状况,在个体看来是正确的),代表了一种既定且不可改变的认知状态。当客观状况跟既定预期之间构成冲突,说话者由于认知保守而竭力维护自己的预期,否定客观状况的可能性或合理性;于是选择"怎么"反问句形式将自己的否定态度鲜明地表达出来。当然,如果说话者并没有因认知保守而维护自己的预期,反而接受了与自己预期不符的客观状况,那么说话者选择"怎么"反问句形式就不是为了表现否定态度,而是表达意外情绪,"怎么"句并不涌现出否定义。如上面例(5)所示。

　　另外，值得提出的是，刘彬（2022）在论及反问句成立的语义语用条件时也认为，"事理冲突性"是影响反问句成立的关键要素。所谓"事理冲突性"是指"语境中的某种（潜在的）观点或行为，与共同预设或说话人的信念、预期产生了冲突，这种冲突所造成的信息差使得说话人使用反问句对这种观点或行为进行质疑和反驳"。这种"语境证据"和"言者信念"的冲突从上文图4所示信息的认知加工模型的角度看，实质上对应的就是"图式矛盾核查"阶段。经过核查并加以评估之后，如果图式矛盾较大，即"语境证据"与"言者信念"之间的信息差较大，而说话人为了维护预期图式、坚持自我信念，就会采用反问句这种表达形式来传递不满、斥责等强烈的主观情感态度。相反，如果信息评估之后，说话人对自己的预期能够加以调整以减轻图式矛盾，即"语境证据"与"言者信念"之间的信息差较小，此时反问句就表达较弱的质疑否定义，反问语气也比较弱，但可以传递出说话人的一种意外情绪。[①]

　　至此，"怎么"反问句否定意义的形成机制和过程可以初步勾勒为：

　　说话者心理预期会出现某种图式→客观实际出现了与预期图式相背离的情况→说话者感到意外→由于认知保守而维护自己的认知立场和态度预期→否定实际情况的合理性或可能性→选择"怎么"反问句形式负载说话者的否定态度→推动"怎么"反问句涌现出否定性意义。

　　否定表达经常会引发情感上的不愉悦（Israel 2004）。刘焱、黄丹丹（2015）把"怎么"反问句的否定性用法具体化为表示批评或嗔怪，其实也就意味着"怎么"反问句暗含了说话者不满和不愉快的情绪。我们觉得之所以说话者会产生批评或嗔怪，同样是认知保守带来的。因为经历符合预期时结果会是愉快的，而与预期不符则经常会带来不愉快体验。（Taylor et al. 2006/2010：80）当实际情况与说话者心理预期不符，由于认知保守说话者自然会产生不满。更具体地说，认知保守其实进一步表现为"说话者的利益和面子"（Brown & Levinson 1978），说话者坚持心理预期的目的就是维护面子。当实际状况不符合心理预期，也就相当于损害了说话者的利益或威胁到面子，说话者自然会因此产生不满并采取行动，

---

① 关于"语境证据""信息差""事理"等概念，详见刘彬（2022）的论述。

后果就是对反预期信息来源的责任人进行批评或指责。因此，上述"怎么"反问句否定意义的形成过程中，由"认知保守"到"否定实际情况的合理性或可能性"阶段其实还隐含了若干细节，将其丰富完善如下：

认知保守（即说话者认为自己的预期图式是正确合理的）→实际状况违背预期图式（意味着对说话者预期图式的否定）→损害利益和面子→由于不满而批评或指责→需要维护利益和面子→否定实际情况的合理性或可能性。

将上述过程链条加以融合，我们认为"怎么"反问句否定意义的完整形成机制和过程是：

说话者心理预期会出现某种图式→客观实际出现了与预期图式相背离的情况→说话者感到意外→由于认知保守而维护自己的认知立场和态度预期（即说话者认为自己的预期图式是正确合理的）→实际状况违背预期图式（意味着对说话者预期图式的否定）→损害利益和面子→由于不满而批评或指责→需要维护利益和面子→否定实际情况的合理性或可能性→选择"怎么"反问句形式负载说话者的否定态度→推动"怎么"反问句涌现出否定性意义。

4. "怎么"的示证性：意外和否定的统一

李强（2021）认为，与其把"怎么"当作意外标记（刘焱、黄丹丹 2015；刘彬、谢梦雅 2019），不如认定"怎么"具有示证性用法（即传信，evidentiality）。并且，"怎么"的示证性跟通常来源于视觉、感觉、转述、从他处听到、引用、推断和假定等语法标记的示证性有所不同，它具有特殊的"自我示证"性（ego-evidentiality）。这种"自我示证"在 Garrett（2001）看来，是说话者拥有的一种对于事况的即时知识（immediate knowledge），与感觉到的、从别处听到的信息有所不同。下面藏语例子中的"yod"代表了这样的用法（转引自 DeLancey 1986：204）

(8) བོད་ལ་གཡག་ཡོད།

bod-la	g.yag	yod
Tibet-loc	yak	[ego ELPA]

'There are yaks in Tibet.'

　　"yod"的作用在于为说话者说出"西藏有牦牛"这个句子提供充分的证据来源，因为它已经成为说话者的一种内化知识，因而十分具有可靠性。

　　从本文所讨论的"怎么"的意外和否定这个角度看，其实它们都是"怎么"示证性的两种具体表现。

　　李强（2021）已经指出"怎么"具有"自我示证"功能，体现出言者指向（speaker orientation）。我们认为，这种言者指向性质的自我示证其实就体现为说话者想向听话者展示自己心理所预期的内容是真实合理、毋庸置疑的，进而也就向听话者解释了为什么会产生意外，因为实际状况与心理预期产生了冲突。示证和意外之间的这种紧密关联性也早已引起了注意。根据强星娜（2017）和乐耀（2020），对语言中意外现象的关注起源于对示证范畴的广泛深入调查，很多意外范畴的标记都是放在表听闻、推测或者某些一手信息类的示证范畴下进行研究的。究其原因，意外范畴所标记的陈述命题多是基于推测和亲历的，而且说话者对于推测的结果和亲历的事件是毫无心理准备的，以至于意外范畴和示证范畴是不是两个独立的范畴一直存在争议，并且意外标记和示证标记在很多语言里往往共用同一种语法形式。

　　从"怎么"句角度看，意外和示证之间有重叠，也有区分。如上文例（5）所示，在仅仅表现意外的"怎么"句里，"怎么"不具有示证性，因为说话者并不对心理预期的内容做真值确定性的程度判定，也就不涉及信息内容的证据来源问题。而在"怎么"反问句里，"怎么"具有示证和意外的合一性。也正因为具有示证性，可以认为认知保守这种心理在语言形式层面落实到了"怎么"之上。

　　"怎么"反问句体现的是说话者的否定态度，而否定不是简单地对命题真假进行判定。从语用条件上看，否定表达成立的条件之一是"否定及否定的对象或内容与交际参与者的活动相关，否定表达有明确的语用上的'意向性'和'指向性'，否定什么，关联什么，反映的是说话者的意图和目的，要求收到某种语用效果"（叶文曦 2018）。因此，说话者通过"怎么"来表达否定的语用目的是维护自己的预期、立场和态度。此外，

"怎么"负载否定义何以成为可能? 这同样跟示证相关。"怎么"的示证性是说话者可以对实际状况进行否定的前提,因为说话者对自己预期的可靠性非常有信心,所以才能对与之不符的实际状况进行否定。这种示证性表现为两种不同的类型:其一是说话者自己认定相关情况是真实合理的。例如:

(9) a. 老弟呀,你没搞错吧,这儿可是我的地盘哟,我刚回趟老家,<u>怎么</u>就被你占了?

b. 你过来,你这畜生,<u>怎么</u>不来向我请安了?

在说话者看来,"你不能占我的地盘"和"你应该来向我请安"都是情理之中的,但听话者对此并不一定认同。

另一是说话者默认听话者也认同相关情况是真实合理的。如:

(10) a. "哟! <u>师长不是娶了三房姨太太了嘛</u>,<u>怎么</u>还娶呀?"

b. 有一位问他:"二爷,<u>您不是说下雨就打伞吗</u>? 他<u>怎么</u>还夹着?"

因为师长已经娶了三房姨太太了,基于这一事实说话者也默认听话者认同"不能再娶"的情况,所以用"怎么"句表达否定态度。同理,因为作为听话者的二爷说过下雨就打伞,实际情况是下雨了但那个人没有打伞,说话者基于"二爷说下雨打伞"这一事实质疑,认为"他不应该夹着伞"。这两例"怎么"反问句体现出否定对交际互动的介入性(叶文曦 2018),即说话者对听话者的信念、知识状态和行为有所关注,认为听话者与说话者在对相关事物或现象的看法上存在共识。说话者利用"怎么"句引发交际互动。

概而言之,无论是说话者自己认为的真实合理的情况,还是默认的与听话者拥有的共识情况,其实都为说话者提供了证据支撑。正是有了这些证据,说话者才能对实际情况进行质疑并表达否定态度,推动"怎么"句涌现出否定意义。"怎么"具有表达意外和否定的双重语用功能,它们实质都是"怎么"示证性的具体表现:说话者通过"怎么"进行示证的目的在于向听话者提供之所以感到意外并且进行否定的证据,而意外和否定是Martin & White(2005)的评价理论体系中的两种言语交际的"介入"类型,反映了说话者的声音与听话者的声音之间的关系。因此,说话者通过

"怎么"表达意外和否定的同时,也就宣告了自己的态度和立场;表面上承担意外和否定功能的"怎么"实质上体现出交互主观性(intersubjectivity):通过"示证"让说话者的心理预期得以向听话者明示(ostensive)。

示证范畴显示的是说话者的立场、态度和认识,从逻辑事理上看它和意外与否定之间存在联系。说话者进行示证表达是为了突出由实际状况引发的意外和对实际状况的否定。宗守云(2015)在考察晋方言"待"的用法时指出,"待"有表意愿、表承诺、表要求、表认可的情态动词用法,"待"也和否定具有高度的关联性,此外还是意外范畴标记。其实,情态反映的就是说话者的立场、态度和认识。"待"提供了示证、意外和否定相互联系的一个例证。当然,这三者之间的关联性还有待更多的语言材料事实加以印证。

5. 结语

意外和否定之间具有非常紧密的关联性,表现为从意外可以向否定发生语用迁移。但对于这种语用迁移的机制是什么,现有研究鲜有涉及。本文以"怎么"类特指反问句为例,描述了其在不同情况下表现出来的意外特征,并探究了产生意外之意的根源。同时也认为存在一种普遍的社会心理机制,促成"怎么"句由意外向否定义的转化。

借助社会心理学提出的图式和认知保守,本文讨论"怎么"句否定意义的实现机制。说话者强烈地持有一个预期和立场,并且相信自己预期的真实性和合理性。说话者坚持心理预期其实就是维护面子。当实际状况不符合心理预期,也就相当于损害了利益或威胁到面子,说话者自然会因此产生不满并采取行动,后果就是说话者对实际状况进行否定以确保能够维护自己的预期。正是这样一种社会心理层面上的动因促使说话者选择"怎么"反问句形式负载否定态度,进而推动"怎么"反问句涌现出否定性意义。

此外还讨论了"怎么"的示证性问题,认为意外和否定的双重语用功能实质都是"怎么"示证性的具体表现,即说话者通过"怎么"进行示证的目的在于向听话者提供之所以感到意外并且进行否定的证据。这也就体现为一种交互主观性特征,通过"示证"让说话者的心理预期得以向听话者显明。

参考文献

陈振宇　安明明　2013　《反问（否定性疑问）的语义和功能——以汉语与马达加斯加语的反问标记为例》，《对外汉语研究》（第十期），北京：商务印书馆。

陈振宇　杜克华　2015　《意外范畴：关于感叹、疑问、否定之间的语用迁移的研究》，《当代修辞学》第5期。

陈振宇　张　莹　2018　《再论感叹的定义与性质》，《语法研究与探索》（第十九辑），北京：商务印书馆。

冯友兰　1964　《中国哲学史新编》（第2册），北京：人民出版社。

冯友兰　2015　《中国哲学简史》，北京：中华书局。

胡德明　2010　《现代汉语反问句研究》，合肥：安徽人民出版社。

李　强　2021　《"怎么"表达意外：疑问、反问和感叹》，《汉语学报》第1期。

［日］铃木大拙　2019　《铃木大拙中国哲学小讲》，北京：北京大学出版社。

刘　彬　2022　《反问句的语用性质及其语义语用条件》，《汉语学报》第1期。

刘　彬　谢梦雅　2019　《疑问代词"怎么"的惊异义及其句法后果》，《汉语学习》第2期。

刘　彬　袁毓林　2019　《"怎么"类特指反问句否定意义的形成与识解机制》，《语言教学与研究》第1期。

刘　彬　袁毓林　2020　《疑问与感叹的相关性及其转化机制》，《世界汉语教学》第1期。

刘　焱　黄丹丹　2015　《反预期话语标记"怎么"》，《语言科学》第2期。

刘月华　1985　《"怎么"与"为什么"》，《语言教学与研究》第4期。

陆方喆　2014　《反预期标记的性质、特征及分类》，《云南师范大学学报（对外汉语教学与研究版）》第6期。

吕叔湘　1980/1999　《现代汉语八百词》，北京：商务印书馆。

［美］牟复礼　2009　《中国思想之渊源》（第二版），北京：北京大学出版社。

强星娜　2017　《意外范畴研究述评》，《语言教学与研究》第6期。

邵敬敏　1995　《"怎么"疑问句的语法意义及功能类型》，《语法研究和探索》（第七辑），北京：商务印书馆。

叶文曦　2018　《交际互动和汉语的否定表达》，《现代外语》第4期。

殷志平　2021　《语用疑问句"X 类指＋怎么了（啦）"》,《汉语学报》第 4 期。

袁　劲　1986　《说"难道"》,《青海师范大学学报（社会科学版）》第 4 期。

乐　耀　2020　《国外传信范畴研究的新进展及理论思考》,《当代语言学》第 3 期。

张　斌　2001　《现代汉语虚词词典》,北京:商务印书馆。

宗守云　2015　《晋方言情态动词"待"及其否定关联和意外性质》,《中国语文》第 4 期。

Aronson, E.　2004　*The Social Animal*. Worth Publishers.（中译本《社会性动物》,邢占军,译,上海:华东师范大学出版社,2007 年。）

Brown, Penelope & Stephen C. Levinson　1978　Universals in Language Usage: Politeness Phenomena. In Esther N. Goody(ed.), *Questions and Politeness: Strategies in Social Interaction*, 56—310. Cambridge: Cambridge University Press.

Bybee, Joan L.　2010　*Language, Usage and Cognition*. Cambridge University Press.（《语言、使用与认知》,李瑞林,贺婷婷,译,北京:商务印书馆,2020 年。）

Comrie, Bernard　1984　Interrogativity in Russian. In Williams Chisholm *et al.* (ed.), *Interrogativity: A Colloquium on the Grammar, Typology, and Pragmatics of Questions in Seven Diverse Languages*, Amsterdam/Philadelphia: John Benjamins Publishing Company.

DeLancey, Scott　1986　Evidentiality and volitionality in Tibetan. In Wallace Chafe & Johanna Nichols(ed.), *Evidentiality: The Linguistic Coding of Epistemology*, Norwood, New Jersey: Ablex Publishing Corporation.

Fiske, S. T. & Taylor S. E.　1991　*Social Cognition*(2nd ed.). New York: McGraw-Hill.

Garrett, Edward　2001　*Evidentiality and Assertion in Tibetan*. PhD dissertation, UCLA.

Israel, Michael　2004　The Pragmatics of Polarity. In Horn Laurence R. & Ward Gregory L.(ed.), *The Handbook of Pragmatics*, Oxford: Blackwell Publishing.

Kuhn, S. Thomas　1996　*The Structure of Scientific Revolution*(4th ed.). Chicago: University of Chicago Press.（《科学革命的结构》(第四版),金吾伦,胡新和,译,北京:北京大学出版社,2012 年）

Martin, J. R. & White P. R. R.　2005　*The Language of Evaluation: Appraisal in English*. London: Palgrave Macmillan.

Reisenzein，Rainer　2000　The Subjective Experience of Surprise. In Bless H. & Forgas J.（ed.），*The Message Within*：*The Role of Subjective Experience in Social Cognition and Behavior*，Philadelphia，PA：Psychology Press.

Taylor，E. S. *et al.*　2006　*Social Psychology*（12th ed.）. Pearson Education. [《社会心理学》(第 12 版)，崔丽娟，王彦，等译，上海：上海人民出版社，2010 年。]

李　强：leeqiang2222@163.com
原载《汉语学报》2023 年第 2 期。

基于单词类载体的汉语隐性否定语效探究

复旦大学国际文化交流学院　　　王　蕾

提　要　固化载体是规约性隐性否定的形式表征,近似于显性否定词,可稳定承载否定语义。载体类型多样,单词类为优势表达。相较显性否定式,隐性否定式否定语效的表达有强弱双向趋势,且与 SC 载体的词类相关,并对应差异性的生成机制,其中,谓词类可用否定量域理论解释,副词类与表层、深层语义共现,事实与评价的正反对照有关;语气词类为唯一的弱化类,取决于载体的完句度及句调的搭配情况。

关键词　隐性否定　载体　语效　否定量域　面子原则　完句度

1. 引言

1.1　隐性否定的形义特征及载体类型

隐性否定(implicit negation,以下简称 IN),以否定词的缺失及否定义的隐含为核心特征(王蕾 2019),如:

(1) 甲:你帮我去拿个快递行吗?

乙:我马上有课。/我有点<u>不</u>舒服。(自拟)

话轮中针对发问者的应答,并未明确以肯否回复,然而,拒绝的否定意味已暗含其中,"马上有课"即对"拿快递"的婉拒;而"有点不舒服",即便有否定词"不",也并非对应语义的形式外显,亦属否定的隐含。①

隐性否定 IN 与显性否定(explicit negation,以下简称 EN)同为否定

---

① 此类现象有争议,如姜宏(1999)、白云(2012)等视为显性否定,以显性否定词的出现为判定标准,然鉴于形义的否定错位(形式之否定与表义之否定并不对应),本文仍归为隐性否定。

范畴的重要成员,后者具清晰的形式表征,即 Neg 否定标记,如:

(2) 中国*不接受他*的条件,也就*拒绝*行跪拜礼。(蒋廷黻《中国近代史》)

前后小句分别为 EN 及 IN 式,且语义相近,均为对某事件(条件)的拒否态度,分别以 Neg 显性标记和"拒绝"词表态。

因此,严格而论,隐性否定可以分为两类,一类无明确形态特征,以义证义,如例(1);另一类有固定的形义标志,如例(2)的"拒绝"可稳定承载否定语义,两类即所谓的规约性和非规约性否定。

本文将 IN 的该固化标记称为载体 SC(solidified carrier),即固化表否定语义的形式成分,近似 EN 的 Neg,表现手段有:单词类、固化结构类和句式类等(李宝贵 2002,白云 2012,王蕾 2022),尤以词类为盛。

1.2　IN 否定语效表达的已有研究

关于 IN 相比 EN 的语效变化,目前研究较多涉及句式类 SC,尤其是反诘问句①,例如张伯江、方梅(1996)归纳不同否定式的强度序列,如:

$$简单否定＜能愿否定＜补语否定＜$$
$$\underbrace{\qquad\qquad\qquad\qquad\qquad\qquad}_{EN}$$
$$无标记否定＜能愿词＋V＜V＋得＋C＜V＋疑问词$$
$$\underbrace{\qquad\qquad\qquad\qquad\qquad\qquad\qquad\qquad}_{IN反诘}$$

IN 反诘的否定强度显然远高于 EN 的常规否定,朱军(2013)将"真是的"等固化结构类 SC 置于否定链的左端,属否定弱化,至于单词类 SC,目前的关注甚少,仅有周小枚(2011)、袁毓林(2007)等对动词、副词等的零散讨论。

本文认为,SC 单词类纷繁复杂,否定语效与具体类型息息相关,其语料量的优势对比现有研究的不足,有必要作为重点研究对象展开讨论。

2. IN 典型词类范围

SC 可覆盖近乎全部词类,代表词例分列如表 1。

---

① 反诘类 SC 一般限于肯定式,而通常对反诘语效的研究未明确区分肯否式,属笼统而非针对性分析。

表1　SC单词类分布(参考王蕾 2022)

SC 载体词类		代表词例
动词		后悔
形容词		糟糕
名词		孤独
副词①	否定	白
	范围	只、统统
	评注	偏
	频率	一度
连词		以免
语气助词		罢了
叹词		哼

词类分布达十种,现从以下方面确定典型词类。

1)从体量角度看,以动词和范围副词为主;

2)名词、形容词与动词均属实词,前两者数量甚少,且名词多为相应动词的体词化,因此,以动词作为实词的代表类;

3)频率副词仅现"一度",不具普遍性;连词类,如"以免"等,多可转换为介词隐性否定动词的组合("为了避免"),其否定义为动词所含的消极性赋予;

4)语气助词与叹词以往几未提及,对其典型语例的分析,可完善 IN 系统的语效解读。

由此纳入分析的典型词类有:动词、否定、范围、评注副词、助词及叹词六类,其语效究竟为提升或低抑,需结合载体类型逐一分析。

3. 动词类 SC 的量级语效

动词类 SC 的否定级别多可用量级(scale)范畴描述(沈家煊 1999),

---

① 该副词类别援引张谊生(2000)的副词分类词表。

以"拒绝"和"后悔"为例,如图1:

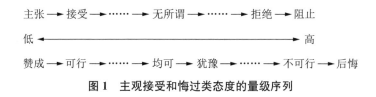

图1　主观接受和悔过类态度的量级序列

两者的隐显对比式分别为:

(3) a. 她<u>不</u>接受从众。

　　b. 她<u>拒绝</u>从众。(自拟)

(4) a. <u>后悔</u>告诉人家。

　　b. <u>不</u>应该告诉人家。

　　c. <u>不</u>赞成告诉人家。

对"拒绝"来说,依"接受量"的否定程度,由低至高为"主张"到"阻止"不等,"拒绝"和反义词"接受"分属消极、积极端。

据石毓智(2001)所述,Neg(量级词 X)＝Neg(≥X)→＜X,即对量级词的否定,等同于否定其量级上限(超过或等于它的量级范畴),并表接近于它的小量,因此,例(3a)与例(3b)相比,"不接受"表"不太情愿"的态度,而"拒绝"则直指强烈的反对,即"绝对不接受"。"不接受"的否定未及"拒绝"的层级,后者 IN 的否定量级更高。"后悔"在悔过量域的分布上同理[①],因"后悔"无完全对应的反义词,例(4b)比例(4c)更近似于"后悔"的 EN 式,而"后悔"与"不应该"相较,表"当初不可进行"的悔过量级更高,否定态度的表述更为直白,总之,对动词类 SC 来说,IN 相比 EN,有提升否定层级的效果。

4. 副词类 SC 的叠加语效

4.1　范围副词类

SC 有全量和限定之分,前者如袁毓林(2007)对"都"的分析,是命题

---

① "后悔"与"好"("坏")等不同,无反向对应等量级的绝对反义词,"赞成""可行"均为意义相关词。

补集的否定,后者以"只"为例,据殷何辉(2009)结合"预设、断言"语义指向的分析,其语义推演和蕴含解释相一致,如:

(5) a. 我只会说汉语。{推演→我会说汉语。
蕴含→除了汉语外,我不会说其他语言。

可见,范围副词类的隐含否定与命题集合相关,可描述为图 2:

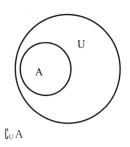

图 2　范围副词类命题集合分析

"只"等肯定选项 A(A＝"汉语"),并否定 A 的补集,即 affirmation (A) & Neg($\complement_U$ A),SC 副词对全集 U 的元素进行遍历性判定和选择,肯定构成真值的元素,否定无法赋值成立的元素集合,选择过程体现动态性,凸显句法主语发出的客观排他性。

而对于 EN 式,则有:

(5) b. 我不会说英语、法语、日语……

否定词"不"对辖域内选项直接运算,判断其语义域为假,否定义为直接静态推演而得,而对于 IN 式,衍推而得的肯定义与蕴含命题补集的否定义对照,更凸显客观上对他项及例外情况的排除,因此,IN 对否定的动态捕捉,更能强化否定的排除性语效。

4.2　否定副词类

该类副词多表"徒劳""无用"义,以"白白"为代表,如:

(6) a. (他)出门办点小事……结果白白等了半个多钟头。(《哈佛经理时间管理》)

b. 等了半个多钟头,可是没有用。(没办好事情)

例(6a)和例(6b)为 IN 与 EN 的对比式,例(6a)命题意义为"等了半个多钟头"的已然事实,SC"白白"的加入,未改变客观结果,却赋予了语用否定值,即对言者来说,"等这么长时间"是无用消极的。

"白"从表层的句法主语("他")转指深层言者主语的情态,体现了从命题功能到言谈功能的变化(Traugott 1995),其蕴含的客观及主观意义也存在互动,完权(2016)指出,两类主语可思维共享,构成命题肯定与语用否定的正反对照,相比之下,例(6b)"没有用处"为对"等待"无效事实的直接客观陈述,否定级别明显较低。

4.3　评注副词类

该类副词以"偏偏"及"只得"为代表,前者如:

(7) a. <u>偏偏</u>小 Q 夏雨放学早,一下碰上了。(《家有儿女》)

　　b. ……小 Q 夏雨一般<u>不</u>会这么早放学,可是那天放早了。

(8) a. 许多大型炼厂也视之为"禁区",但东化人<u>偏偏</u>要去闯。(《报刊精选》1994 年)

　　b. 这个地方<u>不应该</u>去闯,但东化人要去闯。

据《现代汉语八百词》的解释,"偏"类词可凸显与外来要求或客观情况的相逆。我们注意到,"偏偏"的句法位置可落于句法主语前后,也就是说,相悖情态并非由句法主语直接发出,而是言者基于前后句主客观条件的评判,均体现言谈主语的非预期性,体现过程依两类语义的细微差异有所区别。例(7a)侧重客观结果与言者预期的背离,已然的客观结果"放学早"于"碰上"的条件显然在预期之外,据 Kuno(1987)的移情(sympathy)理论,言者主语与句法主语达成共情,该非预期性投射至意象范畴内,由言者主语共享主观的消极评价,亦认同"早放学"不应发生;例(8a)强调主观意志不符预期结果,即大家都不愿意"去闯",该行为违背常理,SC 隐含言者"不该去闯,可是却去了"之义,表对"闯"事件的负面情感趋向。

由此可见,无论是出于对主观抑或客观条件的相离,非预期性副词 SC 所在句的否定语义与事件的实现结果无关,而以反预期为特征的适宜条件的否定评价,属语用否定而非真值否定(沈家煊 1999)。

对于例(8b)<u>显</u>性式,则是内含否定语义的直接呈现,多为转折复句的形式,前句表预期事实"不应该去闯",后句"可是闯了"是该事件的反面陈述,直接与句法主语"东化人"挂钩。

可见,EN 的否定义属衍推而得,是涵盖前后两类显性式的比照结果,可用图 3 表示[以句(8)为例]:

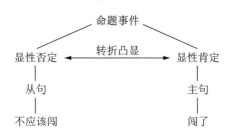

图 3　EN 主从句对应否定关系

该转折复句为同一命题"闯"的正反向叙述,显性否定与肯定分属从句与主句。刘永红(2003)指出,转折复句的后句(主句)为逻辑和语义重点,即"闯了"是新信息,前句为后句的预设背景和语义前提;而对于 IN式,"偏(偏)"小句是信息传递的中心(石微 2006),也就是说,SC 非预期副词承载的意外、转折语气实现了形义的统一,表达更为简洁,表层事件的已然和深层的违预期性紧密结合,因此,相较 EN 中否定义的附属地位,IN 的否定更为强调和突出。

而"只得"类,实则为限定副词"只"与情态词"得"的组合,依《现代汉语八百词》的释义,为客观情形限定下,主观可作出的唯一选择,如:

(9) a. 郝二嫂要还清给丈夫治病欠下的一大笔药费,<u>只得</u>出来佣工。

　　(刘绍棠《孤村》)

　　b. 她出来佣工,<u>没有</u>别的选择。

(10) a. 书本一叠叠的,玩具一件件的……,规格形状不同,重量大小

　　　不一,<u>只得</u>用人力一件件地搬。(《中国儿童百科全书》)

　　b. 要用人力一件件地搬,<u>没有</u>别的办法。

"只得"隐含的否定信息可从三方面解读:

一是集合选项的筛选排除。由"只"赋予,如:

$$\begin{cases} 只得[\lambda x(佣工/用人力一件件搬)(X \in C)], C=\{X_1, X_2, X_3, \\ X_4 \cdots, X_n\} \\ X_1 = 佣工/人力一件件搬；X_2 = 呆在家里/打包一起搬；X_3 = 做 \\ 别的工作/用机器设备搬；\cdots；X_n = \cdots/\cdots搬 \end{cases}$$

当且仅当 X="佣工/人力一件件搬"时,符合"还药费/成功搬运"的正确赋值,而 X 为其他选项时,命题均无法成立。

二是高度的主观情态表征。由表"情理的必要性"的"得"衍生而得,如例(9a)、例(10a)的 X 体现基于客观条件"还清债务/形状、大小不一"的主观限定选择,即:

"佣工/人力一件件搬"是满足和呼应前句消极条件的行为。

三是相对的合意性。"只"实质是对"得"主观需求度的限定,即:

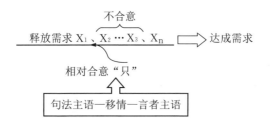

图 4　"只得"类 SC 主观情态表征

尽管 X 可达成客观条件的需求,但满足度极低,可视为"将就态"(张谊生 2000),是限于现实条件的无奈之选,即相对合意的选择(段博文 2014)。

因此,"只"与"得"的配合,不仅限定了主观选项的唯一范围,也满载言者委屈、遗憾、不得已等系列消极否定情感。此外,与"偏偏"相似,因高度饱和的情感特征,"只得"类 SC 也易"移情",如例(10a)的主语为无生名词"书本"等,刘正光(2011)认为,当无生名词与活动类动词搭配时,情态副词可激发言者对行为识解的主观化,"搬"为自主动词,本身无法与"书本"等构成常态支配,但"只得"的情感评注,使言者"身临其境",亲身体验被迫选择的无奈性。

对于 EN 式,如例(9b)、例(10b),若无 SC 评注副词的加入,则为"常规肯定＋显性否定"的组合,"用人力一件件搬"直陈 X 语义预设的成立条件,而后句"没有别的办法",是追述和补充,强调前句补集的遍历性否定,即:

比较 IN 及 EN,前者近似"偏偏"类非预期式,表层对选项事实的确认、对他项补集的排斥跟深层对选项为无奈之举的遗憾等负面情感同形叠加,后者则将复合语义拆解为二,构成肯否平行、命题意义趋同的并列复句,否定义为表层形式的衍推结果,因无 SC 加持,无法体现主观否定情态,总之,IN 附加了言者对已成事实的主观否定评价,否定语效无疑更为显著。

5. 语气助词及叹词类 SC 的赋值

IN 的否定意味多与负面情感相关,而语气助词及叹词有明确的"情绪义"(郭攀、夏凤梅 2012),是浮现于句型的情感表征,因此,消极情感类语气词成为 SC 是情理之中。

语气助词与叹词分别以"罢了"及"哼"为代表,语例如:

(11) 头脑清楚只是所谓"学人"的基本条件<u>罢了</u>。(《罢了》)

(12) 他说:"<u>哼</u>!"(《大象、老鼠和鳄鱼》)

助词与叹词之别在于句法位置的独立度,前者多附于词尾,依附性强,而后者可单独成句,更为独立。

规约性 SC 的否定语效,与 SC 的参与度相关,如例(2),"拒绝行跪拜礼","拒绝"可独立、自足、稳定地承载否定语义,为强量级否定;又如:

（13）a. 左右为六面红旗，书上有<u>红星一个</u>。（《人民日报》1949 年 8 月 7 日）

b. <u>伪话题一个</u>！（《人民日报》2011 年 1 月 27 日）

上例"NP＋一个"的"名＋数量"非常态搭配，彭颖（2012）定性为非表数量定属、含负面定性的逆序式，因此，该结构类 SC 的否定足义，需其他成分（如消极名词"伪话题"的配合）方可成立，SC 的赋值度相对低，而语气词类 SC 的否定语效与本身的独立程度及其他要素的搭配相关，尤其体现为 SC 的句内位置。

对于语气词 SC 而言，如可表多类语气，所在句的句调无疑是关键的合作要素，王珏（2013）将两者界定为"双标句符"，有标记语气功能，如：

（14）a. 小王究竟做没做<u>呢</u>？

b. 小王才不会做<u>呢</u>。（自拟）

随着句调的上扬或下抑，"呢"分表疑问和确认，其语气功能相比单义语气词较为弱化。

据实际语料，SC 语气词与句调的搭配为三类，现逐一分析 SC 的否定语义赋值量级。

5.1 SC 独词成句——句调（－）[1]

SC 独立组句，且否定表义无须句调配合时，SC 语气词一般为叹词，否定级别最高，语义覆盖全句，如：

（15）a. 甲："不要说戴手套，不熟练的，摘得起来算能干了。"

乙："<u>哦</u>[2]?""这么大的太阳，咋不上午摘?"（《人民日报》2011 年 1 月 27 日）

b. 我觉得你<u>不</u>该这个时候摘。

（16）a. （他）用右手指着继保伤感地说："<u>哼</u>!"（《周信芳舞台艺术》）

b. （他）对继保的行为<u>不</u>满意。

上例去除 SC 语气词后，剩余部分的命题意义不受影响，对应 EN 式

---

① ＋表参与表义，－则相反。

② "哦"尽管有阳平和去声，但属字调而非句调，即多音字的声调可区分字义，其疑问为字的本义，与句调因素无关。

依 SC 传达的言者主观感受解读而得,分别如例(15b)"不该"和例(16b)"不满意"。

EN 和 IN 式否定的表达效果孰强孰弱?笔者认为,总体而言,后者在对听者的信息传递方面有更婉曲弱化的意味,原因大致有三。

其一,面子维护的非直接表达。Brown & Levinson(1978)认为交际中的面子包括"积极面子"(positive face)与"消极面子"(negative face);会话中的"礼貌原则"重在维护积极面子,削弱消极面子的威胁程度。上例中的负面情感,用"不满意"等显性式直抒语义,是对听者面子的辩驳和伤害,而转用 SC 的暗含语气表达,属情感传递的非直接形式,可适度维护听者的面子,即:

言者表达的特定语气→听者接收和解码→共享负面的评价信息
非直接对应

其二,符号解码的间接性。SC 类同于 Neg,具相当程度的规约性,为否定语义对应的形式表征,方梅(2017)认为,常规句式的解读依赖以语法规则为标准的句法形式及分布,规约性越高,整体读取的可能性越大,语义的透明度越低,如例(13b),并非名量限定的常态句法解构,而应作整体释义(负面评价构式)。SC 语气词构成的独词句,形式短促单一,无具化的线性句法排列,属整体表义,因此,较 EN 式的各句法成分逐一解码,IN 的语气词独用句更为间接,缓和了言者批评意味对听者的直接冲击。

其三,"违量原则"的解读。Grice(1967)提及,偶尔的"违量"为会话之需,无论"增量"或"减量",都服务于表情达意的目标。SC 语气词的独用,与 EN 的"Neg+心理动词"("满意"等)相比,在形义单位上显然为"量的不足",而这种蕴含性的暗示行为,比言者对不满心理的直接明示,更照顾听者的感受,促动听者探究其言外之意。

另外,郭攀、夏凤梅(2012)也考虑到上下句因素的影响,主要体现为SC 的断开位置,为"句级断开"或是"句内断开",分别如例(16a)和例(17)。

(17)小明望着他的背影,小声咕哝:"哼,真是个惹人讨厌的家伙!"

例(16a)中,"哼"是完全独立式,与上句可能属同一话轮,为句级断开,而例(17)"哼"为相对独立小句,与后置句构成复句,为句内断开,后者的负面否定量级更高,原因在于:第一,在形式平面上,例(17)SC"哼"受后续小句作用,其断开短促、突然,这致使语音时长较短,停顿较弱,有未完之感;而例(16a)SC"哼"的独立地位更为凸显,停顿和音长更有强调之意。第二,在语义平面上,例(17)SC"哼"与"惹人讨厌"形成语义互补,SC的否定含义可由后续负面评价赋予、增补及共担,因此,SC承载否定的级别要求弱化;例(16a)言者仅以SC"哼"表达情绪,无其他直观言语信息分担,而前句的"伤感""指"等动作①,更足以证明引发负面情绪言行的激烈程度。因此,断开位置的不同,也可对 IN 的否定量级产生牵制。

5.2 SC 尾词——句调(-)

该类 SC 为语气助词,附于句尾,无特定句调辅助表负面义,如:

(11) a. 头脑清楚是所谓"学人"的基本条件<u>罢了</u>。

b. 头脑清楚是基本条件,不是更多更高的条件。

"罢了"表该"条件"是最起码的,最基本的,有小量义,EN 式例(11b)直接阐明"非更多更高"的否定情态,若去除 SC,原句命题意义基本不变,但主观意义完全脱落,又如:

(18) a. 他出差三天。

b. 他出差三天呢。

c. 他出差三天<u>罢了</u>。

d. 他出差三天,时间<u>不长</u>。

例(18a)为常规肯定句,"三天"是时间量的客观描述,即客观量,而例(18b)和例(18c)则因尾词的加入呈差异性的主观趋向。张谊生(2004)将"不""没""好"等归为主观量标记,有增减量的功能,如"好几天""没几年",看似后者时间更长,实则对言者心理感受来说更短。笔者认为,语气助词亦可对客观数量二次运算,如例(18b)的尾词"呢",有增加主观量之效,朱德熙(1982)也提出"呢"可主观增强事实的确认度,因此,与"三天"共现时,客观时量被调高心理量级,即对于言者,"三天"是较长的。而尾

---

① 除交际双方涉及的言语信息外,体态辅助语言,如表情动作等,也有助于听者理解简短言语隐含的语气。

词为"罢了"时,基本情感特征为心理上的低量化(方绪军 2006),因此,这可作为否定的减量标记。

例(18c)和例(18d)为隐显对应式,否定语效的高下之分近似第一类,可从礼貌及面子角度考虑,如 EN 式"三天时间不长",言者直接对时量定性,旨在传递听者这一客观信息,"不长"是言者自身的判断,至于听者是否认同并接受,并不在考虑范畴内,即言者并不在意听者的主观感受,对听者的面子不关注甚至无视;而对于 IN 式,则为肯定陈述句尾附加 SC "罢了",信息重点为"出差三天","罢了"的依附体现语义的补充和修正功能,传达的否定情感属补足说明而非重点传达内容,旨在客观描述时量的同时,向听者透露自身的主观预判,以求得对方的认同,即"我觉得三天不长,你呢",言者期待与听者展开互动和共情,维护交谈双方的面子,促成交流的顺利进行。

诚然,上述两类的语气呈现也存在差异,一类的两式为替代关系,即 IN 与 EN 形式截然不同,非此即彼;而二类的两式为置换关系,基于的肯定陈述式是相同的,区别为前者添加 Neg 作否定评判,后者 SC 依附于原句尾,提示语气。

5.3 SC 独词成句/尾词——句调(+)

SC 可为叹词或助词,有独用或依附位置,与前两类不同的是,这类句式的成立足义,必需句调的配合,亦属否定语义弱化现象。

如前,句调与语气词的配合体现语义的区分,如:

(19) a. 既然学习上那么遭罪,生活就潇洒些吧!(《东南西北》1988 年 7 月)

　　 b. 生活上别限制自己了。

(20) 赵焕章通过朋友帮忙,也算是开后门吧。(周导《侧幕边上》)

"吧"在例(19a)和例(20)中,均为轻声,可据句调区分表义,前者表给予建议,与后者的估测义[①]相比,语调更为下沉,凸显劝导意味,"不要再让自己生活上遭罪了(限制)",对应 EN 式为例(19b),直抒言者情态。

---

① "吧"可通过句调而非字调区分建议及估测,内核义基本一致,差异取决于"疑""信"的强度。

同样,对于 SC"咳"而言,可如:

(21) a. 咳,你一提这就窝火。(《北京人在纽约》)

　　　b. 不要提这件事。

(22) a. 咳,要来了。(《编辑部的故事》)

　　　b. ? 不应该来。

上例的"咳"均属句内断开,例(21a)句调下压,而例(22a)则上扬明显,由此激发不同表义,分别为"抱怨懊悔"及"提示关注",前者对"这件事""窝火",因此,对应 EN 应为 b 式"我不喜欢这事,不要再提",负面评价语气相当明显;而后者提醒听者注意"要来了",仅为关注信息的需求,并无否定色彩,"咳"不再充任 SC,不属 IN 用法。总之,该类句式语气词的功能与句调缺一不可,共同构成 IN 的否定隐含。

由上述三类句式可见,语气类 SC 的浮现量级受载体位置与句调的配合程度所限,如图 5:

弱	否定意义承量量级（Scale）	强

SC 成句/尾词+句调（＋）＜SC 尾词+句调（－）＜SC 独词成句+句调φ＜SC（－）+ENF

图 5　语气词类 SC 的否定语效承量级别

语效承量级别由左及右依次增强,句调配合类 SC 语义角色最弱,句尾附着型和载体独用型否定量级渐趋升高,对应的显性句式(SC(－)＋ENF)否定级别最高,但并非终点,如 Neg 与否定极项 NPI[1] 的共现可进一步调高否定承量(王蕾 2023),例如:

(23)(她)死活不愿去。(云志《捉"鬼"记》)

"死活"可强化其后事件的违愿意味,否定语义值得以提升。

总的来说,该类 IN 以语气类(助词、叹词)为载体,形式上,语言符号的简短单一体现"违量"性,语义上,作为虚词表语气的 SC,较实词、副词等,感情色彩的传递更为虚化和间接,其细微差异常需结合句调方能拿捏,IN 对比 EN 的直面评判,可构建言谈双方的共情机制,弱化责过纠差

---

　　① NPI, negative polarity item 的简称,指仅被否定语境容许,而被肯定语境所斥的词类成分(klima 1964)。

意味,有缓和否定语效之用。

6. 结语

依前所述,IN 与相应 EN 式的语效对比,并非单一的强化或缓和,而基于词类 SC 的不同类别,呈双向趋势,可将六类代表性 SC 总结如表 2:

表 2　单词类 SC 隐显对比语效

SC 类型		否定强度 (相较 EN)	原理机制
SC 实词类	隐否 VP、Adj、NP 等	强化	否定量域(大小量)
SC 虚词类	范围 AD	强化	衍推肯定与补集否定的对照
	否定 AD	强化	命题肯定与情态否定的对照
	评注 AD　反预期	强化	主从句语义重点的差异
	评注 AD　排他类	强化	表层确认与深层负面评断的叠加
	语气词　叹词	弱化	SC 的完句度及句调的搭配度
	语气词　语气 AD		形式层面的违量与语义层面的虚化

可见,SC 单词类的语效变化及生成机制呈差异分布,且与 SC 类型密切相关。此外,结构类及句式类 SC 的语效分析,也不尽如前人所言,限于篇幅,另待他文探讨。

参考文献

白　云　2009　《俄汉语隐性否定的对比研究》,沈阳:辽宁师范大学硕士论文。

段博文　2014　《"只好"与"不得不"的对比研究及对外汉语教学策略》,长春:吉林大学硕士学位论文。

方　梅　2017　《负面评价表达的规约化》,《中国语文》第 2 期。

方绪军　2006　《语气词"罢了"和"而已"》,《语言科学》第 3 期。

郭　攀　夏凤梅　2012　《叹词、语气词分类方面存在着的问题》,《宁夏大学学报》(人文社会科学版)第 5 期。

胡明扬　1981　《北京话的语气助词和叹词(上)》,《中国语文》第 5 期。

姜　宏　1999　《试论现代俄语中的否定范畴》,《现代外语》第 2 期。

李宝贵　2001　《隐性否定的语用分析》,《辽宁师范大学学报:社会科学版》第 1 期。

刘永红　2003　《转折复句语意重心的逻辑语义分析》,《暨南大学华文学院学报》第 1 期。

刘正光　2011　《主观化对句法限制的消解》,《外语教学与研究:外国语文双月刊》第 3 期。

吕叔湘　1980　《现代汉语八百词》,北京:商务印书馆。

彭　颖　2012　《现代汉语表负面评价的构式研究》,南昌:江西师范大学硕士学位论文。

沈家煊　1999　《不对称和标记论》,南昌:江西教育出版社。

石　微　2006　《试析“偏”与“偏偏”》,《井冈山学院学报》第 4 期。

石毓智　2001　《肯定和否定的对称与不对称》,北京:北京语言大学出版社。

完　权　2016　《言者主语与隐性施行话题》,《世界汉语教学》第 4 期。

王　蕾　2019　《现代汉语隐性否定现象研究述评》,《现代语文》第 10 期。

王　蕾　2022　《隐性否定的句际同义复现考察》,《汉语学习》第 2 期。

王　蕾　2022　《规约性隐性否定载体的辖域、焦点探究》,《语文学刊》第 2 期。

王　蕾　2023　《形式否定的隐入规则分析》,《语言研究集刊》第 31 辑。

王　珏　2013　《汉语双标句符假设试说》,《汉语学习》第 1 期。

殷何辉　2009　《焦点敏感算子“只”的量级用法和非量级用法》,《语言教学与研究》第 1 期。

袁毓林　2007　《论“都”的隐性否定和极项允准功能》,《中国语文》第 4 期。

张伯江　方　梅　1996　《汉语功能语法研究》,南昌:江西教育出版社。

张谊生　2000　《现代汉语副词的性质、范围与分类》,《语言研究》第 1 期。

张谊生　2004　《现代汉语副词探索》,上海:学林出版社。

周小枚　2011　《范围副词的隐性否定功能研究》,《文史博览(理论)》第 2 期。

朱德熙　1982　《语法讲义》,北京:商务印书馆。

朱　军　2013　《反问格式“有什么 X”的否定模式与否定等级——互动交际模式中的语用否定个案分析》,《中国语文》第 6 期。

Klima, E.　1964　Negation in English. In Fodor, J. A. & Katz, J. J.（eds.）. *The Structure of Language*, Englewood Cliffs: Prentice Hall.

Traugott, E. C.　1995　Subjectification in grammaticalization. In Dieter Stein &

Susan Wright. (eds.). *Subjectivity and Subjectivisation: Linguistic Perspectives*, Cambridge: Cambridge University Press.

Kuno, S. 1987 *Functional Syntax—Anaphora, Discourse, and Empathy*. Chicago: University of Chicago Press.

Brown, P. & Levinson, S. 1978 Universals in Language Use Politeness Phenomena. In Goody, E. N. (eds.). *Questions and Politeness*, Cambridge: Cambridge University Press.

王蕾:wanglei@fudan.edu.cn

表示语义否定的仅差副词
"几乎""险/争/差(些/点)"

上海立信会计金融学院外国语学院　　干　薇
复旦大学中国语言文学系　　　陈振宇

　　提　要　仅差副词在情感倾向和预期性上具有不同的性质。仅差否定式分为最终得到否定性意义的 Nn(negative)式(即差余式)和强调句子最终得到肯定性意义的 Na(affirmative)式。仅差副词的肯定式为 An 式,它是肯定句,但表示隐性否定意义。Nn 式是以往研究的重点,但本文认为,应该从 Na 式的特殊性质来解释 Nn 和 Na 的区别,而非相反,因为 Na 式也不是正常现象。根据历史语料,Nn 式先出现且使用频率更高。Nn 式分为两种:Nn1 表达主观性的意外情感构式,"否定词"是插入或语义溢出的;Nn2 是由"差一点 VP"和"没 VP"两个小句截搭而成。Na 式也分为两种:Na1 表达颠倒事件,即从肯定状态 VP 向否定状态～VP 发展的事件;Na2 表示对结果/目标的否定,并存在"命运岔路"。An 式则根据焦点意义的不同分为两种:An1 关注"接近 VP",An2 关注"没有达到 VP"。本文主张融合企望说和常规说的预期说,提出了"统一预期理论"。预期结构方面的因素决定 An、Nn 和 Na 式语用适用性的条件,各子类有自己的要求,无法用一个简单的条件完全概括,需要一个完整的系统。Na1 式非常特殊,它的成立与否主要受方向性和有界性的制约,并可进一步按照焦点意义的不同分类,预期性较为复杂。其他仅差副词"险、争"具有相同的反预期和感叹性质,但"差不多"和"几乎"是例外。"几乎"在产生之初是"险些"类的副词,凸显反预期和感叹功能,但在历史演化中经历了"中性化"过程,"语用磨损"论、"语义透明"论和"历史契机"论可以解释其从主观性副词演化到客观性副词的原因。"差不多"本就是表示"比较"范畴，所以多为无预期的较为客观的报道，具有中性情感、非主观大量和非极端性。仅差副词还有其他性质：是否解除、内嵌限制、疑问与确定性限制、对否定句的约束和共现序列等。

关键词 仅差副词　语义否定　云功能　统一预期理论　历史演化

1. 引言

1.1　仅差

"仅差"结构，这一术语取自帅志嵩（2014），也称为"接近语"（approximator）。Kuteva（2001：102）提出 avertive，这类格式有紧迫性（imminence）、过去时（past tense）和反事实性（counterfactuality）。从朱德熙（1959）开始，汉语研究者把"某种事情接近于发生，但是最终没有发生"（引自袁毓林 2011）作为此类格式的基本语义内容。"接近"是肯定，"没有达到/实现"是否定，所以这些语词或结构是隐性否定中的语义否定，也就是在词汇意义中蕴含否定意义。

汉语中典型的仅差意义副词，袁毓林（2011）已经列举。结合历史语料，本文研究"几乎"和"险些、争些、差些、争（一）点（儿）、差（一）点（儿）"，以及"差不多"等副词。

仅差词语在世界语言中普遍存在，如英语的 almost、nearly 等。但是这些仅差词语具有不同的性质，以往的研究者没有充分注意到，下面简述一二。

1.1.1　情感倾向——积极和消极

avertive，译为英语就是 warning。因为世界语言的 avertive 词语大多有警告义，有消极色彩，然而汉语格式可以是消极也可以是积极，例如：

(1) a. 为这句话，小玉差一点挨打！（杨继光；崔晓《失足女孩与退休教师的"父女"情》）——消极

　　b. 这种痴情在 1924 年春末夏初印度诗人泰戈尔访华之机，差一点又燃了爱情之火。（王保生《徐志摩和三位才女的爱情纠葛》）——不同的人有不同的解读

c. 那个夏天我还<u>差一点谈情说爱</u>,我遇到了一位赏心悦目的女孩,她黝黑的脸蛋至今还在我眼前闪闪发光。(余华《活着》)——积极

1.1.2　是否解除

① 非解除式:仅仅是对"接近"这一状态的凸显,不考虑这一状态会不会或者是何时能够解除,如:

(2) 它几乎没有涉及对消费者意图的实证研究。/It almost did not involve empirical research on the consumer use intentions.

一篇文章几乎没有涉及实证研究(可能仅仅有很少一点点提及),说话者的这一评价是超越时空的,这篇文章的这个缺点将不会随着时间改变,也就是没有解除的可能。

② 解除式:既凸显"接近"状态,也凸显这一状态后来彻底解除,事物又回到其原有的发展轨道上来,如:

(3) a. 小玉差点儿挨打。——不但说小玉就快挨打了,还要强调小玉终究解除了快要挨打的状态。

b. 他当时几乎没有办法呼吸了。/He nearly did not have the means to breathe. ——后来又恢复自由呼吸的状态。

这正是吕叔湘主编(1980:46)和袁毓林(2013)所强调的"庆幸"意义:如果危机没有明确地解除,则没有庆幸可言。也有例子不是消极事件,不是庆幸,如例(1c)"差一点谈情说爱",但也凸显事件未成功,例(1c)表达的就是,那个夏天我接近于谈恋爱,但没有谈成,又恢复了原有的生活轨迹。

Liu(2011)、Kaufmann & Xu(2013)、袁毓林(2011,2013)、鲁承发(2018)对英汉语的相关格式进行了对比。我们发现,在现代汉语中,"几乎"可以自由地用于解除和非解除两种事件。如:

(4) 非解除式:

a. 它<u>几乎没有用到任何数学</u>,完全用文字论述。

b. 欧美、日韩市场是闽旅十分薄弱的环节,过去<u>几乎没得到开发</u>。

(5) 解除式:

a. 当时我那么紧张,<u>几乎不会走路</u>。——事后又恢复了自由走路的状态。

　　b. 她吃惊得几乎说不出话来。——事后恢复自由说话能力。

　　"险些、差一点"则一般都表达解除式。

（6）a. 我那么紧张，<u>差点</u>说不出话来。

　　b. 他当时<u>差点儿</u>就没有办法呼吸了。

　　如果事件没有恢复原貌，换为"险些、差（一）点"就会非常别扭，如：①

（7）♯a. 它<u>差一点</u>没有涉及对消费者意图的实证研究。

　　♯b. 它<u>差一点</u>没有用到任何数学。

　　♯c. 过去<u>差一点</u>没得到开发。

　　如果改为"差一点"，必然改变原有的认知，如一定要说"老张完全没有经济学的专业知识，不知道这种调查报告的基本做法，以致他的报告差一点没涉及对消费者意图的实证研究"（范晓蕾提供例句），这一状态一定是已经得到了解除，即老张的报告最终还是把该实证研究写了进去。

　　与之相反，我们发现，"差不多"在现代汉语语料中大都是非解除解读，解除的解读罕见。

（8）a. 因为他所讨论的<u>差不多</u>都是今天被确立为科学的东西。

　　b. 这个原则与上个也<u>差不多</u>一样。

　　如果解除了反而不能说：

（9）♯a. 小玉<u>差不多</u>挨打。——小玉差点挨打。

　　♯b. 我那么紧张，<u>差不多不会走路</u>。——我那么紧张，差点不会走路。

　　当然，有的情况需要进一步分析，如下例，有了"要"就要通顺多了，否则也比较别扭：

（10）她的眼泪<u>差不多要掉下来了</u>，腿也有点软，一下子坐在草地上了。（老舍《二马》）——后来解除了几乎掉泪的状态。

　　"要掉下来"和"掉下来"不同，前者表示事件即将发生，现在强调的是这一"即将"状态的达到，而状态达到是默认状态会持续一阵的，这就转为了非解除意义。杨德峰（2015b）说"这类不能用'差不多'的句子，如添加

---

　　①　本文不合适的例句用"♯"号，不用"＊"号，因为我们认为这些例句一般被视作不通顺，是语义语用的原因，也许找到特殊的语境，它们就会通顺许多。

'要''就要'等词后就可以接受"。

1.2　仅差否定式

汉语学界对仅差副词的兴趣来自它们的一种特殊表现:仅差否定式至少可分为两种不同的意义。

朱德熙(1959)首次提出了汉语"差一点没"的特殊语言问题。这是指否定格式"他被什么绊了一下,差点儿没摔了一跤"这一类句子,理解为"接近摔跤但没摔"。这时,它和肯定格式"差点儿摔了一跤"的命题意义一样;而与所谓"正常"的否定格式"差点儿没站稳"(接近站不稳但还是站稳了)正好相反。

本书采纳周一民(2003)的术语,将第一种否定式称为 Nn(negative)式,强调句子最终得到否定性的意义,文献中也常被称为"反常格式/羡余(否定)格式";将第二种否定式称为 Na(affirmative)式,强调句子最终得到肯定性的意义,文献中也常被称为"正常格式"。另外,为了系统的完整性,本文把肯定式(如"她差点儿迟到")称为 An 式,它是肯定句,但表示隐性否定意义(她虽然接近迟到但最终没有迟到)。

显然,Nn 式是以往研究的重点。李忠星(1999)称之为正话反说。朱德熙(1980)、戴耀晶(2004a)、张谊生(2004:213—242)等称为"冗余/羡余否定",指其中的否定词"没"不起命题作用,有没有"没"命题意义都一样,肯定格式和否定格式只是语气有区别。另参看张东华(2004)、赵万勋(2009)、袁毓林(2011)、杨子(2017)的"焦点标记""虚指用法""道义情态格式""话语标记"等。

鲁承发、陈振宇(2020)全面系统地总结了以往对这类 Nn 式和 Na 式的研究成果,发现以往研究的中心任务,是找到合适的语用条件以区分一个具体的语句究竟是 Na 式还是 Nn 式。归纳起来,以往的研究忽略了很多关键性的问题,而这恰是解开这一谜团的必由之路。其中一个根本性的问题是,所谓"正常"的 Na 式,真的就是正常的吗? 以往的研究主要从 Nn 式的特殊性质来解释 Nn 和 Na 的区别,但实际上,是否恰恰应该相反,从 Na 式的特殊性质来解释区别? 另外,以往研究都试图找到一个简单的语义或语用维度来概括限制条件,但是研究越多,得出的限制条件却越复杂,那么会不会事情的真相是:有关仅差副词的使用本身就是一个复杂的现象,有多种类型并受到不同的机制制约? 因此所有"简单概括"都会遇到反例。显然我们需要拿出一个解决复杂系统的办法。

本文将从以下几个方面论述:

1) Nn 和 Na 式的标记性

2) Nn 和 Na 式的产生机制

3) 决定 Aa、Nn 和 Na 式语用适用性的条件

4)"几、险、争、差"历史演化

2. Nn 和 Na 式的标记性

鲁承发、陈振宇(2020)第一次明确地提出了"Na 式与 Nn 式哪个更反常"的问题,该文说:Na 式符合逻辑,一般称为常规句式;Nn 式不符合逻辑,是羡余否定句式,目前学界普遍将 Nn 式作为反常的句式来看待。但是,从语料考察角度看,Nn 式倒更像是正常句式。

如果 Na 是正常的,而 Nn 是有条件的、特殊的、反常的用法,应该先有 Na,再由某种机制产生 Nn。在句法上,Na 式是自由的、可扩展的,而 Nn 式有冗余否定,不能扩展,因此 Na 式的使用频率应该显著地高于 Nn 式。但是当学者们试图去考察"差(一)点(儿)"格式的实际情况时发现:

1) 在历史上,Nn 式反而是先出现,或至少不比 Na 式更晚出现。邱斌(2007)考察了先秦至明清的文献资料中所有含有"差点儿没"类的句子,发现都是 Nn 类。程饶枝(2007)说,"差点没"和"差点"最初出现于明末清初的小说《醒世姻缘传》,另外清中后期《七侠五义》《小五义》和清末的《红楼真梦》中也出现"差点没",这段时期的"差点没"无一例外都是 Nn 式,表示庆幸。他们两位都认为 Na 式在现代才出现。

2) 在同时代语料中,Nn 式使用频率更高,更自由,Na 式却较为少见,这一格局一直到今天也没有大的改变,范晓蕾(2018)说,语料中真性否定(Na 式)例远远少于冗余否定(Nn 式)例,她在 CCL 语料库共检索到 421 例"差一点没 VP"句,绝大多数是冗余否定式,真性否定式仅 27 例。干薇、陈振宇(2022)考察的现代汉语语料中,"差点"类格式中 Nn 式与 Na 式比例为 1:0.092;"险些"类格式中 Nn 式和 Na 式比例为 1:0.34。

不过,程饶枝(2007)与车录彬(2017)对早期的情况的描述略有不同,

前者认为都是 Nn 格式,后者认为既有 Na 式,也有 Nn 式。

3) 真正的早期格式是"争些、险些"类格式,而"差"类的"差(一)点、差些"等出现得比较晚。可是迄今为止,研究"差"类的文献很多,而研究"争些、险些"类的很少。

张玲(2008)、帅志嵩(2014)提出"差一点"替换自"争些"。还有一些文献考察"险些"的历史演变,如杨红梅(2010:32),陈霞(2010:13),邵则遂、陈霞(2011)等。陈秀青(2018)说,"险"在宋代已经发展出与"险些"相当的语义和用法,如"失意险为湘岸鬼,浩歌又作长安客。(宋•侯寘《满江红》)"但由于"险"的这一用法用例很少,而且几乎都是肯定式,有关的统计中没有计入。

干薇、陈振宇(2022)在帅志嵩(2014)的基础上进一步考察"争些、险些"类格式的历史材料。共找到"争些、争些儿、争些的、争些个、争些子、险乎、险些、险些儿、险些的、险些个、险一点、险一点儿、险一些、险一些儿"14 个格式,其中,"险些(儿)"在使用频率上占有很大的优势,有 700 余例,而且后面既有大量的肯定式,也有 25 个否定式的例子。后来其他形式慢慢消失,在现代汉语中主要剩下"险些"(偶有"险"的例子)。

设 VP 表达肯定命题,如"险些摔了一跤"和"险些没抓住"中的"摔跤、抓住",则根据干薇、陈振宇(2022)的统计,历史上的"争、险"格式的全部情况一共有两大类共 7 种配置:

Ⅰ 否定结果类:凸显事件实际上没实现,又分为:

Ⅰ₁:An 式,即"争/险词语＋VP","十分接近但还没有达到或实现 VP"。如例(11)实际上是没有杀死。

(11) 险些儿误杀了个英雄汉,凄凄冷冷,埋冤世间。(《全元曲》)

Ⅰ₂:Nn 式,"争/险词语＋否定词＋VP",否定词在命题上是冗余的,实际上是表示接近实现事件,但还是没实现。该类又分为三个小类:

Ⅰ₂₋₁:"争/险词语＋(不)VP"(这里括号是指可用可不用,以表达冗余性,下同),如例(12)实际上是没闪到水里。

(12)（正末云）呀,这厮险些儿不闪我在水里!(《全元曲》)

Ⅰ₂₋₂:"争/险词语＋(没)VP",如例(13)实际上是"没拖下来"。

(13) 只听得滑浪一声把金莲擦下来,早是扶住架子不曾跌着,险些没

把玉楼也拖下来。(《金瓶梅(崇祯本)》)

Ⅰ₂₋₃:"争/险词语＋(不曾)VP",如例(14)实际上是没有溅上尿。

(14) 不防常峙节从背后又影来,猛力把伯爵一推,扑的向前倒了一交,险些儿不曾溅了一脸子的尿。(《金瓶梅(崇祯本)》)

Ⅱ Na 式,"争/险词语＋否定词＋VP",整个格式表示"十分接近达不到但最终达到或实现"的肯定意义,又分为:

Ⅱ₁:"争/险词语＋不 VP",如例(15)实际上是性命保住了。

(15) 兄弟坏了袁绍两将,我性命险些不保;若非赵子龙,岂能得脱?(《三国志平话》)

Ⅱ₂:"争/险词语＋没 VP",如例(16)实际上是"扒住了"。

(16) 武云飞一害怕,险些没扒住。(《雍正剑侠图》)

Ⅱ₃:"争/险词语＋不能/不得/难 VP",或者是否定述结式"争/险词语＋V 不 R"(R 指补语),后来还发展出"争/险词语＋没 VR",如例(17)两例实际上分别是得到了太平,得以相见:

(17) 只为用错了一个奸臣,浊乱了朝政,险些儿不得太平。(《全元曲》)

快来拜谢恩人! 这番若非提控搭救,险些儿相见不成了。(《二刻拍案惊奇》)

Ⅰ类也即是"否定结果类",在各个时代都占据压倒性的多数,分别占了总例句数的 100%(宋)、92.4%(元)、94.5%(明)、94.7%(清)、94.5%(民国)。所以,仅差词语都倾向于作为正极性词语使用(虽然并不是没有例外)。

正极性词,指主要用在肯定句中(Nn 式否定词"冗余",也就是不起否定词的功能,相当于肯定句功能)的语词。所有否定词,都是正极性词,如"不、没"等都主要用于肯定句中,并赋予该肯定句以否定意义,从而将该肯定句改造为否定句。语义否定的仅差副词大多也是起到这样的作用,从历史上看,"争/险"词语压倒性地用于简单肯定的 An 式中,并获得否定意义,偶尔用于 Nn 式和 Na 式中。

我们重点来看看 Na 式和 Nn 式的比例:

1) 在元代的语料中,Na 式和 Nn 式便都已出现,差不多同时产生。

表1　"争/险"类格式的历史材料统计(基本分布)

年代	争/险词语+谓语类型	争些	争些儿	争些的	争些个	争些子	险乎	险些	险些儿	险些的	险些个	险一点	险一点儿	险一些	险一些儿	总计	I类例句所占的比例
宋	I_1：VP		1		1	1										3	100%
元	I_1：VP	10	26	1	2			14	56	2	3					114	92.40%
	$I_{2\text{-}1}$：（不）VP		2					1	5							8	
	II_1：不VP	1						1	1							3	
	II_3：不能/不得/难VP；V不R	1	3						3							7	
明	I_1：VP	2	16		1			46	80							145	94.50%
	$I_{2\text{-}1}$：（不）VP								5							5	
	$I_{2\text{-}2}$：（没）VP							1								1	

续表

年代	争/险词语+谓语类型	争些	争些儿	争些的	争些个	争些子	险乎	险些	险些儿	险些的	险些个	险一点	险一点儿	险一些	险一些儿	总计	I类例句所占的比例
明	I₂₋₃：（不曾）VP							2	2							4	
	II₁：不 VP							1	1							2	94.50%
	II₃：不能/不得/难 VP；V不R		1					3	3							7	
清	I₁：VP							115	71	1						187	
	I₂₋₁：（不）VP							3	2							5	
	I₂₋₂：（没）VP							8	4							12	94.70%
	I₂₋₃：（不曾）VP							1	11							12	
	II₁：不 VP							1	2							3	

续表

年代	争/险词语+谓语类型	争些	争些儿	争些的	争些个	争些子	险乎	险些	险些儿	险些的	险些个	险一点	险一点儿	险一些	险一些儿	总计	I类例句所占的比例
清	II_3: 不能/得/难 VP; V不R							6	3							9	94.70%
民	I_1: V						2	76	139			2	2	3	7	231	94.50%
	$I_{2\text{-}2}$: (没) VP							3	1					1		5	
	$I_{2\text{-}3}$: (不曾) VP							3	1							4	
	II_1: 不 VP								4							4	
	II_2: 没 VP							1								1	
	II_3: 不能/不得/难 VP; V不R							1	8							9	
总计																781	

2）Na 式和 Nn 式的数量大体相当：元代 Na 有 10 例而 Nn 有 8 例，明代 Na 有 9 例而 Nn 有 10 例，清代 Na 有 12 例而 Nn 有 29 例，民国 Na 有 14 例而 Nn 有 9 例。其中明清时 Nn 较多。从上面的数字，我们不能得出 Na 式和 Nn 式谁是无标记的谁是有标记的，毋宁说二者相差不大，似乎这一统计结果与程饶枝（2007）不同，而更接近车录彬（2017）。

3）但是，上述历史数据具有一定的迷惑性，因为在这些语料中，有两个非常特殊的现象：

首先，当"否定词＋VP"是表示能力的否定式，如"险些不能 VP""险些没能 VP"，以及其他表示结果没有达到的"险些不得/难 VP""险些 V 不 R"时，格式都是 Na 断言式，没有例外。

其次，明代出现的"险些不曾 VP"（在明清用例很多，民国渐渐减少，今天已经很少见），这一格式都是 Nn 冗余式，也没有例外。

如果把这两种特殊情况排除在外，则会发现 Na 式就比 Nn 式的数量少了很多：元代 Na 有 3 例而 Nn 有 8 例，明代 Na 有 2 例而 Nn 有 10 例，清代 Na 有 3 例而 Nn 有 17 例，民国 Na 有 5 例而 Nn 有 5 例。这就和程饶枝（2007）的观点更为接近了。

不过，Na 式的使用比例在历史上时有波动。其中，"险些不 VP"的 Nn 式在清代以后基本消失，但其 Na 式却保留至今，且几乎都是"不能"格式，如"险些不能登机"。另外，我们还发现，今天的"差一点不 VP"也大多是 Na 式，如"差一点不等他了"（还是等了）"差一点不去你家了"（还是去了）。"不"类格式的这一变化，对 Na 式的使用有利。

3. Nn 和 Na 式的产生机制

学界花了大量的工夫来考察 Nn 式的产生机制，但对 Na 式却缺乏关心。目前只有干薇、陈振宇（2022）全面论述了 Na 式的产生机制，认为有两个途径：颠倒事件和否定能力目标；并通过统计说明汉语中起关键作用的是第二个途径。

3.1　Nn 式的来源

有多种观点。鲁承发、陈振宇（2020）总结了五种：分配律，如石毓智（1993）；糅合、整合，如沈家煊（1999）、江蓝生（2008）；反语，如邱斌

(2007);语义溢出,如袁毓林(2013);近义截连,如范晓蕾(2019)。除此之外,还有一个语用强化论,如张东华(2004)。

我们认为,当今汉语普通话中的 Nn 式的确有两个来源,从而构成两种基本的类型:

3.1.1 Nn1 式:"差点儿没 + VP"

这也是所谓的冗余式,其中的否定词是插入的(或者像袁毓林的解释,是从隐性否定词中"溢出"的),是一个语缀,依附在宿主仅差词语上,"仅差词语+否定词"是一个紧密的结构,无论在句法语义还是韵律上,在语用上则表示主观性和感叹性的强化。

这一类 Nn 式的产生,与当时汉语中否定词被用来表达意外情感并构造感叹句有关。根据车录彬(2016:100),"好不 A"冗余否定式在宋元已经产生,如下例所示:

(18) a. 爷娘得恁地无见识! 将个妹妹嫁与一个事马的驱口,教咱弟兄好不羞了面皮。(《新编五代史平话•汉史平话》)

   b. 如今伴着一个秀才,是西川成都人,好不缠的火热!(《全元杂剧玉素女两世姻缘》)

这与"险些"类 Nn 式的产生年代相重叠,而且它们都涉及否定词"不"(至于"没"的冗余否定式是更后来的事,是存在否定词替换通用否定词语法化现象后的结果),"不"也都是向前依附的语缀,因此可以归为一类现象。我们可以认为 Nn1 式是在历史大潮下形成的一个专门用于表达主观性的意外情感构式。

3.1.2 Nn2 式:"差点儿+没 VP"

这也是所谓的整合式或截搭式,是"差一点 VP"和"没 VP"两个小句截搭而成。由沈家煊(1999/2015:89)提出,见下例,它始终是表示"没全"的意思:

(19) 黑桃差点儿全了,(但)没全。→黑桃差点儿,没全。→黑桃差点儿没全。

沈认为,第一句是补充追加说明,后面的"没全"是说明"差一点全了",仅用于"没 VP"表示消极意义时,说话者觉得有强调事情没有发生的必要;从第一句到第二句是省略。如果按他后来也就是沈家煊(2006)的观点,我们可以说从第二句到第三句是截搭,即将前后两个独立的小句说快一些形成一个小句,虽然意义不变,但结构关系发生了改变。

沈文用这一机制解释 Nn 式的来源,但是我们认为这仅仅是其中一种子类的来源。

3.2　Na 式少见的原因

从表面上看,Na 式没有句法障碍,然而它为什么不占据优势反而比较少见呢?

要解释这一点,必须回到"仅差格式对谓语的体(aspect)性质的基本要求"上来:"差点儿"格式必须是有界且单一方向的。按马庆株(1992),这类格式中的 VP 必须具有"限度"语义特征。董为光(2001)说,事物如果不存在明显的发展趋向,便失去了说"差点儿"的前提条件。张庆文(2009)也说,"差一点 VP"所表示的事件必须是可以实现的,具有某种内在的终止点。钟书能、刘爽(2015)认为,VP 不仅必须具备离散性质,同时其动作引发的变化或结果也必须是个有界成分。

杨唐峰(2015)和聂小丽(2015)明确给出"差一点"的认识图式。杨唐峰(2015)说,"差一点"要求有一个明确的参照,而且不能是现状;聂小丽(2015)则考虑了方向改变的问题。其实这一认知图示也适用于其他的几类仅差格式。

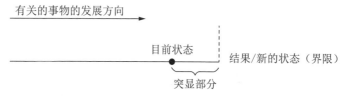

图 1　仅差事件的认知图示(引自杨唐峰 2015,略有改动)

在仅差格式中,事件有着发展的方向,达到一个结果或新的状态,在 An 式"仅差词语＋VP"和 Nn 式"仅差词语＋否定词＋VP"中这个结果就是 VP,在 Na 式"仅差词语＋否定词＋VP"中是～VP。因此,此类格式必须满足两个基本的时间性条件:

1)必须是有界的(bounded),本格式就是以该结果或新状态作为界点。

2) 必须是具有运动发展或变化的动态事件(dynamic),而且其变化方向,正好是朝向上述界点的。

无界的或凸显静止(static)状态的 VP,不能进入格式,如:

(20) a. ♯他险些是坏人。——♯他险些不是坏人。

　　b. ♯他险些在坐牢。——♯他险些不在坐牢。——♯他险些没在坐牢。——♯他险些坐过牢。——♯他险些没坐过牢。——他险些坐(了)牢。

例(20a)的"(不)是坏人"一般都是静态事件。例(20b)坐牢是动态事件,但当句子凸显其相对静止的一个状态[如"(不)在"凸显其持续状态,"(没)过"凸显对以往的概括]时,也不能进入格式。

沈家煊(1987)认为,可以说"火车差点儿出轨",却不能说"♯火车差点儿快进站了",可以这么解释,"快进站"是一个状态,而不是一个时点,所以无界,因此不能这样说;而"出轨"指存在一个时刻,此时车轮离开轨道,所以凸显时点,是有界的。再如渡边丽玲(1994)的例子"♯早上我差一点带了书包",我们认为,"带了"一般表示带着书包的状态,不是有界的,所以不能说。如果改为"早上我差一点带上那个旧书包",由于"带上"是有界的格式,就好了许多。

那么,一个事件有哪些界点?根据"五阶段模型",以及各种事件终结点,参看陈振宇(2009),我们总结如下:

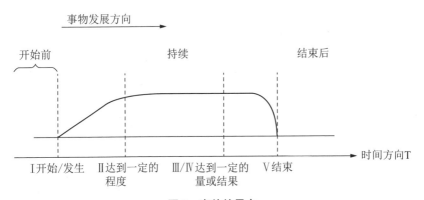

图 2　事件的界点

界点Ⅰ：事件 VP 的开始或发生，从"没 VP、不 VP"发展为 VP，如"差一点去找他了"，指接近开始去找他。

界点Ⅱ：事件如果有量性，则在发展一段时间后会达到一定的程度，如一个人脸红，可能到红透的程度，所以可以说"险些红透了脸庞"，指接近红的极大量。

界点Ⅲ：达到一定的量，包括达到时点、时量、动量或物量，如"差一点拖到了节后、差一点拖了一整年"等。

界点Ⅳ：达到一定的结果，如"险些摔倒、险些笑出了声、差一点完成、差一点赶上班车、差一点考了第一名"。①

界点Ⅴ：事件 VP 的自然结束，从 VP 发展为"没 VP、不 VP"，如"去年我差一点不上班了"，指从"上班"的既有状态接近"不上班"的新状态。

我们在表 1 的基础上，进一步调查了所有语料的界点选择，发现有三类界点——"达到一定的结果、事件发生、状态的开始或改变"——容易出现在"争些""险些""差点"等各类格式中，在历史上，这三类界点在"争些"类中占比 90％以上，在"险些"类中占比 80％以上；其余几种都很少。另外，这三类界点主要是用于肯定式或 Nn 式中，与 Na 式关系不大。其他界点，如达到一定的程度、达到一定的量、事件自然结束等一般都没有出现，在实际语料中罕见（但并非没有）。

我们的语料中按从多到少的顺序给出的 XP 事件类型：

结果达到＞事件发生＞能力否定＞状态开始或改变/评价

表 2　"争/险"类格式的历史材料统计（事件类型分布）

年代	类型	谓语 XP 部分	结果达到	事件发生	状态开始/改变	★能力/目标否定	★评价
宋		Ⅰ1：VP	3				
		百分比	100				

---

① 范晓蕾（2019）提到，"差一点"的 E 的有界 VP 还有一个附加要求，即须标示出事态的结果状况。请注意，她这里所说的"结果"实际上是更大的概念，包括事件的发生等。本文的"结果"是比较狭义的，只是指事件发生以后所出现的新的事物或状态。

续表

年代	类型	谓语 XP 部分	结果达到	事件发生	状态开始/改变	★能力/目标否定	★评价
元	争些类	Ⅰ1：VP	38				
		Ⅰ21：(不)VP	2				
		Ⅱ1：不 VP	1				
		Ⅱ3：不能/不得/难 VP；V 不 R				3	
		百分比	93.2			6.8	
	险些类	Ⅰ1：VP	67	2	3	1	1
		Ⅰ21：(不)VP	5				1
		Ⅱ1：不 VP				2	
		Ⅱ3：不能/不得/难 VP；V 不 R				3	
		百分比	84.7	2.4	3.5	7	2.4
明	争些类	Ⅰ1：VP	19				
		Ⅱ3：不能/不得/难 VP；V 不 R				1	
		百分比	95			5	
	险些类	Ⅰ1：VP	118	5			2
		Ⅰ21：(不)VP	4				
		Ⅰ22：(没)VP	1				
		Ⅰ23：(不曾)VP	3	4			
		Ⅱ1：不 VP				2	

续表

年代	类型	谓语 XP 部分	结果达到	事件发生	状态开始/改变	★能力/目标否定	★评价
明	险些类	Ⅱ3：不能/不得/难 VP；V 不 R				6	
		百分比	86.9	6.2		5.5	1.4
清	险些类	Ⅰ1：VP	195	9	3		3
		Ⅰ21：（不）VP	5				
		Ⅰ22：（没）VP	6	4			1
		Ⅰ23：（不曾）VP	10	2			
		Ⅱ1：不 VP				3	
		Ⅱ3：不能/不得/难 VP；V 不 R				10	
		百分比	86.1	5.9	1.2	5.2	1.6
民国	险些类	Ⅰ1：VP	206	19	3		3
		Ⅰ22：（没）VP	4	1			
		Ⅰ23：（不曾）VP	4				
		Ⅱ1：不 VP				3	
		Ⅱ2：没 VP				1	
		Ⅱ3：不能/不得/难 VP；V 不 R			2	8	
		百分比	84.3	7.9	1.9	4.7	1.2

　　从历时发展上看，"结果"所占比例略有下降，而"事件发生"略有增加，但幅度都不大。

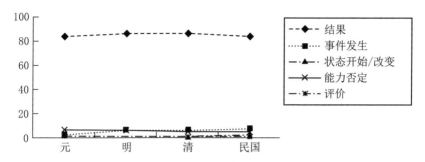

图3 "险些"类格式中事件的时间类型的历史演化

然而，尤其需要注意的是，除了上述界限类型外，语料中还出现了我们预料之外的两种非常特殊的界点类型："能力/目标否定"和"评价"，它们是图2所不具有的，而且都很特殊："能力/目标否定"一定是 Na 式，而"评价"类一定不是 Na 式。显然它们应该是我们研究的重点。

不过在此之前，我们先来看看"否定的体性质以及与有界性的矛盾"，从而找到 Na 式少见的原因。基本观点是：一般而言，"否定词＋VP"不充当界点。

以"没 VP"为例，聂仁发(2001)认为，"没有"否定的是变化，"老王身体没好"指变化未发生。一般"没"否定的是性状从无到有的过程；如果性状一开始就是如此，就不能用"没"，"这件衣服不新——♯这件衣服没新"。王灿龙(2004)给出了"没 VP"的时间范围：在时间轴上，"没/不 VP"一般在 VP 之前，一般是从"没/不 VP"发展到 VP，如从没毕业发展到毕业，而不是相反；"没/不 VP"自身是一个状态情状，有上界(终止点)，这个点也是 VP 的下界(开始、达到或实现点)。

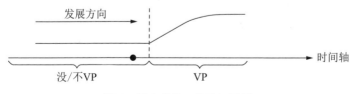

图4 否定式的一般认知图示

一般不能说"♯差点儿不红/没红",因为"不/没红"是一种无界的状态,一般都是关心从"不/没红"到"红了",可以说"差一点红了"。日常动作"倒下、走到"等都是单向的运动,从不做事到做事,所以能说 An 式"差点儿倒下(没倒下)、差点儿冲到观众跟前(没冲到)",而一般不能说 Na 式的"♯差点儿没倒下(倒下了)、♯差点儿没冲到观众跟前(冲到观众跟前了)"[1],如果要用否定词,也倾向于理解为 Nn 式,即"差点儿没倒下(没倒下)、差点儿没冲到观众跟前(没冲到观众跟前)"。

简言之,一般来说,事件发展的方向默认为背离"没/不 VP",而不是朝向"没/不 VP",而 Na 格式要成立,需要朝向"没/不 VP",这一矛盾使得 Na 格式很难成立。如果是 Nn 格式,则相当于肯定式,作为肯定式,当然就符合了上述"体"方面的要求,如"他险些没死了",在冗余时,后面表示的其实是肯定事件"死",符合从"没/不死"到"死"这一事物的发展方向。

因此存在如下梯度:

普遍/默认 ◀────────────▶ 罕见/特殊允准

肯定格式　　　　　Nn 否定格式　　Na 否定格式

3.3　Na 式产生的机制之一:符合有界性的特殊否定事件"颠倒事件"

那么,在什么情况下仅差否定式可以不违反上述体原则从而被允准呢? 需要看到,在现实和认识中,的确存在着特殊的事件,其发展方向是从 VP 向"没/不 VP"发展的,我们称之为"颠倒事件"。例如从"上班"到"不上班",从"性命可保"到"性命不保",这是符合有关规律的,可以构造"不上班、性命不保"的开始点(界点Ⅰ)作为运动方向所朝向的界点,这时可以说"差点儿就不上班了""险些就不活了""险些性命不保"。

再如王灿龙(2006)所说"没"与"了"共现中的两种情况,称为"从有到无",这也是从 VP 向"没 VP"的发展:

---

① 特殊的情况,当以"倒下"为目的(如有意要使事物倒下)时可以说,但是后面要说的"能力/目的否定"类型。

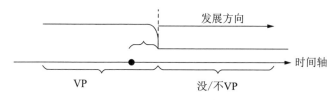

图5　颠倒事件的特殊认知图示

(21) a. 简单型:<u>没下雨了</u>,踢球去吧。——差一点(就)没下雨了。

　　b. 情态型:他前年就没上班了。——他差一点没上班了。

我们的语料中有一些与之相近的事件类型,如:从"尚能 VP"到"不能 VP"的变化,主要体现在对抗性的活动中,例如守城、拒战等,在开始的时候尚能支撑或守住,但到了一定的阶段,就支撑不住了,如:

(22) a. 城上守兵,<u>险些儿抵挡不住</u>,忽见清总兵和春、常禄、李瑞、德亮等,率军驰至……(《清史演义》)

　　b. 永德出兵抵御,为火所燔,<u>险些儿不能支撑</u>。幸喜风回火转,烟焰反扑入唐舰,仁肇只好遁还。(《五代史演义》)

与之类似的还有下面一类例子:

(23) a. 隋主开封看着,<u>险些一口气接不上来</u>,顿时手足发抖。(《隋代宫闱史》)

　　b. 果然三板就见血,打得五人皮开肉绽,鲜血逆流,在地下乱滚,<u>险些儿起不来</u>。(《海公大红袍传》)

正常情况下,人是可以自如呼吸、自如起身的,这里指突然出现不能呼吸、不能站起来的情况,这也是"从有到无"。

但是,这一类例句在古代语料中很少,并不是 Na 式发展的主流。不过,当代汉语的研究文献中,这样的语料倒是多次为研究者所提及,如周一民(2003)举的一系列例子,他认为是北京话中可以说的(当然他也承认这种例子是不多见的):

(24) <u>我二大爷差点儿没死</u>,他都跑出来可是又回去救人了。——死了。

死亡是人生的终点,一般而言人生是向着死亡发展的,故一般只能有 Nn 式的理解,"差一点没死"(接近死但没死)。但在周所说的这一特殊场景中,说话者在主观上改变了认识的方向:因为不愿意看到人死,所以努力要找出理由让他不死,是从死反过来向没死想象。这是一个知域的颠倒事件,这才会表达遗憾,指无论如何想象,已有的条件都没有让他达到"没死",虽然其中有一个时点是如此接近没死。如此想象,心理负担之大,恐怕有的读者根本就不能接受,所以如果真要表达这样意思的话,必须要有更多更明确的手段,如"我二大爷差点儿就没死""我二大爷差点儿不用死了""我二大爷差点儿就可以不死了"等等。

范晓蕾(2018)也举了另一个极为罕见的例子:

(25) ——这包饼干不能吃了,保质期正好到昨天。

　　　　——哎,就多了一天,<u>差一点没过期</u>哎!——过期了。

范文说,真性否定式(Na 式)常取需明确交代的特殊预期,它要有效地表述信息会强烈依赖具体语境,话语自由度较低。总结她的论述,我们认为她所说的"具体语境",就是指构造从 VP 到〜VP 的事物发展方向。一般事物的发展都是单向的,即从没过期到过期,并且一般而言,过期是我们不希望的,所以我们一般只能有 Nn 式的理解,接近过期但没过期。但按照范所说,在这一极为特殊的场景中,说话者在主观上改变了认识的方向:因为不愿意看到饼干过期(说话者显然是个很爱惜东西的人),所以努力要找出理由让饼干不过期,是从"过期"反过来向"没过期"想象,这才会表达遗憾,指无论如何想象,也没有达到"没过期"的结论。

请千万注意,在这一认知上的颠倒事件中,并不是凸显"不希望过期",而是凸显"希望没过期",就像希望赶上车一样,而且觉得本来完全有办法在过期之前吃完饼干的。

再如中国足球队老输球,所以我们是看后面有没有不输的情况,这也是从输的状态向不输的状态发展,所以可以说:

(26) 这次比赛中国队表现很好,<u>差点儿没输了</u>。——实际上还是输了。

请注意,前文例(24)和(25)的焦点意义在否定意义,也即后面我们要说的焦点【意义二】,强调没有达到"没死",表示后悔懊恼;而例(26)的焦点意义在肯定意义,也即后面要讨论的【意义一】,强调如此接近"没输",表示赞赏。所以颠倒事件是容许不同的焦点意义的。

虽然存在这些例子,但是颠倒事件在实际语料中罕见,因为很难理解,有的研究者甚至觉得这样的例子根本不能成立。如果"颠倒事件"不是演变的主流,那么究竟是什么机制,使得汉语史上的 Na 式被允准并且逐步地发展起来?

3.4　Na 式产生的机制之二:能力目标否定式和命运岔路

表 2 中事件类型中有一类"能力/目标否定"类型,从统计数据看,从表 2 中可以看到,其例句在历史上一直是相对较多的,说明它正是 Na 式产生发展的主要路径。

这一类型,谓语部分是"不 VP""不能/不得/难 VP;V 不 R"以及后期的"没(能)VR"等表示能力情态意义的形式,表示没有能力达到预期的目标,或者说事件的目标不能达到。

刘永耕(2006)、刘水(2009)等提出,如果是人的主观努力,Na 式可以插入"能",而 Nn 式不能;我们的语料考察也发现,只要是能力/目标否定式,"险些"和"差一点"类格式都必然是 Na 式,如"炸完井后,险些走不掉/差一点没走掉"(还是走掉了)。

不过,能力/目标否定式也有一个产生的过程:两个早期常见的小类,还处于从一般的仅差格式向 Na 式过渡的阶段,如下:

1)"性命不保"类,也就是死亡的意思,它虽然是否定格式,其实是有界的,符合颠倒事件的要求,如从"可保性命"向"性命不保"发展,如:

(27) a. 莫管我的女孩儿,为你争些不见了性命。(《全元曲》)

　　b. 又谁知遇天行染了这场儿病疾,险些儿连性命也不得回归。(《全元曲》)

　　c. 兄弟坏了袁绍两将,我性命险些不保;若非赵子龙,岂能得脱?不想今日相见。(《三国志平话》)

2) 表示不能相见、回不来,也是转喻死亡。因为死了就不可能相见了,而在没死的情况下,多少总有相见的可能,故也是从"可以相见"到"不能相见"的颠倒事件。如:

(28) a. 兀的不是三兄弟张飞。兄弟也,咱争些儿不得相见也。(《全元曲》)

　　b. 姐姐,我为你嫁上江头来,早晚不得见面,害了相思病,争些儿不得见你。(《喻世明言》)

c. 这番若非提控搭救,险些儿相见不成了。(《二刻拍案惊奇》)

d. 若不亏上天的慈悲,父母的荫庇,儿子险些儿不得与父母相见,作了不孝之人!(《儿女英雄传》)

e. 小弟险些儿不能见君,幸亏尚有小智,方得脱险来此。(《汉代宫廷艳史》)

f. 微臣却为了一句饶舌,险些不得回来,再见万岁。(《八仙得道》)

请注意,从本质上讲,它们是隐喻性熟语,整体上表达"险些死掉"的意思,其中的"不"并非句子平面的"不",而是熟语中的成分,不属于典型的 Na 否定式。我们之所以放在能力/目标否定式中,是因为它们毕竟有显性的能力否定形式。另外,它们正是早期(不成熟的)Na 式的常见形式(在后面也不少见),并为后面发展为典型的 Na 式打下了基础,所以是语法化的中间和重要的一环。

发展起来的、更未成熟的能力/目标否定式,就不再表示性命不保、不得想见,而是表示各种各样事件的目标不能达到:

(29) a. 只为用错了一个奸臣,浊乱了朝政,险些儿不得太平。(《元代话本选集》)

b. 飞腾了彩凤,解放了红绒,摔碎下雕笼,若不是天公作用,险些儿风月两无功。(《全元曲》)

c. 父母一眼看去,险些不认得了。(《二刻拍案惊奇》)

d. 这个李三若非雷神显灵,险些儿没辨白处了。(《二刻拍案惊奇》)

e. 若不是水道明白,险些认不出路径来。(《今古奇观》)

f. 道兄,今儿还算侥幸,险些跑不出他妈的田螺壳儿。(《八仙得道》)

g. 你险些儿这个药丸下不成功,幸亏我算的定,在外面用个法术,花厅上起火,你才能觳抽身空闲,搁在东边的菜锅内。(《续济公传》)

h. 又由吴兵追及,险些儿不能脱身,还亏贾逵兼道援兵,才得幸免;所有军士粮械,丧失垂尽……(《后汉演义》)

i. 不意景崇突至,<u>险些儿措手不及</u>,仓猝对敌,已被景崇麾兵入阵,冲破中坚……(《五代史演义》)

j. 武云飞一害怕,<u>险些没扒住</u>。(《雍正剑侠图》)

这些例句,事情大都是向着一个目标界点"太平、有功、认得、得到辩白之处、认出、跑出、下药成功、脱身、反击偷袭、扒住"发展的,在事件的发展过程中,都存在一个关键时间,我们称为"命运岔路"(the fork of fate)。

以"(下药)险些下不成功"为例,这是指在试图下药的过程中,存在一个临界点,这是一个模糊的时间界限:如果在此界限前实现了下药的意图,就成功了;而一旦错过了这一时间还没有下药,那么就不再有机会,下药行为就会被判定为失败,并且这个"不成功(失败)"的状态将一直保持下去。

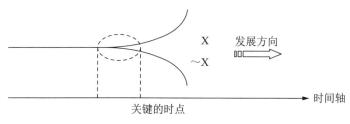

图6 命运岔路

如图6所示,这是以关键性时间点为分叉点的事物发展路径,在这一时间范围中分发出两条不同的结局:X"成功"和～X"不成功","险些+否定词+VP"Na式就是指在这一关键时间点时,相当地靠近～X"不成功"的那条命运岔路,不过最终并没与走上这一岔路,最终还是成功了。

能力/目标否定式在明代成型,清代以后大量出现。当这一格式进一步发展后,就不再局限于表示能力的句法格式,而可以进入一般否定式,如"不 VP"格式,但是"目标差点没实现"的命运岔路语义结构是不变的,一直制约着句式,如下:

(30) a. 不争你亏心的解元,又打着我薄命的婵娟。<u>险些儿做乐昌镜破不重圆</u>,干受了这场罪谴。(《全元曲》)

b. 天子因你形状与人不同,<u>险些儿不答应</u>,幸亏我竭力申说,由我负责担保,才许叫我做这里的国君……(《上古秘史》)

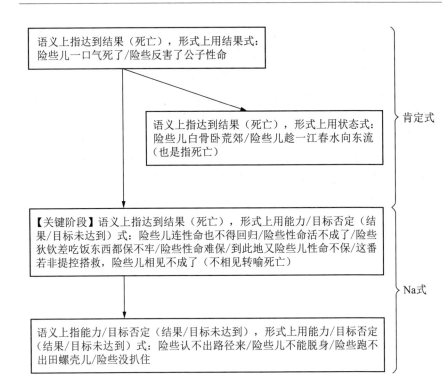

图 7 "结果/目标未达到"式的演化

例(30a)可以加上"能",即"险些不能重圆",还是可以看成能力否定。后一例也有一个目标:当提出要求时,提要求者一般希望对方答应这一要求,但是这里存在一个关键时间,此时天子做出了不接受(答应)的选择,就意味不再改为接受;反之亦然。或者说,"天子答应"是提要求者希望的结果或目标,这一结果险些没有达到(最终天子还是答应了)。

从表 1、表 2 可以看到,至少从民国开始,"没 VR"格式产生并发展为 Na 式的重要表达形式之一,在此后的汉语中十分常见,其中表示能力/目标否定的也有,如"险些没扒住""差点儿没赶上火车"。

"能力/目标否定"句式,以及"命运岔路"语义模型,是 Na 式最能产的模式。干薇、陈振宇(2022)从现代汉语语料中随机调查了 1 361 个"险些"例句,其中 Na 式的分布是:"险些不 VP"8 个,全部是能力否定式;"险些没(有)VP"没有。

(31) a. 连沙汀、艾芜这样的老作家住医院都<u>险些拿不出钱来</u>。

b. 其中有一次在返回地球时,飞船出现故障,<u>险些回不来</u>。

c. <u>但科威特队在亚洲杯小组赛中险些出不了小组</u>,幸亏他们在背水一战中以 2∶0 击败韩国队。

干薇、陈振宇(2022)随机调查了 616 个"差点"类例句,其中 Na 式的分布是:"差点没(有)VP"5 个,全部是能力否定式;"差(一)点不 VP"1 个,比较特殊,见例(32d),是从相信向不相信发展(属于颠倒事件,因为人一般是相信自己的)。

(32) a. 陈维高给恭维得一口气<u>差点没喘上来</u>……

b. 我们只有一把钥匙,由我带在身上,他那天晚上连门也没能进,还<u>差点没赶上末班车</u>。

c. 他成绩很好,却<u>差点没读成高中</u>。

d. 刘桂英的父亲一愣,<u>差一点不相信自己的耳朵了</u>。

反过头来,我们可以知道为什么"险些不曾 VP"只能是 Nn 式:"不曾"表示过去经历,指事件没有发生,就不可能把否定事件作为事件发展的朝向,因为后者要求否定事件在未来的方向上;"不曾"直接讲述事件,并不涉及任何能力问题,所以也不能允准"能力否定"。这样,它只好是 Nn 式。

(33) a. 后来见骂起来,雪娥道:"你骂我奴才! 你便是真奴才!"<u>险些儿不曾打起来</u>。(《金瓶梅(崇祯本)》)——没打起来。

b. 不但后悔此番不该会试,一直悔到当年不该读书,在人群儿里,<u>险些儿不曾哭了出来</u>。(《侠女奇缘》)——没哭出来。

作为比较,我们还得来看看另一个实际语料中存在的重要类型:表 2 中的"评价"式。这一类例句很少,一般是只对某一行为的评价,总共只有 8 例。其中 2 例是"死无葬身之地",如例(34)所示,可以看成死亡的代指,因此可以排除在外:

(34) 宋公明只因要来投奔花知寨,<u>险些儿死无葬身之地</u>。(《水浒全传》)

其他的"评价"例句,与能力/目标否定式相反:评价式或者是 An 式,或者是 Nn 式(取决于有没有冗余的否定词)。"评价"式可分为两种:

1) 出现一个具有主观评价的行为或结果,如下面的"辱没、枉冤"都是一种针对他人的行为,"殿尾"则是一种结果,"错交"是与人相交,所以从本质上讲也可以看成行为的发生和结果的出现,不过它们都具有褒贬性和情感性,是消极的结果。

(35) a. 炀帝笑道:"<u>险些辱没了天人</u>,乃在殿脚女里面。"(《隋代宫闱史》)

b. 柳、田、石、张七位夫人的一队到了山脚,走上水埠,一齐笑道:"<u>险些儿殿尾</u>。"(《隋代宫闱史》)

c. (丑)公公,<u>险些错枉冤了人</u>。(《全元曲》)

d. 子胥默然叹曰:"<u>险些错交此士</u>,特怯妇之徒,何足道哉?"(《周朝秘史》)

这种结果也涉及"命运岔路":存在一个时间,在这个时间出现的情况将决定最后的结果,一旦此时选择了一条路径,那么后面在相当长的一段时间里这一结果就定下来了。例如当说了什么坏话时,冤枉的后果就出现了,而且在一定时间里都有效。

2) 一些行为,它一定会或已经发生,如"跑一趟、与他相见、费了栽培之力"等都发生或将发生,但是行为的方式是主体可以控制的,主体的控制也会决定对行为的评价,是"白跑"还是"不白跑","失礼"还是"有礼","枉费"还是"不枉费":

(36) a. 我真糊涂了! <u>险一些儿白跑一趟</u>。(《汉代宫廷艳史》)

b. 若不是观世音菩萨知会我,<u>险些儿失礼于他</u>。(《三宝太监西洋记》)

(37) 你那里肯道爱月夜眠迟,则这此情惟有月光知,<u>险些儿不枉费了我那栽培力</u>。(《全元曲》)——Nn 式

这些例子不是接近这些行为的发生,而是在行为发生时,某些因素使行为的后果出现分化,呈现两个决定性或选择性的方向:消极结局和积极结局,"险些"格式就是指在这一事件中相当地靠近消极结局的那条岔路,不过好在并没有走上这一岔路,最终还是达成积极的评价,或至少避免了消极的评价。

"评价"的消极性与"能力/目标否定"式的积极目标正好相反。帅志

嵩(2014)认为仅差格式整体意义有很强的消极倾向。按照这一倾向,"评价"的 VP 部分是消极意义,使用肯定的 An 式,或者使用 Nn 式(如例37);"能力/目标否定"的 VP 是积极意义,使用 Na 式,因为积极事件的否定变为消极。因此,"评价"与"能力/目标否定"虽然同为"命运岔路"语义模型所制约,但却呈现镜像关系。并且"评价"这一类型虽然例句很少,但也进一步加大了 Nn 式的优势,使 Na 式的使用频率下降。

3.5　Na1 和 Na2 的差异

为了区别两个不同的 Na 式发展路径,我们将颠倒事件称为 Na1式,能力/目标否定称为 Na2。评价则相应纳入 An 式和 Nn 式。

最初的(非典型)Na2 式实质是一种肯定式,如前面死亡的代称的例子,或者可以看成也是某种 Na1 式,如"险些儿抵挡不住"既可以看成从能抵挡到不能抵挡的"肯定状态→否定状态"的发展,也可以看成是没有达到抵挡目标。但是,两条发展路径毕竟是不同的,在后来的演化中,两条道路既相互交织,又存在区别:

1) 存在既符合路径 1 又符合路径 2 的例子。前面所说的例(22)(23)都是如此。再如李小玲(1986)的例子:

(38) 差点儿没来得及赶上火车。——Na

行为主体或说话者的目标就是赶上火车,这符合能力/目标否定要求。赶车的经历一般是开始有充裕的时间,但后来时间越来越紧张,在某个临界点后就没有时间了,故发展的方向是从"来得及"向"来不及"(肯定状态→否定状态),符合颠倒事件的要求。

2) 存在不符合路径 1 但符合路径 2 的例子。如把例(38)稍微修改一下:

(39) 差点儿没赶上火车。——Na

同理,行为主体或说话者的目标不变,依然是赶上火车,这符合能力/目标否定要求。但是后面"否定词+VP"不再讨论"来不来得及"的问题,而是直接讨论"赶上/没赶上"的问题,显然,不能说此前是"没赶上",后来发展为"赶上";"没赶上"和"赶上"都是结果,分别代表两条对立的命运岔路,在某一关键时间点,相当地靠近~VP"没赶上"的那条命运岔路,不过好在并没有走上这一岔路,最终还是赶上了。

再如,"中了500万的大奖""房子烧着了""人死""当老师""举起石头"都有一个突然的变化界点;而"没中500万的大奖""房子没烧""人没死""没当老师""没举石头"都是长期存在的状态,事物天生如此,所以无界。这些事件既然是单向性的,一般就不能用于Na1式。但是,如果说话者或行为主体的目标就是要中大奖、把房子烧着、让某人死、当上老师、举起石头,那么就可以是Na2式,此时可以说"差点儿没中500万的大奖(中了)、差点儿没把房子烧着(烧着了)、他差点儿没死(死了)、他差点儿没当老师(当了)、差点儿没把石头举起来(举起了)"。曾经有学者认为这些句子不能说,显然是没有考虑到这些特殊的情况。

3) 存在不符合路径2但符合路径1的例子。

比如正在下雨,突然天空出现阳光,雨也越来越小,于是我们预期会停止下雨,谁知过了一会儿又下了起来,有人说:

(40) 刚才差点儿(就)不下雨了。——结果是雨没停,继续下雨。

在这一特定场景中,事物是从下雨向不下雨发展的(肯定状态→否定状态),但"下雨"不是说话者的意愿结果或目标,而且谁也没有让雨停下来的能力,所以不存在能力/目标否定。

再如前面例(26)"中国队这次打得很好,差点儿没输"的例子,中国队总是输,是从输发展为不输;但是"输"当然不是中国队也不是说话者的意愿目标。

在现代汉语中,Na2是主流,如果只看到这一点,很可能会得出一个有缺陷的结论:仅差否定式,当VP表示意愿结果或目标,则是Na式;VP非意愿非目标,则是Nn式。

林娟、郭锐(2024)提出"目标说",他们认为:制约"差一点没VP"的"已实现/未实现"义的根本因素是"目标性",即VP表示的是否是施事或中心人物意欲实现的目标事件。他们认为,如果VP表达的事件是目标事件,则"差一点没VP"表示"VP已实现"(Na式),包括VP表示计划内事件(第二次俩人天不亮就去了,又差点儿挂上号)和表示某种正常状态,施事的目标是维持该正常状态(手里的碗差点儿没托稳)。如果VP表示的是非目标事件,则"差一点没VP"表示"未实现"义(Nn式),包括VP表示计划外事件(气得我差点没给他一巴掌)和表示需要避免发生的事件(差点没淹死)。

对于那些同时符合路径1和路径2,以及虽不符合路径1但符合路径2的例子而言,上述概括是相当有效的,而这两种覆盖了绝大多数例句,所以乍一看这一论述是很好的;但是,对于不符合路径2但符合路径1的例子来说,"意愿结果或目标"说就会失效。如前例,我们没法判断说话者是否把下雨当成目标,但可以判断中国队绝对不会把输当成目标,因此按照"意愿结果或目标"说,只能说"输"是非目标,那"中国队差点没输了"就只能是Nn式(最终没输),但实际上在本例中这是Na式(最终输了)。

这就是系统的复杂性:任何单一维度的解释都会出现反例,因为系统本身就是多个维度的复合。

4. 决定An、Nn和Na式语用适用性的条件

现在回到最初的那个吸引了汉语学界绝大多数人关注的任务:如何区分Nn和Na式,以及An式的合适不合适问题。

4.1 前人的观点和研究路线

根据鲁承发、陈振宇(2020),前人的观点大致可以分为两大类。

1) 企望类解释,根据时间先后分为:朱德熙(1959、1980)的"企望说",毛修敬(1985)和石毓智(1993)的"色彩说",侯国金(2008)的"合意说",袁毓林(2013:62)的"道义说",以及林娟、郭锐(2024)的"目标说"。

2) 常规类解释,根据时间先后分为:Biq(1989)的"常规说",渡边丽玲(1994)和杨晓宇(2011)的"意外说",杨子(2017)、鲁承发(2014、2018)、范晓蕾(2018、2019),以及干薇、陈振宇(2022)等的"预期说"。

"企望说及其变体"仍然是学界最被广泛认可的观点,但近来"预期说"异军突起,有后来居上之势。限于篇幅,本文不再详细介绍各家观点。

鲁承发、陈振宇(2020)认为,两种观点各有优劣,"'企望说'与'预期说'应该是相互补充、并行不悖的。'企望'与否是从'利害关系'角度考虑的,是基于主体自身的意愿、情感,是一种感性认识;'预期'与否是从'概率、规范'角度考虑的,是基于客体的规律,是一种理性认识。正常的人都期待事情'合情合理',而'合情'与'合理'未必完全一致,它们是我们认识世界的两个维度,'企望说'与'预期说'各取一端,因此,将两者综合,应当

更接近真相"。

　　其实,董为光(2001)、杨静夷(2004)、鲁承发(2014a、2018)、范晓蕾(2018,2019)以及干薇、陈振宇(2022)①,还有最新的林娟、郭锐(2024),其实质都是在做综合前人观点的工作,区别仅仅是选择的维度和复杂性上的差异。

　　本文支持预期说,并认为"预期"理论方面的突破,能更好地解决相关的问题,因为它是目前各家所引用的最复杂的一个语用学理论,最有可能囊括实际用法的各个方面。但目前来看,汉语学界绝大多数学者对"预期"范畴的认识还达不到解释复杂语义结构的要求。限于篇幅,这里仅举两个例子。

　　按范晓蕾(2018、2019),合乎语境预期的 VP 不能进入格式,如不能说"♯果然差一点考上清华"而需要说"竟然差一点考上清华"。但是,其实我们也可以这么说:"大家都知道他学习很好,果然,他这一次差点儿(就)考上清华了!"按照陈振宇、王梦颖、姜毅宁(2022),这一例子涉及小预期的实现:他学习很好,由此推出他可能考上清华,但是毕竟清华是很难考的,即使他的成绩再好,大家还是觉得概率较小,不敢肯定。所以现在他考出了好成绩,这是符合预期的,正预期信息用了"果然";但在另一个层面,考到接近清华的程度,分数之高是不符合预期的,反预期信息用了"竟然"。

　　再如"那一年我差点没下乡去了",当年上山下乡,大家都应该去,也大都会去,这是常规的,也是合理的,因此应该预期"我"也会去,按范晓蕾(2018、2019),这一句应该是 Na 式,即"我最终还是下乡去了";但实际上这是 Nn 式,庆幸说话者险些去下乡,但最终逃脱了。请注意,这是因为说话者个人的态度是极度不愿意下乡的,存在个人与时代大众的对立,在语言表达中,显然是说话者个人的心理因素在语言现象中起到更为主要的作用。

　　我们还发现这样一个例子:当年上山下乡时,我姐姐和大家一样积极要求去下乡,不过我妈却坚决反对,最终没下成。许多年后我妈还说:"你姐姐这人很倔强——那一年她差点没下乡去了!"(Nn 式)同样是个人预

――――――――

① 干薇、陈振宇(2022)明确将企望说和常规说融合在一起。

期,说话者预期(我妈)比行为主体预期(我姐姐)更重要。

除此之外,早期的研究者一般主要是讨论否定句问题。但后来的研究者开始将仅差肯定句和否定句视为同一机制作用的结果,希望找到适用于二者的统一的语用规则。渡边丽玲(1994)说"在说话人的心目中必需是一个比较不一般的、非寻常的事件",使得整个句式带有意外的语气,如一般不说"♯我今天差一点赶上了火车",是因为正常情况下我们都可以赶上火车(特殊情况可以说)。董为光(2001)提出了"偶发事件"的问题(董的"偶发",我们可以理解为非常规)。杨晓宇(2011)从渡边的观点向前走,认为"'差一点'所修饰的事件须对说话人具有意外感……这一'意外感'是由于事件的结果严重偏离了说话人的预期造成的"。他认为,在肯定式"差一点VP"中,VP是会让人感觉到意外的事,在否定式中,Na式中的"没VP"是能够激起说话人"意外感"的事件,而Nn式中的VP是引起"意外感"的事件,如"差一点没打碎/找你去","打碎、找你"令人意外。翟汛、鲁承发(2013),鲁承发(2014b),鲁承发(2018)也是统一解释的代表。

分析到现在,我们其实已经看到,仅差词语构成的格式是复杂的、多维的,必须一一厘清,并根据每种类型的具体情况来讨论。干薇、陈振宇(2023)是第一个这样做的,他们分了六种类型。下面我们基本按照这六种类型论述,但是一些细节则需要做出重要的修正。共分两个方面:

1) 汉语仅差 An、Nn、Na 三式的各个类型以及预期要求。

2) 预期的情态类型以及"统一预期理论"。

在论述之前,先简单介绍一下陈振宇、王梦颖(2021)的预期理论以及仅差语词在预期语篇中的位置。

4.2　预期理论与仅差语词的语篇位置

与仅差副词有关的预期语篇情况分为以下几种:

首先是无预期的客观报道,也就是言者直接对事物进行描述,这方面例子非常多,如:

(41) a. 过了几天,<u>他已经几乎把这件事忘得一干二净了</u>,友人来了,给他道谢。

b. <u>几乎还是个毛孩子</u>的年轻民警相当老成地慢悠悠说……

c. 假若我能在这里混上几年,我敢保说至少我可以积攒下个棺材本儿,因为我的<u>饷银差不多等于一个巡官的</u>,而到年底还可以拿一笔奖金。

d. <u>他们和方枪枪差不多同龄</u>,但都没上保育院,方枪枪一个也不认识。

e. 一类是铁陨石,<u>差不多全部是由铁、镍等元素组成</u>。

当有预期时,陈振宇、王梦颖(2021)说,语篇中一个完整的单一预期表达,包括四个部分:条件 O、预期 P(M|O)、当前信息 P(M)和预期性。仅差副词的用法应该分为两类。

第一类,仅差副词一般用在当前信息部分。请注意,反差副词在当前信息部分时,几乎全都是反预期信息,封闭语料库还没有见到正预期的例子。

在表达情感性命题时,仅差副词及其小句语义凸显,具有语篇的焦点性。陈玉洁(2004)说"差不多"是焦点敏感算子。我们认为,其实其他仅差格式也都是。因为在预期性语篇中,当前部分才是语篇的焦点部分(新信息),而仅差副词都约束着后面的焦点成分。

与这些当前信息对比的预期,一般是隐性预期,即没有在语篇中表达出来,在语境中隐含但可以根据上下文而得到解释。干薇、陈振宇(2023)据此认为,汉语仅差副词在使用时,如果是有预期的,这一预期经常是类指条件下的预期。陈振宇、王梦颖(2021)说"以普遍状态作为条件的预期,称为'类指条件'下的预期,简称'类指预期'(kind-denoting expectation)。普遍状态 O,其取值不确定,但 P(M|O)[①]的取值却趋于恒定,或者说,在一般的情况下(在某个类的范围内),无论 O 取值是什么,都可以得到一个比较确定的 P(M|O)值"。类指预期具有如下性质:类指条件是

---

① P(M|O)指预期的概率值。

社会中的"一般情况",具有非特定性,故是无定的,都具有通指性(generic),指条件通常是隐性的(普遍的、通指性的规律容易为人们所忽视,就像空气被人所忽视一样),不在语篇中出现。

如下各例:("【 】"表示语篇中没有出现,但对解读来说至关重要的隐含部分。括号内的内容是笔者分析时补充进去的)

(42) a. 实际上,【一家企业起码要能生存下去(意愿/认识预期)】<u>当时苹果差点就难以生存</u>(当前信息)。——反预期

   b. 在成都,【茶馆不是生活必需的,一般的城市中并不普及(认识预期)】<u>几乎每条街都可以看到茶馆</u>(当前信息),其对市民的日常生活至为重要,茶馆生活成为这个城市及其居民生活方式的一个真实写照。——反预期

即使没有情感性,仅差副词也仍然可以与预期性语篇有关。最常见的位置也是在当前信息部分,如表达主观大量:

(43)《墨子》一书的本身,【兵书应该攻守兼备,而且一般进攻的内容更受重视(认识预期)】<u>差不多有九篇是讲防御战术和守城器械</u>(当前信息)。——主观大量/反预期

第二类,仅差副词用于推断语篇的条件部分。这又分为两种:

其一,用来进行推理,直到推出预期结果为止,但不管是否与当前信息相符,或者说,此时当前信息对言者来说不重要或被忽视。如:

(44) 你所碰到的困难,<u>几乎没有人能够跟你分享</u>(条件),所以你要自己一个人去解决这些问题。——道义预期

但这种用法例句极少,在封闭语料库中没有见到。

其二,仅差副词用于条件部分,用来和其他当前信息或其他预期对比,此时,该小句是语篇的前提或背景部分,仅差副词不具有语篇的焦点性,不过可以有情感性,如例(45a);也可以没有情感性,如例(45b);或者难以判断是否有足够的情感性,如例(45c):

(45) a. 两年前,在第42届世乒赛上,<u>蔡振华率领的中国男队就差一点击败瑞典队</u>(条件1)【应该感到骄傲(道义预期1)】。但不管怎么说,最后还是站在领奖台亚军的位置(条件2)【不应该感到骄傲(道义预期2)】。

    b. 如广州市和南美洲古巴首都哈瓦那差不多在同一纬度上（条件），【气温应该也差不多（认识预期）】但两地1月份平均气温要相差8℃左右，广州冷，哈瓦那暖（当前信息）。

    c. 到了秋天，在那几乎看不到泥土的细缝里（条件），【一般不会长出植物（认识预期）】竟然长出一丛丛三四尺高的小白花来（当前信息）。

    这种用法，"几乎"最多，"差不多"次之，其他副词几乎没有（偶见），在封闭语料库中没有见到。

    除了反预期信息，也有正预期信息，虽然数量很少，如：

（46）可哪里知道，由于他们这代人从小坐车，车感几乎是天生的（条件）。【应该很容易上手（认识预期）】果然，今天第一次抓住方向盘，可半个小时后，他竟然在乡村路上左拐右转了（当前信息）。
（《杨恒均博客》）

    下面用 An 式为例来进一步阐释仅差副词的焦点与预期功能。在预期性语篇中（仅差副词用于当前信息部分），"极差词语＋VP"内有两个不同的意义：【意义一】没有达到 VP；【意义二】一度极为接近 VP。

    可以分别以两种意义为焦点意义，分别具有不同的预期结构，并且都有积极和消极的配置，但是并不均衡，其中有的类型涉及更多的因素，也就是需要两个预期结构，是有标记的用法。

    沈家煊（1999/2015:91）认为，对"差点儿 VP"来说，当重音在"差"上时，如"黑桃╲差点儿全了"，焦点意义是"没达到实现 VP"，特殊情况下重音在"点儿"上，如"黑桃差╲点儿全了"，焦点意义为"接近 VP"。实际上，第二句的重音会延续到后面的"全"上。我们认为，第一句是凸显"差"，即没有 VP；而第二句是凸显距离很短或凸显接近的目标，所以是凸显"十分接近 VP"的意思。

    1）凸显【意义二】，以 VP（一度极为接近 VP）为情感焦点，这是最常见的肯定式，可以称为"An1"，如：

（47）害怕不安：我差点（就）摔倒（了）！
    条件 O　一般情况
    预期 P(M|O)　【不希望摔倒】　——意愿预期

当前信息 P(M)　(因为某个原因)我差点(就)摔倒(了)(极为接近摔倒)。

预期性　反预期信息

(48) 高兴:我差点(就)考了第一名!

条件 O　一般情况

预期 P(M|O)1　【希望考第一名】　——意愿预期

预期 P(M|O)2　【我一般来说考不到第一名】　——认识预期

当前信息 P(M)　(因为某个原因)我差点(就)考了第一名(极为接近第一名)。

预期性1　正预期信息

预期性2　反预期信息

(49) 非常规(中性情感):听到这句话,我差点(就)跳了起来!

条件 O　一般情况

预期 P(M|O)　【一般不会跳起来】　——认识预期

当前信息 P(M)　(因为听了这句话)我差点(就)跳了起来(极为接近跳起来)。

预期性　反预期信息

可见,"害怕不安"和"非常规"是无标记的,"高兴"是有标记的。因为"高兴"必须涉及两个预期结构,既有正预期,也有反预期,只不过反预期更为凸显而已。

2) 凸显【意义一】,以整个"差点＋VP"表达的命题,也即～VP(没有达到 VP)为意外或反预期的情感焦点。这种肯定式不常见,但不是没有,可以称为"An2",如:

(50) 庆幸侥幸:唉! 我差点(就)摔倒(了)!

条件 O1　一般情况

条件 O2　当时的情形

预期 P(M|O)1　【不希望摔倒】　——意愿预期

预期 P(M|O)2　【在当时的情形下,很容易或很可能摔倒】　——认识预期

当前信息 P(M)　(因为某个原因)我差点(就)摔倒(了)(没摔倒)。

预期性 1　正预期信息

预期性 2　反预期信息

(51) 后悔遗憾:唉! 我差点(就)考第一名(了)!

条件 O　一般情况

预期 P(M│O)　【我希望考第一名】——意愿预期

当前信息 P(M)(因为某个原因)我差点(就)考第一名(了)(没考第一名)。

预期性　反预期信息

可见,"后悔遗憾"是无标记的,"庆幸侥幸"是有标记的,因为"庆幸庆幸"设计两个预期结构。另外请注意,当 VP 是常规的事时,不能配置"没有达到"的焦点。

表 3　有预期时仅差格式的预期语篇类型

	XP 消极	XP 积极	XP 非常规(中性情感)
An1 接近 XP	无标记(害怕不安)	有标记(高兴)	无标记(非常规/中性情感)
An2 没有达到 XP	有标记(庆幸侥幸)	无标记(后悔遗憾)	

其中有两个无标记的用法都是消极的,这也是仅差格式在语用色彩中,极大地倾向于消极色彩的原因,也就是接近消极 XP 和没有达到积极 XP,它们语义结构简单,用例很多;接近积极 XP 和没有达到消极 XP 是有标记的,语义结构复杂,用例很少。

另外,当格式有两个预期结构时,最终的语用意义,是以反预期信息来决定的。

请注意,袁毓林(2013)只有"庆幸"和"遗憾"两种,他的"庆幸"大致相当于本文的"害怕不安+庆幸侥幸","遗憾"大致相当于本文的"后悔遗憾"。他的统计数字是:"差点儿(没)VP"句式表示庆幸意义的 385 例,占 92.381%;表示遗憾意义的 1 例,占 0.24%;表示庆幸还是遗憾不明确(但倾向于表示庆幸)的 27 例,占 6.506%。

实际上,"几乎、差不多、险些"用在有预期的语篇中时,也都是反预期,且主要是害怕不安那一类,后面我们会给出统计。

(52) a. 先生差不多要哭了。

b. <u>唐先生的鼻子几乎要被气歪了</u>,可是不敢发作,他还假装的笑着,说:……

c. 有的力怯女郎松手时还一趔趄,<u>险些一头栽到花篮里</u>。

4.3 汉语仅差 An、Nn、Na 三式的各个类型以及预期要求

4.3.1 An 式

实际使用频率大小是:An1>>>An2。

表 4　An1 式和 An2 式的区别

仅差＋VP		An1 式	An2 式
例句		他被什么绊了一下,差点儿摔上一跤!(如此接近摔跤让人惊扰。) 他历来成绩不好,但这次如有神助,竟然差点儿考了一百分!(他一个成绩不好的人如此接近一百分,令人惊讶。)	他紧赶慢赶,结果还是差点儿赶上火车!(努力但最终没有赶上火车,让人遗憾。) 我差点摔倒,好在他扶了一把,真是太幸运了!
句法	插入"就"	可以"差点就摔了一跤""差点就考了一百分了"。	可以"差点就赶上火车了""我差点就摔倒了"。
	句尾"了/喽"①	可以"差点就考了一百分了"	可以"我差点儿就赶上火车了"。
语用	积极消极(道义)	当关注情感倾向时,VP 消极意义为主,偶见积极意义的。	当关注情感倾向时,～VP 消极意义为主,偶见积极意义的。或者说 VP 积极意义为主,偶见消极意义的。
	意愿/目标性(意愿)	当关注意愿/目标性时,VP 不是先在意愿确定的目标。	当关注意愿/目标性时,～VP 不是先在意愿确定的目标,VP 可以是可以不是。

---

① 周一民(2003)发现,Nn 式句尾常带有语气词"了"或"喽"。其实 An 式和 Na 式也有。我们认为这与感叹有关:"了、喽"凸显达到新事态的意义和价值。

续表

仅差＋VP		An1 式	An2 式
语用	常规性（认识）	当关注常规性可能性时，VP 非常规可能性小。	当关注常规性可能性时，～VP 非常规可能性小，VP 常规可能性大。
	能力性（能力）	当关注能力性时，VP 一般在能力范围之外。	
	语用效力	接近 VP。（VP 消极性—害怕不安）接近 VP。（VP 积极性—高兴）	没有达到或实现 VP。（VP 积极性—遗憾后悔）没有达到或实现 VP。（VP 消极性—庆幸侥幸）
	预期性	VP 为反预期事件。	～VP 为反预期事件。
韵律①	如果有停顿，停顿插入	可以在"差点"后。	倾向于在"差点＋VP"后：因为是合在一起作为焦点意义，所以"差点"和 VP 之间一般不停顿。

　　虽然都是"反预期"，但我们需要根据两种肯定式分别给出语用推理的规律：

　　① 在预期的各个情态维度（如意愿预期、能力预期、道义预期、认识预期等）中，如果 VP 能找到一个违反预期的情况被说话者关注，就可以用于"差点＋VP"的 An1 式；如果 VP 找不到一个维度与预期不符的情况，则不能用于 An1 式。

　　② 在预期的各个情态维度（如意愿预期、道义预期、认识预期等，但不包括能力情态）中，如果～VP 能找到一个违反预期的情况被说话者关注，就可以用于"差点＋VP"的 An2 式；如果～VP 找不到一个维度与预期不符的情况，则不能用于 An2 式。

　　为什么 An2 不考虑能力情态？是因为 An2 的～VP 不是意愿目标，能力就无从提起。能力范畴有一条规则"只有当 XP 是主体的意愿目标

───────────

　　① 我们发现，韵律是模糊的语法手段，受个体和场景差异影响很大，每种韵律模式都有大量的反例，所以仅供参考。

时,才需要考察主体实现目标的能力"。

4.3.2 Na 式

Na1 和 Na2 有很多相同的地方,如都必须将"没(有)VP"看作一个整体,"没(有)VP"本身必须成立;条件许可时都可插入"就",如"差点就没赶上火车""中国队差点就没输了"。实际使用频率大小是:Na2>>>Na1。

表 5　Na1 式和 Na2 式的区别

仅差+否定词+VP		Na1 式	Na2 式
例		——这包饼干不能吃了,保质期正好到昨天。 ——哎,就多了一天,差一点没过期哎!(过了。) 差点不相信自己的眼睛。	他慢腾腾地走,差点儿没赶上火车!(他去赶火车,但迟到了一点,差点没赶上,好在总算赶上了。)
句法	插入"能"	大多不涉及能力不能插入(♯差一点没能过期哎)。如果插入,在否定词前,"差一点就能不死了"。	条件许可时可插入 VP 前"差点儿没能赶上火车"。
	插入"就"	可以"差点就没过期了"。	可以"差点就没赶上火车了"。
	句尾"了/喽"①	可以"差点就没过期了"。	一般不行。"♯我差点儿没赶上了"。
语用	积极消极(道义)	没有情感倾向,VP 可以积极消极。	当关注情感倾向时,VP 积极。
	意愿/目标性(意愿)	没有意愿/目标性,~VP 可以是目标,也可以不是。	当关注意愿/目标性时,VP 是目标。
	常规性(认识)	没有常规性,VP 可以常规也可以非常规。	当关注常规性可能性时,一般来说 VP 常规。
	能力性(能力)	没有能力性,如果有目标则一般来说也在能力范围之外。	当关注能力性时,VP 一般在能力范围之内。

---

① Na1 式中,"否定词+VP"代表界点,界点的到达可以用"了"。但是 Na2 式中,"否定词+VP"否定结果/目标的达到,否定与"了"相互排斥。

续表

仅差＋否定词＋VP		Na1 式	Na2 式
语用	语用效力	接近～VP。（～VP 积极—高兴） 没有达到或实现～VP。（～VP 积极—后悔遗憾） 接近～VP。（～VP 消极—害怕不安） 没有达到或实现～VP。（～VP 消极—庆幸侥幸）	接近～VP。（～VP 消极—害怕不安） 没有达到或实现～VP。（～VP 消极—庆幸侥幸）
	预期性	可以无预期；如果有预期，VP 或～VP 都可能是反预期事件。	～VP 为反预期事件。
韵律	如果有停顿，停顿插入	在"差点"后。	在"差点"后。

Na2 式表示目标或能力的否定，一般而言，目标或意愿的结果 VP 都是言者或行为主体所希望的，认为是积极的（或至少不是消极的）事物，那么～VP 就是消极的。但是，有时需要考虑一些更为复杂的因素，例如：

（53）他高兴得差点没站稳（站不稳）/合不拢嘴。

"差点儿"管辖的"没站稳"等当然是行为主体不希望的事，但是这既不是后怕也不是侥幸，因为在外围的更大的事件是"高兴"，"没站稳"仅仅表达高兴的程度很高，因此无法说"高兴得站不稳"是消极的。

两种 Na 式存在诸多的差异，只有 Na2 必须有反预期语用推理：在预期的各个情态维度中（如意愿预期、能力预期、道义预期、认识预期等），如果"否定词＋VP"（～VP）能找到一个违反预期的情况被说话者关注，就可以用于"差点＋否定词＋VP"的 Na2 式；如果～VP 找不到一个维度与预期不符的情况，则不能用于 Na2 式。

Na1 式（颠倒事件），从理论上讲，要自由得多，只需要满足一个要求："否定词＋VP"（～VP）在事物发展的方向上作为界点而存在。当然，在实际语料中，我们也发现存在一定的倾向性，如前面所说的例子：

(54) a. 我二大爷差点儿(就)没死了。

　　b. 差一点(就)没过期哎!

　　c. 这次比赛中国队表现很好,<u>差点儿没输了</u>。

这些例子中的 VP"死、过期、输"都是说话者或行为主体不希望发生的事,不是其意愿结果或目标,就是在其能力之外的事情(但是否常规不好判断),它们的发生都是反预期的。

但是,我们也发现相反的例子,如下面的~VP"没呼吸、不相信自己的眼睛、无法守住"才是说话者或行为主体不希望发生的事,它们的发生才是反预期的:

(55) a. 她差点儿(就)没呼吸了。

　　b. 我差一点不相信自己的眼睛!

　　c. 差点儿就无法守住了。

还有一些例子很难说是否有预期,如"刚才差点就不/没下雨了"。有鉴于此,我们认为 Na1 式的成立与否主要受方向性和有界性的制约,也可以从中分出 Na1-1(制约条件同 An1),如"差点就没死了",以及 Na1-2(制约条件同 An2),如"差点儿就没呼吸了"。

4.3.3　Nn 式

干薇、陈振宇(2022)提出有一般的 Nn1 式,以及有截搭构造的 Nn2式。后者指沈家煊(1999/2015:89)得"黑桃差点儿全了,(但)没全。→黑桃差点儿,没全。→黑桃差点儿没全"。周一民(2003)的一些例子也应该做这一解读,与 Nn1 式不同,Nn2 在"差点儿"和"否定词+VP"之间可以稍作停顿:

(56) a. <u>这次考试差点儿没及格</u>,我要把最后那道题答上就好了。——没及格。

　　b. <u>那本书儿我差点儿没买着</u>,到我前一个人正好没了。——没买着。

　　c. <u>那趟车差点儿没赶上</u>,到车门跟前儿时候儿门关了。——没赶上。

　　d. <u>那辆车差点儿没修好</u>,最后还是报废了。——没修好。

表 6　Nn1 式和 Nn2 式的区别

		Nn1 式	Nn2 式
	例	他被什么绊了一下,差点儿没摔上一跤!(他不小心差点儿就摔下去了,但总算没摔跤。)	他紧赶慢赶,可惜还是差点儿(,)没赶上火车!(他努力去赶火车,但差了一点,结果没赶上。)
句法	插入"能"	不能插入。	条件许可时可插入 VP 前"差点儿没能赶上火车"。
	插入"就"①	不能插入。	不能插入。
	谓语的句法独立性	"没(有)VP"本身不必成立。②	"没(有)VP"本身必须成立。
	句尾"了/喽"③	可以"差点没被他气死了"。	一般不行。"♯差点儿,没赶上了"。
语用	积极消极(道义)	当关注情感倾向时,VP 消极意义为主,积极意义也有。	当关注情感倾向时,VP 积极,因此～VP 消极。
	意愿/目标性(意愿)	当关注意愿/目标性时,VP 不是先在意愿确定的目标。	当关注意愿/目标性时,VP 是目标。
	常规性(认识)	当关注常规性可能性时,VP 非常规。	当关注常规性可能性时,VP 常规。
	能力性(能力)	当关注能力性时,VP 一般在能力范围之外。	当关注能力性时,VP 一般在能力范围之内。
	语用效力	接近 VP。(VP 消极—害怕不安) 接近 VP。(VP 积极—高兴) 没有达到或实现 VP。(VP 消极—庆幸侥幸)	没有达到或实现 VP。(VP 积极—后悔遗憾)
	预期性	VP 为反预期事件。	～VP 为反预期事件。

---

① 朱德熙(1959)、马庆株(1992)、蒋平(1998)、董为光(2001)、刘永耕(2006)等都说,反常 Nn 格式的"没"前不能插入"就",以此作为区别性标记。这也说明此时"差点儿＋没"是一个紧密的句法整体,故中间不能插入。

② 袁毓林(2013)提出一个证明:"没 V 了 O/C"本来不能说,如"♯没有叫了起来",但在这一构式中却可以说"差点儿没有叫了起来",说明"差点儿没有"是一个整体。

③ Nn1 式中,达到界点可以用"了"。但是 Nn2 式中,"没 VP"否定目标的达到,否定与"了"排斥。

续表

		Nn1 式	Nn2 式
韵律①	如果有停顿，停顿插入。	"没（有）"后，"差（一）点（儿）没（有）"是一个整体。	"差点儿"后，"没（有）VP"是一个整体。因为是前后两个小句合在一起的，所以断开的话应该恢复原样。

同理，需要根据两种 Nn 式分别给出语用推理的规律：

第一，在预期的各个情态维度中（如意愿预期、能力预期、道义预期、认识预期等），如果 VP 能找到一个违反预期的情况被说话者关注，就可以用于"差点＋否定词＋VP"的 Nn1 式；如果找不到一个维度与预期不符的情况，则不能用于 Nn1 式。

第二，在预期的各个情态维度中（如意愿预期、能力预期、道义预期、认识预期等），如果"否定词＋VP"（～VP）能找到一个违反预期的情况被说话者关注，就可以用于"差点＋否定词＋VP"的 Nn2 式；如果找不到一个维度与预期不符的情况，则不能用于 Nn2 式。

把上述六种情况概括起来可以得到以下推理路径：

由表 7 可以看到，从反预期出发，可以很好地区分汉语各种仅差格式。但存在一种复杂的局面即 Na1 需要进一步分成不同的类型考察，Na2 和 Nn2 式则处于相同的区间，也需要更多的条件来区分。这也是任何一个单一的语用限制条件总是有例外的原因，从最初的"企望说"到最新的"目标说"都可以找到反例。

---

① 李小玲（1986）、王还（1990：12）都认为，可以从停顿、重音和轻声上来区分两种"差点儿（没）VP"格式。不过从他们所用的例子看，基本只涉及我们表中的 Nn1 式，而另一种 Nn2 式没有注意到。周一民（2003）是提到 Nn2 式最多例子的文章，不过他的韵律观点基本与李小玲（1986）一样，说 Nn 式中"没"读轻声，后面的动词部分为重音焦点；Na 式中"没"读重音。但这并不意味着 Nn2 式也是如此，因为周在讨论性质时，又回到朱德熙的典型例子"差点儿没进去"，而不是他所提到的"这次考试我差点儿没及格，我要把最后那道题答上就好了"。我们请北京人读这句，发现这里"没"不能是轻音（当然，还需要更多的考察）。目前来看，还没有可信的韵律特征来区别相关格式，它们远不是那么明显和整齐，很可能在语音上区别不开。相比而言，李小玲的说法更好一些。

表 7 "差点"仅差式的语用推理规律

	差点＋VP	差点＋否定词＋VP
在预期的各个情态维度中(如意愿预期、能力预期、道义预期、认识预期等),VP 至少能找到一个违反预期的情况被说话者关注。	An1 式	Na11/Nn1 式
在预期的各个情态维度中(如意愿预期、能力预期、①道义预期、认识预期等),"否定词＋VP"(～VP)至少能找到一个违反预期的情况被说话者关注。	An2 式	Na12/Na2/Nn2 式

不过,在实际语料中,这一麻烦并不严重。根据前面的调查,相比而言,Na2 和 Nn1 是常见的,Na1 和 Nn2 罕见。如果把 Na1(颠倒事件)和 Nn2(截搭)忽略不计的话,我们大致可以得到一个简化的判断方案:

表 8 "差点"仅差式(简化)的语用推理规律

	差点＋VP	差点＋否定词＋VP
在预期的各个情态维度中(如意愿预期、能力预期、道义预期、认识预期等),VP 至少能找到一个违反预期的情况被说话者关注。	An1 式	Nn1 式
在预期的各个情态维度中(如意愿预期、能力预期、道义预期、认识预期等),"否定词＋VP"(～VP)至少能找到一个违反预期的情况被说话者关注。	An2 式	Na2 式

如果不做这样的简化,就会有歧解,如:

(57)中国队差点没输了。——输是违反意愿的。

Nn1:接近输球,但总算没输。Na1:一直输球,但在向没输发展,差一点达到这一目标(实际还是输了)。不过,韵律可以辅助判断,Nn1 式停顿在"差点没"后,Na1 停顿在"差点"后。

---

① 这一个括号是因为对 An2 式而言,不需要考查能力预期。下同。

(58) 我差点儿没考上大学。——没考上是违反意愿的

Na2:接近没考上,但总算考上了。Nn2:解读为我差了点儿,因此没有考上。不过,Nn2式可以有特别的停顿,"我差点儿(,)没考上大学"。这也可以辅助判断。

下面是仅差格式的类型归纳:

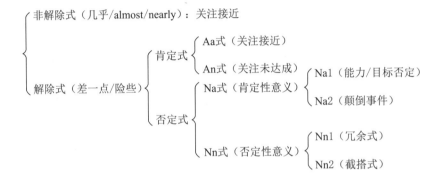

4.4 统一预期理论

所谓"统一预期理论",即是针对此前被忽略的某些预期种类而言的。

有的学者坚持用单一的维度来解释语言现象,如袁毓林(2013)提出"差点儿没有"是一种表示道义情态(deontic modal)的格式;其表达方式与这种表达内容之间的匹配关系,受到汉语使用者社团(即中国大部分人口)及其文化中的一般公认的道德规范和行为准则的约束,涉及公众对事件或行为好还是坏、是否应该期望等的评价。鲁承发(2014b)则用例子说明只使用道义预期存在不足:

(59) 有一次,独眼龙打抢老百姓,被史更新打了个落花流水,<u>差点没把他给捉住活的</u>,吓得他屁滚尿流得跑了。

打埋伏的人当然是希望能活捉独眼龙,从道义上讲这也是应该做的事,但这里不是 Na2 式,而是 Nn1 式(接近但是没有活捉)。因为这里关注的不是道义预期或意愿预期,而是认识预期:直接在战场上活捉敌方将领是极小概率的事。

最近的研究都是多维度综合的路线。如鲁承发(2018)说的"预期"

是指选择"高可能事态",排斥"低可能事态","差一点"构式表达"反预期事态几乎实现而未实现"和"预期事态几乎不能实现而最终实现"的意义。"可能性"认识是预测或"认识预期"的内容。不过他承认存在"不可预期事态",这时需要语境信息来帮助做出选择,因此又谈到"社会规范"问题,如"没按时上班""没考及格(不可预期事态)"不符合社会规范,所以归入了反预期。这种社会规范也就是 Lakoff(1987:81)说的"社会固有模式",即反映了社会的"正常期望"(normal expectation),也就是"道义预期"。

范晓蕾(2018)提出的"语境预期"(contextual expectation),指特定语境里说话双方预先持有的信息,是对"事件实现的可能性或合理性"的预期状况。显然,这和鲁承发一样,涉及的也是"认识预期"(可能性)和"道义预期"(合理性)。

干薇、陈振宇(2022)认为,在讨论某个有意志的主体达成目的的能力时,有两个必不可少的预设:①该目的是该主体的意愿/道义目标,对他来说必须是"合理"或"合愿望"的选择。②该目的是符合社会常规的,有实现的依据,总之是有可能达成的。如果一件事根本不可能达成,那就无所谓能力问题。干薇、陈振宇(2022)因此给出区分 Na 式还是 Nn 式的条件:当不能构造从 VP 到"没/不 VP"的发展方向时(先排除 Na1 式),对仅差否定格式而言,①既不违反意愿/道义条件,也不违反可能条件的事件 VP 或 VR,可以充当行为目标,进入 Na 式。②只要其中有一个条件不满足,或者该事物是主体(社会)不希望或认为不应该发生的事,也就是非意愿/道义事件,或者根本就是一般情况下不可能达成的事件,否定式就是 Nn 式。

林娟、郭锐(2024)的"目标性",包括 VP 表示计划内事件(也是道义和意愿预期)和表示某种正常状态(认识预期),其实也是同样的思路。

前人的解释还没有涉及肯定 An 和 Aa 格式的问题,而且主要是针对 Na2 和 Nn1 的区分而言,没有考虑 Na1 和 Nn2,也没有清楚地区分预期的各个情态维度,只是粗略地分为两大类。但毕竟是一个较大的进步。

陈振宇、王梦颖(2021)说"'预期'表达的是某个认识主体的预先估计或希望等心理状态或主观态度,并不是在报道事物的情况,都是非现实的。可以用'(X)猜/认为/希望'等来标出认识主体 X……预期本身应该加上与情态(modality)有关的语词"。因此,预期可以根据情态的类型分类,例如分为意愿预期、能力预期、道义预期和认识预期等。我们将它们统一考虑,称为"统一的预期理论"。

暂时排除 Na1 式(颠倒事件)和 Nn2 式(截搭式),我们可以把表 8 的 An1 和 An2 式、Na2(能力/目标否定)和 Nn1 式(冗余式)一起称为"感叹式",包括"差一点+VP"和"差一点+否定词+VP"两种构式。感叹的焦点是一个反预期的意外情况,绝大多数是消极的感叹句,也可以有极少数积极的。这符合陈振宇、杜克华(2015)"意外三角"理论的规律:意外极大地倾向于表达语用否定,也就是意外者会倾向于认为,引起意外的焦点信息(当前信息)是不合理的,但有反例。"不合理"决定了是消极的。不过,当句中有明显的积极或者排除消极的词语或语义时,就会阻止导向语用否定,而只表达纯粹的感叹。

根据前面表 8,只要说话者在意愿、能力、道义和认识等各个情态维度找到并关注一个方面的反预期就可以运用相应的仅差副词:

如"差点儿没赶上火车",对说话者或行为主体而言,"没赶上火车"(~VP)是不希望的事(意愿预期),如此接近"没赶上",造成意外,按照表 8,是 Na2 式。如"他差点儿没死了",对说话者而言,在当前的情况下,一个人突然死亡(VP),一般是不可能的、概率极低的事件(认识预期),如此接近"死亡",造成意外,按照表 8,是 Nn1 式。如"他得意得差点儿没飞上天去",对说话者而言,在当前的情况下,一个人并不具有飞上天(VP)的能力(能力预期),如此接近"飞上天",造成意外,按照表 8,是 Nn1 式。

下面用上述规律解释学术文献中提到的各种例子(仅就感叹式而言)。

4.5 否定式

先看 Nn1 式的情况,包括:[①]

1) VP 至少违反意愿预期。

(60) a. 朱德熙(1959):他被什么绊了一下,差点儿没摔了一跤。——

---

① 例句前的"朱德熙(1959)"等是引述例句的出处。下同。

不希望摔跤。

　　b. 董为光(2001)：差点儿没吃错药。——不希望吃错药。

　　c. 范晓蕾(2018)：这么简单的字,他竟然差一点没写错。——不希望写错。

2) VP 至少违反道义预期。

(61) a. 石毓智(1993)：你在朝鲜战场是个怕死鬼! <u>我差点儿没有枪毙你</u>! ——不应该贸然杀人。

　　b. 这么重要的文件,他竟然差一点没写错了。——重要的文件不应该写错。

　　c. 董为光(2001)：差点儿没乐得他跳起来。——在这样的场合中"跳起来"是不应该做的,因为有失庄重,或者有可能得罪他人,等等。

　　d. 董为光(2001)：差点儿没睡到十二点。——十二点都中午了,不应该睡这么久,这太违背日常行为准则。

　　e. 董为光(2001)：差点儿没吃错药。——不应该吃错药。

　　f. 鲁承发(2014)：马先生的手,差点儿没贴着她的胸脯儿。她的头发,<u>差点没挨着他的衣裳</u>。/<u>差一点没和那漂亮女人做成一回好事</u>。——这两句都理解为男女调情或性爱之事,在中国传统社会文化中是不应该做的事。

3) VP 至少违反认识预期。

(62) a. 石毓智(1993)：你在朝鲜战场是个怕死鬼! <u>我差点儿没有枪毙你</u>! ——指挥员贸然杀人在我军是极小概率的事件,一般不会发生。

　　b. 董为光(2001)：我差点儿没拣了一个便宜。——天上掉馅饼的事概率极低,一般不会发生。

　　c. 周一民(2003)：那老王八蛋上回差点儿没死喽,住了半年院又还阳了。——人一下死去,是小概率的事件,不大容易发生。

　　d. 程饶枝(2007)：我差点儿没高兴死/乐死/笑死/乐蒙/乐抽了/乐疯了/乐傻了/乐桌子底下去/舒服死了! ——"死、蒙、疯"等都是一般不可能实现的事,概率极小。

e. 鲁承发(2014):守门员后场一脚长传,球<u>差一点没踢进对方的</u>
<u>大门</u>。——说话人认为守门员一脚把球开入对方大门的概率
极低,几乎不可能。

f. 范晓蕾(2018):"听说你在香港买彩票了,怎么样?""哎,特刺
激,<u>我差一点没中了六合彩呢!</u>"——一个人一般几乎不可能
中六合彩,因为概率太低。

g. 范晓蕾(2018):这么简单的字,<u>他竟然差一点没写错</u>。——
他是个正常的人呢,简单的字一般不会写错。

h. 这么复杂的字,<u>他竟然差一点没写对了</u>。——复杂的字一般
很难写对。

i. 范晓蕾(2018):我儿子平时学习成绩不好,可是上回考试<u>差一</u>
<u>点没考满分呢</u>。——说话者认为事件主体"我儿子"一般不会
考到满分。

j. 大妈往外一指,我一看,正是我媳妇来了,当时高兴得我呀,<u>差</u>
<u>点儿没翻俩跟头</u>,一个箭步就冲过去了!——一个人基本不
会突然跳起来翻跟头。

4)VP 至少违反能力预期。

(63) a. 这么复杂的字,<u>他竟然差一点没写对了</u>。——复杂的字,他一
般没有能力写对。

b. 范晓蕾(2018):我儿子平时学习成绩不好,可是上回考试<u>差</u>
<u>一点没考满分呢</u>。——说话者认为事件主体"我儿子"一般
不具有考满分的能力。

c. 大妈往外一指,我一看,正是我媳妇来了,当时高兴得我呀,<u>差</u>
<u>点儿没翻两跟头</u>,一个箭步就冲过去了!——我不具有翻跟
斗的能力。

请注意,有的例句完全可能同时违反两个甚至更多的维度,这种同时
涉及多个维度的情况在下面的各个类型中都可能出现。

再看 Na2 式的情况,包括:

1)~VP 至少违反意愿预期。

(64) a. 李小玲(1986):差点儿没来得及赶上火车。——行为主体或

说话者希望来得及赶上火车,也即是来不及赶上是违反其意愿的。

  b. 董为光(2001):差点儿没买着。——行为主体或说话者希望买着,没买着违反意愿。

  c. 董为光(2001):敌人差点儿没进包围圈。——说话者是站在设伏者的立场的,对设伏者而言,希望敌人进包围圈,敌人不进去是他不希望看见的结果。

  d. 董为光(2001):差点儿没按时吃药。——行为主体或说话者希望按时吃药,没按时吃药会影响病情,非其所愿。

  e. 董为光(2001):我差点儿没拣到这个便宜。——行为主体或说话者已经看见一个便宜的事物,希望得到它,没捡到是不希望的。

2)～VP 至少违反道义预期。

(65) 董为光(2001):差点儿没按时吃药。——行为主体或说话者认为应该按时吃药(否则会影响病情),没按时吃药是不对的。

3)～VP 至少违反认识预期。

(66) a. 董为光(2001):差点儿没买着。——一般情况下有很大可能买到,没买着是不大可能的事。

  b. 董为光(2001):敌人差点儿没进包围圈。——一般情况下一个自信的设伏者认为自己的布置有很大可能诱导敌人进去,敌人识破的可能性很小。

  c. 董为光(2001):差点儿没按时吃药。——按时吃药是个太简单的事,不按时吃药的可能性极小。

  d. 鲁承发(2014):对着空门,<u>球竟差一点没踢进去</u>!——一般情况下对空门踢进去是一件简单的事,有很大踢进去的可能,不大可能踢不进去。

  e. 范晓蕾(2018):这么简单的字,<u>他也差一点没写对</u>。——简单的字都写不对的可能性很小。

  f. 范晓蕾(2018):这次伊朗队发挥得并不好,<u>差一点没打败中国队</u>。——论足球,伊朗队比中国队强了许多,打不败中国队的可能性很小。

4)～VP 至少违反能力预期。

(67) 差点儿不上学了。——一般情况下,他没有"不上学"的能力,因为学生上学一事具有强制性。

前面的学者提出了很多有歧解的例子,我们需要说明歧解的来源,可以分为两种情况:其一,不同场景中,说话者关注的反预期的焦点维度不一样;其二,在同一场景中,很可能既符合 VP 的反预期性质,也符合～VP 的反预期性质。

(68) 董为光(2001):毕业的时候,我差点没当数学老师了。

例(68)有三种解读:① "我"是学数学的师范生,按理毕业后应该当数学老师,当时也必须服从分配,所以"我"一般不具有不当的能力。这是～VP 反预期,从这一点看是 Na1 式,即出现了某种特殊情况,导致"我"滑向反预期的"不当",不过并没有继续下去,最后还是当了。

② 与此同时,"我"个人内心不想当(数学)老师(或许是因为对数学或教书不感兴趣),想从事其他工作。这是 VP 反预期,因此又可以分析为 Nn1 式,即当时"我"必须服从分配,向当数学老师的方向发展,好在最终因为某种原因,"我"总算没有当,实现了"我"的意愿。

③ 换一个场景,"我"并非学数学的师范生,常规应该去做其他工作,而不是当数学老师。这是 VP 反预期,因此也可以分析为 Nn1 式,即当时由于某种原因拉"我"去教数学,好在最终还是遵循常规,没当数学老师。

①和②是同一场景中,VP 和～VP 都有可能反预期从而造成的歧解;①和③则是不同场景中不同条件导致的差异。请注意分辨二者的区别。在前人研究中,不同场景的情况非常常见,如:

(69) (球)差一点没踢进去。

如果说话者站在踢球的球队的立场,那么他们希望将球踢进去的,踢不进去(～VP)是反预期的,那么这句是 Na2 式,表示虽然有困难,但总算得偿所愿,踢进去了。但是,如果说话者站在防守的球队一边,他的认识却可能是相反的:他不希望球踢进去(VP),因此,说话者实际表达的是 Nn1 式,即曾经危险到对方要进球了,但好在危机已经解除,庆幸没踢进去。不同的立场代表不同的场景。

(70) 上个月我差一点没去上海。

朱德熙(1980)将例(70)解读为 Nn1 式,因为在朱德熙先生的那个时代,北京人去上海(VP)真心不容易,概率很低,一般也没有这一能力,所以此句意应为最终没去。如果主角是当下一位经常在北京和上海之间出差的人,那么从北京去上海很容易,"不去上海"或不能去上海(～VP)才是反预期的,这就可以解读为 Na2 式,最终还是去了。

(71) 狐狸差点儿没落入陷阱。

参看董为光(2001)的分析,狐狸自己是不想落入陷阱的,所以如果说话者是站在狐狸这一边的话,那么这句是 Nn1 式,表示虽然危险,但幸好没掉进去。但是,如果说话者站在猎人一方,在他的眼里,狐狸不落入陷阱才是反预期的,所以这是 Na2 式,表示差点儿偏离这一结果,好在最后还是成功了,狐狸终于落入了陷阱。

(72) 差点儿没考上北大。

假如考试者一向成绩非常地好,有很强的能力,考北大是完全可能的事,没考上才令人意外,那么这是 Na2,如"他一向成绩很好,这次却出了点小岔子,差点没考上北大",意为最终考上了。假如考试者虽然一向成绩很好,但对他来说,即使想考北大,自己的能力也不足够,考北大是小概率的事,那么这是 Nn1,如"他成绩很好,这次差点没考上北大",意为最终虽没考上,但已经很接近了,所以虽败犹荣。假如考试者一向成绩不那么好,对他来说,自己再超常发挥也不会考上北大,那么这是 Nn1,如"他成绩一向不大好,这次却超常发挥,竟然差点没考上北大",虽然最终没考上,但已经接近了,是超乎寻常的好结果。

我们再看看同一场景歧解的例子,此时不同的预期维度相互矛盾:

(73) 我今天差点儿没中六合彩。

参看范晓蕾(2018)的分析。我们认为,即使在同一场景中,也可能两个方面都满足,就看说话者关注的是哪个维度:"我"去买六合彩,当然希望中了,这是"我"的目标嘛,那么"不中六合彩"(～VP)才是反意愿预期的,据此是 Na2,意为虽有波折,总算是中了;但是另一方面,"我"也知道"中六合彩"(VP)是极低概率的事,违反认识预期,所以又是 Nn1 式,意为竟然真的差一点就中了(当然最后还是没中)。意愿预期和其他预期的矛盾是本次类最常见的类型。

(74) 我差点儿没和她结婚。

参看朱德熙(1980)的分析。我们这里看看"不希望和她结婚"这一场景中的情况:情况一是"我"不愿和她结婚,"和她结婚"违反意愿预期,是 Nn1 式,意为竟然真的差一点就结婚了(好在最后还是没结)。情况二的一种可能是,她早已和"我"订婚,按照当时的习俗,"我"必须和她结婚,"不和她结婚"是违反道义预期的,故是 Na2,意为虽然"我"不愿意,产生波折,但最后还是结婚了。

换一个场景,也可能有两方面的条件都满足的情况。如"我"希望和她结婚,"没和她结婚"违反意愿预期,是 Na2 式,意为差一点就没结婚了(好在最后还是结了);但是她早已和别人订婚,按照当时的习俗,"我"不能和她结婚,"和她结婚"是违反道义预期的,故是 Nn1,意为虽然"我"极力追求,差点和她结婚,但因为强大的习俗,最后还是没有结成。

4.6 肯定式

先看 An1 式(接近式)。包括:

1) VP 至少是反意愿预期的例子:

(75) a. 差点儿得了感冒。——不希望得感冒。

   b. 差点儿吃错了药。——不希望吃错药。

   c. 差点儿误了火车。——不希望误车。

   d. 差点儿打碎杯子。——不希望打碎杯子。

   e. 差点儿赶上大地震。——不希望经历地震。

2) VP 至少是反道义预期的例子:

(76) a. 差点儿把人打死了。——不应该把人打死,即使想也不行。

   b. 听了他的话,她觉得太荒唐了,<u>差点儿笑出声来</u>。——当着对方的面大笑,容易被理解成嘲笑,所以在这一场合中是不应该做的。

   c. 就你这样,<u>她差点儿把你扔到粪坑里去</u>。——你表现太差,她对你很有意见,想把你扔到粪坑里去,只不过因为把人扔粪坑太骇人听闻,是不应该做的事,所以才没有发生。

   d. 差点儿写上了自己的名字。——本来不应该写自己的名字,如机密文件什么的。

　　e. 刚才差点儿去看电影。/我差点儿自个儿去了,<u>险些错过大家
　　　伙</u>。——因为朋友来访,如果我去看电影了,就会错过,在老
　　　派的人看来,这是不应该的、失礼的行为。

3) VP 至少是反认识预期的例子:

(77) a. 他一个学数学的差点儿当了体育老师。——这种违反专业的
　　　事很少见。

　　b. 只见了一次面就差点儿成了张家的女婿。——如此迅速地
　　　定下婚事是小概率的事件。

　　c. 他这么弄来弄去的,<u>居然差点儿修好了</u>。——非专业的他把
　　　机器修好,是很罕见的事。再如"她居然差点儿打开了那把
　　　锁",她不是专业开锁的,是无意中差点儿打开了那把锁。

　　d. 他差点儿高兴死了。——一个人一般是不可能高兴而死的。

　　e. 联军差点儿攻占了敌人的首都。——攻占首都是很不容易
　　　的事。

　　f. 球差点踢进去。——足球,一般进球很不容易,概率很低。

　　g. 她居然差点儿当上县长。——一个基层工作者一般很难达
　　　到这一高度。

4) VP 至少是反能力预期的例子:

(78) a. 高兴得差点儿飞起来。——他不具有飞的能力。

　　b. 差点儿考了第一名。——他的学习能力一般难以达到第一名。

　　c. 差点儿把墙上打出一个窟窿。——个人的击打能力一般难以
　　　达到这样的效果。

　　d. 我差点儿就买得起衣服了!——我是一个买不起新衣服的
　　　穷人,不具有买衣服的能力,但我努力工作,终于接近"买得
　　　起"了,这是表示高兴的积极情感例子。

再看 An2 式(未实现式),包括:

1) ～VP 至少是反意愿预期的例子:

(79) a. 差点儿(就)吃对了药。——不希望吃不对药,那会让病情恶
　　　化。她努力或试图吃对药,结果还是没吃对。

　　b. 她差点儿(就)按时吃药了。——不希望不按时吃药,那会对身体有害。她努力或试图按时吃药,结果还是差了点儿,没做到。

2)～VP 至少是反道义预期的例子:

(80) a. 差点儿(就)到站下车了。——不应该到站不下车,因为会误事。不过这次受到了干扰,如有人阻止我下车,我虽然极力反抗,但最终还是没有到站下车。

　　b. 逗了她半天,她差点儿就高兴起来了。——她是抑郁症患者,医生说要多开解她,多让她高兴,她不高兴的状态是消极的、不好的,需要破除,所以我逗她,并以让她高兴为目标,但还是差了一点。

3)～VP 至少是反认识预期的例子:

(81) a. 我成绩这么好,从来都是高分,但这次却差点儿及格。——我成绩好,考不及格的概率很低,但这次题目太难,虽只差一点,我最终还是没及格。

　　b. 从学校到车站只有两百米,爬都能爬到了! 竟然会"差点儿赶上"! ——距离很近,赶不上的概率很低,但他竟然差了一点,最终没有赶上。

至于主体在～VP 上的能力预期,不需要考虑,此前已经解释过了。

同样,也可以从不同的场景和同一场景不同预期维度两个方面来看待有关的歧解:

(82) 我这次差点考及格。

例(82)的一个场景是例(81)所示的情况,这是 An2 式,后悔没有考及格。另一个场景是,我是被迫来考试,有意逃避,根本不愿及格、不愿被录取,那就是 An1 式了,后怕竟然如此接近及格。

(83) 我差点儿赶上那班火车。

例(83)的一个场景是我不希望赶不上火车,～VP 不符合主体意愿,所以是 An2 式,后悔或遗憾没有赶上。另一个场景是那班火车出了事故,死伤很多人,我庆幸自己没有赶上,并为当时我是如此接近赶上(灾难)而后怕,这就是不希望自己赶上那班车,是 An1 式。

(84) 我差点枪毙了你!

在同一场景中,分析例(84),一种是你当了逃兵,在意愿预期维度,我当时希望枪毙你,不枪毙你不符合我的意愿,因此是 An2 式,表示后悔或遗憾最终没能枪毙你。另一种是在道义预期维度,越权枪毙战友是不合理的,消极的行为,因此是 An1 式,表示对自己如此接近枪毙你而感到后怕,庆幸总算没有这么做。

如果例(84)这句话有更多的上下文,显然更有利于判断说话者的立场,见例(85):

(85) a. **你个孬种！在战场上我差点枪毙了你！**──咒骂对方(孬种),因此偏向自己的意愿(An2 式),表示遗憾没有做到。

　　b. **好险啊！我差点枪毙了你！**──表示后怕和庆幸(好险),因此偏向道义(An1 式)。

(86) 听到这个好消息,**她差点儿当众高兴起来**,不得不装出一副淡定的神情,既庆幸自己没有犯错,又忍得很辛苦。

同一场景中,例(86)可以有不同维度。听到好消息,在意愿预期维度,她想高兴,不高兴既不符合她的意愿,也不合理,因此是 An2 式,表示后悔或遗憾,最终没能高兴(压抑得痛苦)。但在道义预期维度,在这种庄重的场合中,不能或不应该表露个人的情绪,当众高兴是消极的行为,因此是 An1 式,表示她为自己如此接近违反大众社交规则的情绪而感到后怕,庆幸总算没有这么做。由此可见,她被迫做出淡定样子后自己的心情是复杂的,至少存在两个矛盾的念头。

上述例句的分析,也反映了一个事实:在研究史上,曾经被有关学者认为"不可以说"的一些仅差肯定式,如渡边丽玲(1994)举的例子,实际上不是不可以,而仅仅是研究者暂时没有找到合适的语境,没有找对说话者的关注焦点和预期维度;只要找到,就符合仅差语词反预期感叹句的要求,就可以说了。

5. "几、险、争、差"的历史演化

前面的研究我们更多地考察了当代汉语中副词"差(一)点(儿)"的表现,现在需要关心的是,这是不是其他仅差副词的共性? 我们发现至少对汉语而言,仅差副词具有普遍性,"险、争"等都具有相同的反预期和感叹

性质;但是也存在例外,这就是"差不多"和"几乎"。

5.1　当代汉语调查

在调查之前,首先需要澄清一个观念:以往大多数语法研究,往往是基于对立互补的范畴观念来进行的,认为一个系统中几个项目之间可以清楚地划分边界,如项目 A 具有功能特征 1,B 则不具有,等等,研究的目的就是要澄清这些特征。

但是我们主张一种"云功能"观念,就是一个系统中诸多项目都各自像一团云在系统中漂浮,相互间既有重叠,也有差异。这或者是因为几个项目的来源基本相同,那些细微的差异只导致弥散方向和程度的差异;或者是因为不同来源的项目在同一场域出现而互相渲染。有可能原来只占据很小区域的项目,后来弥散到大区域;也有可能原来弥散的项目后来收敛到较小的功能区域。在云功能系统和区域之中,对项目的准确描写必须经过语料调查,其分布都是概率性的分布,即不同项目在一个功能下的差异是用概率的差异体现出来的。

本文设定一个北京话的封闭语料库作为标准,对现代汉语中各个仅差副词的"云功能"分布情况进行调查统计。表中数字是在该封闭语料库中的用例以及百分比,反映分布概率;其中有阴影的框是主观性强烈,也就是作为前面"反预期/感叹"研究的主要内容的用法;每一列加粗的数字是该格式最凸显的功能。

1)云分布和收敛

表 9 显示,各个格式都有弥散性,即分布在多个功能区域,大都不是完全纯粹的(除了"险些"功能极少、收敛度较高以外),这就是"云功能"体系的体现。根据概率数值的分布差异,可以看到每种格式都有一个或两个较为集中的项目(表中用粗体数字显示),是其核心意义和功能;但是也存在低概率的分布作为所谓的"例外"或"外围"。

例如"差不多"88.7%都是无预期的较为客观的报道,但是依然存在和"差点"可以相互替换的情感性很强的例子,这一点前面已经讲过,如"她的眼泪差不多要掉下来了,腿也有点软,一下子坐在草地上了",这可能是因为在口语中"差不多"受"差点"系语词的语用渲染的结果。

表 9　现代汉语仅差格式的预期语篇分布统计

位置	语义类型			几乎	差不多	差(一)点(儿)①	险些
无预期	客观报道②	一般报道		**321/48.2%**	**118/57.8%**	0	0
		接近全量		127/19.1%	63/30.9%	0	0
当前信息部分	接近	害怕不安(消极评价)		107/16.1%	15/7.4%	**105/75.5%**	**8/88.9%**
		高兴(积极评价)		7/1.1%	1/0.5%	4/2.9%	0
		非常规(中性情感)		100/15.0%	7/3.4%	24/17.3%	1/11.1%
	没有达到	遗憾后悔(积极评价)		0	0	4/2.9%	0
		庆幸侥幸(消极评价)		0	0	2/1.4%	0
	确定解除			117/17.6%	7/3.4%	139/100%	9/100%
	实际已经达到			14/2.1%	5/2.5%	0	0
条件部分	反预期			3/0.5%	0	0	0
	正预期			1/0.2%	0	0	0
总数				666	204	139	9

2) 根据功能分布的差异,大致呈现以下连续统:

　　险些/争些/差些/差(一)点(儿)——几乎——差不多
　　反预期信息/强烈的情感色彩　　无预期信息/没有情感色彩

"几乎"居于其间,双方的功能都有,而且比较平均,只不过更偏向"差不多"一些,无预期的例句占 67.3%;正因为"几乎"的功能分布得如此广泛,所以内部差异较大,用例非常之多(666 例),接近其他各个格式总和的两倍。

由于"险、争、差"的历史语料已经有了充分的调查,包括本文前面提供的数据,所以不再详说,不过我们需要看到,这是汉语仅差副词或其他仅差结构的普遍情况。汉语绝大多数仅差格式,在产生之初都有强烈的

---

　　① "差些"在现代汉语中已不常见,在调查的封闭语料库中没有用例。

　　② 按照主观性理论,每个语句都有主观性,所以这里的"客观"不是纯粹的客观,而仅仅是指主客观存在程度上的差异,较为或更为偏向客观一端而已。

情感色彩,且以消极评价和情感为主。"争些、差些/差(一)点(儿)"也局限于情感表达,有主观色彩,消极情感具有压倒性优势,但可以表示积极情感,而且非常规(中性情感)的例句也有不少。

　　而"险些"只有接近危险的 VP(消极)这一个用法,从早期的"险"的语料就已如此:

(87) (今儿安在,危杀之矣。)师古曰:"危,险也。犹今人言<u>险</u>不杀耳。"(《汉书》颜师古注本)("不"是冗余否定,意为"<u>险</u>些没杀了他")

危险突出了预期"不应该到达如此地步",从而凸显反预期解读。故而元代产生(杨红梅 2010)的"险些"的用法最为单一,主要都是上文表3中"害怕不安"这一个类型(也多少带有侥幸义),如:

(88) 何期爹爹不行细访,<u>险些反害了公子性命</u>,幸得暴白了。(《陈御史巧勘金钗钿》)

　　若不是剪草除根半万贼,<u>险些儿灭门绝户俺一家儿</u>。(《西厢记杂剧》)

发展到现代一直如此:

(89) 我运足气一脚踢出去,踢了个空,一大步跨进屋里,<u>险些在地上来个大劈叉</u>。

　　"险些"仅有极少表示中性情感但是非常规的例子,而且是不是中性,还值得商榷,如:

(90) 气得方际成拉着方超扬长而去,"幼女"一路哭一路跟,<u>险些被另一些随军家属当走失儿童送到交通岗</u>。

　　如果不使用这些仅差格式,也可以用其他语法单位兼表仅差意义。如"都(要)、就要":(以下成都话语料为作者采集)

(91) 老板脸<u>都要</u>笑烂了。

　　战痘瘦头陀<u>都要</u>把杯杯儿杵到我脸上了。

　　简直<u>就要</u>翻天了!

　　我妈往门缝头看了一眼,我马上<u>就要</u>掉下去了。

　　很有意思的是,此类表达的功能相当于"差点",一般只用于当前信息句表示反预期信息,具有强烈的情感倾向(消极情感为主)。

这样看来,"差不多"和"几乎"的确是两个例外。本节主要关注它们的演化过程,并讨论它们为什么会这样。

5.2 "几乎"

"几"先发展出接近的意思,所以"几乎"的字面意义就是"接近 VP",而"没有达到 VP"仅仅是从接近意义推导而来的,在语篇中也不凸显没有达到的意义,只凸显接近的意义。吕叔湘主编(1980/1999:285)说"表示非常接近;差不多"。如果有预期,则是"不应该或不希望如此接近"。

5.2.1 主观大量

"非常地接近"是肯定意义。杨德峰(2015a)提出"几乎"有主观大量意义。根据陈振宇、张耕(2023)"事物的发展方向与主观大量同向,而与主观小量反向。当特别强调按照事物发展方向,已经达到或接近某一发展阶段时(肯定意义)是主观大量",由此"几乎"获得主观大量意义。

首先,"几乎"有很多和全量配置的例子,这一点几乎每一个研究者都提到,就不再列举文献。全量加上预期,就构成主观大量的一个类型。如:

(92) a. 老刘妈的手指全是红的,染了多少红蛋,<u>几乎没人能知道</u>。

b. 我一直密切关注着贵刊,<u>几乎期期都看</u>。

c. 他<u>几乎每天到洗宅来</u>,领着他的主顾儿来看"样子"。

其次,不能用在需要是主观小量的位置,如岳中奇(2007)的例子:

(93) a. 两千座位的礼堂(只)坐了将近两百人。——♯两千座位的礼堂(只)坐了几乎两百人。

b. 老王喝了不足半斤酒就醉了。——♯老王喝了几乎半斤酒就醉了。——老王喝了几乎半斤酒还没醉。

两千人座位只坐了两百人,这是比预期少;"就1"的左边是主观小量的位置,这里都不能用"几乎";如果改为"两千座位的礼堂(已经)坐了几乎三千人",句子就通顺多了。

最后,也不能用在不具有主观性的数量位置上,如岳中奇(2007)的例子:

(94) 我们教研室的同志有三位喝酒。——♯我们教研室的同志几乎有三位喝酒。

如果改成"我们教研室的同志几乎有一半的人都要喝酒"就通顺了许多。张谊生将"几乎"归入程度副词,很好地反映了这一方面的性质。

为了公平起见,我们也必须看到,"几乎"也可以和小量或模糊量语词共现,如下面的"有些、有点",虽然此类例句极少,如:

(95) a. 任北海已经不仅仅不愉快,<u>几乎有些</u>气愤了。

　　　b. 听着我自己的铁掌与佩刀的声响,我感到寂寞无聊,而且<u>几乎有点</u>害怕。

我们认为这与主观大量的观点并不矛盾。因为这一类句子都不涉及量,而是涉及质,小量和模糊量在汉语中经常被用来表示"有",以便与"无"对立。上例中,实际上是说从不气愤到气愤,从不害怕到害怕的转变,气愤、害怕都是概率较低的事件,满足后面我们要说的"极端性"。

5.2.2　情感性与中性化

历史上,"几"的接近义可以(甚至大多)是较为中性的意义,如:

(96) a. 民之从事,常于<u>几</u>成而败之。(《老子·六十四章》)

　　　b. 一胫之大<u>几</u>如腰,一指之大<u>几</u>如股。(贾谊《治安策》)

　　　c. 汉之为汉,<u>几</u>四十年矣。(贾谊《论积贮疏》)

　　　d. 知大山而小天下,则<u>几</u>于道矣。(刘安《淮南子》)

也可以具有主观语用色彩(反预期和感叹),如:

(97) a. 鲁朝夕伐我,<u>几</u>亡矣。(《左传·昭公十三年》)

　　　b. 微子,吾<u>几</u>不为人矣!(《国语·晋语九》)

但是,"几乎"在宋元明清语料[①]中,绝大多数都具有情感(以消极情感为主,极少数积极情感)和反预期意义,也就是吕叔湘主编(1980/1999:285)说的"表示眼看就要发生而结果并未发生;差点儿",这些例子和"差点"的主要用法极为相似,在语义上相当于"接近消极评价(极少数时候积极评价)或非常规的事态,引发感叹",也就是表9中的"害怕不安、非常规"。

(98) a. 其时思量得<u>几乎</u>成病。(《朱子语类》)

---

①　本文采纳杨荣祥(2003)、麻爱民(2010)等"几乎"在宋代成词的观点。如果采取"先秦出现"的观点,则是将"几"和"几乎【几于】""庶几(乎)"等短语结构也算在内。

b. 五天一只蓬蒿箭，搅动支那百万兵。不得云门行正令，<u>几乎</u>错认定盘星。(《五灯会元》)

c. 归堂撞见圣僧，<u>几乎当面蹉过</u>。(《五灯会元》)

d. 你这个贱人，却不是巨耐！<u>你几乎教我吃这大汉坏了性命</u>，你且吃取我几刀。(《话本选集》)

CCL 宋元明语料中"几乎"一共 170 例，其功能分布统计如下(为资比较，表中列了同时期"差不多"的数据)：

表 10　CCL 语料中早期的"几乎、差不多"

位置	语义类型			几乎 (宋元明)	差不多 (元明)
无预期	客观报道		一般报道	0	**26/78.8%**
			全称量化	0	2/6.1%
当前 信息 部分	接近		害怕不安(消极评价)	**131/77.1%**	3/9.1%
			高兴(积极评价)	1/0.6%	1/3.0%
			非常规(中性情感)	5/2.9%	1/3.0%
	没有达到		懊悔(积极评价)	1/0.6%	0
			庆幸(消极评价)	32/18.8%	0
	确定解除			170/100%	2/6.1%
	实际已经达到			0	17/51.5%
条件 部分	反预期			0	0
	正预期			0	0
总　　数				170	33

后来虽然"当前信息—反预期用法"比例下降，但是依然很突出，在表 9 中占"几乎"总例句数的 32.2%，如下所示：

(99) <u>马威几乎落下泪来</u>，没说什么，只是用力握了握李子荣的手。(老舍《二马》)

非常规的事态如：

(100) a. 后来传到连举人耳朵,把个连举人的<u>大牙几乎笑掉</u>,骂了几声"攮瞎咒的众生"。(《醒世姻缘传》)

b. 有的吹,有的打,二十件乐器放出不同的声音,吹的是谁也没有和谁调和的趋向,尖的与粗的一样难听,而且一样的拉长,<u>直到家将的眼珠几乎弩出来</u>,才换一口气……(老舍《猫城记》)

一般认为"几乎"的"乎"是介词,"几乎"等同"几于",参看麻爱民(2010)。但是,不管是因为"乎"是个特殊的介词,还是因为它与语气词"乎"同源,还是因为"庶几乎"是感叹用法,反正这一虚词具有较为强烈的情感功能,使得副词"几乎"与前期的"几"相比,功能发生转变。麻爱民(2010)说"这里的'几乎'都不能对译为'近于''接近于',只能译为'险些''差一点'等意思,这一点在朱熹的《朱子语类》中可以得到证明"。

将表10与表9对比可以看到,早期的"几乎"的确和"差(一)点(儿)"的分布基本一致。但从历史发展看,在现代汉语中,"几乎"最主要的用法已经是客观的报道了,占67.3%,反预期/感叹用法下降到一半以下。

(101) a. 她的母亲则可算个迟暮美人,<u>身材几乎和她父亲等高</u>。(王朔《动物凶猛》)

b. 随着大家的话,他回答,他发问,<u>他几乎不晓得都说了些什么</u>。(老舍《新韩穆烈德》)

这些都是报道,不能换为"差(一)点(儿)"。

有的学者认为"几乎"是客观性副词,用于客观报道,如冯传强、方颐(2002)等;不过研究者们都提到这与有主观色彩的例子并不矛盾。王凤兰(2006)、杨德峰(2015a)等则认为"几乎"是主观色彩强烈的语气副词。赵春利和钱坤(2018)认为"几乎"并不表示真正的客观性,而是一种主观认识;但"几乎"虽有主观性,却未必是最强的那种主观性。陈振宇、王梦颖、陈振宁(2020)则通过计算,得出现代汉语言中仅差类格式的主观性等级序列(数字越大,主观性越高)。这一序列与本文的统计基本一致,但是有一点差异:序列中"几乎"和"差点"的主观性相当,这是不对的。经过检查,我们发现是陈振宇、王梦颖、陈振宁(2020)计算有误,实际的情况应该如下,其序列和我们前面的仅差副词的序列一致:

差不多 2(大约)0.49＜差不多 1(判断)0.615＜
几乎 0.635＜差点/险些 0.9＜简直 0.935

所以"几乎"是在历史演化中经历了"中性化"过程,从主观性副词演
化到客观性副词的。那么为什么会发生中性化? 可以从以下几方面
解释:

首先,从统计频率看,有"语用磨损":随着使用频率的急剧扩大,语词
或构式的意义越发脱离语用色彩,而趋向中性化。早期语料中"几乎"的
用例的确相当多,但不是最多的,比"险些"少,在 CCL 宋元明语料中,各
个格式的例句数如下:(后几种的数字引自干薇、陈振宇 2022)

几乎 170   差不多 33   争些 68   险些 230   差些/差点 16

但现代汉语"几乎"的用例占据绝对优势,远比其他仅差副词多得多,
因此更容易发生语用磨损。

其次,从"语义透明"论看:"险些"的"险"是危险之义,"几"本义为
"危、殆"。[呜呼! 疾大渐! 惟几!《尚书·顾命》]它们都是由危险意
义发展为接近意义("殆"也发展为接近义,参看杨红梅 2010),但是在成词
后,"险些"的危险义还是透明的,所以该副词的字面意义必须有消极评价
和情感,即"接近一种危险状态",也就是表 9 中的"害怕不安"类型,这主
宰了它的整个发展过程。与之相反,"几乎"已经看不出任何危险的意义,
所以母语者更可能在高频使用中发生语用色彩的脱落。

最后,从"历史契机"论看:"几乎"到清后期各种用法的范围扩大,但
转变还不明显。一直到民国时期,主观性用法还占据绝对优势。我们考
察了"民国时期期刊全文数据库",可以看到,在二十世纪三十年代左右,
出现了一个小高潮(表中阴影部分),"几乎"无预期的用法相对而言增加
了比例,甚至有时比有预期的用法还多。

我们发现,民国期刊与"几乎"有关的内容大约分为两类,一类是社会
新闻,几乎都是表示反预期(消极情感)的事情,可能是八卦消息容易吸引
人,如例(102a);另一类是介绍社会、经济、文化、科技、军事、体育等方面
的知识,从二十世纪三十年代初一直到抗日战争前期,突然一下多了起
来,可能与当时的社会变迁、民心风气有关,如例(102b):

表11　民国期刊全文数据库中"几乎"的逐年用例数

时间	无预期	有预期	时间	无预期	有预期	时间	无预期	有预期
1911	0	3	1928	1	3	1940	12	16
1913	1	0	1929	3	5	1941	6	6
1915	1	1	1930	3	2	1942	5	6
1917	0	3	1931	4	8	1943	5	9
1918	1	0	1932	11	6	1944	2	4
1921	2	4	1933	3	5	1945	8	5
1922	1	0	1934	13	7	1946	8	48
1923	3	3	1935	7	9	1947	13	42
1924	3	6	1936	11	14	1948	10	35
1925	3	5	1937	9	13	1949	7	10
1926	1	3	1938	10	10			
1927	2	12	1939	21	12			

(102) a. 为赌几乎丧生/好男儿几乎打死/几乎弄假成真

b. 时间的迅速,<u>几乎不是电光石火所可比喻的</u>……

c. 临文忘字,<u>几乎是学者的通病</u>……

d. <u>泉州今年胡蜂几乎绝迹</u>,足见养蜂同业共同扑灭之效。

e. 这正是一辆战时用的铁甲炮车,在年年入超的中国,<u>舶来品几乎占据了整个中国的市场</u>,列强经济侵略的野心,于此已完全暴露……

f. 木制巨型两用飞机:<u>几乎完全用木制成的巨型飞机</u>,可用作轰炸机和运输机。

　　此后,虽然从比例来讲,无预期的用法又跌入弱势,但毕竟已经广泛地出现,可能正是因为如此,为后来的大势打下了基础。当新中国知识的传播再次成为民族的重要任务之后,"几乎"的客观无预期用法便占据了主流,一直发展到今天。

　　需要注意的是,现代汉语中,"几乎"也有 2.1% 的例句表示"已经达

到",如例(103)中,"我"其实已经有点着急了,任北海已经有些气愤了,所有"几乎"与小量标记的共现例句都是如此:

(103) a. <u>我几乎有点着急了</u>,我想我得闭上眼往水里跳一下,不再细细地思索,跳下去再说。

b. 任北海已经不仅仅不愉快,<u>几乎有些气愤了</u>。

赵春利、钱坤(2018)认为"几乎"一般不用于感叹句,不过我们发现,当代汉语中,不是不能,只不过用例很少而已,如下例可以换位"简直",这其实也是从已经达到义发展过来的:

(104) a. 在所有的陋俗中,一婚一丧名堂最多,<u>几乎是"罄竹难书"</u>!

b. 若想活着离开这个厂,<u>几乎是痴心妄想</u>!

5.3 "差不多"

"争、差"本义就是"未达到/实现","些、(一)点(儿)、不多"是小量,表示差得很少,从而补齐了"距离很小"的意思。"没有达到＋距离很小＝接近",二者在逻辑上是等价的。字面意义分别从两端进入,从逻辑上讲,都应该走进对方的域,两种焦点配置皆有可能。

但是,这两端在语用上是不等价、不平衡的。"接近"是肯定,"没有达到"是否定,而且"没有达到＋距离很小",其中的语义要素(需要认知主体注意的内容)更多。

字面意义以"接近"为焦点者,难以转为以"没有达到"为焦点,因为这一转化会丢掉一些语义要素,即"距离很小",这就是"几乎、险些"都主要凸显接近意义的原因。而字面意义以"没有达到＋距离很小"为焦点者,很容易转为以"接近"为焦点,因为这一转化没有丢掉任何语义要素。所以"争些、差些/差(一)点(儿)、差不多"等在实际语料中凸显接近义的非常多(如表9的数据所示,这也是 An1 比 An2 更先出现和更为常见的原因),或者就只凸显接近义。

沈家煊(1987)说"'差不多'本质上是一个肯定性词语,因为'接近P'是它的衍推义;'差点儿'本质上是一个否定性词语,因为'非P'是它的衍推义。'差不多'和'差点儿'的对立本质上是肯定和否定的对立"。陈玉洁(2004)说"'差不多'表示不足,然而这个'不足'是隐性的,在'差不多'的运用中,实际上表明了一种肯定语气……'差一点'侧重从否定的,消极的角度描述一个事件"。袁毓林(2011)说"'没有 VP'这种意义(即对 VP 实现的否定),决定'差点儿'差不多成为一个否定性的词语",与之对立,他认为"差不多"仍不失为肯定性的词语。

对于这番论述,杨唐峰(2015b)做了部分修正:"'差不多''差一点'似乎都表示肯定的含义['差点(儿)找不着北'意思仍然约等于'找不着北',而不是'没有找不着北']。"其实,"差点"等句子自出现以来,其焦点意义大多就不在"没有达到"上,而是和"差不多"一样在"接近"上,如表9的数据所示,所以说它是否定并不合适。不过,"几乎"和"差不多"表示肯定(凸显"接近")而几乎不表示否定是可以成立的。

"差不多"中"不多"是否定形式,与隐性否定形式"差"搭配后,"差不多"成为肯定形式:预期是"差得多",但言者表示差的不多,所以所有语料都是以"接近"为焦点。沈家煊(1987)说,"非 P"是"差点儿 P"的衍推义,也就是一定要有这一意义,是"差不多 P"的隐涵义,所以可以取消。这体现在沈家煊(1987)的例子上:

(105) a. #小王差点儿闹笑话,还就是闹笑话了。——小王差点儿闹笑话,但没闹笑话。

b. 我差不多等了两个小时,还就是等了两个小时。——我差不多等了两个小时,但不到两个小时。

再如袁毓林(2011)的例子:

(106) a. 我跟她差点儿撞了个满怀。——我跟她差不多撞了个满怀。

b. 一年的血汗钱差点儿全搭了进去。——一年的血汗钱差不多全搭了进去。

左边的句子强调没有撞上、没有全搭上,右边的句子则强调几乎撞上或实际已经撞上了,也有语用意味"已经撞上了""钱已经全搭进去了"。

"差不多"指相差不多,一般是差点儿,但也可能是超出一点,所以也是"约量"副词,"大概、大约、约莫"之义,参看杨德峰(2015b)。沈家煊(1987)说"他跳得差不多跟小朱一样高",可以理解为"他跳得比小朱低",也可以理解为"他跳得比小朱高"。袁毓林(2011)说"把'没有达到 VP'看作是'差不多 VP'的会话含义,它具有通常情况下的默认性(default)和特殊情况下的可取消性(defeasibility)的特点","'差不多 VP'的推演意义……在不同的语境条件下,可以分别是'没有达到 VP''超过了 VP''正好是 VP'"。"差不多"是模糊其词,这其实正是约量的定义。从字面意义看,"差些/差(一)点(儿)"指"没有达到＋距离很小",所以预设一定是没有达到。而"差不多"则有可能达到了,强调肯定意义。宗守云(2011)认为,"差不多"是表示估测,所以前面常见心理动词"看、认为、以为、觉得、想、估计、相信"等,还有其他认识情态词如"可能、大概、也许、或许、恐怕、应该、好像、似乎"等。

因此,"差不多"不是典型的仅差副词,而是特殊的、有标记的,因为"达到"或"超过"与仅差格式的基本定义相违背。从这一点看,它已经大大突破了 An 式隐性否定的界限,有不少例句表示已经达到或基本算是达到了相关的界限,可以称为 Aa 式,例如"她差不多已经是一个大姑娘了",表达的是"她已经是一个大姑娘"。

Aa 式都是非解除式,在汉语中是一个特殊的类型,严格地讲,其本质是肯定式而不是隐性否定。只不过从表 9 看,在汉语中,"几乎、差不多"的例句大多是解除式,仅有极少数例句表示已经达到("几乎"2.1％、"差不多"2.5％),这才把它们算在仅差副词之中。

"差不多"有特殊的历史演化过程,这导致了这样几个重要的性质:

5.3.1 中性情感

明代出现的"差不多"是仅差副词中的"异类",往往不具有强烈的情感,而仅仅是直接陈述事实,如陈玉洁(2004)的例子:

(107) a. 这些苎麻也有差不多千金了。

b. 司法道,就是六十,也差不多两年了。

c. 班上众人,货物贵的贱的,多的、少的,你知我知,各自心照,差不多领了酒杯,各自坐了。单单剩得文若虚一个,呆呆站在那里。——意为"差不多都领了酒杯"。

王还(1990)说"'差不多'只用于客观叙述,表示接近于某种状况",后来的学者基本秉持同样的观点。这里的客观叙述,其实就是指缺乏反预期和情感倾向,请见表 9。在表 10 中可以看到,它的中性用法占绝对多数,在出现之初就是如此,并且一直保持如此。

当然,"差不多"也有消极情感的例子,只是数量很少而已。很可能这

是在使用中,逐步和其他仅差副词混用的结果。如下:

(108) <u>在家里差不多快叫女的给摆弄碎了</u>;到了外面,女人更多,全等
　　　着他呢。

　　　人永远欺骗自己;<u>我已经差不多是死了</u>,还欺骗自己呢!

5.3.2　不是主观大量

"几乎"因为肯定性而有主观大量意义。表示接近的"差点"类肯定性
也强,一般也有主观大量意义,如:

(109) a. 有一次在树林里生火烤肉,<u>差点把林子烧了一半</u>。

　　　b. <u>这一球差点得了 4 分</u>,估计从这时候开始哈登就不暴力扣
　　　　篮了吧?(腾讯视频　网络语料)

我们只能说"烧一半数量很大""得四分分数不少了",不能说"烧一半
数量很少嘛""得四分分数很少"。

但是,"差不多"虽表示肯定,却不表示主观大量。[①]下面来看看它的
表现:

首先,的确,它经常与全量共现:

(110) a. 马威自从八岁的时候死了母亲,<u>差不多没有经过什么女性的
　　　　爱护</u>。

　　　b. 汤面到了肚子里,<u>怒气差不多全没啦</u>。

　　　c. 张丙,瘦得像剥了皮的小树,<u>差不多每天晚上来喝茶</u>。

但是,"差不多"可以出现在需要主观小量的位置上,或者没有主观性
的位置上,如:

(111) a. 其实,这种现象<u>差不多十年前</u>就在广东出现过。

　　　b. 我们是一个小兵团,大概一共有 50 人,但<u>只有差不多 20 个
　　　　骑士</u>,其余的都是侍从,听差和拉行李车的平民。

这些地方都不能换为表示主观大量的"几乎"。我们认为,"差不多"
本身不具有主观量,句子如果有主观大量的意义,那也是语境上下文或句
中其他因素所造成的。之所以如此,是因为"差不多"有约量意义,而这不
符合陈振宇、张耕(2023)的语用规则的条件。

---

① 董为光(2000)提出"差不多"表示主观大量,陈玉洁(2004)也赞成,但我们反对。

5.3.3　不具有极端性

王凤兰(2006)说,都是表示接近,但是"用'差不多'时,说话人只是客观地叙述某种情况,不涉及程度深浅、数量多少等等问题,而用'几乎'则含有程度深、数量大的意义",如果程度浅、数量小,或者只是完全的客观报道,没有数量大小之别,则只能用"差不多",不用"几乎"。如:

(112) a. 这次代表大会到会的差不多有十个人。——♯这次代表大会到会的几乎有十个人。(引自王凤兰2006)

　　　b. 那沟的宽窄儿,现在说话儿有这么,有屋儿这么,<u>差不多这么宽吧</u>,这么宽。——♯几乎这么宽吧。

　　　c. 天赐差不多是整七岁。——♯天赐几乎是整七岁。

杨德峰(2015a)把"几乎"的这一性质称为"极端性",赵春利、钱坤(2018)称为"接近极值而未达"的"近极性"语义特征。如果句子不具有这种极性,就不能用"几乎",如"♯我几乎有一个贡献——我几乎只有一个贡献"[①]"♯他几乎玩儿——他几乎天天玩儿"。

与其他几个仅差副词不同,在"差不多"的用法中,作为动词的用法十分显赫;副词"差不多"的上述性质,都是从动词"差不多"发展而来的。而动词"差不多"表示说话者对事物之间的对比的估测,包括两种主要句式,都是"等比句":

(113) a. 出家按一口锅,<u>也跟在家差不多</u>。

　　　b. 只是金钏儿虽然是个丫头,<u>素日在我跟前比我的女儿也差不多</u>。

　　　c. 现出脊梁骨来,<u>就比个凤凰山差不多高</u>。

　　　d. <u>两人住处差不多远</u>……

事物之间的对比,本身并没有强烈的情感倾向,可以积极,可以消极,也可以没有情感倾向。因此,"差不多"才主要是表示客观的报道。

"几乎"等仅差格式表示的是单一方向发展的事件,有量的积累,所以

---

① "我几乎只有一个贡献"不是主观小量,而是主观大量,请注意事件的方向,不能为语词"只"蒙蔽。这里的预期是应该有较多贡献,但我却贡献很少,向少的方向发展,发展到"只有一个"这是发展到了接近0,所以具有极性。

具有主观量。但是"差不多"是比较,从理论上讲,比较可以从任一方向比较,不是单一方向,所以没有量的积累的限制,也就不具有主观量。

"几乎"来自强烈情感色彩的中性化。强烈的情感要求必须是非同一般的事物,所以必须有小概率或极低概率等性质,这正是极端事物。在中性化以后,情感性是脱落了,但是概率性继承了下来。与之不同,"差不多"在做动词时,并没有概率上的倾向,什么概率的事物都可以比较。

这同样是"差不多"可以表示达到或超过的原因。事物之间的比较,究竟谁比谁高并不重要,重要的是相差不多。而"差点、几乎"等虽然也可以表示比较,但比较不是其基本语义,它们更多的是表示单一事物接近某一量或结果状态,所以"没有达到"不能删去。而"差不多"则可以删去"没有达到"这一意义。

我们还发现,谓词"差些"在南宋已经出现,意思是有点不足,焦点在"差的很少"上,这也是无预期的用法,这与后面的副词"差些"的表现并不相同,可能副词"差些"并没有继承动词"差些"的功能吧:

(114) 初间只是差些子,少间究竟将去,越见差得多。(《朱子语类》)

5.4　其他重要性质

5.4.1　内嵌限制

"内嵌限制"指一个语词或格式是否可以用在内嵌的从句之中,尤其是定语从句和主语从句,是汉语中两个区别性的位置。内嵌限制与主句限制不一样,后者凡是从句都不可进入,只进入主句或独立小句;而陈振宇、马宝玲、薛时蓉(2015)在研究疑问形式的嵌入性时指出,嵌入限制仅仅是一种语用倾向,而不是严格的句法语义限制,有如下内嵌深度等级:

最深　◄──────────────────────────────────►　最浅
定语小句　主语及一般宾语小句　非提升引语动词的间接引语　独立小句/主句/直接引语/
　　　　　　　　　　　　　　　　　　　　　　　　　　　　提升引语动词的间接引语

"几乎、差不多"有较好的内嵌能力,如自由进入定语从句,此类例句比较容易找到:

(115) a. 在这样仅仅高了十米便让人感到天壤之别的几乎可以称得上"豪华"的环境中,单立人立刻感到自己脏了,他打开皮

箱,取出盥洗用品,在两个脸盆中挑了个比较干净的,换上
拖鞋去水房洗漱。

b. 这部被束之高阁几乎为人遗忘达三十余年之久的著作今天
再版问世,正是我国在政治上的巨大变革的反映。

c. 这都是跟我岁数大的,都差不多大的才说的。

d. 与康德差不多同时代的博物学家拉马克虽然提出了比较具
体的进化学说,但他的著作中仍然是哲学多于科学,因而他
自己也把他的阐述进化学说的主要著作称为《动物学的
哲学》。

在内嵌时,它们不代表句子的语气。内嵌位置与强烈的情感倾向一
般是相互矛盾的,因为内嵌位置是"背景知识",并不是句子主要的焦点所
在,而强烈的情感倾向会要求自己担任焦点成分或其中的一部分。

从理论上讲,"争些、险些、差(一)点(儿)"等具有很强的语气性,可以
称为"语气副词"或"评注副词",那么就应该不能出现在那两个内嵌位置
上,但事实并非如此,我们的调查仍然发现了一些例子(出现在定语从
句),只不过数量更少:

(116) a. 在法国火车上,女儿有一次差点被偷的经历。

b. 形容局势危急,像差点就要断掉的线一样。

c. 就这样,险些夭折的营造学社又重新树起了旗帜。

d. 这一役他伤了星宿派二十余名弟子,大获全胜,终于出了给
丁春秋暗害而险些自刎的恶气……

因此正确的描写是:"争些、险些、差(一)点(儿)"比"几乎、差不多"的
嵌入性弱。

5.4.2 疑问与确定性限制

"确定性限制"是指小句的信息是否必须是确定的,不管正确定(肯
定)还是负确定(否定)? 戴耀晶(2004b)列出以下关系:

$$语义确定性\begin{cases}确定\begin{cases}正确定:肯定句\\确定:否定句\end{cases}\\不确定:疑问句\end{cases}$$

仅差副词一般要求所在小句的信息是确定性的,不能是不确定的,因此不允许该小句中出现疑问形式,这一点几乎没有例外,如一般不能说"♯他差点儿怎么啦?♯谁差不多90岁了?♯他几乎考到多少名?"。仅差格式用于或貌似用于疑问句,主要有三种情况:

首先,"差不多"在口语中有极少例子——问数量,这是因为言者不需要对方给出精确的数值,只需要一个约数,所以这里的"差不多"相当于约数标记的功能,不是仅差副词,可换为"大约、大概"等:

(117) 成吉思汗顶盛期统领的土地面积,<u>差不多有多少呢</u>?(百度知道)

其次,由于"引语去焦点化"功能,仅差副词在"引语"中可以这样说。祁峰、陈振宇(2013)认为"在言语活动中,如果说话者重复已经说过的句子(不论是他说的还是别人说的)全部或一部分,在此基础上再说新的内容,那么被引述的句子或句子的部分称为'引语'。很显然,'引语'中的每一个单位都是旧信息,所以不具有焦点的凸显性。因此,如果我们所考察的某个焦点结构可以证明是引语中的一个部分时,也就证明了它不具有凸性,那么它就不会对句子焦点产生干扰。这就叫'引语去焦点化操作'"。

(118) 想不想知道,是什么东西<u>差点夺走你性命</u>啊?(前面有差点死了的事情)

甲:我差点睡着。乙(回声问)你<u>差点怎么啦</u>?

最后,在仅差副词所在小句的外面实施疑问,疑问的对象是整个小句。例如赵春利、钱坤(2018)的例子,"怎么、为什么、是不是"等都是在小句之外,对整个小句提问:

(119) 这些民众<u>怎么</u>几乎一句话都不懂呢? ——它<u>为什么</u>几乎全军覆没?

这是不是几乎所有女人的梦想? ——这难道不是几乎不言而喻的吗?

我们的考察发现,仅差副词真正用于疑问句中,最主要的是第三类(有少量的第二类),各种格式都有上例这样的两种普遍疑问句,问原因和求证问(包括反问)。如:

(120) a. 理解了中国文学的思想渊源与历史条件，也就不难理解为什
么我们的古典文学<u>差不多对什么事都没有激烈的反映</u>……

b. 他咏的不是"存在与时间"（海德格尔）吗？<u>差不多句句都
是</u>吧？

c. 我杀人，怎么<u>差点连你也杀了</u>？

d. 听说你转业时<u>差点就到公安了</u>？

5.4.3　对否定句的约束

沈家煊（1987）认为"差不多"不可以用于否定句，刘宇红、谢亚军
（2007）试图用格式塔完形来解释。但在实际语料中，这条限制也仅仅是
语用倾向，还是有少数用于否定句的例子，宗守云（2011）已经发现这一
点。但是前人都没有解释清楚，为什么一般不共现，为什么有时又可以共
现。我们发现共现可以分为以下几类：

第一，否定的状态是事物发展的方向。这也就是干薇、陈振宇（2022）
所说的"颠倒事件"，即从肯定事件发展为否定事件（Na1）：

(121) a. 当代最有影响的文人中，<u>差不多不再相信茅盾的话语方式</u>，
在对传统文人个性的吸收方面，更多地具有鲁迅、周作人、
沈从文的精髓。——从"相信"发展到"不相信"。

b. 10点钟，门格尔看见<u>木筏差不多不动了</u>。——从"动"发展
到"不动"。

c. 下雪的日子，室内分外明亮，晚上<u>差不多不用燃灯</u>。——从
需要燃灯到不用燃灯。

第二，表示否定性的全称量化：

(122) a. 这位朋友家境清贫，事业无成，虽然爱好小说却<u>差不多没有
写过什么作品</u>。

b. <u>他们差不多没有说话</u>，除了情不自禁的几声呻唤。

第三，否定命题是随机或概率很低的命题。

在"知域"，随机或概率很低的命题一般代表变化（新的知识状态），而
大概率的命题一般代表不变（已有的知识状态）。肯定句一般是随机或很
低概率的命题，是变化的新的状态，否定句则多是大概率的命题，是不变
的状态。例如"他（差不多）是我的死党"，一个人是另一个人的死党是罕

见的、概率很低的事件;"他(#差不多)不是我的死党",一般情况下,一个人都不是另一个人的死党,所以是大概率事件。参看陈振宇、吴越、张汶静(2016)的论述。但有一般就有特殊,特殊情况下会颠倒过来,否定事件正好是概率很低的事件,那就可以用了。如例(123)中一般情况下人们相信故事,但特殊情况下不相信;蹩脚的理论家认为哲学是研究出来的,但哲学不是研究出来的:

(123) a. 他用有节制的语调叙述了那些<u>差不多不能令人置信</u>的故事。

b. 蹩脚的理论家最常见的错误,就是不懂得<u>哲学差不多不是研究出来的</u>,而是从生命深处涌现出来的。

第四,表示约量,此时当然不受仅差意义的限制,如:

(124) a. <u>差不多不到半小时的时间</u>,不管是馒头、花卷、包子就全卖光了……

b. 她们趁我在家,总是爱说米完了、面完了,<u>差不多不隔三天就要叫我上一次碾磨</u>,攒下的米面叫她们吃一冬天,快吃完了的时候我就又该回来了。

5.4.4 共现序列

石定栩、孙嘉铭(2016)给出几个副词连用的语序:简直>几乎>差一点儿。这一序列得到了赵春利和钱坤(2018)的认同。但是这一调查有两个不足:

首先,其中少了"差不多",我们发现"差不多"和"几乎"几乎在同一个位置,二者可以互换:

(125) a. <u>麋鹿在国内差不多几乎绝迹</u>。(青夏教育网 网络语料)

b. 沪深两市股指今日双双低开,<u>开盘的点位差不多几乎就是全天的最高位</u>,随后全体集体呈现 W 的走势……(雪球网络语料)

c. 我家宝宝肺炎<u>几乎差不多好了</u>,痰也很少,几乎听不见了,但是他从昨天开始干咳怎么回事呢?(春雨医生 网络语料)

其次,"差点+几乎"的序列也存在,如:

(126) a. 谁知道这第一次,只<u>差一点儿就几乎成为</u>陷在"坑"里的一枚死棋。

    b. 因为李时珍一念之差，<u>穿山甲差点几乎灭绝</u>。（好看视频
       网络语料）

    c. 尽管经过了全力抢救，但还是没能保住那个男孩的性命，<u>这
       让小姨伤心得差点几乎昏厥</u>……（百度文库　网络语料）

  怎样解释这一序列，我们认为：

  "差不多"一般不能与"简直、差一点、险些"等共现，因为前者是中性解读，后者则具有情感偏向性，二者矛盾。它们之间句法位置谁高谁低无法讨论。按宗守云（2011），"差不多"是认识情态副词，那么应该在高位；但是"差点、险些"具有很强的语气性，反映了说话人对事实包含否定的感受，称为评价情态副词，也应该在高位。"几乎"则兼有双方的功能。与"差不多"共现时是中性解读，二者互换；与"差点、险些"共现，则是表示极强情感倾向性的，二者互换。正是因为"几乎"具有两个身份，所以共现时有两种表现。

6. 结论

  仅差副词的使用是一个复杂的现象，它有 An、Nn 和 Na 式等类型并各自受到不同的机制制约。任何形式的"简单概括"都会遇到反例，因此我们需要系统性地解决一些遗留问题。文章认为传统的被视为"正常结构"的 Na 式是更为有标记的现象，并着力探讨了 Na 的两种产生机制。文章提出避免单一维度的解释，如（非典型）Na2 式可以看成也是某种 Na1 式，而对于不符合路径 2 但符合路径 1 的例子来说，"意愿结果或目标"说会失效。

  文章用融合企望说和常规说的预期说以及统一预期理论解释 Nn1 式、Na2 式和 An1、An2 式中 VP 和～VP 分别至少违反意愿预期、道义预期、能力预期和认识预期的例子。文章还主张用"云功能"的观念反映分布概率，因为一个系统中诸多项目相互有重叠也有差异。不同项目在一个功能下的差异是用概率的差异体现出来的。这个视角能够帮助说明部分仅差格式在演化过程中所具有的性质，如中性情感的来源等。

参考文献

车录彬　2016　《现代汉语羡余否定构式研究》，北京：中国社会科学出版社。

车录彬　2017　《"差一点"及相关构式在近代汉语中的形成与发展》，《湖北师范大学学报》第 3 期。

陈　霞　2010　《"险些"类句式探源》，武汉：中南民族大学硕士学位论文。

陈秀青　2018　《论"险些"的词汇化——兼论同义词词汇化过程中的相互影响》，《新疆大学学报》第 3 期。

陈玉洁　2004　《固化结构"差不多"的多角度考察》，长沙：湖南师范大学硕士学位论文。

陈振宇　2009　《关于终结和非终结的区别》，《东方语言学》（第六辑），上海：上海教育出版社。

陈振宇　马宝玲　薛时蓉　2015　《从汉语角度看极性问的类型学性质——真性极性问形式与疑问语气成分的区别》，《（台湾）清华中文学报》（第十四期）。

陈振宇　杜克华　2015　《意外范畴：关于感叹、疑问、否定之间的语用迁移的研究》，《当代修辞学》第 5 期。

陈振宇　吴　越　张汶静　2016　《相对信息价值与语言研究》，《语法研究和探索》（第十八辑），北京：商务印书馆。

陈振宇　王梦颖　陈振宁　2020　《汉语主观副词与客观副词的分野》，《语言科学》第 4 期。

陈振宇　王梦颖　2021　《预期的认知模型及有关类型——兼论与"竟然""偏偏"有关的一系列现象》，《语言教学与研究》第 5 期（全文收入《人大复印资料语言文字学》2021 年第 12 期）。

陈振宇　王梦颖　姜毅宁　2022　《再说"果然"——与（正）预期标记有关的问题》，《当代修辞学》第 2 期。

陈振宇　张　耕　2023　《概述主观量范畴的语用规律》，《语法研究和探索》（第二十一辑），北京：商务印书馆。

程饶枝　2007　《"差点没"和"差点"语义同指考察》，广州：暨南大学硕士学位论文。

冯传强　方　颐　2002　《现代汉语副词"几乎"和"简直"的语义、语用差异》，《胜利油田师范专科学校学报》第 3 期。

戴耀晶　2004a　《试说冗余否定》，《修辞学习》第 2 期。

戴耀晶　2014b　《否定副词"没"的时间语义分析》，《语言研究集刊》（第十三辑),上海:上海辞书出版社。

董为光 2001 《语言认知心理对"差点儿 DJ"结构的影响》,《语言教学与研究》第 3 期。

渡边丽玲 1994 《"差一点"句的逻辑关系和语义结构》,《语言教学与研究》第 3 期。

范晓蕾 2018 《再说"差一点"》,《中国语文》第 2 期。

范晓蕾 2019 《"差一点"的语义特征及其句法后果——兼谈否定、反预期、时体的关联》,《当代语言学》第 2 期。

干薇 陈振宇 2022 《再论"险些、差(一)点"等仅差语的否定式》,《语言研究集刊》(第二十九辑),上海:上海辞书出版社。

干薇 陈振宇 2023 《从"预期"理论看汉语仅差格式》,《汉语学习》第 2 期。

侯国金 2008 《冗余否定的语用条件》,《语言教学与研究》第 5 期。

江蓝生 2008 《概念叠加与构式整合——肯定否定不对称的解释》,《中国语文》第 6 期。

蒋平 1998 《汉语"差一点＋(没)DJ"句式的再讨论》,《南昌大学学报》(哲学社会科学版)第 6 期。

李小玲 1986 《北京话里的"差点儿"句式》,《汉语学习》第 1 期。

李忠星 1999 《关于"差一点＋J—w"的思考》,《武汉大学学报(哲学社会科学版)》第 5 期。

林娟 郭锐 2024 《"差一点"和"差一点没"的语义》,《世界汉语教学》第 2 期。

刘水 2009 《对"不定副词否定格"语言现象的再辨析》,《阜阳师范学院学报》第 4 期。

刘宇红 谢亚军 2007 《也谈"差不多"和"差点儿"》,《湘潭大学学报(哲学社会科学版)》第 1 期。

刘永耕 2006 《从义素传承看"差(一)点儿 VP"、"差(一)点儿没 VP"的语法化》,《语法研究和探索》(第十三辑),北京:商务印书馆。

鲁承发 2014a 《"差一点"句式研究述评》,《理论月刊》第 3 期。

鲁承发 2014b 《"差一点"句式研究及其方法论探讨》,武汉:武汉大学博士学位论文。

鲁承发 2018 《"差一点(没)VP"句式中的交际博弈及其句法效应》,《语言研究》第 2 期。

鲁承发 陈振宇 2020 《透视与展望:"差一点没 VP"句式研究 60 年》,《语言研究集刊》(第二十六辑),上海:上海辞书出版社。

吕叔湘　1980/1999　《现代汉语八百词》,北京:商务印书馆。

麻爱民　2010　《副词"几乎"的历时发展》,《古汉语研究》第 3 期。

马庆株　1992　《与"(一)点儿"、"差(一)点儿"相关的句法语义问题》,《语法研究和探索》(第六辑),北京:北京大学出版社。

毛修敬　1985　《汉语里的对立格式》,《语言教学与研究》第 2 期。

聂仁发　2001　《否定词"不"与"没有"的语义特征及其时间意义》,《汉语学习》第 1 期。

聂小丽　2015　《也谈"差点儿(没)VP"构式》,《成都大学学报》第 5 期。

祁　峰　陈振宇　2013　《焦点实现的基本规则——以汉语疑问代词为例》,《汉语学报》第 1 期。

邱　斌　2007　《Nn 类"差点儿没"的固化》,《北方论丛》第 1 期。

邵则遂　陈　霞　2011　《元明清"险些"类句式初探》,《汉语史研究集刊》(第十四辑),成都:巴蜀书社。

沈家煊　1987　《"差不多"和"差点儿"》,《中国语文》第 6 期。

沈家煊　1999/2015　《不对称和标记论》,南昌:江西教育出版社。

沈家煊　2006　《"糅合"和"截搭"》,《世界汉语教学》第 4 期。

石定栩　孙嘉铭　2016　《频率副词与概率副词——从"常常"与"往往"说起》,《世界汉语教学》第 3 期。

石毓智　1993　《对"差点儿"类羡余否定句的分化》,《汉语学习》第 1 期。

帅志嵩　2014　《从词汇语义信息看"差点儿没 VP"的演化》,《语言科学》第 6 期。

王灿龙　2004　《说"VP 之前"与"没(有)VP 之前"》,《中国语文》第 5 期。

王凤兰　2006　《谈副词"几乎"》,《佛山科学技术学院学报(社会科学版)》第 6 期。

王　还　1990　《差(一)点儿"和"差不多"》,《语言教学与研究》第 1 期。

杨红梅　2010　《副词"几乎、险些、差点儿"的多角度考察》,长沙:湖南大学硕士学位论文。

杨静夷　2004　《"差一点(没)"句式新说》,《沧州师范专科学校学报》第 4 期。

杨唐峰　2015　《"差不多"、"差一点"的语义制约》,《汉语学习》第 6 期。

杨德峰　2015a　《说"差不多"和"几乎"》,《天中学刊》第 3 期。

杨德峰　2015b　《"差不多""差一点"的语义制约——基于意象图示理论》,《汉语学习》第 6 期。

杨晓宇　2011　《"差一点"句式能否成立的解释》,《宁夏大学学报》第 1 期。

杨　子　2017　《Nn 类"差点儿没 VP"新解》,《语言研究》第 3 期。

杨荣祥　2003　《试论几个常见副词词尾的来源及其发展演变》,载吴福祥、洪波主编,《语法化与语法研究(一)》,北京:商务印书馆。

袁毓林　2011　《"差点儿"和"差不多"的意义同异之辨》,《语言教学与研究》第 6 期。

袁毓林　2013　《"差点儿"中的隐性否定及其语法效应》,《语言研究》第 2 期。

岳中奇　2007　《"几乎"的句法范畴意义及功能》,《语言研究》第 4 期。

翟　汛　鲁承发　2013　《"差一点没 P"结构的语义取值策略》,《长江学术》第 3 期。

赵春利　钱　坤　2018　《副词"几乎"的分布验证与语义提取》,《语言教学与研究》第 3 期。

张东华　2004　《评注性副词"差点儿"的蕴含和预设》,《滨州师专学报》第 1 期。

张　玲　2008　《关于"差点儿(没)VP"句式及相关句式的研究》,上海:上海师范大学硕士学位论文。

张庆文　2009　《谓词性成分的封闭性与"差不多"和"差一点"的语义阐释》,《世界汉语教学》第 2 期。

张谊生　2004　《现代汉语副词探索》,上海:学林出版社。

赵万勋　2006　《论"差点儿没 VP"的歧义分化》,《云南师范大学学报》第 6 期。

钟书能　刘　爽　2015　《汉语羡余否定构式中的"没"真的是个羡余标记吗?》,《外国语》第 3 期。

周一民　2003　《北京话里的"差点儿没 VP"句式》,《语言教学与研究》第 6 期。

朱德熙　1959　《说"差一点"》,《中国语文》第 9 期。

朱德熙　1980　《汉语句法中的歧义现象》,《中国语文》第 2 期。

宗守云　2011　《"差不多"和"差点儿"差异的情态动因》,《对外汉语教学》第 7 期,北京:商务印书馆。

Biq, Y. O.　1989　Metalinguistic Negation in Mandarin, *Journal of Chinese Linguistics*(1).

Kuteva, T.　2001　*Auxiliation: An Enquiry into the Nature of Grammaticalization*, Oxford: Odense University Press.

Liu, Haiyong　2011　Expletive Negation in Mandarin Cha-dian-mei "Miss-bit-not" + V Structure, *Journal of Chinese Linguistics*(1).

Kaufmann, M., Xu, T.　2013　*Almost or almost Not?*, The 49th Annual Meeting of the Chicago Linguistic Society.

Lakoff，G.　1987　*Women，Fire and Dangerous Things：What Categories Reveal About the Mind*，Chicago：The University of Chicago Press.

干薇：ganwei@fudan.edu.cn

陈振宇：chenzhenyu@fudan.edu.cn

本文由以下三篇论文合并为一个完整的系统：

1）干薇、陈振宇（通讯作者）《再论"险些、差（一）点"等仅差语的否定式》，《语言研究集刊》（第二十九辑），上海：上海辞书出版社，2022 年。

2）干薇、陈振宇《从"预期"理论看汉语仅差格式》，《汉语学习》2023年第 2 期。

3）陈振宇、干薇《预期理论和汉语仅差格式——"几、险、争、差"格式》，收入《语法研究和探索》（第二十二辑），北京：商务印书馆，2024 年。

以上三篇论文发表时限于篇幅有大幅缩写，并且各篇论文的体例也有所不同。本次收录的是完整版的内容，调整了体例，采用统一的理论系统，某些论述也与发表的版本有差异。

基于预期理论的延续副词研究
——以"依然、依旧、仍然、仍旧"为例

上海外国语大学语言科学研究院　　　姜毅宁

提　要　文章选取了语义较为单纯的"依然、依旧、仍然、仍旧"四个延续副词,详细考察了延续副词的语义特征和语篇类型。延续副词的延续义是预设义,它是不能被取消的。当延续副词用在当前信息句中充当焦点信息时,它以出现在具有逆转关系的转折、让步、无条件复句的结果小句中为主,表达的是情状的延续与人的预期不符合,延续副词从而具有了反预期义的解读。但这种反预期义并未完全规约化,所以延续副词还可以出现在预期结构中的条件和预期部分,只表达延续义。不同的延续副词反预期义的规约化程度不同,对于"依然、依旧、仍然、仍旧",它们只能算作兼职的反预期标记。

关键词　依然/依旧/仍然/仍旧　延续义　反预期义　预期结构

1. 引言

1.1　问题的提出

延续副词,也可以称为"延续义时间副词",是指已经存在、出现或进行的状态或事物发展倾向持续不变的词,如"还、还是、仍、仍然、仍旧、依然、依旧、照样、照常"等(陆俭明、马真 1999:123)。

目前的相关研究主要集中在"还"和"还是"上,"还"语义复杂,研究的内容涉及"还"的延续义、重复义、量级义、反预期义等多种语义(参看高增霞 2002;葛锴桢 2021;贾泽林 2021 等)。学界对"还"的反预期义已多有研究(唐敏 2009;武果 2009;邓川林 2018 等),对"还(是)"用于转折句的情况

也有涉及(彭小川、胡玲 2009;李姝姝 2019 等),但"还"可以用在多种句式中(沈家煊 2001),用在转折复句中的主要是"还是",而"还是"自身还有元语和祈愿等用法(邵洪亮 2013;方梅 2013)。

有关其他延续义时间副词的研究较少,且主要集中在句法特征的描写和语义的辨析上,如秦晴(2013)对"依然""依旧"的比较研究;王功龙、刘东(2005),李树、任海波(2007)对"依然""仍然"的比较研究。吴建华(2018)和黄玉婷(2019)分别对"照常、照例、照样、照旧"和"依然、依旧、仍然、仍旧"进行了全面的描写,两位研究者观察到很多有价值的语言现象,如这些延续副词都可以表达反预期义,都可以用在转折、因果等复句中。

关于延续义与反预期义之间的关系,前人发现,延续副词倾向于出现在转折复句中,表达反预期义,但关键的问题是,是否所有的例句中,反预期或转折意义都来自延续副词?

另外,延续副词如英语的"still""yet",德语的"noch""schon"等,最终发展为了让步、转折标记(König 1977;Hirtle 1977;König & Traugott 1982 等),如 König & Traugott(1982)曾将"still"的语义演化概括为"时间延续(temporal duration)> 让步(concessive)"。对于汉语的延续副词"依然、依旧、仍然、仍旧"而言,它们是否已经发展为逆转语篇的衔接标记,还是说这不过是它们诸多用法中的一种,它们还可以自由地出现在因果等顺接语篇中?

以往的研究者发现延续时间副词经常出现在转折句中,但实际上,从复句类型上看,延续时间副词"依然、依旧、仍然、仍旧"可以选择各种复句关系:

用"但是/却/可是/然而"和"只是/不过/只不过"等标记的转折关系;
用"即使/就算/尽管/任凭"和"不管/不论/无论"等标记的让步关系;
用"因为/因/由于"等标记的因果关系;
用"如果/假如/假设/假使/倘或……那么/就……"等标记的假设关系;
用"既……又……,不是……而是……"等标记的并列关系;
……

不过,大多数篇章现象通常只呈现出一种倾向性的规律(廖秋忠

1991)，即进入每种复句关系的比例是不同的。我们从北京大学中国语言学研究中心(CCL)语料库中随机抽取"依然、依旧、仍然、仍旧"用例各500条，从中分别筛选出复句256、186、202、184例，统计出"依然、依旧、仍然、仍旧"对复句语义关系选择的倾向性。结果如表1：

表1　"依然""依旧""仍然""仍旧"所在的复句类型

	转折句	让步句	无条件句	因果句	假设句	充分条件句	并列句	递进句	总例
依然	199	22	3	18	6	5	2	1	256
依旧	143	13	5	18	5	1	1	0	186
仍然	152	33	5	8	3	1	0	0	202
仍旧	140	13	2	16	7	1	2	2	183

　　调查表明，在复句类型上，四个词最常出现在转折句中，比例为77.7%、76.9%、75.2%、76.5%；其次是让步句和因果句，除了"仍然"出现在让步句的比例高于10%外，其他三个词出现在让步句和因果句中的比例都不足10%。这四个词都有用于假设句、充分条件句，"依然、依旧、仍旧"还可以用在并列句中，"依然、仍旧"还有用在递进句的用例，不过这些比例都很低，如果扩大考察范围，这些词应该都是可以出现在这些语言环境中的，但是比例肯定会非常低。

　　无论是转折句、让步句、因果句还是假设句，都属于偏正复句。从认识角度讲，一切偏正关系都可归结为一种广义的条件关系（王维贤等1994:67），也即是预期理论中的"条件"部分。根据合情推理模式（plausible reasoning pattern），如果推理系统中加入了新命题或增删了一些条件或假设，那么需要对推理结果做出调整（Collins & Michalski 1989；徐盛桓 2005）。由此可见，延续副词与预期结构中的推理具有非常紧密的联系，这是它们主要的使用场域。

1.2　本文的研究视角

　　本文拟对上述问题做出探讨。为了更清楚地观察延续副词的语义，也为了简化问题，本文主要以语义较为单纯的"依然、依旧、仍然、仍旧"四个延续副词为例,"还、还是",与一般延续副词相比,更为复杂,应该在先厘清延续义的使用规律后,再来看"还(是)"。

本文例句全部来自 CCL 语料库,个别较长例句有所删减,行文中不再一一标注具体出处。

本文也采纳"预期"理论来分析延续副词的使用,但是与前人不同的是,我们采用陈振宇、王梦颖(2021)提出的预期结构语义模型,该模型将一个简单预期语篇分为四个部分:

1) 条件 O:认识主体(信息接受者)在事前已获得的知识,称为"知识状态",是预期产生的前提或条件。

2) 预期 P(M|O):认识主体(信息接受者)在知识状态 O 的基础上,对事物 M 的预测或希望的数值,预期部分主要用情态句来表达。

3) 当前信息 P(M):从信道传给该认识主体的知识,这是认识主体当前感受到的信息。

4) 预期性|P(M|O)-P(M)|:通过预期与当前信息的比较值来决定预期语篇的性质。|P(M|O)-P(M)|差值极小或等于 0,也就是当前信息符合预期,当前信息是"正预期信息",也称为"预期信息"或"合预期信息";|P(M|O)-P(M)|差值较大,甚至接近或等于 1,也就是当前信息和预期不相符合,当前信息是"反预期信息",也称为"违预期信息"。

与前人不同,我们认为必须首先区分一点:延续副词所在的小句,是处于哪个语篇位置? 显然可以分为:1)处于当前信息部分;2)处于条件部分;3)处于预期部分。其中,处于当前信息部分时,延续副词所在小句是语篇中凸显的前景信息,所以最能反映延续副词本身的词汇语义结构,因此我们先考察这种情况,再讨论另外两种情况。

2. 处于当前信息小句(后件)的延续副词

陆俭明、马真(1999:98)将延续副词看作不定时时间副词,不定时时间副词既可用于说过去的事情,也可用于说将来的事情。但是诚如作者所言,汉语通常所说的时间副词大多不表示"时",而表示"态"。这里所谓的"态"不是主观语气情态,而是指"体"或者说是和"体"密切相关的情状类型特征(朱庆祥 2020)。延续性(duration)就是"非瞬间性",指事件或事件的某一阶段在时间轴上不看成一个时点,而看作一个时段。但是,如果事件本身根本不侧显(profiled)变化,也就是与时间无关或从来如此,没有变化或被否定的可能,那么也不具有延续性。

延续副词是作用于句子层面而不是谓词层面的(即作用于事件情状/具体情状,而不是动词情状/抽象情状),例如一些谓词本身不能用延续副词来修饰,但是添加了一定的语言成分,就可以受到延续副词的修饰。如"鱼依然在死"不能说,因为死亡是非延续的事件(瞬间事件);但是"即使采取了很多措施,可池里养的鱼依然在不断死去"就可以说了,因为当可能的死亡者成为复数的集合时,死亡也就成为可以持续进行的事件。再如"她依然姓王"不能说,因为一个人的姓氏一般看成是不变的;但是"结婚后,她依然姓王"就可以说了。原因是表达了一个新的情况"结婚",某些地方根据社会风俗,女子出嫁需要改为夫姓,因此会预期她不再姓王,在这样的新条件下她依然维持原来的姓氏。

这些例句说明,延续副词的语义结构要求相关的限制条件,当延续副词在当前信息小句中时,作为前景信息,具有完句性,因此最好将这些条件呈现出来,以利于听话者理解,这就决定了其语篇各要素的配置。

需要注意的是,在一些特殊的例句中,有关事件情状的要求是可以被打破的,例如"虽然花了一大笔钱治疗,但是他父亲最后依然去世了",这就只是一个人的死亡,看上去不具有持续性,然而却可以使用延续副词。但我们要问的是这里真的没有持续性吗?

下面我们分别进行讨论,先看具有持续性的情况,再看结果性(非持续性)的情况。

2.1　事件状态的延续性

事件的某个状态延续到时间基点。这里的状态包括静态的事件,如"他仍然是我的好朋友",也包括动态事件中相对静止的某个阶段,如"二十多年过去了,他依然在努力实现自己的理想"。时间基点无标记是指说话时间,如"他(现在)仍旧住在父母家里",住父母家的状态从过去延续到现在;也可以是某个相对基点,如"那一年她依旧住在父母家里",从过去延续到"那一年",但此后的情况并没有说明。例如:

(1) a. 叫她站起来^X,她却<u>依然</u>坐着。

b. 尽管前面充满了悬念ˣ,但是我<u>依然</u>相信内心的声音。

c. 然而对于员工们那异常惊讶的眼神ˣ,史玉柱<u>依然</u>显得十分的从容淡定。

d. 即使北京被解除了旅行限制并从疫区名单中删除ˣ,我们**仍然**必须保持高度警惕,毫不松懈地继续落实各项防治措施,并根据疫情的变化,将防治措施由应急调整到常规,科学规范地做好防治工作。

因为世界是惰性的(inert),不变(延续)才是常态(GivÓn 2001:372),所以当说话者注意到一种状态存在的时候,如果没有其他阻碍,说话者预期该状态将会延续下去,这是缺省预期(预期1);但是,在语境中出现了新因素,该因素不利于状态延续,那么说话者就会预期不再延续或者直接停止,这是新条件(条件2)下的新预期(预期2);而实际情况却是该状态依然在延续,原来的缺省预期依然实现,但却与新条件下的预期2不符。根据陈振宇、王梦颖(2021)的预期结构的语义模型,可以将延续副词出现在当前信息小句时的预期结构概括为:

条件1:实际存在的事物状态

预期1:该状态默认将延续下去

条件2:出现了新的因素;该因素不利于状态的延续

预期2:状态不应该再延续或者会停止

当前信息:状态(**依然**)在延续

预期性1:正预期信息

预期性2:反预期信息

可以看出,在这里有两层预期结构:第一层是正预期信息,这是使用延续副词的根本动因;第二层是反预期信息,是条件2所产生的预期与当前信息之间相违反所造成的。以上述例(1a)为例,我们写出其预期语篇的结构:

条件1:她原来坐着

预期1:默认她会延续坐的状态

条件2:有人叫她站起来

预期2:她应该会站起来

当前信息：她**（依然）**坐着

预期性 1：正预期信息

预期性 2：反预期信息

2.2　事件结果的延续性

结果性是指事物发展过程中终结性结果的实现，从情状类型上看，结果是终结性（telic），似乎与延续性无关，例如一般我们不能说"＊他在失败/＊他在死/＊他在发现"等，但是一般表达延续意义的标记不能用，可延续副词却可以自由地使用，当然会有特殊的条件。例如：

（2）a. 他远比杨天雄优秀得多[X]，但在激烈的竞争中<u>依然</u>败下阵来。

　　 b. 尽管指甲松动，疼痛钻心[X]，她还是没停训练，在患处涂些药水和油脂，<u>依旧</u>跃进了碧池。

　　 c. 尽管他已为李嘉茂先后拿下香港几家大酒店的生意[X]，不过他<u>仍然</u>发现五金行业无论如何拼争，也难以在畸形繁荣的香港抢占绝对优势的地位。

　　 d. 进口的石材虽然价格为国产石材价格的两倍以上[X]，但<u>仍旧</u>赢得了不少消费者的青睐，导致装饰用的大理石和花岗岩进口剧增。

为什么如此？前人的研究将它解释为延续副词不再表达延续性，而只是表达反预期意义，所以上述句子都是转折句。如李姝姝（2019）认为这里不存在情状的延续，延续义时间副词在这里的使用是说话者对结果的坚持，也即无论条件是 p 还是非 p，结果都是一样的。

但延续副词真的就失去了延续意义？这和一般的转折是一样的吗？例如下面两句是否存在区别：

（3）a. 他成绩不好，但他<u>竟然</u>考上了大学。

　　 b. 他成绩不好，但他<u>依旧</u>考上了大学。

显然，这两句有相当大的区别，虽然都是表达反预期意义，都是转折。如果只是讲条件、预期与当前信息不相符合，如在例（3a）中，他成绩不好，预期他考不上大学，结果竟然考上了，这与说话人的预期不符合，直接用"但是/竟然/没想到"等反预期标记就可以了，因为只有单一的预期结构：

条件：他成绩不好

预期：默认他考不上大学

当前信息：但他**（竟然）**考上了大学

预期性：反预期信息

但是例(3b)使用了延续副词，句子的语义层次就变得复杂了，具有了一种隐含的意味，而要解读这一意味，需要看完整的语篇，而不能仅仅截断这两句就来分析：

(4) 子女进入学校以后要取得优秀的成绩，还需要家庭与学校配合，诸如对学生完成作业方面的监督与辅导，政治思想和做人品德等方面的严格要求等等。在这一点上，家长的勤奋好学的"身教"作用很重要。试想，如果子女回到家里与学校受到的教育和影响完全不一样，学校"择"得再好，子女能成才么?! 在这方面，我有过切身体会。我的一个女儿，小学读的是条件很差的村小，中学就近读的是"普通"学校ᵡ，可依然考上了大学，并且成绩在班上数一数二。除了她自身努力，一个很重要原因，就是我以每天黎明即起，非读即写和在工作岗位上要做出优异成绩去影响她，让家庭中浓浓的文化氛围去熏陶她，为她能在学校取得好成绩助不可小视的一臂之力！

文章主旨说的是家庭教育的重要性，言者从小就非常努力地给予女儿好的家教，所以从这一点看，女儿本来就是有希望考上大学的。只有了解了这一背景之后，我们才能明白划线的句子为什么会用延续副词"依然"，因为读的学校差或很一般，会产生对成绩有影响的预期，即预期可能考不上大学，但是这都不重要，最终结果还是延续了原有的发展，达到了本来就应该有的结果(考上大学)。同理，在例(3b)中，虽然没有看到完整的语篇，但完全可以想象到，说话者或其他人会估计他有考上大学的可能，如他的运气历来很好，这一年有大学扩招，更容易被录取，或者这一年考试很容易，录取分数很低，等等。"他成绩不好"这一新条件没有影响原来就确定的结果的延续，他依旧考上了大学。

我们认为，这里存在一个认知状态的延续。说话者认识一个事物，如果事物是发展的，并且有一个自然的终结点，那么根据缺省推理，说话者会默认事物会发展下去，并最终到达那个自然终结点(预期1)；但是语境或前后文中,出现了一个新的因素(条件2),不利于事物发展,说话者预期事物不应该再延续或者会停下来,也就是说达不到自然的终结点(预期2);而实际情况则是,虽然存在条件2的干扰,但是事物依然发展下去,并且达到自然终结点。用预期的结构模型概括如下:

条件1:言者对事物发展趋势进行心理扫描,并认识到事物有一个自然终结点

预期1:默认会延续下去直到达到终结点

条件2:出现了新的因素;不利于事物发展

预期2:事物的发展不应该再延续或者会停下来,达不到自然终结点

当前信息:事物**(依然)**延续原有的发展轨迹,并达到了自然终结点

预期性1:正预期信息

预期性2:反预期信息

这种类型也存在两层预期结构,可以看出,它与第一类的预期结构模型是相同的,即第一层是正预期信息,是使用延续副词的根本原因;第二层是反预期信息,它来自不利情状但未阻碍事物的发展。我们根据例(4)写出这种类型的预期结构:

条件1:我给予了女儿好的家教

预期1:默认她有较大可能会考上大学

条件2:她读的学校不好或一般

预期2:她有可能会考不上

当前信息:她**(依然)**考上了大学

预期性1:正预期信息

预期性2:反预期信息

2.3 反预期意义的凸显与转折句

从语义结构来看,不管是上面哪种情况,延续副词的语义结构中都包含着两种语义要素:延续和反预期,但是它们在语篇中的地位是不平等的。

处于内层的是延续,它是最基本的语义要素,不管事物原有的情状,还是某个认知主体原有的认识,都是同样的广义的"状态",不同的只不过一个是行域,一个在知域(参看沈家煊2003)。其实,还有言域的延续,即

互动关系的延续,只不过与前两者相比,例句较少。例如:

(5) 投资对经济的增长是必要的。由此,我们在被动的意义上可以说。储蓄是经济增长所必需的,因为要投资就必须进行储蓄。<u>尽管如此</u>[X],人们仍然要问,投资过程是否会自动创造所需的一切储蓄。因此我们不必为储蓄的数额担心,而集中力量进行投资。

在此之前,并没有问过"投资是否会自动创造储蓄",这是一个新的问题,因此从具体问题的角度是看不到延续性的。这里的延续其实是指言者一直在质疑投资和储蓄的关系问题,对投资是否必要怀有疑虑:

条件 1:原来认为投资与储蓄相互矛盾

预期 1:言者对投资怀有疑虑

条件 2:……储蓄是经济增长所必需的,因为要投资就必须进行储蓄

预期 2:言者认识到投资的重要性

当前信息:尽管如此,言者(**依然**)要问投资不利的问题

预期性 1:正预期信息

预期性 2:反预期信息

所以具体问什么问题不重要,重要的是说话者疑虑的态度在言语活动中延续下来,延续副词在这里反映的是言域的延续性。

不过我们应该看到另外一面,也就是在上述语篇中,实际上凸显的是外层的反预期。为什么外层比内层更为凸显?这是因为新的条件所引起的新预期,一般总是此前没有足够重视的,甚至是突然或突兀出现的,具有较高的信息价值,所以需要表达出来,因为不表达就不知道它的出现。

在语篇中,我们总是能够找到它:一般是在延续副词所在小句的前面,如上面例中标注"X"的小句就是表达条件 2 的小句。当然也可能出现在其他语篇位置,例如补充在后面,如"他依旧获得了冠军,虽然很多人认为成绩有问题[X]"。但不管是哪个语篇位置,在语篇中它都是凸显的,它与延续副词所在的小句一般都需要相邻或间隔很近,从而更容易让听话者注意到它们之间的反预期关系。

这从以往的研究文献中也可以看出来,很多研究者都注意到延续副词具有反预期解读,如 König & Traugott(1982:179)认为,在一个给定的事实下断言某种情状持续会产生一般会话含义:这种延续性是显著的或

意想不到的。董秀芳（2017）研究"还"时说，一个持续着的动作行为容易引起人的注意，给人留下较深的印象，因此从表示持续的意义看可以获得一种出乎意料的意味。

这些解释都有一定道理，但其实，延续副词产生反预期情态语义的背后有着深刻的认知理据，也就是需要有我们所说的"预期1"作为背景或先在信息。

但是由于预期1往往在语篇中隐含，不明确地表达出来，或者即使表达出来，也离延续副词所在的小句较远，如例（4）所示，所以不容易被注意到。世界是惰性的（inert），不变（延续）才是常态，而常态信息价值低，总是不容易被注意到，所以一种情状它本身就应该延续的时候，说话者基本不会注意到，即使注意到也没有表达的必要。

比如一个人在教室里看书，当说话者认为他看书的状态应该持续2个小时的时候，在这2个小时的任一时间，说话者都不会表达"他依然在看书"。但是如果超过2个小时，导致他疲惫（需要休息），或者在2个小时内有其他干扰因素，且干扰因素强大到行为主体应该改变自身情状的时候，说话者就会表达"他依然在看书"，也就是说，直到出现条件2，我们才能够发现延续状态的信息价值；一旦使用延续副词，它就更多地凸显了说话者的否定态度，即状态的延续是与语篇中的那个条件（条件2）不符合的，在这一条件下是不应该的。这样一来，"新条件"（条件2）的信息价值就很高，预期2与当前信息的对比相当突出，这就造成了反预期性质极为凸显的印象。

最后，延续副词出现在当前信息位置时，还可以有一种扩展的语篇配置，就是再加上一个新的条件（条件3），出现新的预期3，并且用预期3来进一步说明当前信息延续的原因，构成更为复杂的预期语篇。例如：

(6) 吴健雄对于自己没有得到诺贝尔奖，多年来从未公开表露过意见。……吴健雄在信中说："……我的一生，全然投身弱相互作用方面的研究，也乐在其中。尽管我从来没有为了得奖而去做研究工作，但是，当我的工作因为某种原因而被人忽视，依然是深深地伤害了我。"

下面是语篇分析：

条件1:一般人做了工作没有获奖

预期1:一般人会感到伤害

条件2:我从来没有为了得奖而去做研究工作,我乐在其中

预期2:我不会感到伤害

条件3:我没有获奖,因为某种原因被人忽视

预期3:我会感到伤害

当前信息:(**依然**)深深地伤害了我

预期性1:正预期信息

预期性2:反预期信息

预期性3:正预期信息

预期3起到补充说明原因的作用,即由于不可言说的原因她的工作被有意忽视了,所以不是获奖与否伤害了她,而是不公正伤害了她。但与预期2不同,预期3不如预期2凸显,因为虽然加上了预期3,但是整个句子依然是以转折为主,"尽管……但是……"构成了最外层的框架,预期3是嵌套在这一框架内部的。在语篇分析中,显性总是比隐性更为凸显,焦点总是比背景更为凸显,还有在都是显性表达的时候,只要不违背焦点性,则外层总是比内层更为凸显。

3. 处于预期小句(后件)的延续副词

3.1　一种特殊的推断

此时,延续副词所在的小句是说话者做出的一个预期,陈振宇、王梦颖(2021)说,预期小句是情态表达。我们发现,小句中往往有表达情态意义的语词,如"会、必须"等,或者是表示判断的句式。延续副词主要表达认识预期和道义预期。先看认识预期:

(7)a. 如果发挥不了为经济工作办实事的作用^X,<u>依然</u>不会有威信和地位,威信和地位不是争来的,而是干出来的。

　　b. 如果没有党,旧中国不会推翻,新中国不能建立起来^X;劳动人民<u>仍旧</u>生活在苦海里啊!

再看道义预期:

(8)a. 在英联邦成员国津巴布韦刚发生老战士占领农场事件不久,又

在一个前英联邦成员国发生扣留人质的事件,这不能不令英国政府感到担忧[X]。……英国不出人,要想解决问题<u>仍然</u>得出钱。

b. 改革开放是经济和社会发展的强大动力,17 年来我国现代化建设的巨大成就是在改革开放中实现的[X];实现未来 15 年的奋斗目标,<u>依然</u>必须深化改革扩大开放。

此时,语篇也是一个复杂的预期结构,可以概述为:存在某种有利条件,会(或应该)使原有的事物状态或发展趋势延续下去。例(7)(8)中的 X 部分就是这一有利条件。

条件 1:实际存在的事物状态,事物原有的发展趋势以及其自然终结点

预期 1:该状态或趋势会/应该延续下去,如果有自然终结点,则会/应该达到

条件 2:有利于状态持续的条件,有利于延续该发展趋势的条件

预期 2:该状态或趋势会/应该延续下去,如果有自然终结点,则会/应该达到

如例(8b):

条件 1:已经实行了改革开放的政策

预期 1:默认改革开放会延续下去

条件 2:17 年来在改革开放中取得了巨大成就

预期 2:改革开放(**依然**)应该延续下去

让我们来看看较为复杂的条件句的情况,条件句提出一个虚拟的非事实或反事实的条件,会使原有状态或发展趋势延续,但是有所不同:非事实的条件仅仅是可能的,因此还不能肯定一定如此,如例(7a):

条件 1:此前已经没有或可能失去威信和地位

预期 1:默认会继续没有威信和地位

条件 2:如果不办实事(非事实条件)

预期 2:(**依然**)没有威信和地位

但反事实条件句则是纯粹的虚拟,所预期的情况也与事实不符,如例(7c):

条件 1:此前劳动人民生活在苦海里

预期 1:默认会继续生活在苦海里

条件2:如果没有党(反事实条件)

预期2:**(依然)**生活在苦海里

这正是陈振宇、姜毅宁(2019)所说的"推断"语篇,此时延续副词小句表达了说话者的意见,但不是当前信息,因为说话者没有把延续副词小句的内容说成是事实,因此也不能说延续副词表达了反预期功能。陈振宇、姜毅宁(2019)说,推断视角下无标记的是和谐的推理,也就是按照大概率推理的方向进行,本小类就是如此。

不过,似乎存在一个疑问,这里预期1和预期2是一样的,那么为什么还要再加个条件来得出预期2?似乎多此一举。其实不然,本小类句子有一个"化隐为现"的功能:原来的条件1和预期1在语篇中往往是不表达出来的,没有被人注意到;说出了条件2,给出了预期2之后,条件1和预期1才得到解读,这就可以被听话者注意到了。

一般的推断语篇是单一预期语篇,只有一个(组)条件和一个预期。但是延续副词则涉及两个预期结构,因此是一种特殊的推断语篇,这一特殊性就表现在不但需要做出推断,而且会把原来的一个隐含的预期也凸显出来。

当延续副词处于当前信息小句或预期小句中时,延续副词处于前景或焦点小句之中,其语义结构中的两个预期结构都会有所凸显,而且其中条件2和预期2,比条件1和预期1要更为凸显。

另外一种推断语篇是延续副词出现在假设让步句和无条件句的后件,有显明的标志表明后件内容仅仅是说话者做出的一种推断。例如:

(9) a. 啊,五年,到那时候即使恢复自由,**仍然**是"劳改释放犯",这是一个终生的称号!

　　b. 不管怎样,**仍然**一定要出现出售土地的刺激。

例句中的"到那时候"和"一定"都表明事件的发生时间在将来,它是说话者的推断。但是这种推断与条件句的推断不同的地方在于它的预期1和预期2之间是反对的关系。例如:

条件1:恢复自由就不再是劳改犯

预期1:你不会再是劳改犯

条件2:你恢复了自由

预期2：你依然是劳改犯

这类句子表达的正是陈振宇、姜毅宁（2023）所说的"预期反对预期"，也就是表达的是双方预期立场的对立。这里"劳改犯"和"劳改释放犯"是两个不一样的概念，但是作者用延续副词表明"劳改犯"这一身份的延续性。不过这种例子罕见，延续副词主要还是出现在事实让步句和后件为事实的无条件句中表达反预期信息。

郭锐（2008）指出，虚词的语义是一个由语义要素和要素间关系构成的语义结构。从这个角度说，上面讨论的延续义时间副词的双重预期结构只是一个语义结构。郭锐（2008）在研究"还"的时候，将"还"的义项概括为11个，其中两项是"延续"和"意外"。但"延续"是一致的，意外却未必，可以是意外，也可以是推断。例如"他还在图书馆看书"这一个一般的延续语句，蕴含着"他此前已经在图书馆看书"这一背景意义，而"他现在不应该在图书馆看书"才构成反预期解读。再如"明天要考试，所以他还在图书馆看书"中，也蕴含着"他此前已经在图书馆看书"这一背景意义，而"明天要考试——他需要多看书（复习）"则构成推断解读。

从这一点看，我们认为"延续"是延续副词的预设意义，只要使用延续副词这一意义就不能违反；而"反预期"和或者表示"推断"是其焦点意义，需要更多的语篇或语境因素参与才能凸显出来。

3.2 推断与其他预期结构的融合

推断语篇也可以放到更大的预期语篇中去，从而形成更为复杂的预期语篇，例如它可以和一个相反的预期结构相邻，从而让人觉得延续副词也有表达反预期意义的作用；当然其实这完全是外层结构的功能，与该延续副词无关。例如：

(10) a. 和平时期^{X1}，为了国家和人民的利益^{X2}，仍然需要牺牲和奉献。

　　b. 虽说有两层楼^{X1}，但毕竟盖得早^{X2}，外表依然土气。

　　c. 虽然大伙儿戏称形象都被崔笑田毁了^{X1}，但依旧招之即来。因为大伙儿明白，他们是在做一件十分有意义的事情^{X2}。

　　d. 六年过去了^{X1}，由于各种复杂的原因^{X2}，大桥工地上仍旧是10座桥墩孤零零地屹立在江中，两岸引桥遥遥相望。

让我们写出其预期语篇结构：

条件1：实际存在的事物状态，或事物原有的发展趋势以及其自然终结点

预期1：该状态或趋势会延续下去，如果有自然终结点，则会达到

条件2：出现了新的因素X1，不利于事物发展

预期2：事物的发展不应该再延续或者会停下来，达不到自然终结点

条件3：又出现了新的因素X2，有利于事物发展

预期3：该状态或趋势**（依然）**会延续下去，如果有自然终结点，则会达到

（当前信息：该状态或趋势延续下来，如果有自然终结点，则会达到）

（预期性1：正预期信息）

（预期性2：反预期信息）

（预期性3：正预期信息）

有下划线的部分是与之对比的语篇部分，"依然"没有用在这一部分，而是用在正向推断的部分，即预期3。但是由于受到上面预期2的影响，预期3与预期2形成了对立，所以句子整体是个转折句，有反预期意义。但其实，这也是"预期反对预期"，说话者用新的预期3去反对预期2。之所以预期3使用延续副词，是为了表达预期3其实是背景中的预期1的延续。例如(9a)：

条件1：以前需要牺牲和奉献

预期1：默认会一直需要

条件2：（新的因素X1）现在是和平时期

预期2：牺牲和奉献不那么需要了，可以停止

条件3：（新的因素X2）为了国家和人民的利益

预期3：牺牲奉献**（依然）**会继续需要

当延续副词所在的小句表达当前信息时，它既表达反预期意义，也表达正预期意义，当然反预期因为是外层功能，所以更为凸显。不过条件3和预期3的引入还是有意义的，因为这相当于起到特殊的"解-反预期"功能（袁毓林2006；陈振宇、姜毅宁2019）。

4. 处于条件小句(前件)的延续副词

进一步考察例句,会产生这样一个疑问:延续副词的两个预期结构虽然存在,但在一个特定的语篇中它们都不凸显,或者说都隐含在背景信息之中,语篇则凸显其他内容,那么此时延续副词就不再凸显反预期意义或推断意义。语篇可以仅仅表达推断,没有当前信息;或者即使凸显反预期或正预期意义,这一意义也与延续副词无关。甚至,有可能完全违背词汇意义本来的预期结构,特意把词汇语义中特别不凸显的条件 1 和预期 1 凸显出来。

4.1　转折句和让步句前件

它们共同的地方是整个复句表达反预期意义。

(11) a. 这之后我们的接触<u>依然</u>很多,但是没有什么过分的举动。

　　b. 以后阅报处<u>依旧</u>每天开放,社员<u>依旧</u>每天来,刊物<u>依旧</u>每星期出下去,可是他却不可能参加这一切了。

　　c. 徐鹏飞<u>仍然</u>站在走廊上没有移动,但他示意不要关上审讯室的铁门。

　　d. 这个人物<u>仍旧</u>男人魅力十足,只不过在影片中无人喝彩罢了。

延续副词出现在转折复句的前文小句中,这一小句是说话者对客观情况的描述,可以由这一情况推出一个预期;转折句后件则提出一个新的情况,与前面的预期产生对立;这样转折句前后件形成反预期关系(当转折句后件是当前信息时),这是一个单一预期语篇;或者"预期反对预期"关系(当转折句后件是另一个预期时),这是一个双重预期语篇。参看吕叔湘(1990)、邢福义(2001)和尹洪波(2014)有关转折句的反预期性质的论述。按照预期的认知模型分析(陈振宇、王梦颖 2021),这种反预期语篇的预期结构为:

条件 a:过去有事情 P,有结果 Q①

条件 b:事情依然 P

---

　　① 用条件 a 和条件 b 是为了跟前面的前件 1 和条件 2 区分,a 和 b 表示两个条件推理出一个预期。

预期:结果应该依然 Q

当前信息:但是结果¬Q

预期性:反预期信息

例(11)都是这一类,以例(11a)为例:

条件 a:过去我们接触很多,有过分的(亲密)举动;

条件 b:我们依然接触很多

预期:应该依然有亲密的举动

当前信息:但是我们不再有过分的(亲密)举动

预期性:反预期信息

可以看到"我们过去接触很多,有过亲密举动"等内容都隐含在语境中,作为背景知识不再凸显,语篇所凸显的是当前"不再有过分举动"的情况。

"预期反对预期"的预期结构为:

条件 1a:过去有事情 P,有结果 Q

条件 1b:事情依然 P

预期 1:结果应该依然 Q

条件 2:出现新的条件 R

预期 2:结果应该是¬Q

例如:

(12) 由于伊拉克目前的情况已经"彻底改变",尽管武器核查人员的使命<u>仍然</u>有效,但核查人员不能全部返回伊拉克。

例(12b),预期结构为:

条件 1a:武器核查人员过去有使命,在伊拉克工作

条件 1b:武器核查人员的使命仍然有效

预期 1:应该返回伊拉克继续工作

条件 2:(新的条件)伊拉克目前的情况已经"彻底改变"

预期 2:核查人员不能全部返回伊拉克

原有使命是什么,为什么使命依然有效,这些内容都隐含在语境中,读者从文本里无法了解;语篇凸显的只是说话者的态度,即他认为核查人员不能全部返回。

4.2 因果句前件

也分为两种情况,后件是当前信息部分,或者后件是预期部分。先看前者:

(13) a. 由于基建规模<u>依然</u>过大,全国信贷资金供求矛盾<u>仍然</u>比较突出,信贷结构调整任务十分艰巨。

b. 由于<u>仍旧</u>缺乏重要经济数据的指引,23 日纽约股市<u>延续</u>了前几个交易日的观望态势,投资者交投谨慎,三大股指收盘时有所上扬。

在这种类型中,一般表达的是条件不变,结果也不变。一些例句中的结果小句(后件)会表明事物的延续性,如例(13b)的结果分句中用动词"延续"来表示结果的延续;有时候就直接在后一分句里用延续副词,如例(13a)中的"仍然"。这种语篇表达的是正预期信息,也就是当前信息是符合条件以及条件推出的预期的。

条件 a:过去有事情 P,有结果 Q

条件 b:事情(**依然**)P

预期:结果应该依然 Q

当前信息:结果的确依然是 Q

预期性:正预期信息

例(13a)的预期结构模型如下:

条件 a:过去基建规模大,信贷矛盾突出

条件 b:现在基建规模(**依然**)过大

预期:使用资金过多,恶化信贷矛盾

当前信息:信贷资金供求矛盾仍然突出

预期性:正预期信息

再看后件为预期部分的例子:

(14) 由于<u>依然</u>存在潜逃的危险,主要被告、格拉夫的父亲彼得·格拉夫必须在审理期间<u>继续</u>受到监禁。

例(14a)中后件也用了动词"继续"来表示结果的延续。由于这时只有预期,没有当前信息,所以预期语篇结构反倒简单了,如下:

条件 a:原有状态 P,有结果 Q

条件 b：事情(**依然**)P

预期：结果应该还是 Q

例(14a)的预期结构模型：

条件 a：彼得原来就有潜逃的危险，原来被监禁；

条件 b：现在(**依然**)有潜逃危险

预期：应该继续监禁

在这种类型中，一般表达的是新的条件有利于维持原来的预期不变，是对事物预期的延续性的加强或维护。由于没有当前信息，所以只是推断视角，不是正预期关系。

4.3 条件句前件

这里的条件句是语言类型学较为广义的定义，包括汉语学界所说的"假设句"和"条件句"。延续副词在其前件小句(条件小句)，表达的是推理的一个前提(推理可能还需要其他前提)，后件则是推理的结果。因此，这里只能是推断视角；并且假设句与因果句具有内在的一致性，它们一般都表示条件和结果之间的一种大概率关联，例如下面句子都是一个单一的推理：

(15) a. 对自我实现的人的管理如果<u>依然</u>采取严格的命令约束，不给他任何自由驰骋的空间，那么这种人就会不满，情绪就会低落，就会跳槽到他认为可以发挥其才能的地方去。

　　 b. 只要人们<u>仍然</u>认为女性的主要工作便是养育小孩，女性便不会投身政治、科技。进一步说，她们便不会怀疑男人的优越性。

预期语篇结构如下：

条件 a：原有状态 P

条件 b：如果事情(**依然**)P

预期：结果就应该是 Q

例(15a)的预期结构模型：

条件 a：原有采取严格的约束

条件 b：如果(**依然**)采取严格的约束

预期：这种人就应该会不满

条件句后件可以是疑问,表示在特定条件下应该如何,这时就不是说话者自己表达预期,而是希望知道对方的预期。例如:

(16) 万一他们仍然立着不动,那又该怎样呢?

  条件 a:原有采取立着不动

  条件 b:万一(**仍然**)立着不动

  询问对方的预期:该怎么样

有的条件句(汉语的假设条件句)前件和后件之间不存在大概率预期,后件仅仅是在此条件下说话者做出的一个主观选择,没有必然性,这时,后件就只是小概率预期,虽然这种例子很少见,但并非没有。例如:

(17) 我不知道在我们这个年岁,是否还有"一见钟情",或者说"一见钟情"对于我们这个年岁的人是否还适用? 如果<u>仍然</u>适用,那么,它就曾经发生在将军和我之间。

如果对年纪大的人仍然适用,那么怎么就一定会发生在"我"与将军之间呢? 完全可以说"如果仍然适用,那么,它从来未曾发生在将军和我之间"。正反句子都通畅,这说明该条件句的前后件之间并不存在强逻辑联系。大概率推理是不能这么表达的,如不能说"＊如果依然采取严格的约束,那么这种人就会满意"。

不过,对汉语的"只要、只有"条件句而言,都必须是全概率推理(百分之一百有效),如例(15b)就是。

5. 延续副词与反预期标记

综上所述,延续副词可以在多种预期语篇中使用,但只有当它用于当前信息小句时,才因为其语义结构中的双重预期而凸显反预期意义;在其他位置,包括在预期小句和条件小句中,或者仅仅表达推断语篇结构,或者表达正预期意义,或者虽然语篇中有反预期意义,但却与延续副词无关,是句中其他因素导致的。尤其是在条件小句位置,延续副词自身的语义内容都隐含在前提和背景之中,不再被凸显。

实际上,各种反预期标记,都有一个语法化的过程:最初这些语词都有其各自的意义和功能,用在合适的语篇位置上,就可得到反预期意义;不用在相应的位置,则不会得到。这时,它们并不表达反预期信息,而是这一功能由语用场景担负。但是进一步发展,该语词有可能出现使用上的倾向,倾向甚至高度倾向用在合适的语篇位置上,语篇倾向得到反预期意义,这就是所谓"兼类"的反预期标记,但它还不是真正的反预期标记。再进一步发展,该语词可能主要会或基本只用在该语篇位置表达反预期语义,而不仅仅是表达反预期的语用功能,这是"专用"的反预期标记,也就是真正的反预期标记。

现代汉语的"竟然、居然、不料、怎(么)、但(是)"等少数标记已经达到了专用反预期标记(有的甚至已经是意外标记)的发展程度;但是绝大多数表达反预期意义的只是兼用的反预期标记;还有更多的语词只不过是能够用在反预期语篇中而已,反预期意义并非它们的语义。要判断一个具体语词的发展程度,需要对其用例进行统计,得出其在当前信息位置上表达反预期意义的例句的比例。表2是我们对汉语四个延续副词的统计数据:

表2　延续副词在预期结构中的位置

	条件部分			预期部分			当前信息部分		
	转折	让步	无条件	转折	让步	无条件	转折	让步	无条件
依然	13	3	0	0	0	0	186	19	3
依旧	20	0	0	0	0	1	123	13	4
仍然	10	7	0	0	3	0	142	23	5
仍旧	14	3	0	0	0	0	126	10	2
总例	70			4①			656		

说明一下,它们在转折句、让步句和无条件句的后件且只在这一语篇位置上,这才是造成反预期意义的原因;无论是让步句还是无条件句,都包含着程度不同或情况不同的转折性(参看邢福义2001),也就是所谓的逆转关系。在其他句式中,无论是在前件还是在后件,延续副词都不能造成反预期意义。所以我们只需统计在这三种句式中的使用情况。

---

① 　原刊于《语言研究集刊》(第三十三辑)的数据统计有误(不影响结论),现进行了更正。

统计结果表明,汉语的这四个延续副词,对反预期功能来说,都处于兼用标记的状态中,这一功能已经很突出,差不多达到了总例句数的80％。但是依然还是不够纯粹,还有大量的其他例句,所以不能算专用标记。除了前面提到的各种情况,这里再看看并列句(包括时间连贯)的例子:

(18) a. 问题严重的日本经济几乎没有任何改善的迹象,<u>仍旧</u>在泥沼里挣扎。

　　 b. 他往前走了一步,在黑暗中<u>依旧</u>认出了他盾牌上的标记。

查前后文,我们不知道作者表达的情况是反预期的还是正预期的,因为没有什么线索提示他可能的预期。我们只知道这里表达了延续,但是是否存在阻碍延续的因素并不清楚。可见,延续副词本身的反预期义还没有完全"规约化"。

马真(2016:91)从语篇的角度提出了"语义背景"的概念,"语义背景"是指虚词能在什么样的情况或者上下文中出现,或者不能够在什么样的环境中出现,或者适于在什么样的环境中出现,不适于在什么样的环境中出现。无论是"语义结构"还是"语义背景",这两种分析方法落实到具体的语句中,都属于语篇或者话语分析的范畴。虽然我们在归纳虚词的意义时,应该避免将不属于虚词的意义归纳到这个虚词身上去(陆俭明、马真,1999:11)。但是,虚词的语义,很难将其与语篇完全割裂开来,因为语篇的性质会随着使用频率的增加而多多少少"渲染"到虚词的语义上来。根据陆俭明、马真(1999:9),"反而"的语法意义是表示所出现或发生的情况、现象跟所预料的或按常情应出现的结果相反;《现代汉语八百词》认为它表示转折关系,《现代汉语虚词词典》(侯学超)认为它既表示递进关系,又表示转折关系。我们认为,因为转折句和递进句(所谓的反向递进句)的复句语义符合"反而"的语法语义,所以它可以出现在这两种句式中,这也是为什么"反而"不能出现在因果句的原因。一个语词的词汇语义决定了其可能会出现在哪种语篇中。一个义项单一的语词,如"反而",它的语义结构直接决定了其语义背景,但是对于语义复杂的语词来说,其语篇类型也变得复杂多样。

通过延续副词的语义结构可以得出,延续是它的预设意义,不能否认，这在任何语篇中都存在。根据认知特点，延续在充当焦点信息时，如果没有其他因素，则通常会表达反预期意义，因为反预期语篇的信息价值才高，而正预期语篇的信息价值低。正是延续义的这一倾向，决定了延续副词主要出现在表达反预期信息的转折句中，并且会以此为常，最终向反预期标记发展。

但是，在延续意义仍然明确的情况下，这种发展很难彻底，因为延续义从本质上讲，也可以用在其他语篇结构中，这是对词汇的语义演变的一种制约。除了前面所说的情况，这里再看一个例子，在极为特殊的语境中，原来不凸显的预期 1 反而被凸显了：

(19) a. "你<u>仍然</u>单身中……"，"<u>仍然</u>……这两个字……伤害好大"
（BCC 对话语料）

b. 甲：我不高兴。

乙：你<u>仍然</u>不高兴?!

甲：我刚才没有不高兴啊!（作者收集的对话语料）

例(19a)中，"仍然"强调了你一直或长期单身，这比说你现在单身更让你难堪。例(19b)中，甲说的是自己现在不高兴，而乙用"仍然"以凸显甲此前就不高兴了，从而对"不高兴"的时长进行了强调。

6. 结语

以往对延续副词的语义和语篇特征的考察不能完全反映延续义和反预期义之间的关系，也不能很好地解释为什么延续副词倾向于出现在转折复句中。我们认为，延续副词的延续义是它的预设语义，它是不能被取消的，但是当延续副词出现在当前信息句中充当焦点信息时，由于高信息价值的追求，它往往会凸显出反预期意义，表示"情状的延续是令人意外的"，这种语境的高频使用，使延续副词具有了反预期的语用功能，但是这种功能是否已经规约化为延续副词的语义，不同的延续副词存在差异。对于英语延续副词"still"，英语的"still""yet"，德语的"noch""schon"可能已经完全规约化了，所以直接成为让步、转折标记，但是"依然、依旧、仍然、仍旧"还远不到这一步，它在不少情况下还仅仅表达延续义。至于"还"和"还是"反预期的发展程度，则有待进一步研究。

参考文献

陈振宇　姜毅宁　2019　《反预期与事实性——以"合理性"语句为例》，《中国语文》第 3 期。

陈振宇　王梦颖　2021　《预期的认知模型及有关类型——兼论"竟然""偏偏"有关的一系列现象》，《语言教学与研究》第 5 期。

邓川林　2018　《副词"还"的语义-语用接口研究》，《世界汉语教学》第 4 期。

董秀芳　2017　《从动作的重复和持续到程度的增量和强调》，《汉语学习》第 4 期。

方　梅　2013　《说"还是"——祈愿情态的浮现》，《语言暨语言学》（专刊系列之五十），台湾："中央"研究院语言研究所。

高增霞　2002　《副词"还"的基本义》，《世界汉语教学》第 2 期。

葛锴桢　2021　《"还是"作为意外范畴标记研究》，《新疆大学学报》第 5 期。

郭　锐　2008　《语义结构和汉语虚词词义分析》，《世界汉语教学》第 4 期。

黄玉婷　2019　《时间副词"依然、依旧、仍然、仍旧"比较研究》，武汉：华中师范大学硕士学位论文。

贾泽林　2021　《副词"还"量级义的浮现》，《汉语学习》第 2 期。

李　树　任海波　2007　《"依然"与"仍然"的比较分析》，《海外华文教育》第 3 期。

李姝姝　2019　《"还是"情态义的来源及浮现条件》，《汉语学习》第 5 期。

廖秋忠　1991　《篇章与语用和句法研究》，《语言教学与研究》第 4 期。

陆俭明　马　真　1999　《现代汉语虚词散论》，北京：语文出版社。

吕叔湘　1990　《吕叔湘文集·中国文法要略》，北京：商务印书馆

马　真　2016　《现代汉语虚词研究方法论》（修订本），北京：商务印书馆。

彭小川　胡　玲　2009　《转折句中的"还是"》，《汉语学习》第 6 期。

秦　晴　2013　《"依然""依旧"比较辨析》，《淮海工学院学报（人文社会科学版）》第 2 期。

邵洪亮　2013　《副词"还是"的元语用法》，《语言教学与研究》第 4 期。

沈家煊　2001　《跟副词"还"有关的两个句式》，《中国语文》第 6 期。

沈家煊　2003　《复句三域"行、知、言"》，《中国语文》第 3 期。

唐　敏　2009　《副词"还"的"反预期"语用功能及"反预期"的义源追溯》，《江苏大学学报》（社会科学版）第 4 期。

王功龙　刘　东　2005　《"依然"和"仍然"的比较研究》，《辽宁教育行政学院学

报》第 1 期。

王维贤　张学成　卢曼云　程怀友　1994　《现代汉语复句新解》，上海：华东师范大学出版社。

吴建华　2018　《情态副词"照常、照旧、照例、照样"比较研究》，武汉：华中师范大学硕士学位论文。

武　果　2009　《副词"还"的主观性用法》，《世界汉语教学》第 3 期。

邢福义　2001　《汉语复句研究》，北京：商务印书馆。

徐盛桓　2005　《含意与合情推理》，《外语教学与研究》第 3 期。

尹洪波　2014　《否定与转折》，《语言研究集刊》（第二十七辑），上海：上海辞书出版社。

袁毓林　2006　《论"连"字句的主观化表达功能——兼论几种相关的"反预期"和"解-反预期"格式》，《中国语学》第 252 号。

朱庆祥　2020　《从情状角度讨论副词"曾经/已经"的语法语义及相关特征》，《汉语学习》第 4 期。

Collins，A. & Ryszard Michalski　1989　The Logical of Plausible Reasoning：A Core Theory. *Cognitive Science*(13)：1—49

GivÓn，T.　2001　*Syntax：A introduction*. Amsterdam/Philadephia：John Benjamins Publishing Company.

Hirtle，W. H.　1977　Already，Still，and Yet. *Archivum Linguisticum*(8)：28—45.

König Ekkerhard　1977　Temporal and Non-temporal Uses of 'Noch' and 'Schon' in German's. *Linguistics and Philosophy*(1)：173—198.

König Ekkehard & Elizabeth Traugott　1982　Divergence and Apparent Convergence in the Development of Yet and Still. in M. McCaulay et al. (eds)，*Proceedings of the Eighth Annual Meeting of the Berkeley Linguistics Society. Berkeley Linguistics Society*，Berkeley，CA，170—179.

姜毅宁　yining_jiang@126.com

原载《语言研究集刊》第三十三辑，本书收录时略有改动。

汉语模糊否定的确定与不确定

香港大学　　张　雪

　　提　要　本研究聚焦汉语中一些表示隐性否定的词语及结构所构成的模糊否定集合现象。基于语言学领域的模糊理论,本文认为汉语中的否定具有类似名词及形容词的语义模糊特征,即边界不确定性及可分级性。本文通过对"本来""X 是 X"及"毕竟"三个模糊否定标记的分析,展示模糊否定集合元素从隐性否定到显性否定的发展。"本来"具有延时否定功能,是一个强显性弱隐性否定标记。"X 是 X"是中性模糊否定标记,其模糊性最强,具有肯否悬置功能。而"毕竟"是强隐性弱显性否定标记,标记委婉对抗含义。隐性否定的序列现象,体现了汉语否定的模糊性及其与主客观的相互作用。本文认为,肯定和否定、主观与客观都具有渐变性,肯定和否定之间存在程度转化关系,主观和客观之间存在数量转化关系。

　　关键词　模糊集合　模糊否定　隐性否定　主观性

1. 引言

　　否定是人类语言最常见的表达之一,也是人类的一种基本认知。根据是否具有否定词、否定触发语等否定标记,否定可分为显性否定和隐性否定(吕叔湘 1985;沈家煊 1999;袁毓林 2007、2014)。虽然我们普遍认识到否定兼具主观与客观特征(何春燕 2002;陈振宇、甄成 2017;王蕾 2022),但目前尚未能将否定从一个整体的、可量化的视角进行归纳与分析,尤其是隐性否定的界定与分类尚不甚明确。本研究参考模糊集合理论,依据模糊集合的不确定性与可分级性,将汉语的否定进行模糊量级构拟与解释。并以"本来""X是X"以及"毕竟"三个隐性否定标记为例,分别展示模糊集合归属度赋值不同类别的语义内涵与功能。

2. 模糊集合及其特征

2.1　传统集合与模糊集合

若要了解模糊集合(fuzzy set),我们首先需要了解传统的集合概念。传统集合(crisp set)最大的特征之一就是边界清晰。任意一个元素与传统集合只可能存在两种关系:属于或不属于。我们将其称为元素归属性(membership),如果某元素属于传统集合,则归属性为1,反之为0。可以看出,一个元素的归属值只能是0或1。这意味着对应到真实世界,一个对象是否属于某一个集合,是可以清晰判断的,并不应该存在模棱两可的情况。但是真正的现实世界,这种非黑即白的情况是较为理想的少数情况。绝大多数时候,我们只能根据事物的特征判断其是不是某个类别的典型案例。例如我们知道40摄氏度是热,0摄氏度是冷,但是25摄氏度既不算典型的热,也不算典型的冷,也就是说,"25摄氏度"这个元素是否能属于集合"热",或是集合"冷",我们是不确定的。但这个问题的答案可以由模糊集合来回答。

模糊集合,顾名思义可以理解为边界模糊的集合(Zadeh 1965；De-Cock, Bodenhofer & Kerre 2000)。一个元素对于一个模糊集合的归属度取值并非0或1,而是0到1。如果归属值为1,则可以说该元素"完全属于"该模糊集合;如果归属值为0,则为"完全不属于"(如图1所示)。这样的集合更加符合真实世界的情况,如上文所举例,如果存在一个定义为

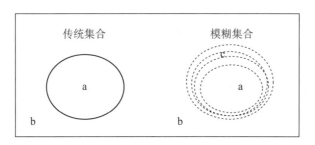

图1　传统集合与模糊集合

"热"的模糊集合,"40 摄氏度"的归属值应为 1 或接近于 1,"0 摄氏度"的归属值应为 0 或接近于 0,而"25 摄氏度"的集合归属值约为 0.5。

2.2 典型性与可分级性

对于模糊集合而言,元素可分为三个类别,一是完全属于,即归属值为 1 的元素;二是完全不属于,即归属值为 0 的元素;三是归属值介于 0 和 1 之间的元素,其最能体现模糊集合的特殊性。这个特殊性可以从两个方面理解,一是不确定性,二是可分级性。

不确定性(uncertainty)是基于模糊集合本质而衍生的一种集合特殊性,即除了完全属于和完全不属于这两个传统集合的特征外,元素和集合的关系还可以是一种"部分属于"的关系。这就使得那些非典型的元素也可以得到标记与量化,而更重要的是,这种"部分属于"关系,为"完全属于"和"完全不属于"之间架起了桥梁,从而帮助我们理解元素归属度的渐变性,而非瞬变性。这种渐变性,就是所谓的可分级性(gradability),即元素归属值呈现量级关系。换言之,模糊集合可以理解为一个三维量级(如图 2 所示),量级上的每一个归属值都对应着一个映射元素子集。

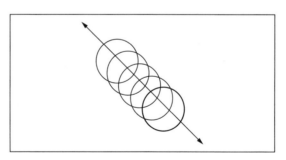

图 2 模糊集合的三维量级释义

据此模糊集合的理论及基本特征,我们来看汉语的否定。目前公认的显性否定,即是有否定词或否定算子(negator)的否定,可以看作是"完全属于"否定集合的元素,其归属值为 1。表陈述的肯定句则"完全不属于"否定集合,其归属值为 0。其他具有隐性否定标记的隐性否定表达,其归属值(M)介于 0 到 1 之间。我们以"本来"句(M=0.75)、"X 是 X"句

（M＝0.5）、"毕竟"句（M＝0.25）为例,下文将分别说明其模糊否定的意义和功能,并从主观和客观的动态变化角度解释模糊归属值的决定要素。

3. "本来"的延时否定

3.1　延时否定标记

"本来"作为一个常用副词,一般都被理解为"原先,原前"（吕叔湘1999）,其相关研究也非常丰富（马真、陆俭明 1985;张谊生 2000;李科第2001;陈振宇 2019）。在许多工具书和中文教材中,"本来"和"原来"常常被认为"可以互换"。但请见如下例句:

（1）我本来喜欢她,现在不喜欢了。

（2）＊我本来喜欢她,现在也喜欢。

（3）我原来喜欢她,现在也喜欢。

（4）我原来喜欢她,现在不喜欢了。

（5）我本来喜欢她。（后来一定不喜欢了。）

（6）？我原来喜欢她。（后来呢?）

为方便讨论,我们把"本来"或"原来"所标记的小句事件 P 发生的时间看作时间 1(t1),把后续句的事件～P 发生时间看作时间 2(t2)。在"本来"句中,说话人和听话人通过事件在 t1 的状态,可以判断出该事件在 t2 的状态,并且只有一种可能的共识判断。因而例句 1 可以说,而例句 2 不能被接受①。即"本来"标记了一个命题结构,该结构的前后件小句具有时间连续性。也正因该命题结构语义提取的唯一性,在没有后续句的情况下,说话人和听话人的交流仍然没有阻碍,如例(5)。再看"原来"句,例(3)和例(4),都是可以接受的,也就是说,事件的真值在 t2 究竟是怎样的,"原来"所标记小句并没有限制作用。"原来"只是时间标记,并未激活命题结构,因而例(6)的意味不明。

若以"本来"和"原来"所在小句的事件真值作为参照(即"本来/原来喜欢她"为 1;"本来/原来不喜欢她"为 0),对比"本来"和"原来"所在小句

---

①　如果此句为"我本来就喜欢她,现在也喜欢"则可以接受,因为"本来就"和"本来"具有完全不同的语义功能。关于这点将另文说明。

命题及后续命题的真值分布,如下表所示。

表1 "本来"命题结构的真值

	t1	t2
本来	1	0
	0	1

表2 "原来"命题结构的真值

		t1	t2
原来	1		1
			0
	0		1
			0

由此可见,"本来"标记了一个具有时间关系的复合命题结构,"本来"一般出现在结构的时间前件命题,标记了时间条件信息 C,表明命题 P 在时间1为真,而在时间2为假。如以下例(7)和例(8)所示。因为"本来"和"原来"的本质差异,这二者可以出现在同一个小句命题中,如例(9—11)所示。

(7) 从整个社会的生产来看,社会生产各个部门本来是互相联系的,资本主义私有制把他们和各个企业分割开来。

(8) 太平洋西部沿海有一种极猛烈的风暴,本来没有专用名词,我国广东人只是笼统地叫它"大风"。

(9) 冤枉啊!为什么冤枉?本来我们原来是佛啊。我们原先不知道,为此事历尽艰辛,修啊!修啊!

(10) 就是你刚才讲的就是度,做过了头了。王熙凤本来原来可以,因为王熙凤觉得按照封建道德伦理来讲的话,贾瑞这样做是很过分的。

(11) 鸡完全由于习性,已经消失了对于狗和猫的惧怕的本能;而这种本能本来是它们原来就有的。赫顿上尉曾经告诉过我。

本文将"本来"的这种功能称为"延时否定"功能。"延时否定"是"本来"结构在句法和语义层面的属性,并非语用层面,其不因语境或上下文而改变或取消。同时,复合命题结构的前后件命题不一定完全出现,结构义理解不受影响。

$$P^m + C \rightarrow \sim P$$

3.2　强显性弱隐性否定

"本来"的延时否定功能具有极强的事实性,这体现在复合命题结构基本都是基于行域的讨论,且命题真值可判断。一般来说,当时间后件命题出现的时候,一定是显性否定命题,也就是完整命题结构一定是具有否定算子的。但"本来"句也有一定的主观性,除了基于"本来"句经常与情态成分搭配使用之外(陈振宇 2019),更是由于"本来"具有"道义"隐含,其表明说话人对于事件真值从时间 1 延续到时间 2 的合理期待没有得到实现,这种期待往往是基于常理、道义或简单的经济省力原则,因此可以理解为最低程度的主观性特征。

根据"本来"句这种较强客观性和较弱主观性的特征,以及其结构完整形态的必然显性标记,我们将"本来"句称为"强显性弱隐性"模糊否定,简称"强显弱隐"。"强显弱隐"具有一定的模糊性,其归属值为 0.75,介乎于"完全属于"和"典型模糊"之间。

4. "X 是 X"的肯否悬置

4.1　肯否悬置标记

前人研究认为"X 是 X"是一种语义羡余(redundance)的结构,它在某种程度上有强调作用,标记负预期量信息,而且特别指出,该结构不能和"虽然"搭配(薛育明 1984;符达维 1985;吴硕官 1985;邵敬敏 1986;齐沪扬 1992;杨艳 2004;齐沪扬、胡建锋 2006;朱庆祥 2019)。而至于 X 的词类,可以是形容词或动词等谓词,如下所示。

(12) 燕西道:"我有许多好消息告诉你。"因把家里预备的东西说了一个大概。清秋道:"好是好。我是穷人家的孩子,不知道可有那福气穿戴?"

(13) 我离开住所,开车绕数条街,到一家杂货店,买两本杂志,然后到
　　　隔壁男人服装店看运动衫,有两件我看中的,尺码却没有我能穿
　　　的,店员说愿为我订货,但我考虑一下,告诉他不用麻烦。我告
　　　诉店员:"我喜欢是喜欢,但还没到非买不可的程度。"

本文认为,"X 是 X"结构表面上是肯定了某种事实或判断,但其实峰
回路转地提出了新的信息,重启了 X 的评判感知,使得 X 这一结论进入了
悬置的状态,我们称其为"肯否悬置"现象。如果将命题 X 标记为 P,将后
续出现的信息命题视为引起肯否悬置的新条件 C,则"X 是 X"的语义结构
往往为:

$$P^m + C \rightarrow \Delta P$$

即由于条件信息 C 的补充,原有判断 P 的状态变为不确定,其合理性或合
适性需要重新评估。例(12)及例(13)可以理解如下:

表 3　例(12)及例(13)的肯否悬置机制

例句	P	C	ΔP
(12)	家里预备的东西很好。	我是穷人家的孩子。	这些东西是不是好?
(13)	我喜欢服装店的运动衫。	订货麻烦,需要考虑。	我是否喜欢这些运动衫?

4.2　模糊跨越点

"X 是 X"的"肯否悬置"语义解读,非常类似于转折功能[①],这在句法
上也有体现:1)可以与"但、但是、可、可是、不过"等转折词搭配,不能与
"虽然"等表让步的词语搭配。排斥让步关系,这本身体现了说话人对 X
的不确定性。2)对命题 P 的悬置可以由降低 P 的程度义来实现,也可以
直接否定 P,但是不可以增加 P 的程度义,如下例句所示:

(13) a. 我告诉店员:"我喜欢是喜欢,但还没到非买不可的程度。"(降
　　　低程度义)

---

① 　虽然类似转折功能,但并非完全一致,因为肯否都被悬置,所以转折的是说话人判断过
程,并非命题本身。

　　b. 我告诉店员："我喜欢是喜欢,但一想到还要订货那么麻烦,
　　　就觉得没那么喜欢了。"(否定)

　　c. ＊我告诉店员："我喜欢是喜欢,但一想到还要订货,就觉得更
　　　加喜欢了。"(增加程度义)

　　这种肯否悬置的现象,体现了"X是X"句对于命题立场的最大不确定性,可以看作是一种极端模糊的体现。这种元素状态在否定模糊集合的归属性为 0.5,是最模糊的一种元素。在模糊集合理论中,0.5 也叫作跨越点(crossover point)。

5. "毕竟"的委婉对抗

5.1　委婉对抗标记

　　"毕竟"句被认为是一种语义不自足的表达方式,受到了学界的很多关注(祖人植、任雪梅 1997;吕叔湘 1999;高书贵 2000;董付兰 2002;张秋航 2006;王瑞烽 2011;吕海燕 2011;晏生宏、廖巧云 2013;张秀松 2015;储泽祥 2019;陈禹 2022;赵春利 2022)。总的来说,前人认为"毕竟"句有强调信息、辩证自明、据实释转等语义意义或语法功能。

　　(14) 张刚毕竟还爱小丽,所以他回来了。

　　(15) 这本书虽然有缺页,但毕竟是珍本。

　　(16) 我对我的舞蹈表现其实还挺有信心的,但是因为毕竟很久没跳了,所以其实一开始还是有一些担心。

　　(17) 但是,幸福的日子并没有持续多久,王子和公主之间便发生了许多小摩擦。毕竟两人相差了一百岁,对事情的看法自然有所不同。

　　本文认为,"毕竟"实现了一种"委婉对抗"的语义功能。正如"本来"和"X是X"一样,"毕竟"也激活了一个复合命题结构,该结构的前置命题为 P。P虽然是事实,但却往往是违反常理预期或他者预期的,我们将这个被违反的他者预期称为～P。在复合命题结构的显性形式中,P 和～P 经常是只出现其中之一的,甚至都不出现,因而会有一种"语义不自足"的观感。值得注意的是,显性形式中,有时出现的并非 P 或～P,而是能够推衍出他者预期～P 的一个已知的条件信息 Q(如表 4 所示)。

表 4 "毕竟"句的语义提取

例句	P(事实)	～P(他者预期)	Q(已知条件)
14	他回来了。	他不应该回来。	(句中未完形出现)
15	这本书很珍贵。 (句中未完形出现)	这本书价值不应很高。	这本书有缺页。
16	我对舞蹈表现担心。	我对舞蹈表现不应该担心。	(句中未完形出现)
17	王子和公主不幸福。	王子和公主应该幸福。	(句中未完形出现)

"毕竟"标记的命题信息为 C，C 往往是为"真"的已知事实，或是常理规约等。对于说话人来说，C 是一个固有信息，但对于听话人来说，C 是相对意义上的新信息。因为信息 C 往往并没有参与到听话人对于他者预期～P 的判断依据或推理过程之中，因而对于听话人所活跃（active）的条件信息来说，C 是一个新信息，即便是众所周知的事实，但之前并不活跃（inactive）。对于说话人来说，由于 C 的补充，P 的合理性或合适性得到了加强，其反预期性受到了缓解或挑战，至此，说话人和听话人之间就出现了轻微的对立关系，对立的焦点在于 P 是否具有反预期性（如表 5 所示）。

表 5 "毕竟"句的委婉对立

例句	P （事实）	～P （他者预期）	Q （已知条件）	C （新信息）
14	他回来了。	他不应该回来。	（未出现）	张刚还爱小丽。
15	这本书很珍贵。 （句中未完形出现）	这本书价值不应很高。	这本书有缺页。	这本书是珍本。
16	我对舞蹈表现担心。	我对舞蹈表现不应担心。	（未出现）	我很久没跳了。
17	王子和公主不幸福。	王子和公主应该幸福。	（未出现）	王子和公主相差了一百多岁。

5.2　强隐性弱显性否定

基于以上,我们可以看到 C 和 P、Q 和～P 分别形成了言者和他者的因果推理链条。由于说话人是立于条件 C 所引起的推理路径上,因而其表达的重心在于肯定 P 的合理性,进而委婉提出反预期的不合理性。这种用法使得句子有一种正本清源、重回正轨的意味。由于说话人是通过增加新信息的方式完成了立场确立,并非否定原有信息,因而表达上避免了直接对抗,这也体现在其句法搭配上经常与表达让步的词语"虽然"共现。这种以强调肯定来带动弱否定的机制,使得否定的隐性特征极强,因而我们称其为"强隐性弱显性"否定。这种弱显性否定所对应的模糊归属值约为 0.25。

$$(P \veebar \sim P) + C^m \rightarrow P$$

表6　"毕竟"句的隐性否定内涵

	条件	结论	事实	结果
他者	Q	～P	P	反预期
言者	C	P	P	否定他者的结果(反预期),但不否定他者结论(～P)。

6. 汉语的模糊否定

最后我们结合模糊集合的特征、主观与客观、事实与情感以及否定的焦点和辖域(袁毓林 2000;胡建华 2007)等视角来讨论汉语的模糊否定。前人认为,以副词为载体的隐性否定,其否定焦点的界定可以基于客观命题的内涵与外延,也可以基于主观情感趋向(王蕾 2022)。本文认为该结论对除了副词之外的构式标记也具有参考性。对于所有的隐性否定,都存在一个复合命题结构【P∨～P】,这是模糊否定的辖域。该命题结构中的对立命题 P 和～P 都具有各自的发生条件和推衍依据。但区别在于,这些发生条件和推衍依据有集体和个体、主观和客观、事实和情感之分。否定标记(词或构式)所在的小句或条件信息即为焦点域。

对于"本来"句来说,其否定命题～P 的发生条件是时间条件,其具有一定的必然性,属于可验证的客观事实,因而该类否定的模糊性较低,也就是说,这是一个公认的无可争议的否定取向,这种由无数个体的主观聚

表 7 复合命题结构语义式（m 指示标记语出现位置）

"本来"	$P^m + C \rightarrow \sim P$
"X 是 X"句	$P^m + C \rightarrow \Delta P$
"毕竟"句	$(P \veebar \sim P) + C^m \rightarrow P$

合而成的集体的主观，就是我们认为的客观事实。

对于"X 是 X"句来说，其肯定命题和否定命题的发生条件都受到了质疑，因而处于肯否悬置状态。这种肯否悬置的对象往往是概念指称类的信息，涉及说话人的核心认知判断，是一种基于主观认知或情感的事实判断，因而具有最大模糊性，个体的主观和集体的主观未能达成一致，且对于是否能达成一致也并不确定。

对于"毕竟"句来说，其否定命题是一个前置信息，说话人在不反对该否定的基础上，也进行了基于肯定命题的立场对抗。此时说话人和他者的立场都比较清晰，个体的主观与集体的主观形成了稳定的对立，这时个体的主观得到了凸显，否定命题所依赖的集体主观（即客观事实）仅仅作为背景信息。但是如果我们调转立场，将落脚点放在肯定命题上，则此时个体的主观和集体的主观是相向而行的，因而否定集合归属值为 0.25 的元素，其在肯定集合的归属度可能为 0.75。

（18）我不喜欢她。

（19）我本来喜欢她，现在不喜欢了。

（20）我喜欢是喜欢，但没到非她不娶的程度。

（21）我毕竟喜欢她，你们八卦的时候稍微嘴下留情吧。

（22）我喜欢她。

由于模糊集合的不确定性和可分级性，模糊否定也呈现出渐变性特征。如图 3 所示，点 a（例 18）是否定模糊集合的中心点，即完全属于集合的典型元素；点 b（例 19）为建立在客观条件上的强显若隐否定；点 c（例 20）是该集合最模糊的元素，位于跨越点，其肯定处于悬置状态；点 d（例 21）的否定基本有两种功能，一是不反对他者的否定，二是否定反预期本身的必要性，称为强隐弱显否定，这时 d 已经小于跨越点，d 意味着其已经进入了否定集合的补集，即模糊肯定。由此可见，肯定和否定是具有程度量级关系的状态,并非绝对的对立。

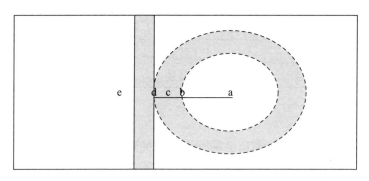

图 3　肯定和否定的渐变性

　　这种渐变性本质,也启发了我们对于主观和客观的再思考:什么因素决定了一个元素在否定模糊集合中的归属值? 如表 8 所示,模糊集合归属值为 0 和 1 的两种情况,即"完全属于"和"完全不属于",它们存在一个共性,即典型性(typicality)。这种典型性,也可以理解为非模糊性。当集体主观性统治个体主观性,即二者达到一致的时候,就会产生典型性元素,也就是客观事实。而当集体主观性和个体主观性产生稳定对立的时候,就是归属值为 0.5 的跨越点,也就是所谓的"主观性"表达。而其他二者此消彼长的拉锯情况,形成了丰富多样的隐性否定表达,根据集体主观性在数量上的优势程度,隐性否定呈现出不同的主观性强度。可见,主观和客观并非对立概念,而具有渐变转化关系。我们目前常说的"主观"实际上指的是"个体主观",而当所有人的"个体主观"达成一致而形成"集体主观"的时候,这种认识往往被认为是"客观",也就是"事实"。因此,"主观"和"客观"本质差异是数量上的差异。

表 8　主观和客观的数量关系

例句	e. 我喜欢他。	d. 我毕竟喜欢他。	c. 喜欢是喜欢他。	b. 我本来喜欢他。	a. 我不喜欢他。
否定模糊集合归属值	0	0.25	0.5	0.75	1
肯定模糊集合归属值	1	0.75	0.5	0.25	0

例句	e. 我喜欢他。	d. 我毕竟喜欢他。	c. 喜欢是喜欢他。	b. 我本来喜欢他。	a. 我不喜欢他。
集体主观性/事实性	强	较弱	中	较强	强
个体主观性/非事实性	弱	较强	中	较弱	弱

7. 结语

　　本研究从模糊集合理论出发,分析汉语的隐性否定现象,提出模糊否定的设想并分析其语言特征。通过对"本来""X 是 X"及"毕竟"三个模糊否定标记的分析,我们将其语义功能确定为延时否定、肯否悬置、委婉对抗。这三者的否定强度分别对应了强显弱隐、中性模糊、强隐弱显三个类别。这对应了模糊集合的不确定性和可分级性特征。这种隐性否定的序列现象,体现了汉语否定的模糊性及其与主客观的相互作用。肯定和否定、主观与客观都具有渐变性,肯定和否定之间存在程度转化关系;主观和客观之前存在数量转化关系。该结论为汉语的隐性否定研究提供了新思路,同时为包括词汇和构式在内的"主观性标记"研究提供了实验性理论探索。

参考文献

　　王　蕾　2022　《规约性隐性否定载体的辖域、焦点探究》,《语文学刊》第 1 期。

　　莫　娇　金晓艳　2020　《从"x 是 x 了"看同语式构式链与隐性否定量级表达》,《延边大学学报(社会科学版)》第 5 期。

　　聂小丽　李　莹　2020　《从言谈互动看让步同语式"X 是 X"的话语功能和语义获得》,《华文教学与研究》第 1 期。

　　叶　琼　2020　《同语式的否定功用》,《语言科学》第 1 期。

　　陈振宇　姜毅宁　2019　《反预期与事实性——以"合理性"语句为例》,《中国语文》第 3 期。

　　朱庆祥　2019　《功能驱动形式对应——以"为 X 而 X""X 是 X"为例》,《语文研究》第 2 期。

　　储泽祥　2019　《辩证性:"毕竟"的使用基础》,《当代修辞学》第 2 期。

陈振宇　甄　成　2017　《叙实性的本质——词汇语义还是修辞语用》,《当代修辞学》第 1 期。

沈家煊　2016　《不对称和标记论》,《中文信息学报》第 1 期。

张秀松　2015　《"毕竟"的词汇化和语法化》,《语言教学与研究》第 1 期。

袁毓林　2014　《隐性否定动词的叙实性和极项允准功能》,《语言科学》第 6 期。

王瑞烽　2011　《"毕竟"语篇的语义结构类型》,《宁夏大学学报(人文社会科学版)》第 5 期。

袁毓林　2007　《论"都"的隐性否定和极项允准功能》,《中国语文》第 4 期。

胡建华　2007　《否定、焦点与辖域》,《中国语文》第 2 期。

张秋杭　2006　《语气副词"毕竟"的语义分析》,《汉语学习》第 4 期。

齐沪扬　胡建锋　2006　《试论负预期量信息标记格式"X 是 X"》,《世界汉语教学》第 2 期。

沈家煊　2003　《复句三域"行、知、言"》,《中国语文》第 3 期。

董付兰　2002　《"毕竟"的语义语用分析》,《首都师范大学学报(社会科学版)》第 3 期。

何春燕　2002　《语用否定的类型及使用动机》,《解放军外国语学院学报》第 3 期。

沈家煊　2001　《语言的"主观性"和"主观化"》,《外语教学与研究》第 4 期。

高书贵　2000　《"毕竟"类语气副词与预设》,《天津大学学报(社会科学版)》第 2 期。

袁毓林　2000　《论否定句的焦点、预设和辖域歧义》,《中国语文》第 2 期。

张谊生　2000　《现代汉语副词研究》,上海:学林出版社。

祖人植　任雪梅　1997　《"毕竟"的语篇分析》,《中国语文》第 1 期。

马　真　陆俭明　1985　《现代汉语虚词散论》,北京:北京大学出版社。

徐盛桓　1983　《否定范围、否定中心和转移否定》,《现代外语》第 1 期。

吕叔湘主编　1980　《现代汉语八百词》,北京:商务印书馆。

Dahl Ö　2001　Grammaticalization and the Life Cycles of Constructions. *RASK - International Tidsskrift for Sprog og Kommunikation** 14.

De Cock M Bodenhofer U Kerre E E　2000　Modelling Linguistic Expressions using Fuzzy Relations. In Proceedings of the 6th International Conference on Soft Computing(Iizuka 2000), Iizuka, Japan.

Zadeh L A　1965　Fuzzy Sets. *Information and Control* 8(3).

张雪:annezhang@hku.hk

汉语高频义副词和长时义副词的隐性否定
——消极情感意义的产生机制

复旦大学附属复兴中学　　刘　颖

提　要　已有研究发现,一些表示动作行为重复次数多的高频义副词和表示动作行为时间持续长的长时义副词往往带有隐性否定义,倾向于表达说话者消极的情感立场。为进一步探究这两类副词与消极情感立场表达之间的关系,本文选取了十个典型的高频义副词和长时义副词作为研究对象,分别为"动不动、净、老是、总是、成天、整天、一向、向来、时刻、始终",通过语料调查,分析其情感立场表达倾向,并探究其成因及形成机制。研究发现,表示动作行为(或状态)时间量的成分与情感立场表达之间存在路径关联,当其表示主观大量时,往往倾向于表达说话者消极的情感立场。但是这一关联只是一种倾向性,并非百分之百实现,且允许反例的存在。

关键词　高频义副词　长时义副词　隐性否定　消极情感　主观大量

1. 引言

有学者发现,一些时间副词如"动不动""老是"和"成天"等,具有表达说话者的态度、评价或情感的作用,且这一态度、评价或情感往往是负面消极的,例如:

(1) 他<u>动不动</u>就出汗。(引自方梅、乐耀 2017)

(2) "大娘,您干么<u>老是</u>那么关心我——好像我是淘气的小娃娃?"(引自刘守军、王恩建 2019)

(3) 大喇叭见风向风速仪竟敢与自己对嘴,火冒三丈,直着嗓子说:小
　　小风速仪,瞧你成天摇头晃脑的,今天说刮大风,明天说下暴雨,
　　净吓唬人。(引自张倩颖 2012)

具有立场表达功能的大多是一些表示高量的时间副词,如表示动作
行为重复次数很多的高频义副词("动不动、老是"等)和表示动作行为持
续时间很长的长时义副词("整天、成天"等),其他的时间副词如表示低频
义或短时义的副词("偶尔、不时、暂时"等)则没有明显的表示某一类情感
立场的倾向。

那么,为何上述高频义副词和长时义副词会与消极情感立场的表达
存在关联? 韩婧(2020)在解释"动不动"消极义的来源时,指出这与心理
上的"超限效应"有关,即当事物或行为量超出了一定的范围,就会对人的
心理状态产生消极的影响,从而使人产生消极负面的心理反应。根据韩
婧(2020),"动不动"表示频率过量,超出言者预期,从而会产生超限效应,
引起言者的消极情绪,而这一情绪会通过言语的方式呈现,体现在语言中
则表现为语词会带有言者的情感立场。张谊生等(2005)也指出"老是"强
调动作、行为或状态出现的频率过量,因而常带有消极义。

"超限效应"一词来源于心理学上的"超限抑制"。"超限抑制"是指
"当刺激物的作用过强或持续时间过久的时候,大脑皮层的有关神经细胞
就会发生抑制过程"(杨清 1985:329—330)。

但是,是否所有的高频义副词和长时义的副词都具有这样的消极性
倾向,且都能用"超限效应"来解释呢? 换句话说,"超限效应"这一解释适
用的范围有多大,是否存在与之不一致的情况(例如积极性倾向或中性的
表达)? 如果存在,其中又是什么机制在起作用呢? 这些问题都有待进一
步的探究。

2. 已有的认识和我们的调查

高频义副词和长时义副词见表 1。

由表 1 可知,前人在"老是""动不动""净""成天"的情感立场表达倾
向上达成了一致,认为这些副词都带有消极的性质,而"始终"和"时刻"则
偏向积极义。但是对于"总是""向来"和"一向"的性质,前人尚未达成一

表 1　前人关于副词情感立场倾向的判定

副　词	性质	具体描述	持此观点的学者
老是	消极	表达对命题或所述客体的消极情绪	张谊生等(2005) 吴涛涛(2019)
		所搭配对象以消极语义色彩的为主	陈培培(2016)
		用于负面评价	王灿龙(2017) 杨凯荣(2020)
		带有消极贬义的语义色彩	刘守军、王恩建(2019)
总是	消极	表达对命题或所述客体的消极情绪	吴涛涛(2019)
		偏向否定性评价,程度较"老是"更弱	杨凯荣(2020)
	中性	用于客观判断、评价	张谊生等(2005) 刘守军、王恩建(2019)
		所搭配对象以中性语义色彩的为主	陈培培(2016)
		用于一般主观评价(无明显倾向)	王灿龙(2017)
动不动	消极	负面评价的规约化形式	方梅、乐耀(2017)
		表达消极评价义	别晨霞、方绪军(2009) 朱军(2012)等
净	消极	表达不满的语气	张倩颖(2012)
成天	消极	所搭配对象以消极语义色彩的为主	陈培培(2016)
		偏向消极语义,表示不满的语气	边英梅(2019)
向来、一向	积极	多与积极义情状搭配	吴俊青(2014)
	中性	所搭配对象无明显语义色彩倾向	陈培培(2016)
始终、时刻	积极	多与积极义情状搭配	吴俊青(2014)
		所搭配对象以中性和积极的为主	陈培培(2016)

致的观点。

　　我们以北京大学语言研究中心 CCL 现代汉语语料库作为语料的选取范围，依据每个副词在 CCL 现代汉语语料库中语料数量的多少，按照一定的比例设定每隔多少条选取一条例句，如果遇到不符合要求的语料（如重复语料等），则将该语料的下一条作为选取对象，以此类推。调查的统计结果表 2 所示。

表 2　高频义副词和长时义副词的情感立场统计表

副词	总例句数	情感立场					
		消极		中性		积极	
		例句数	占比	例句数	占比	例句数	占比
动不动	215	213	99.07%	0	0%	2	0.93%
净	200	187	93.50%	7	3.50%	6	3.00%
老是	220	195	88.64%	16	7.27%	9	4.09%
整天	170	140	82.35%	4	2.35%	26	15.30%
成天	200	156	78.00%	26	13.00%	18	9.00%
始终	130	50	38.46%	7	5.39%	73	56.15%
总是	200	76	38.00%	64	32.00%	60	30.00%
向来	210	67	31.90%	56	26.67%	87	41.43%
时刻	110	24	21.81%	16	14.55%	70	63.64%
一向	155	26	16.77%	39	25.16%	90	58.07%

　　表示重复量的四个高频义副词中，除"总是"外，其余三个副词"动不动""老是""净"表示消极情感立场的例句的比例均在 80% 以上。其中，"动不动"消极例句的占比高达 99.07%，没有中性表达的例句，只有 2 个表示积极情感立场的例句。而"总是"表示消极情感立场、积极情感立场和中性表达三类例句的占比都在 30%—40%，相差不太大，但其中表示消极情感立场的例句占比要稍高一些。在表示持续量的六个长时义副词中，"整天"和"成天"以表示消极情感立场的例句为主，其消极例句的占比

分别为82.35％和78.00％,相较于"动不动""净""老是"要低一些。而"始终""时刻""一向"三个副词则是以表示积极情感立场的例句为主,它们的积极例句的占比都在55％—65％。其中,"时刻"表示积极情感立场例句的比例最高,为63.64％,其次分别是"一向"和"始终"。"始终"的中性例句较少,只有5.39％,而它的消极例句占比达到了38.46％。"向来"三类例句的比例相比于"始终""时刻"和"一向",分布更为均衡,但其中表示积极情感立场的例句占比会相对高一些,为41.43％。

基于上述统计结果,我们综合考虑上述十个副词表示消极情感立场、积极情感立场和中性表达例句的比例,对这十个副词进行了分类,分为消极性倾向、积极性倾向和中性表达(无明显倾向)三类(见表3)。

表3　高频义副词和长时义副词基于情感立场倾向的分类

情感立场倾向	副　词
消极	动不动＞净＞老是＞整天＞成天 (按消极例句比例大小的排序)
积极	时刻＞一向＞始终＞向来 (按积极例句比例大小的排序)
中性	总　是

"动不动、净、老是、整天、成天"五个副词表示消极情感立场的例句占了绝大多数,超过了其积极例句和中性例句的占比,因此,我们把它们归在了消极性的一类中。"时刻、一向、始终"表示积极情感立场的例句占比都在50％以上,超过了其消极例句和中性例句的占比,因此我们把它们归在积极性的一类中。而"向来"虽然积极的例句只有41.43％,但总体来说,它的积极例句比它的消极例句和中性例句更多,所以我们还是把"向来"归在了积极性这一类中。"总是"的消极例句、积极例句和中性例句的比例大致相当,虽然严格来说它的消极例句稍多一些,但三者总体相差不大,因此我们把它看作一个中性的表达,即无明显的情感立场表达倾向。

虽然我们将"动不动、净、老是、整天、成天"归为消极的一类,将"一向、向来、始终、时刻"归为积极的一类,但是从上述表格中可以发现,这两类副词的消极性和积极性的强弱程度其实是不对称的。消极性倾向的五个副词,它们消极例句的占比都非常高,在78%—100%,远高于它们积极例句和中性例句的比例。而积极性倾向的四个副词,它们积极例句的占比都在40%—65%,远低于消极性倾向副词的消极性比例。这也表明,存在消极性倾向极强的副词,但是却没有积极性倾向极强的副词。

我们将消极情感进一步细分为了三类,分别是:消极1类、消极2类和消极亲昵类。其中,消极1类是指言者及其正同盟的利益受到了行为主体或他人的损害,引起言者强烈的消极情感,这一类消极情感主要表现为训斥、愤怒、反对、悲伤等;消极2类是主体的行为虽然没有对他人的利益造成损害,但是在言者看来,是不合常理,与社会价值体系不符或是与言者的意愿相违背的行为,由此引起言者的消极情感,这一类的消极情感主要表现为不满、责备、无奈、失望等。因此,消极1类情感的强度是要高于消极2类情感的。

根据我们的调查(见表4),在五个消极性倾向的副词中,"动不动"的消极1类例句的占比最高,远高于其消极2类例句的比例,其次分别是"净""老是"和"成天",它们也都是以消极1类例句为主,因而在具体语境中主要表达说话者训斥、愤怒、反对、悲伤等消极情感。而"整天"的情况有所不同,"整天"的消极2类例句占比更大,为65%,它的消极1类例句的比例只有35%,因此在具体语境中主要表达说话者的不满、责备和失望等消极情感。五个消极性倾向的副词在消极情感强度上的排序与表5中

表4　消极情感的分类和统计

副词	消极总数	分类					
		消极1类		消极2类		消极亲昵类	
		例句数	占比	例句数	占比	例句数	占比
动不动	212	153	72.17%	59	27.83%	0	0%
净	187	116	62.03%	63	33.69%	8	4.28%
老是	195	116	59.49%	74	37.95%	5	2.56%
成天	156	92	58.97%	64	41.03%	0	0%
整天	140	49	35.00%	91	65.00%	0	0%

的消极例句占比的排序大致对应。此外，"净"和"老是"还有少数几个消极亲昵类的例句，我们认为这可能人们的语言使用习惯有关。由于消极亲昵这一类情况比较特殊，不是本文重点要讨论的问题，因此不再对其进行过多的叙述。

3. 关于情感倾向机制的探讨

高频义副词和长时义副词的分布也呈现出显著的差异：表示重复量的高频义副词除了"总是"外，其余三个都是消极性极强的副词；表示持续量的长时义副词则以积极性的副词为主，虽然也有"整天"和"成天"两个消极性的副词，但"整天"和"成天"的消极性相较于"动不动、净"等高频义副词的消极性更弱一些。

从"超限效应"的角度来说，即当外界的刺激过多、过强，超出了一定的量值范围时，就会对人的心理产生消极影响，从而触发人的消极评价和消极情感，反映在语言中，则体现为语言结构会带有一定的说话者的消极情感立场。高频义副词和长时义副词分别表示动作行为的重复次数之多和持续时间之长，从这一点来看，应该都容易与消极情感立场联系起来。

但实际调查的数据却表明，这两类副词呈现出不同的特点，且在同一类副词内部也存在着差异。例如"老是"和"总是"同样都是高频义副词，但是却一个倾向于表达消极情感立场，而另一个则无明显的情感立场表达倾向。再如，"整天"和"成天"作为长时义副词，也与"始终、时刻、一向、向来"等长时义副词的情感立场表达倾向有所不同。由此可见，"超限效应"这一解释并不能涵盖所有的情况，要解释上述现象还需要我们进一步探讨这些副词差异背后的演变机制和功能动因。

我们认为：超限效应，是且仅是语用的原则，得到的是语用含义，也就是存在例外。所以我们还得回到每一个语词的具体意义和使用上，来探寻它自己的演化历史。

3.1 "动不动"

在本文所调查的十个副词中，"动不动"的消极性最强，其表示消极情感立场的例句占比为99.07%，接近百分之百。但是也有少数几个例外的情况。在本文所考察的语料中，我们发现了2个"动不动"表示积极情感

立场的用例,如下:

(4) 我只是爱开玩笑而已……没有想到,梁老听后竟然哈哈大笑起来,接下来一直到我们离开的十几分钟里,他都很开心,动不动就笑起来,让我们几位来看望他的都非常开心。(杨恒均博客)

(5) 像所有家长一样,动不动就能把眼前的小事和孩子将来的命运联系在一起,时时刻刻不忘教育的功能,我们也是不失时机地教育小铁,举一反三,由浅入深……(《青年文摘》)

上述两个表示积极情感立场的例句是比较特殊的情况。严格来说,"动不动"表示积极情感立场的句子很难被汉语母语者所接受。例(4)中,"动不动就笑起来"虽然是一个积极的事情,但是在这一语境中,说话者对梁老"动不动就笑起来"这件事情是感到有些意外的,"动不动"在这里表示的仍然是非常规的量,这一个量超出了言者的预期范围,只不过因为梁老"笑起来"这一事情是说话者希望发生的,因此整个句子还是更倾向于表达说话者积极的情感立场。而例(5)更像是说话者的自我调侃,"动不动就能把眼前的小事和孩子将来的命运联系在一起"在说话者看来是合理的,应该要做的事情,后面的"我们也是不失时机地教育小铁"也表明说话者是认可前面的这一做法。但是联系上下文的语境会发现,说话者对这一行为其实是有点无奈的,因为这是为了督促孩子好好学习的而不得不采取的行动。由此看来,"动不动"已经完全成了一个说话者消极情感立场的表达形式。

孙秀青(2011)称为"A 不 A"1 式,即"A 不 A"的意义抽象化,转而表达另一种意义。这一格式是正反两个形式的叠加,可以拆分为"A＋不 A",强调正反两方面都会引发的结果。如"局不局"("局"表约束义),表示"无论受不受约束,必定会……","动不动"这一结构中包含"动"和"不动"两个正反形式,两者构成析取的逻辑语义关系,即"A 或者非 A",逻辑表达式为"A∨－A"。根据崔姗姗、贾燕子(2021),"动不动"最早出现在宋代,至元明清时期,用例大量增多,其句法形式主要有三大类:

(6) A."动不动"＋(就/就是/就要/便)＋动词性成分:动不动就捆人!

B."动不动"＋(就/就是/就要/便)＋名词性成分:动不动朝廷的

法度。

  C."动不动"＋(就/就是/就要/便)＋小句:动不动口儿泼忏,道
   的人羞惨。

  在本文所考察的 215 个例句中,"动不动"后面加"就"的例句有 175
例,占比约为 81.4%,而不加"就"的只有 40 例,占比约为 18.6%。按照陈
振宇、张耕(2022)的主观量规则,"就"表示肯定/达到,所以它右边的部分
表示主观大量,也就是说后面的动词性成分/名词性成分/小句表示的事
件的量很大。因此,可以认为这是超限效应的典型代表。

  3.2 "净"

  根据我们的语料调查,高频义副词"净"表示消极情感立场的例句占
比为 93.50%,它的消极性仅次于"动不动",只有极少一部分表示积极情
感的例句,如下:

  (7) "他待人真好,又热情又痛快。""是啊,听说咱们朱队长也净想他
   呢。"(雪克《战斗的青春》)

  (8) 那女人又问,"我们在南方见面时,他可净说你,依恋之情溢于言
   表,嘻嘻。"(王朔《浮出海面》)

  (9) "昨晚给你的快件收到了? 咱哥们儿好事净想着你吧?"(王朔《玩
   的就是心跳》)

还有一些很难说积极还是消极,我们算作中性:

  (10) 反正这个,说,说话语言呢,接触人也有关系,就是当年我学徒时
   候,净接触这个姚阳县人。(1982 年北京话调查资料)

  (11) 有人带着,也可以进去。里边儿不认识可不就不让你们进去吗。
   要有委员会带着也可以。也净来外国人,参观呀什么的。(1982
   年北京话调查资料)

  上述表示积极情感立场和中性表达的例句分别来自个别作家的小说
作品和北京话口语中,我们认为这可能和作家个人的语言习惯及方言的
影响有关。总体来看,"净"还是倾向于表达说话者的消极情感立场。在
北京大学 CCL 古代汉语语料库中,我们也只找到了少数几例频率副词
"净"表示积极情感立场的例句,例如:

  (12) 他说:"没杀,要论我们寨主,真是好人。一见二人就爱两个,净

说好话与姓展的,姓展的也说好话。"(清《小五义》)

本文认为,"净"和"光"的消极义与其主观大量的用法有关,并非完全由[＋排他性]语义特征导致。因为表示某一范围内只有某一事物或行为而排除其他事物或行为,并不一定就是一件消极的事情,甚至也可能是一个积极的事情,如"我只喜欢你一个人",强调了"我"的专一,是一个好的事情。但是当这一"排除"义被特别凸显时,即强调某一行为或事物的量很大,占据了某一(时间或空间)范围,从而导致其他事物或行为被忽视时,如"你净顾着说话,不来帮我",强调"你"专注于"说话"这一件事情,而忽视了"来帮我"这一件事情,所以是一件不好的事情,由此会导致说话者"我"的消极评价和消极情感。此时的"净"也可以看作表示主观大量,强调主体在"说话"这一事情上花费了太多时间,超出了说话者认为的合理量值,因此会使说话者产生消极的情感立场。而"只"只用来表示某一行为或事物具有唯一性,不能用来强调该行为或事物的量很大,超出言者的预期,表示主观大量,因而不具有明显的情感立场表达倾向。

3.3 "整天/成天"

"整天"和"成天"都属于消极情感立场倾向的副词,但是这两个词的消极性比"动不动、净、老是"的消极性要更低。其中,"整天"表示消极情感立场的例句占比为82.35％,有小部分表示积极情感立场的例句,中性表达的例句则极少。"成天"表示消极情感立场的例句占比略低,为78.00％,但是"成天"中性例句的比例比它的积极例句的比例更高。

从构词的角度来看,"整天"和"成天"结构相似,都是由一个单音节成分和时量词"天"组成的。"整"有表示"完整,全部在内,没有剩余"的意思,而"成"的语义为"达成,达到","成＋量词"表示达到某一个单位,因此"整天"和"成天"都可以表示"从早到晚,一整天"的意思。与它们语义相近的还有"成日、整日、终日、一天到晚"等。"整天"和"成天"则表示某一行为或状态占据了这一时间段的每一天,因此这里的"整天"和"成天"也可以理解为"每天",表示频率义。但是有的句子中也并不会出现表示时间的成分,在没有特别标示是某一时间段的情况下,"整天"和"成天"都表示的是一种惯常状态,即每天都是如此,从而引申出了频率义。

"整天"和"成天"所在的语句还隐含着"原本不需要持续很长时间的

事件却持续了较长时间"的含义,表达反预期的意义,即动作行为持续的时间或重复的次数超出了说话者的预期量值,是主观大量的用法。如下例中的"进城卖菜"在说话者(王运康)看来是并不需要持续一天时间的,但是主体(张进贤)却花了一整天的时间来做这一事情,甚至是多次重复这一事情,从而忽视了自己作为村委会副主任应该要做的事情,这在说话者看来是非常规、反预期的事件,所以说话者对此会产生消极的评价和情感。

(13) 早在 1986 年,当时任村委会副主任的张进贤,凭着一手种菜技术,自家开了个小菜园,种秋黄瓜,收获时,他三天两头进城卖黄瓜,一天能赚 20 多块钱。一天,王运康路上碰见了卖黄瓜回来的张进贤,老王开口讲言:"进贤啊,你这<u>成天</u>在进城卖菜,村里的事咋干呀?"(1994 年报刊精选)

"整天"和"成天"也有一部分表示积极情感立场和中性表达的例句。但是"整天"和"成天"表示积极情感立场的例句多与行为主体的情绪状态有关,而不是用来描述行为主体的某一具体的动作行为,如下例:

(14) 在所有的佛像当中,要算弥勒最逗人喜欢。他袒露着肚皮,滚圆的脑袋,垂长的耳轮,<u>成天</u>笑眯眯地,似乎在叫你把世界上的忧愁苦恼,一股脑儿扫个干净。(《中国儿童百科全书》)

(15) 他说:"我小的时候,杜婶婶就将近 40 岁了,只晓得她信佛,每天只吃素,人好得很,从不生气,<u>成天</u>笑哈哈的。"(新华社 2022 年)

(16) "老夫人很好,抱着少主又亲又笑,像是年轻了十岁,<u>整天</u>都合不拢嘴。"(古龙《圆月弯刀》)

下例分别是"成天"和"整天"用于中性表达的例句,此时说话者只是客观描述主体的行为或状态,不带有自己的主观情感立场。

(17) 干部们<u>成天</u>都去青化砭左右的山头上看地形,有少数部队在山头上做工事。(杜鹏程《保卫延安》)

(18) 讲经开始后,藏胞们<u>整天</u>去听经,王耀就帮他们烧水、热茶、守帐篷。(1994 年报刊精选)

3.4 "时刻/始终"

"时刻"是积极性最强的副词,它表示积极情感立场的例句比例为

63.64％,高于它表示消极情感立场的例句(21.81％)和中性表达例句(14.55％)的比例之和。"始终"同样也是表示积极情感立场的例句比例最高,占比为56.15％,其次是表示消极情感的例句,占比为38.46％,中性表达的例句极少,只有5.39％。"时刻"和"始终"的情感立场表达倾向都跟它们的语义特征和使用语境有密切关系。

与我们所考察的其他几个副词不同,"时刻"和"始终"不仅可以用在表示过去时间的句子中,也可以用于祈使句、意愿句等表示将来情态的句子中,如:

(19) 官兵们表示,要切实搞好节日战备训练,时刻守卫好祖国的南大门,让全国人民过一个安定祥和的春节!(网络语料)

(20) 今后我无论走到哪里,我的这几个知心朋友都会始终在我心中。再说,没有她们,我又能走多远呢?(网络语料)

而在其他几个副词中,"一向"和"向来"带有明显的过去时间指向,是对主体从过去到现在(说话时间)的一般情况的描述,因而不能用于表示将来情态的句子中;而"动不动、净、老是、整天、成天、总是"虽然也是对过去已然发生了的事情的描述,不能用于肯定形式的将来情态句如肯定祈使句中,但可以出现在否定祈使句中,如:

(21) a. ＊你要老是/总是运动。(自拟)

b. 不要动不动就/老是打人。(自拟)

林华勇(2005)从是否具有"可控性"的角度对汉语中的副词进行了分类,将能够进入"Ad.＋(来/去)＋V＋(O)＋(来/去)"格式的副词看作"可控副词",而不能进入上述格式,且后面只能接非自主动词的副词则属于"非可控副词"。在可控副词中,根据副词进入"Ad.＋(来/去)＋V＋(O)＋(来/去)"格式中能否构成祈使句,又可以分为"[＋企望]副词"与"[－企望]副词"。按照林华勇(2005)的分类,"时刻"和"始终"都属于"企望义副词",即能够进入上述格式中并构成祈使句,而"动不动、净、老是、整天、成天、一向、向来"等虽然都可以修饰自主动词,进入上述格式中,但是不能构成祈使句,因此都属于"非企望义副词"。

"时刻"和"始终"的积极情感立场表达倾向的形成与它们的[＋企望]的语义特征有关。林华勇(2005)还指出,企望义副词有肯定性的和否定性之分，"肯定义的企望副词很容易和积极义动词组合，否定义的企望副词容易和消极义动词组合"。而根据林华勇（2005）的检验格式，"时刻、始终"都属于表示肯定义的企望副词，当它们后面接自主动词时可以直接构成祈使句，如下例都是肯定性的祈使，表现为要求主体坚持某一行为。因此"时刻"和"始终"也都容易和表示积极义的谓词性成分搭配。

（22）时刻注意自己在说些什么，不要说满了。如果你非要吹，也要小心谨慎。（网络语料）

（23）始终记住，炒股玩的是概率，赢的是心理。（网络语料）

当修饰非自主动词时，"时刻"在语境中通常用来描述行为主体在某一时间段中被动处于某种消极状态或不好的境地。而"始终"在修饰非自主动词时，所在的语境则表现为行为主体处于某一状态中长时间难以改变，或是行为主体长时间难以达成或实现某一行为。例如：

（24）中国的男子汉们在那儿干着非人的劳动，时刻有送命的危险。（《读书》）

（25）国营振兴饮料厂生产的"吸斯思"饮料，因质量不太好，名气不太大，始终没能打开市场。（《读者》）

长期被动处于某种不好的状态或境地中毫无疑问是一个消极事情，所以当行为主体就是说话者自身时，说话者会由此产生消极的情感，即使是当说话者不是行为主体时，说话者也可能通过"移情"的方式与行为主体共情，从而产生消极的情感，如例（24）中说话者将行为主体"中国的男子汉们"看作自己的正同盟，从而表达了对他们处于危险境地的担忧。而长时间难以改变某一状态或是达成某一行为同样也隐含着消极的意义，如例（25）表达了说话者对国营振兴饮料厂长时间未能打开市场的惋惜之情。

"时刻/始终"的上述两种用法，决定了它们的情感二分，既有积极也有消极，只不过积极的压倒消极的罢了，但很难形成极大比例的倾向。

3.5　"一向/向来"

"一向"和"向来"在词典中的释义都是"从过去到现在"（详见《现代汉语词典》第7版）。"一向"和"向来"表示"行为、状态从过去到现在都是如此"，强调"一贯如此"。某一主体长时间坚持的行为或保持的状态，一般被看作他的"习性",因此"一向"和"向来"在具体语境中主要用来描述事物的属性、特点,人或机构的习性喜好或行事特点等情况,即邓小宁(2002)所说的"习性义",也被看作表示"惯常体"(详见邓川林 2009)。如下例(6)是对中国青少年发展基金会这一机构的行事特点的描述,例(27)和(28)分别是对主体"绍文同志"和"他"的为人处世方式的描述。

(26) 最后中国青基会严正指出:"中国青少年发展基金会向来欢迎新闻界和捐款人以及全社会的监督,《中国青年报》报道浙江受助儿童重新失学,促使浙江有关部门迅速彻底解决这一问题就是一例。"(1994 年报刊精选)

(27) 绍文同志一向尊重老同志,认真听取了我们对天津发展的看法。(1994 年报刊精选)

(28) 他们认为彭难以接近,"他说干啥就要干啥,向来不同人商量。"(1994 年报刊精选)

这与同样表示持续量的"一直"不同,"一直"强调的是在某一时间范围内(这一时间范围通常需要根据句中的时间成分来判定),动作持续反复发生或状态保持不变,强调"持续性"。"一直"所修饰的成分可以是动态的,也可以是静态的,如例(29)。而"一向"和"向来"则更强调"常规性",描述的是主体过去保持不变的某种状态,或是在过去的时间中,主体通常在某一特定的条件下做某一事情,如例(30):

(29) a. 他一直眨眼。　　　　　b. 她一直都很文静。(自拟)

(30) a. ＊他一向眨眼。

　　 b. 他一向在撒谎的时候眨眼。

　　 c. 他一向喜欢冲人眨眼。(自拟)

例(29a)中的"眨眼"是一个在极短时间内可以结束的事情,所以"一直眨眼"并不是指"眨眼"这一动作的持续,而是说这一动作在持续反复发生,动作与动作之间的间隔很短。例(29b)表示的是"文静"这一种状态的持续。例(30a)中,"眨眼"并不表示一种状态,而是一个动态的事件,与"一向"的语义要求不符。但是当带上某些状语或补语对其进行修饰时,如例(30b)和(30c),"眨眼"的动态性消失,不再表示一个具体的动作,而是表示一种特征或倾向,因此可以与"一向"搭配。

"习性"是根据主体以往的表现概括总结得出的,是一种"常规性"（conventional）,而不特指某一具体的行为或状态。所谓"常规性"是指"在社会中形成的关于某类事物在某一特定条件下发生的概率或频率的大小的主观认识"（陈振宇2024）。"常规性"既可以是针对整个社会（或是团体机构）来讲的,如社会（或是团体机构）中一些约定俗成的或是规律性的东西,也可以是针对一个单独的个体,如人的喜好或行事特点等。

"常规性"的内容虽然是一种主观认识,但它是基于过往的经历总结得出的关于事件发生概率大小的认识,有一定的现实基础,所以也具有一定的客观性。与"常规性"相关的另一个概念是"合理性"（rational）。"合理性"是针对某一事物或事件是否与说话者的理性认识相符合来说的,这里的"理性认识"是指说话者主观世界里有一套关于事物或事件好坏的评价标准,是说话者主观认定的性质,不一定与现实世界中大多数人所认定的或是权威的标准一致。说话者认为是合理的事物或事件,相应地也会对它做出积极的评价,而说话者认为是不合理的事物或事件,则会对它做出消极的评价。

一般来说,"常规"的东西是被大多数人所认可的,说话者通常也会认为它是合理的,而对于"非常规"的东西,说话者一般会认为它是不合理的,所以"常规-合理"以及"非常规-不合理"之间存在无标记的匹配关系。但是在特殊情况下,说话者的理性认识也可以不与大多数人的一致,可以认为一个"常规"的东西是不合理的,或是认为一个"非常规"的东西是合理的,这些都是有标记的情况,也是比较特殊的情况。因此,"一向"和"向来"用来描述人或团体机构的习性和行事特点等的时候,大多数的情况都是积极的或是中性的。人或团体机构的习性和行事特点等都有它自己的存在逻辑,人们对这一类常规情况一般都是认可的或是保持中立态度的（无标记的情况）,因此在描述时往往也倾向于表达积极情感立场或是中性表达,如例（31）。但是也会出现对他人的习性或行事特点不认可的特殊情况（有标记的情况）,此时表达的是说话者的消极情感立场,且通常伴随着较高的情感强度,如例（32）。吴俊青（2014）同样指出"长时义副词修饰消极义情状的主观性要强于修饰积极情状的主观性",相应地也会伴随着情感强度的增加。

（31）我<u>向来</u>对人宽大，不记旧怨。以往对人，你们是全知道的，不必
　　　多说。（《宋氏家族全传》）

（32）英国是一个老牌的帝国主义、殖民主义国家……它<u>向来</u>惯用两
　　　面手法控制欧洲大陆，挑拨战争，从中渔利，这是它的拿手好戏。
　　　（《中国远征军入缅对日作战述略》）

"一向"和"向来"还常被用于前后对照的篇章中，形成反预期的语境。
所在的小句作为背景句表示主体过去一贯的情况，通常是积极正面的情
况，而前景句则表达现在与之相反的情况，表达说话者对主体现阶段行为
的不满，例如：

（33）启风，咱俩搭班子不是一天两天了！你<u>向来</u>干脆利落雷厉风行，
　　　什么时候变得这么婆婆妈妈了？（汉风作品）

（34）这位负责人<u>一向</u>清白，办事认真，没想到大伙把偶然的错误看得
　　　如此严重，真有些承受不了。（1994 年报刊精选）

例中的"向来"和"一向"所在的小句是说话者基于过去情况得出的关
于主体的认识，也是说话者对主体的预期。但是后一小句中表示的现实
的情况则与说话者的预期相反，"什么时候"和"没想到"表达了说话者的
意外。

3.6 "老是/总是"

"老是"和"总是"语义相近，格式也相似，在某些情况下可以互换使
用，但是两者在情感立场表达倾向上有着很大的不同。

关于"总是"和"总"，以及"老是"和"老"的差异，前人已有相关的讨论
（参看季安锋 2001；方兴龙、李春红 2017）①。"总是、老是"与"总、老"的语
义和使用情况虽然不是完全相同，但两者的主观性区别在很大程度上是
平行的（参看邓川林 2010）。与"一直"不同，"总是"和"老是"一般只能修
饰过去的事件，不能用来修饰现在或者将来的事件，但在否定句中，可以

---

①　季安锋（2001）指出"老是"与"老"的差异主要体现在句法和语用上：句法上，"老是"作为
双音节动词，在句中使用较为自由，与动词的联系更为松散，而单音节词"老"则在句法使用上更
受限制；语用上，"老是"是由"老"与"是"构成的，"是"带有判断和强调的作用，因此"老是"比"老"
更具有强调意味，表达的语气也更加强烈。方兴龙、李春红（2017）认为现代汉语中的"总是"有三
种情况：副词"总是"、短语"总＋是"、结构"总＋是……的"。

与将来时间搭配,如例(35);而"一直"则可以自由地用于表示过去、现在和将来的事件中,如例(36)。

> (35) 马承林向高大宏一抬手,说道:"你听听小芳的话说得多中听,你也该向人家学着点,别老是直来直去的通竹竿。"(李文澄《努尔哈赤》)

> (36) 你放心,以后不论发生什么事情,我都会一直在你身边陪着你。(自拟)

"总是"最初是一个跨层结构,是副词"总"与判断动词"是"的连用形式,随着"是"的实词义逐渐虚化,"总是"逐渐词汇化为一个副词。"总是"的语义来自副词"总","总是"的频率副词用法是由其总括副词的用法发展而来的,因此"总是"在表示频率副词的时候,主要强调某一动作行为或状态,在某一时间段内无例外地多次发生。

从清代开始,"总是"的用例大量增多,表示频率副词的用法也开始出现,如例(37)。至民国时期,"总是"作为时间副词的使用频率显著多于其表示总括副词用法的使用频率。到现代汉语普通话中,"总是"只保留了频率副词和语气副词的用法。

> (37) "但是紫鹃见了我,脸上嘴里总是有气似的,须得你去解释开了他来才好。"(清《红楼梦》)

"总是"的频率义来源于"总",是由其总括义发展而来的,而"老是"的频率义来源于"老",是由其表示时间长的持续义发展而来的。"总是"的频率副词用法在清代出现,至民国时期,一直到现代汉语中,它的使用频率都在不断增加。"老是"的频率副词用法也出现在清代时期,但用例极少,在现代汉语中的使用频率也远低于"总是"。

我们认为,正是"总是"和"老是"在语义来源和使用频率上的差异造成了现代汉语普通话中"总是"和"老是"在使用上的差异。现代汉语普通话中,"总是"和"老是"的差异主要体现在两方面:一是"总是"可以与"每+量词"(例如"每天、每年、每次"等)以及"凡是"所引导的小句共现,而"老是"则不行,如例(38)(39)。在CCL语料库中我们也没有找到"老是"与"每+量词"和"凡是"共现的例子。

> (38) a. 每天下班回家,她总是情绪低落,不愿说话。(网络语料)

　　　b. ＊每天下班回家,她<u>老是</u>情绪低落,不愿说话。

（39）a. 凡是特别喜爱的书籍,他<u>总是</u>读了又读,并时常批上几句。

　　　（《人民日报》1993 年 3 月 19 日）

　　　b. ＊凡是特别喜爱的书籍,他<u>老是</u>读了又读,并时常批上几句。

　　这一现象是由它们的语义来源所决定的。"总是"的频率义是由其总括义发展而来的,"总括"强调"全部在内,无一例外",而"每＋量词"表示逐指,"凡是"表示统指,两者所引导的小句都表示将所有情况包括在内,无一例外,这与"总括"的语义是相符合的。这两类句子中的"总是"可以两解,既可以解读为表示总括义,也可以理解为表示频率义,因此不属于典型的频率副词用法。而"老是"的频率副词用法是从其表示持续义的用法发展而来的,不具有表示"无一例外"的语义性质,因此也不能与"每＋量词"以及"凡是"引导的小句共现。

　　二是,"总是"与"老是"在情感立场表达倾向上和在语体使用上有差异。"老是"所修饰的成分大多带有非积极的语义色彩,即便是与积极的成分共现,也倾向于表达消极的情感立场;而"总是"则没有此类限制,所修饰的成分可以是积极的,也可以是消极的,还可以是中性的,三者在比例上没有明显的差异,"总是"所在语句表达的情感立场也没有明显倾向性。

　　但是,根据我们对"总是"历史语料的历时考察,频率副词"总是"在历史上并非一直都是一个无明显情感表达倾向的副词。我们在 CCL 古代汉语语料库中以朝代为单位对"总是"进行检索,通过筛选除去重复的语料后,得到关于频率副词"总是"的语料 337 条,其中清代 122 条,民国 215 条。频率副词"总是"在历史上的情感立场表达情况见表 5。

表 5　清代—现代汉语中频率副词"总是"的情感立场调查

时期	清代（全部例句）			民国（全部例句）			现代汉语（部分例句）		
情感立场	消极	积极	中性	消极	积极	中性	消极	积极	中性
例句数	95	13	14	139	24	52	76	64	60
比例	77.87％	10.66％	11.47％	64.65％	11.16％	24.19％	38.00％	30.00％	32.00％

　　从表中可以发现,频率副词"总是"在其产生之初的清代是以消极情感立场的表达为主的,其消极例句的比例达到了 77.87％,到民国时期,消极例句的比例有所下降,中性例句和积极例句的比例有所上升,而到了现代汉语中,"总是"的消极例句、积极例句及中性例句的比例大致相当,但消极例句的比例还是相对高一些。由此来看,"总是"的情感立场表达倾向在历史上有一个变化的过程。而"老是"的频率副词用法的正式确立是在现代汉语中,现代汉语中的"老是"是以消极情感立场表达为主的,清代至民国时期有少数几个可以看作频率副词的用例也都是表达消极情感立场的。本文认为这一现象的出现主要与"总是"和"老是"的使用频率有关。

　　"浮现语法"认为语言处在动态的演变过程之中,语言形式会根据实际运用而不断调整,在这一过程中,使用频率(frequency)是用法"固化"下来的重要成因(参看方梅 2018)。Bybee(2007:9)指出影响语言演变的使用频率有两种,一种是"个例频率"(token frequency),指具体的语言单位在文本中出现的次数,如本文所讨论的"总是"和"老是"的使用频率;另一种是"类型频率"(type frequency),指语言形式(pattern)中某一位置允许出现的不同语言单位的数量,如方梅(2018:196)提到的"动词-里"结构中"里"可以搭配的对象除了具体方位名词外,还有表示环境、氛围、情感、时间等活动的名词。Bybee(2007:11—13)还指出,"个例频率"具有"弱化效应"(reducing effect),即语言单位使用频率越高,越容易发生语音上的弱化或语素的缩减。

　　前人的相关研究也表明,这种"弱化效应"不仅发生在语音层面,也会出现在语义层面和语用层面,又被称为"语义/语用磨损"现象。例如吕叔湘(1982)提到,"表示高度的词语,'很、怪、太'久了也会失去锋芒,不再表示那么高的程度"。李胜梅(2006)指出词义的磨损,不仅发生在表示程度量的形容词上,也包括含有程度量的程度副词,且除了程度量的磨损外,还有其他"量"的磨损,如范围的大小等。陈振宇(2024)认为这一"磨损"现象还发生在语词的情感表达功能上,即当一个加强格式使用频率很高时,往往容易出现"磨损"现象,从而失去其特殊的情感功能,转变为一个中性的、正常的表达格式。

　　"总是"和"老是"用作频率副词时,都表示某一动作行为或状态在某一时间段内反复多次发生,这与"超限效应"是相符合的,所以频率副词"总是"和"老是"在最初出现的时候也主要是以消极情感立场的表达为主,且都出现在小说这一文体中,主要用于行为言谈语体和叙事语体中。但是由于"总是"的频率副词用法产生较早,且自清代产生开始,其使用频率呈不断增加的趋势(见表5),发展到现代汉语中已经成了一个高频使用的副词。而"老是"的频率副词用法在现代汉语中才大量出现,且其出现的频率要远低于"总是"。我们在 CCL 现代汉语语料库中分别对"老是"和"总是"进行检索,得到"老是"的语料 4 千多条,"总是"的语料 3 万多条,虽然"总是"的语料中也有部分是语气副词"总是"的用例。但总的来看,频率副词"总是"的出现频率还是要远高于"老是"的。

　　为了进一步验证我们的观点,我们选取了王朔的《顽主》《空中小姐》《永失我爱》等 27 篇小说作为考察范围,对这 130 多万字的封闭语料中各副词的出现次数进行了统计,统计结果见表6。

表 6　王朔小说中各高频义副词出现的次数①

副词	总是	净	老是	成天	动不动	整天
出现次数	183	41	32	11	11	9

　　从表中的数据可以看出,"总是"的出现次数显著多于"老是"和其他几个副词。这也更加说明,正是"总是"在历史上的高频使用,它的情感表达功能逐渐发生了"磨损",可以大量用来修饰积极或中性的谓词性成分,表达说话者积极的或中性的情感立场,"总是"成了一个无明显情感表达倾向的中性格式,所以在现代汉语中也可以广泛地用于科普文章等说明语体中。而"老是"则仍然处于演化的"早期阶段",仍倾向于与消极的谓词性成分搭配,带有较强的消极情感立场表达倾向,所以一般只能用在行为言谈语体和叙事语体中,而不能用在强调客观性的说明语体中。频率副词"总是"的情感立场表达倾向从消极到中性的变化,反映了使用频率

---

　　① "一向、向来、时刻、始终"在我们所考察的封闭语料中几乎没有用例,因此文中不再单独列出。

对语言形式的影响,这也说明语法并非一成不变,而是在使用中逐渐成形的,且成型后仍处在变动之中的,而那些所谓的"固定的状态"其实只是语言动态演变过程中的任意一个横截面(参看张伯江 2009:279)。

4. 肯定祈使与否定祈使格式的检验

袁毓林(1991)所谈到的祈使句与动词语义色彩的关系是一致的,即褒义的动词能进入肯定祈使句,但不能进入否定祈使句,而贬义的动词能进入否定祈使句,但不能进入肯定祈使句,中性的动词既可以进入肯定祈使句,又能进入否定祈使句。

因此,本文同样将祈使句作为检验格式,通过考察上述十个副词能否进入祈使句以及能进入的祈使句的类型,来进一步分析这十个副词在情感立场表达上的倾向性。

通过检验,我们发现,在十个副词中,"一向"和"向来"不能进入祈使句;"时刻"和"始终"可以进入肯定祈使句,且可以不借助其他副词或情态词直接构成肯定祈使句,但不能进入否定祈使句;"动不动、净、老是、整天、成天、总是"都不能进入肯定祈使句,只能进入否定祈使句,且不能单独修饰谓语成分直接构成祈使句。例如:

(40) A. "一向、向来"

　　a. **肯定祈使**：＊请你<u>一向/向来</u>保持冷静。①

　　b. **否定祈使**：＊别<u>一向/向来</u>做事不认真。

　B. "时刻、始终"

　　a. **肯定祈使**：请你<u>时刻/始终</u>保持冷静。

　　b. **否定祈使**：＊请不要<u>时刻/始终</u>保持冷静。

　　c. **直接构成祈使句**：要<u>时刻</u>牢记人民的生命安全重于泰山!

　　d. **直接构成祈使句**：<u>始终</u>记住你自己的身份。

　C. "动不动"

　　a. **肯定祈使**：＊要<u>动不动</u>就给我打电话。

　　b. **否定祈使**：别<u>动不动</u>就给我打电话。

---

① 例(40)(41)的例句均为笔者自拟的例句。

D. "净"

 a. **肯定祈使**：＊要<u>净</u>帮助他人。

 b. **否定祈使**：别<u>净</u>说废话。

E. "老是、总是"

 a. **肯定祈使**：＊要<u>老是</u>/<u>总是</u>看书。

 b. **否定祈使**：不要<u>老是</u>/<u>总是</u>看书。

F. "整天、成天"

 a. **肯定祈使**：＊要<u>整天</u>/<u>成天</u>笑哈哈的。

 b. **否定祈使**：别<u>整天</u>/<u>成天</u>笑哈哈的。

"一向"和"向来"是对过去一般情况的描述,具有较强的过去时指向,而过去的事情是无法更改的,说话者不能要求听话者对过去的事情进行改变,因此"一向、向来"的语义特征和祈使句的未然性是相排斥的,所以不能出现在祈使句中。

"时刻"和"始终"带有[＋企望][＋肯定]的语义特征,因此更容易与[－消极]的谓词性成分搭配,表示合理的事情,倾向于表达说话者的积极情感立场,所以不仅可以进入肯定祈使句中,也可以后面接自主动词直接构成肯定祈使句。

"动不动、净、老是、整天、成天"都是消极情感立场表达倾向的副词。其中,"动不动、净、老是"具有极强的消极性,因此在"动不动/净/老是＋VP"结构中,不管 VP 的语义色彩是积极的、中性的还是消极的,整个结构一般都倾向于表示消极义,表示不合理的事情,所以不能进入肯定祈使句,而只能进入否定祈使句。而"整天"和"成天"的消极性倾向虽然没有"动不动、净、老是"那么强,也有一些表示积极情感立场和中性表达的例句,但即使是当它们修饰积极性的谓语成分时,"整天"和"成天"也不能进入肯定祈使句,而只能进入否定祈使句。

"总是"也是只能进入否定祈使句,不能进入肯定祈使句。这也说明"总是"和"老是、净"等词一样,也是带有消极性倾向的。只不过因为后来使用频率的增加,发生了语用"磨损",从而也出现了不少表示积极情感立场和中性表达的例句。而真正用于中性表达的"经常"和"常(常)"则与"总是"不同,它们既可以进入肯定祈使句,也可以进入否定祈使句,例如:

(41) a. **肯定祈使句**：要<u>常/经常</u>回家看看。
     b. **否定祈使句**：不要<u>常/经常</u>吃薯条。

5. 结语

通过考察，我们发现，动作行为时间量的大小与认知主体的情绪之间存在关联，因此表示动作行为时间量的成分，同时也可以用来标示说话者的主观情感立场。高频义副词和长时义副词都是表示动作行为（或状态）时间量的成分，所表示的量具有模糊性，这一模糊性使得它们在表量时不可避免地带有一定的主观性，可以表示主观大量。除此之外，副词的心理扫描方式也会影响副词的主观性强弱程度。"净、老是"等高频义副词属于"总体扫描"，"一向、向来"等长时义副词属于"顺序扫描"。"总体扫描"相比于"顺序扫描"对认知对象的主观性加工成分较多，带有更强的主观色彩，因而高频义副词比长时义副词更能反映说话者的观点态度，表示主观大量。而主观大量与消极情感立场表达之间存在路径关联，有如下的推导公式：

（一）行为 X 发生频率高/持续时间长（主观量）⇨X 消极评价
（二）行为 X 发生频率高/持续时间长（主观量）⇨感叹 X
（三）X 消极评价＋感叹 X⇨X 消极情感

由此，我们总结得出了一条关于主观大量的语用规律，即表示动作行为（或状态）时间量的成分在表示主观大量时，往往倾向于表达说话者消极的情感立场。但是这一语用规律只是一个倾向性，并不是百分之百会实现的，且允许反例的存在。在本文的考察对象中，"动不动、净、老是、整天、成天"是符合这一语用规律的①，而"总是、一向、向来、时刻、始终"则属于例外的情况，这与它们的语义特征、使用频率等因素有关。

上述三条推导公式和一条语用规律都只是语用倾向性的问题，而不是绝对的语法规则，这一推导过程在某些情况下是可以被取消的。张伯

---

① "动不动"的消极情感立场表达倾向虽然是由它的"无条件义"导致的，而"动不动"的"频率义"用法是在此基础上引申出来的，但是汉语母语者在语感上更倾向于将其"动不动"看作一个频率副词，用来表示主观大量。因此，本文认为"动不动"也是符合上述语用规律的。

江(2009)指出,语言是一个连续统,而"语言结构"则是针对连续统上任意一处的一个概括,绝对的规则只存在于连续统的一端,而"控制着日常语言行为的,只是说话中表现出来的那些倾向性的规律"(张伯江 2009：267)。因此,本文在研究高频义副词和长时义副词的情感立场时,注重通过大量真实语料的调查,考察这两类副词的消极例句、积极例句和中性例句的比例,通过比例的大小来判断这些副词的情感立场表达倾向,而不是将它们直接判定为消极性副词或积极性副词。

"动不动、净、老是、整天、成天"等词的消极情感立场表达倾向,即消极评价义和情感义,都是在它们的实际使用过程中"浮现"出来的。"动不动、老是、整天、成天"都经历了从短语结构到词的演变过程,而"净"则经历了从表示主观小量到表示主观大量的演变过程。且对不同的副词来说,这一表示消极义的语用含义的规约化程度也不尽相同,所以上述副词在不同程度上也存在着一些表示积极情感立场或中性表达的用例。其中,"动不动"可以看作一个完全规约化了的消极情感立场表达形式,"动不动"即使在修饰积极的谓词性成分时也带有消极义,其消极评价义和情感义的解读不需要依赖特定的语境,这一消极义已经成为它的词汇意义中的一部分。"净"和"老是"的消极情感立场表达用法的规约化程度也相对较高,具有较强的消极性。而"整天"和"成天"的规约化程度还相对较低,其消极情感立场的识解具有一定的语境依赖性,在修饰积极性较强的谓词性成分时一般不表示消极的情感立场。至于"时刻、始终、一向、向来"等具有积极情感立场表达倾向的副词,它们表示积极情感立场例句的比例都不是特别高,因此其积极情感立场表达用法的规约化程度也相对较低。而"总是"则经历了从消极情感立场表达倾向到中性表达的演变过程。

参考文献

　　边英梅　2019　《"成天"和"整天"的语义对比》,《青年时代》第 25 期。

　　别晨霞　方绪军　2009　《"动不动 VP"的格式义及语用功能》,《阜阳师范学院学报(社会科学版)》第 1 期。

陈培培　2016　《现代汉语表高频义副词的语义韵研究》，广州：暨南大学硕士学位论文。

陈振宇　2024　《言语行为的逻辑：汉语语义和语用接口研究》，上海：复旦大学出版社。

陈振宇　张　莹　2018　《再论感叹的定义与性质》，《语法研究和探索（十九）》，北京：商务印书馆。

崔姗姗　贾燕子　2021　《"动不动"和"动辄"的历史演变及语用差异》，《长春理工大学学报（社会科学版）》第 1 期。

邓川林　2009　《现代汉语若干惯常类副词研究》，北京：北京语言大学硕士学位论文。

邓川林　2010　《"总"和"老"的主观性研究》，《汉语学习》第 2 期。

邓小宁　2002　《"一直"与"一向"的多角度分析》，《汉语学习》第 6 期。

方　梅　乐　耀　2018　《规约化与立场表达》，北京：北京大学出版社。

方　梅　2018　《浮现语法　基于汉语口语和书面语的研究》，北京：商务印书馆。

方兴龙　李春红　2017　《"总"与"总是"语义语法特征及差异研究》，《现代语文（语言研究版）》第 2 期。

韩　婧　2020　《现代汉语"动不动 VP"构式的认知语义研究》，信阳：信阳师范学院硕士学位论文。

季安锋　2001　《时间副词"老""老是"意义研究》，济南：山东师范大学硕士学位论文。

李胜梅　2006　《词义强化程度的"磨损""衰减"及相关语用现象——从"主要""基本""特"等词的使用说起》，《修辞学习》第 6 期。

林华勇　2005　《可控副词和非可控副词》，《语言研究》第 1 期。

刘守军　王恩建　2019　《"总是"和"老是"的对比研究》，《海外华文教育》第 4 期。

刘　颖　2022　《汉语高频义副词和长时义副词的情感立场研究》，上海：复旦大学硕士学位论文。

吕叔湘　1982　《中国文法要略》，北京：商务印书馆。

孙秀青　2011　《汉语方言"AXA"重叠式形成机制探究》，《求索》第 9 期。

王灿龙　2017　《"总是"与"老是"比较研究补说》，《世界汉语教学》第 2 期。

吴俊青　2014　《现代汉语长时义时间副词考察》，兰州：兰州大学硕士学位论文。

吴涛涛　2019　《责备义副词"总（是）""老（是）""就""才"的比较》，南京：南京师范大学硕士学位论文。

杨凯荣　2020　《论频率副词"常常/总是/老是"在语气及功能上的差异》,《语言科学》第 6 期。

杨　清　1985　《简明心理学辞典》,长春:吉林出版社。

袁毓林　1991　《祈使句式和动词的类》,《中国语文》第 1 期。

张伯江　2009　《从施受关系到句式语义》,北京:商务印书馆。

张倩颖　2012　《副词"光"和"净"的比较分析》,上海:上海师范大学硕士学位论文。

张谊生　邹海清　杨　斌　2005　《"总(是)"与"老(是)"的语用功能及选择差异》,《语言科学》第 1 期。

朱　军　2012　《评注性副词"动不动"的用法与来源》,《语言研究》第 32 卷第 4 期。

Bybee J.　2007　*Frequency of Use and the Organization of Language.* New York:Oxford University Press.

刘颖:lylynn16@163.com

注:本篇文章根据笔者 2022 年的硕士学位论文《汉语高频义副词和长时义副词的情感立场研究》修改而成,感谢导师陈振宇教授的悉心指导!

詈语的语法功能:从感叹到隐性否定
——以成都话"球、锤子、鸡巴、铲铲"为例

成都开放大学 杜克华

提 要 "隐性否定"是不使用否定标记,就可以表达否定意义的现象。本文旨在回顾和梳理汉语语言学界关于隐性否定的问题的讨论,从语义、语用等层面探讨其形式和功能特征。文章第二部分讨论了隐性否定的界定问题,并厘清了隐性否定与学术史中的"语用否定、元语否定、预期、意外"等相关研究的关系;第三部分讨论了语义隐性否定,即不带否定语素的名词、动词、副词如何表达隐性否定功能;第四部分梳理了语用否定的主要研究成果,包括从反预期到反问、"逼问"、梯阶与强调断言、"完形"、社会交际行为策略等方面的内容。总体看来,"隐性否定"体现了语言中形式与语义的错配,表现了语言表达的灵活性与多样性。说话者通过这种方式可以更准确地表达自己的意图和情感,增加表达的层次与深度。

关键词 隐性否定 预期 意外 梯阶 交际策略

1. 引言

"詈语"是特定文化中用于反映负面评价和诟骂的特殊词语。广义的詈语指所有骂人的话语,狭义的詈语需要排除其中表示隐喻的那些用法。

（1）你是头猪！（隐喻,"猪"依然是正常的名词,只不过在这里凸显其社会属性中的一部分,如懒、笨等）

（2）你是混蛋！（狭义的詈语）

狭义的詈语,又分为"身份语"（赋予被骂的一方一种身份）、"形象语"

（赋予被骂的一方一种形象）、关联语（赋予被骂一方的同盟者一种遭遇）和"感叹语"。

　　（3）你龟儿子的！你这个混蛋！（身份语）

　　（4）你挨球！你猪鼻子插大葱，装像！（形象语）

　　（5）你挨刀！你挨千刀！你挨糖饼关刀，挨得黏糊黏糊的！（形象语）

　　（6）日你妈！日你仙人板板！生儿子没有屁眼！全家死绝！（关联语）

　　本文关注那些语法化程度较高的感叹詈语，它们主要是反映说话者的消极情感，本身在语法化之后已没有或基本没有实际的意义（后人可能清楚也可能搞不清楚）。如英语的 shite（来源与隐喻 be shite），汉语的"屁"。它们可能作叹词用，即独用，此时，如果是朝向某一方，就有对对方詈骂的功能，或者否定对方的观点立场，如"甲：可以的。乙：屁！"；也可能用于句子或短语结构之中，如"屁事！吃个屁！"。

　　成都话典型的（常用的）四个表示感叹的詈语形式及其配置如下：

　　1）来自男性生殖器官的名称

　　按蒋宗福（2002：93，568），"锤子"本字为"□[cui21]子"，赤子阴，是男性生殖器。"球"本字为"尿[qiu21]"，也指男性生殖器。"鸡巴"，今天的成都话中还是对男性生殖器的称呼。

　　2）"铲铲"，还没有看到有力的论证可以说明它的来源，我们怀疑"铲"的本字为"□[can53]"，意为"抽打"，如"□[can53]耳巴子"的重叠。

　　我们的方言语料调查库调查发现，在使用的广泛性上，"球"是最发达的，各种用法都有。"锤子"其次，不论使用的数量还是覆盖的范围都很大。"铲铲""鸡巴"则使用十分受限。

　　"球"是语法化最高的，"锤子"其次。语法化深度和使用的普遍性相关。如果原来的来源意义仍然存在，会导致语用上的不合适。而一旦母语者都不大明白其来源意义了，"禁忌"就会松动，很多人都会使用。

　　下面详细介绍。

2. "球"

　　"球"从生殖器发展出动词用法，表示奸污；但是这一用法今天已经基本脱落,只保留在"挨球"这一词汇化的形式中。"挨"表示被动,"挨球"本义就是被人奸污,"球"是动词,用来骂人,说"某人挨球",指该人很坏,应该遭到严厉的责难与惩罚(请注意是应该而非现实,应该的责难与惩罚实际上并没有发生):

(7) a. 好多人天到黑在单位上拿个七八千一个月,还天天在吼,说上班恼火哦,上班累哦,老板挨球哦!

　　 b. 你说,狗日的日本人挨不挨球嘛!

也用来指很糟糕、很坏的事:

(8) a. 是啊,人生最挨球的事莫过于:你们都走完球了,而我还在原地。

"球"语法化为叹词,独用表示感叹,具体是什么命题意义无影响,但一般是让言者感到烦恼痛苦的事:

(9) 三娃听得清口水再一次发起了猛烈攻击:"球哦,说得恼火!……"

2.1 "球"作为感叹标记

"球"依附在动词或小句之后,语法化为语气词。其中有几个固定结构,如"算球(了)"就是"算了","对球(了)"就是"对了",这里"球"也仅仅表示感叹:

(10) a. 算球了,癌症就癌症。

　　 b. 算球算球,这些陈年旧事还提个锤子哟!

(11) 死了还对球了,现在都活得尚好,就是少了一根膀膀儿,啥子都不能做了。

语气词"球"是本文研究的重点。可以用在句中,也可以用在句尾,而且都可以省略而命题意义不变,如下面各例中右边的句子也成立,但是加上"球"以后有强烈的情绪情感,可以称之为"强调标记"。

在句中基本规则是:"球"放在焦点成分的前或后,从而突出焦点,强化情绪情感的表达;"球"前需要是单音节成分,即"ABC"结构改写为"A球BC"。

1)"球"用于动词之后:

(12) a. 你看球你的嘛,喊我看啥子。——你看你的嘛。

b. <u>开球</u>你的车嘛。——开你的车嘛。

c. <u>说球</u>些屁话！——说些屁话！

2）"球"嵌入到词语或构式之中：

(13) a. 我<u>难球得</u>理她，一个人闷到脑壳看电视。（"球"嵌入"难得"之中）——我难得理她。

b. 妈哟，我硬是<u>遇球得到</u>这个神经病婆娘哦。（"球"嵌入"遇得到"之中）——我硬是遇得到这个神经病婆娘哦。

c. 老子<u>累球得很</u>，不得再伙到你几爷子转台了哈。（"球"嵌入"累得很"之中）——老子累得很。

d. <u>太球不懂事</u>了！（"球"嵌入"太不懂事"之中）——太不懂事了！

e. 自从换了这个 SRX 以后，<u>更球不好停</u>了，这个车子本来又大，又是新的，生怕遭挂花了。（"球"嵌入"更不好"之中）——更不好停了。

在句尾用"球了"表感叹或祈使，其基本规则是，"球"后需要有另一个语气词"了"，但是祈使句中不一定要用"了"，可以直接以"球"结尾：

(14) a. 显然，<u>吃多球了</u>。——吃多了。

b. 妈哟，怪不得好多爆眼子老头伙搞到歪按摩，心脏病突发<u>洗白球了</u>。——心脏病突发洗白了。

c. 三娃乐不起来了，晓得玩笑<u>开大球了</u>。——玩笑开大了。

d. 老子一听，啥子都没有说，留了个电话就<u>走球了</u>。——留了个电话就走了。

e. 留了个谢婷婷的联系方式，就和死眼镜儿、唐院长告别，<u>走球</u>。（句尾的"了"可以省略）

也可以出现在否定句的插入语位置，此时句子仍然是否定句。由于否定词自身是句子的焦点，所以"球"在其前后。另外是在句末，表示对整个句子的感叹。

1）"球"嵌入"V 不 R"之中：

(15) a. 人生啊生活啊这些东西，我到现在也<u>搞球不懂</u>。——我到现在也搞不懂。

b. 天到黑也是找球不到耍的。——找不到耍的。

c. 吃了两口，觉得面实在是醋得恼火了，吃球不下去了。——吃不下去了。

d. 还没介绍完情况，马博士就不走了脚打闪闪走球不动了。——走不动了。

e. 这下歌也唱不球成了，三娃无聊透顶。——唱不成了。

f. 就算你是台长，他也认球不到。——认不到。

2) 也可以在句尾用"球了"表感叹或祈使：

(16) a. 做这一行这关都过不了，就不要做球了。——就不要做了。

b. 包间头也很静，因为弹娃不在球了。——弹娃不在了。

3) "球"可以直接用于否定词前：

(17) a. 一步都球不肯多迈，就整死堆在车门边边上。——一步都不肯多迈。

b. 小三娃整个属于后现代造型，头发很长估计很久没洗了，风扇都球没吹动。——风扇都没吹动。

c. 你咋球不做喃？——你咋不做喃。

d. 铺子都球不守了直接跑到大街上乱搭白鼓捣拉客。——铺子都不守了。

4) "球"也可以用于否定词后：

(18) a. 后来就无球所谓了，也终于坦然面对了。——无所谓了。

b. 这些我不球想听，摆点具体点的。——我不想听。

5) "球"可以嵌入否定词"莫得"之中：

(19) a. 妈哟，太莫球得人权了。——太莫得人权了。

b. 他怕一旦表白关系就洗白连闹哈气气的机会都莫球得咯。——都莫得咯。

6) "球"可以用于"否定词＋单音节动词"之后，不过用例很少：

(20) 这段时间遇到太多烦心事了，多喝点喝醉了才不会去想才可以不管球那么多了。——可以不管那么多了。

"球"有一个被称"全称量化"功能的用法，此时"球＋N"表示所有的 N（名词），仅用于否定句中。这一用法一般也可以省略"球"：

(21) a. 三娃球事做不来，就是爱指挥。——事做不来。

　　　b. 球钱莫得，还要去借水钱。——钱莫得。

因此我们认为，这里的"球"也是感叹标记，与全称量化无关，后者是由句式本身所获得的意义功能。

2.2　隐性否定标记/反事实标记

感叹词与隐性否定有极大的关联。根据陈振宇、杜克华(2015)"意外三角"理论，感叹分为"说话者指向的感叹"(你要吃什么?)和"听话者指向的感叹"(快点走啊!)。说话者指向的感叹就是"意外"，"听话者指向的感叹"就是"强化语力"。上面的那些强调或焦点辅助功能就是强化语力。

一般来说，说话者之所以强化语力，是为了以下目的：预计言语活动不顺利，对陷入这一局面不耐烦，催促对方尽快完成，要求对方在完成基础上尽可能地完善。但是，上面的例子并没有言语活动不顺利。没有催促等方面的功能。不需要这些詈语，言语活动也会正常进行。

这些詈语也没有真正的咒骂的意味，而是表示说话者的强烈的情绪情感，是纯粹的主观性的体现。我们主张将其功能归为较为纯粹的"感叹词"，表示焦点凸显的事件，具有极大的极端性，包括极高的程度"太球"、径自进行不管别人的事件"走球、看球你的"。

根据意外三角理论，"感叹"是联通意外和"强化语力"的桥梁。一个语词原来表示意外，就可以发展为表示强化语力，如汉语很多方言中的"啊"系语气词；反之，本来表示强化语力，可以发展为表示意外，如否定词/确定词具有强调功能，在汉语的疑问句中，"他明天不来?""他真的喜欢?"这一类可以表示意外。"球"也是这样，言者表示相关事物的存在令人意外。

根据意外三角理论，意外将导致语用否定。语用否定指，没有使用否定词，而是通过语用机制达成否定的功能。根据陈振宇、包笑婷(2024)，意外会使言者觉得相关的事物是不合理的，并提出【合理原则 1】：当说话人认为，XP 是某个认识主体的断言(也就是引述性的内容，不管是对动态还是静态事件的判断)，且说话人自信时，说话人认为该断言是错误的(反事实的)，应该修改为相反的断言。

"球"的意外用法都是针对某方的提议建议或观点,因此全部发展了"反事实标记",也即否定事物的存在,言者认为一定为假。请注意,此时"球"都是不可省略的。

1)"球"可以在定语位置,"球＋N"表示相应的事物 N 不存在,是全称量化否定,往往推出相关的事件也无法成真:

(22) a. 还有哪个敢来耍嘛,还做个<u>球的生意</u>啊! ——没有生意可做。

　　　b. 反正光棍一个,一个人吃饱全家不饿,存起钱<u>有球用</u>啊! ——没有用。

　　　c. 这人要是一走完,短时间又填补不上,还<u>有球大爷</u>来光顾生意啊? ——没有大爷指有钱的人来光顾。

　　　d. 哪个<u>球大爷</u>还敢摸啊! ——没有大爷敢摸。

2)"球"也可以单独在论元位置上,语料中几乎都是在宾语位置上,也得到全称量化否定:

(23) a. 掰哥都这个样子了,还闹个<u>球</u>啊! ——没有可闹的了。

　　　b. 我说你<u>懂个球</u>! ——你什么也不懂。

　　　c. 你<u>晓得个球</u>哦你懂! ——你什么也不晓得。

3)"球"偶尔用在句尾,表示否定:

(24) 算了,和这种娃娃<u>说得清楚个球</u>! ——说不清楚。

"球"成为相当虚化的、发达的否定标记用法。如"管球、晓球得"两种固定格式:

(25) a. <u>管球他的</u>哟,老子今天也白领一盘! ——不管他的。

　　　b. <u>管球他是哪个</u>哦! ——不管他是哪个。

　　　c. <u>晓球得</u>的哦,好多年走门口过都没进去过。 ——不晓得。

这是语用否定,但更为重要的是,"球"在这里表示强烈的"蔑视"和"意外"。如"还做个球的生意啊",对有人提议继续做生意感到意外,认为不应该继续做生意,但这不仅仅是言者的选择,更是对提议者的蔑视和反驳。"我说你懂个球!"对"你"很不客气;"管球他的哟",有极度的不耐烦情绪。

最后,出现了"捞球"这一词汇化的形式,字面意义为"捞东西",用于"VP 捞球(哦)"格式,引申指 VP 很令人意外,不合理,没有什么用处,有

的时候仅是责备,有的时候表示感叹(消极),都是语用否定,如:

(26) a. 搞那么深沉<u>捞球</u>哦。

b. 其实老子最反感那种跳操喊口号的了,现在有些美容院每天早上开门都在门口整的忽而嗨哟的,又不是保险公司,<u>你搞</u><u>这些捞球</u>哦。

c. 我觉得他们的人生是没得意思的哈,送他们四个字——<u>活起</u><u>捞球</u>!

"捞球"更进一步迁移为表示禁止,即千万不要做VP的事:

(27) 八九十万,你疯了嗦,老瓜娃子,<u>买那么贵的捞球</u>哦!

3. "锤子"

"锤子"的用法和"球"很接近,但受到更多的限制:"锤子"只用于肯定句中,表示极度的意外,由此引发感叹或者迁移为语用否定功能,不用于否定句。

"锤子"的独用用法很发达,有不少语料,甚至还有一个固定格式"锤子锤",表示纯粹的消极感叹,对命题意义没有影响:

(28) a. 三娃有些不好意思,忙解释:"不是不是,是见一个老同学。""<u>锤子</u>!"弹娃不信:"你我啥关系喔,不要骗我。你娃尾巴一翘老子就晓得你要拉屎拉尿!"

b. 三娃心头直骂:<u>锤子</u>哟,吃脱老子一个星期的生活费。

c. 电话很快接通,弹娃那边却是火冒三丈气势汹汹:"<u>锤子锤</u>,来不了! 场子头在割草,你们慢慢喝。"

一个常用的格式是独用的"锤子事",本义为说什么事让人感到极度的意外,语用含义为出了很大的事:

(29) a. "三哥,到底啥事嘛?""<u>锤子事</u>!"三娃再次骂人:"先把伙食吞了多!"

b. "啥事哦? 哥子,咋个打我们的小妹呢?"三娃尽量表现得很镇静,手还是有点抖。"<u>锤子事</u>! (指事情大得很)妈卖屁的!"大汉放过莎莎一下就冲到了三娃面前,满嘴像泔水般恶臭的口气熏得三娃直往后退。

"锤子"作为强调和感叹标记,可以省略。它可以出现在定语位置,"锤子＋NP"表示对 NP 的蔑视,或不满的情绪:

(30) 看着在路灯下缓缓升腾的烟雾,三娃想起了一句不晓得是<u>哪个锤子</u>名人说的一句话,很能反映当时的心情。——不晓得是哪个名人说的一句话。

也可以出现在肯定句的插入语位置,不过此词类用法很少:

(31) 那个娃娃出了名的老骗子,<u>锤子</u>自己的 X5,别个还开了四五年了,咋个平常出来打牌,他开的都是凯美瑞呢?——自己的 X5。

"锤子"表示意外,隐性否定标记或反事实标记用法,不能省略。它也可以在定语位置,由意外导出语用否定,从而表示实际上没有什么:

(32) 管你<u>锤子</u>事!——不管你什么事。

有<u>锤子</u>事情,天大的事情都陪到你。——没有什么事情。

作为反事实标记,"锤子"也可以在论元位置上,语料中也几乎都是在宾语位置上:

(33) a. 哎呀谢<u>锤子</u>,不说了……——没有什么好谢的。(你说谢,我很意外,认为谢是不合理的,因此我主张不谢。)

　　 b. 我晓得个<u>锤子</u>。——我什么都不晓得。

　　 c. 他说我、徐烂、王利、他、李晶磊,正好五个兄弟伙,叫这个名字正合适,我说"合适个<u>锤子</u>!"——一点不合适。

　　 d. 还睡个<u>锤子</u>哦!——没什么好睡的。

　　 e. 说<u>锤子</u>哦,老子刚才给你说了的得嘛,你咋个听不到招呼呢。——没什么好说的。

与"捞球"一样,"捞锤子"也用于"VP 捞锤子"格式,引申指 VP 没有任何用处,不过用例比"捞球"少多了。

(34) 谢我<u>捞锤子</u>啊?——谢我没有什么用。

如果是已经发生的事,那么表示这样做不合理,要求停止下来;如果是判断,那么表示这一判断不合理,也就是与事实相反。

除此之外,还发展出了一个构式"V 锤子 V",其中第二个动词实际上是同源宾语,它可以表示对有关事情的消极态度,即这虽然是真的,但不合理,这是事实标记,如例(35a);也可以表示隐性语用否定,是反事实标记，如例(35c—d)，表示"没有什么好 V 的"。

(35) a. 你笑个锤子笑，你一直不笑老子心头还稳当，你一笑老子反而有点虚了。

　　 b. 后头一个车子架势给我按喇叭，整得个滴啊滴的，按得老子心烦，……"按锤子按！"老子骂了一句。

　　 c. 谢锤子谢！——没有什么好谢的。

　　 d. 我说怕锤子怕，老子练过的。——没有什么好怕的。

"锤子"还有一个用例较少的用法：用于宾语位置，指事件到了极为糟糕的地步，凸显不合理性：

(36) a. 路上车多得 P 爆，从抚琴出来就走起，一环路堵得像个锤子，慢慢扭，挨到展，都要 10 点半了，还没有开到衣冠庙。——堵到了极为糟糕的地步。

　　 b. 你娃可以，二环内开游戏机，你捞鱼，对了嘛，这哈子遭捞进去了嘛，你捞锤子捞。——你捞鱼弄得自己极为糟糕。

4. "鸡巴"和"铲铲"

二者的功能相对较为狭窄。"鸡巴"最主要的功能是表示"主观大量"感叹的语气词，用于"程度副词＋鸡巴＋A"的格式，用于突出焦点，表达极为强烈的情感，可以省略：

(37) a. 取新眼镜那天，我将永生难忘：正确的度数戴在眼睛上，好鸡巴舒服喔——！——好舒服喔。

　　 b. 穿起太鸡巴血腥暴力了，人家还以为是浩南哥和小马哥一起来了！——穿起太血腥暴力了。

　　 c. 然后我也不晓得我哪根神经没对开起车子就直奔机场去等起，接到以后把她送到非鸡巴远的她男朋友家的楼下，然后看到她上去了，自己瓜兮兮的一个人开回去。——非远的她男朋友家的楼下。

　　 d. 看到我多鸡巴亲热的。——看到我多亲热的。

也可用于定语位置表示感叹，可以是事实标记，如下例，表示对 NP 的轻蔑态度。

(38) a. 我睡在床上,听到楼底下的老孃儿老头又在邀约了,<u>去啥子鸡巴三圣乡</u>,我不用看手机的时间都晓得,最多七点过。——去啥子三圣乡。

b. 人家周宏跟到你这么久,不要说你,我们这些兄弟伙看起,也觉得巴巴适适的三,而且你光听那个<u>啥子鸡巴李少杰</u>在那儿说两句你就这个批样子了,你要咋子嘛你嘛?——那个啥子李少杰。

也可以是反事实标记,如例(39),不过表示的是对事物的性质的否定,如例(39a)"鸡巴公司",表示算不上正经的公司,例(39b)"鸡巴人",表示不算人,而且这一否定是来自"啥子","鸡巴"本身可以省略:

(39) a. 我心头想<u>啥子鸡巴公司</u>哦,一个烂偏偏儿酒吧,开都还没有开起,还给老子报销油费,摊摊儿不要报销了就算对的了。(算不上什么公司)——啥子公司哦。

b. 老子马上无语了,<u>啥子鸡巴人</u>哦,十几二十斤下去了,还没有吃够。(不算人)——啥子人哦。

与此相反,"铲铲"最主要的用法就是一个:用于宾语位置,表示对事件的否定,指事件没有可能进行。这也是从意外—语用否定而来,不过因为都是未来的事,而不合理的事应该不做。"铲铲"不可省略。

(40) a. 那么贵吃个<u>铲铲</u>啊!(没有可吃的)

b. 就是住在一个宿舍的,看了我都要掉头走,<u>还联系过铲铲</u>!(没有联系)

c. 不对啊,都没那功能了还跑到这些地方来<u>要个铲铲</u>啊?(没有可以要的)

偶尔有用例用于宾语位置,指事件到了极为糟糕的地步,凸显不合理性:

(41) 斗翻一盘又一盘,气得你<u>龟儿拿铲铲</u>!

5. 结语

语用迁移和叠加的机制,是我们研究的重点,本文研究的是纯感叹性的詈语,它们在大的方面符合感叹范畴的一致规律。下面给出有关的功能语义地图:

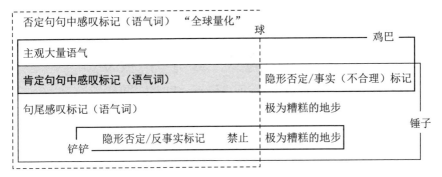

图 1　成都话"球、锤子、鸡巴、铲铲"的语义地图

可以看到，"球、锤子、鸡巴"三个十分相似，都有共同的功能区域：在肯定句中表示强调感叹，与焦点位置有关，强化语力。这一区域在图中用粗体和阴影表示，其中"球"的领域最宽。但是三者的隐性否定侧重有所不同，"锤子、鸡巴"表示轻蔑/意外，从而导致合理性否定，而"球"都是事实性否定。

"铲铲"看上去很特殊，因为它没有表示感叹强调的用法，怀疑可能有不同的来源和意义演化过程。

参考文献

　　陈振宇　包笑婷　2023　《再说"意外三角"》，《当代修辞学》第 5 期。

　　陈振宇　杜克华　2015　《意外范畴：关于感叹、疑问、否定之间的语用迁移的研究》，《当代修辞学》第 5 期。

　　陈振宇　杜克华　2020　《西南官话成都方言的否定表达》，载陈振宇、盛益民主编《汉语方言否定范畴研究》，上海：中西书局。

　　蒋宗福　2002　《四川方言词语考释》，成都：巴蜀书社。

　　杜克华：365450390@qq.com

　　据《西南官话成都方言的否定表达》的第八节《否定性詈语——"球、锤子、铲铲、鸡巴"》改写而成，原文载《汉语方言否定范畴研究》一书。

隐性否定构式"V了个寂寞"
语义内涵及浮现机制

复旦大学中文系　　叶婧婷

提　要　文章分析了隐性否定构式"V了个寂寞"的构式特征,并用"溯因推理"解释了不同语义内涵的浮现机制。在该构式中,"寂寞"这个成分是固定的,动词"V"是情景变量,构式的语义是二者共同作用的结果。导致"寂寞"这一结果的核心,是由于在"V"描述的情景中看不到事件的发展变化,说话人没有值得夸耀的事,从而失去了分享欲。说话人觉得不值得夸耀的原因可能是多样的,这体现在"寂寞"的指向的差异上。"寂寞"既可能指向事件本身,也可能指向行为主体、社会、集体。换言之,事件由于本身不成功,没有对行为主体、社会、集体产生预期的影响。在此基础上,文章还尝试从语言特区和类推的角度分析该构式的产生条件。

关键词　"V了个寂寞"　隐性否定构式　溯因推理　反预期

1. 引言

语言总是在不断发展变化之中。在网络的语境下,新型构式层出不穷。近年来出现了一种新的构式"V了个寂寞",最初这类构式仅在特定的网络用语中出现,如今也慢慢渗透到新闻报道等文本中,典型用例如下所示:

(1) 总感觉敷面膜敷了个寂寞,如何才是有效敷面膜? (知乎)

(2) 上半年结束了,投资投了个寂寞。(微博,2022.06.30)

例(1)中,"敷了个寂寞"指的是敷面膜没有达到预期的效果,结果与预期相反。一般情况下人们会认为,敷面膜应该会有改善皮肤的效果,但是说话人没有达到预期,所以说"敷了个寂寞"。例(2)中,"投了个寂寞"的意思是说投资没有得到收益,甚至还有可能亏本了。百科知识告诉我们,投资者之所以要做投资,其目的都是为了得到收益,"投资"这件事的目的没有达到,所以说"投了个寂寞"。

"V了个寂寞"为什么会有上述的语义解读呢?在词典中,"寂寞"这个词有两个语义,一是"孤独冷清",二是"寂静",但从这两个语义都很难直接推导出例(1)和例(2)中所暗含的语义解读。较为明显的是,"V了个寂寞"的语义可以从背景知识和语境中推导出来,但具体的推导过程是怎样的,这个结构背后的语用机制是什么样的,却并不是那么简单明了。

前人对"V了个寂寞"这个现象已有一些讨论。辛佳茜(2021)、丁健纯(2021)、徐玮琳(2021)分别从主观化的角度来分析这个构式;栗臻(2022)分析了"V了个寂寞"的几种语用功能,认为这个构式有"主观评述功能""间接表达功能""信息凸显功能",主要传达了一种"主观大量"和"反预期义",且认为"寂寞"在语义抽象后,通过隐喻的方式得到了"空空如也"的意思,而"V了个寂寞"的语义是从"空空如也"这个意义来的。

然而,这些研究未从隐性否定的角度对这个构式进行解释。事实上,"V了个寂寞"是一个很典型的隐性否定构式。隐性否定是不使用否定词,就可以表达否定意义的现象(孔庆成1998)。这种否定的意义,是由语用推理得到的。笔者认为,在"V了个寂寞"中,"寂寞"的语义并没有改变,整个结构的特殊含义是语境赋予的,通过"溯因推理"可以更好地解释相关现象。

本文的基本观点是:"V了个寂寞"构式中,"寂寞"是已知的结果,由果推因,从语境中去寻求导致这一结果的原因,而"V"是情景变量,通过加入"V"这个情景,再从语境中去反推,就可以得到"寂寞"的原因,从而得到该构式的语义解读。下面,我们将先分析"V了个寂寞"的结构特征,再分析构式的几种不同的语义识解方式,然后从"溯因推理"的角度来对这一结构的浮现机制做出解释。

2. "V 了个寂寞"构式的特征

构式语法对构式的定义:"C 是一个构式当且仅当 C 是一个形式-意义的配对〈F_i, S_i〉,且 C 的形式〈F_i〉或意义〈S_i〉的某些方面不能从 C 的构成成分或其他先前已有的构式中得到完全预测。"(Goldberg 1995)"V 了个寂寞"符合上述对"构式"的定义:简单地从"V 了个"或"寂寞"都不能直接预测出整个构式的含义。

通过考察网络上的语料发现,从形式上看,"V 了个寂寞"这个构式中,"了"和"个"偶有省略的用例。一般不省去"了",是因为"V 了个寂寞"构式所使用的语境都暗含了动作已经发生,即便是诉说将来的事件,也是暗含一个假设的,即在将来这个动作会发生。例(3)中,"考研"这件事在未来是一种可能发生的事情,在这个假设之下,才会有"考(了)个寂寞"的结果。在这里,"了"是可以省略的。

(3) 下半年他要考研,都六月了还不好好复习,多半到时候也是考(了)个寂寞。(自拟)

但要注意的是,并不是省去"了"就一定表达将来的语义了。例(4)中,"看个寂寞"仍然指的是已经发生的事件,这里只是因为在非正式语料中,省去了"了"。

(4) 被抖音骗去温岭百丈岩,什么都没有,看个寂寞,瀑布都停水了。(微博,2022.06.30)

此外,"V 了个寂寞"也可以作为整体出现在禁止类祈使句(例5)和疑问句(例6)中,但总体来看,陈述句还是占主要的用法:

(5) 买书如山倒,读书如抽丝? 别让买书"买了个寂寞"。[新华网,转引自栗臻(2022)]

(6) 当时 QQ 阅读花了快一百买了一本,算是当时的榜首,都出漫画了,现在照样连书名作者都搜不到了……所以我花钱买了个寂寞? (微博语料)

在"V 了个寂寞"这个构式中,唯一可变的是"V"这个形式。为了考察可以进入这个结构的动词形式,笔者粗略检索了微博上的相关语料。下面首先简要介绍微博语料的情况,然后再总结"V 了个寂寞"中"V"的特征。

我们检索了 2022 年上半年(1 月 1 日到 6 月 30 日)的微博语料,检索方式是在微博上通过"高级检索",输入关键词"了个寂寞"搜索,最终得到50 页的原始语料。通过整理,去除不符合本研究要求的语料,一共得到148 条语料,涉及 109 个不同的动词。频率最高的几个动词为"看"(13次),"做""学""买"(分别出现 7 次),"玩"(出现 6 次),"吃"(出现 5 次),其余动词出现的次数都在 5 次以下。这说明,"V 了个寂寞"的能产性很高,对语义的包容度很强,许多不同语义的动词都可以进入。

一些特殊成分也可以进入到这个结构里。例(7)中,"雷霆风暴行动雷了个寂寞",看似"雷"进入构式,实际上是动词短语的缩略形式进入了构式。"雷霆风暴行动"缩略为"雷",也就是说,虽然"雷"不是动词,但它可以是整个动词短语的缩略语,起到了替代整个动词短语的作用。当然,这类结构对于语境的依赖性就更强了。

(7)♯唐山雷霆风暴行动落幕♯ 雷霆行动雷了个寂寞? 明天 7 月1 日了……这么特殊的日子,是不是该报个事件处理后续。(微博,2022.06.30)

从形式上看,还是单音节占主导。在 109 个动词中,单音节词占了 85个,约为 78%。很多时候,就算动词本身不是单音节,也会有缩略后进入结构的倾向。例(8)"追"是"追星"的简省形式;例(9)中"扫"是"扫黑"的简省形式。

(8)追星追了个寂寞。去晚了,直播都结束了。(微博语料)

(9)♯唐山被打女孩后续小巷子♯热度这就没了? 后续呢? 十五天扫个什么? 扫个寂寞? 女孩们怎么样了?(微博语料)

大多数情况下,"V 了个寂寞"中,"V"是前文某个动词的拷贝,或许正因如此,"V"通常是单音节的。因为在前文中已经出现过一次完整的形式,再次出现的时候,在语言经济性的作用下,实现了形式上的减省。

从句法位置上看,在大部分情况下,"V 了个寂寞"的句法位置是谓语,可是也有一些用作定语的例子。在粗略检索的 148 条微博语料中,一共找到了以下 3 例:

(10)只有看芬达才能拯救我学了一晚上 pop 学了个寂寞的心。(微博,2022.05.20)

(11) 我<u>录了个寂寞</u>的音,全是我的尖叫和混乱的语言系统!(微博,
　　　2022.06.30)

(12) <u>看了个寂寞</u>的日出(微博,2022.06.13)

　　例(10)中,"芬达"指的是中国的历险科幻小说《芬达的秘密》,"pop"
是英文"Point of Purchase Advertising"的缩写,指的是"卖点广告",也就
是促销时用的海报之类的。这位网友大概是学习了半天 pop 的制作方
法,但是却没有学好,所以内心感觉很无奈。

　　例(11)中,"录了个寂寞"修饰"音",而不是"寂寞"修饰"音"。看后半
句就很清楚,"录了个寂寞的音"表达的语义是录了音,却没有录好,没达
到预期的效果。例(12)中,没有上下文语境,结构层次可以分析为"[[[看
了个寂寞]的]日出]"("看了个寂寞"作为定语小句修饰"日出"),或"[看
了[个[[寂寞的]日出]]]"("寂寞"修饰"日出")。但从微博配图来看,照
片里并没有日落的景象,而是乌云密布,所以倾向于理解为前一种情况,
即"看了个寂寞"表示"没有看到期待中的日出风景"。

　　综上,"V 了个寂寞"的整体意义很难从每个部分直接推导出来,这个
构式的能产性很高,各类语义的动词都可以进入该结构;总体看,单音节
动词占绝对优势,有一些不是单音节动词的词也倾向于简省为单音节。

3. 从溯因推理看"V 了个寂寞"构式的语义浮现机制

　　浮现语法指出,"任何一种语言的语法都具有不确定性",语法系统一
直"处于演化状态",语法结构和规则都是"在篇章中产生、被篇章所塑造,
并且始终处于这个塑造过程之中"(Hopper 1987;方梅 2018)。"V 了个寂
寞"的语义也是在语篇中通过不同的用法、在不同的场景中浮现出来的。
语义浮现的过程中,会有不同的机制发生作用,其中一种机制是溯因推
理。我们认为,在"V 了个寂寞"的语义浮现过程中,溯因推理起了决定性
作用。在分析"V 了个寂寞"的浮现过程之前,先简要介绍溯因推理的基
本内容。

　　逻辑推理一般有三种最常见的方法:演绎法、归纳法、溯因推理。本
文涉及的溯因推理,是从结果出发寻求最佳解释的一种推理方式(蒋严
2002;Josephson & Josephson 1994)。据 Josephnson & Josephson

(1994:5),溯因推理的范式如下:

(13) 溯因推理范式:

　　　D是数据的集合(事实,观察的现象,或给定的情况)

　　　H可以解释D(如果H为真,则可以解释D)

　　　其他任何假设都不能像H那样解释D

　　因此,H或为真。

　　上述溯因推理范式可以用来解释"V了个寂寞"结构。在话语中出现"V了个寂寞"这一结构时,我们观察到的现象是"寂寞"的结果,而通过结果去追溯原因,我们才能完整地理解这个构式的意义。"V了个寂寞"中,"寂寞"是常量,"V"是情景变量,其基本语义结构是:V这一事件的发生,没有产生应有的效果或变化,这导致说话人觉得缺乏值得夸耀之处,从而失去与人分享的欲望,在情感上变得淡漠,因此导致了"寂寞"的结果。简言之,在"V了个寂寞"中,导致"寂寞"这一结果的,是由于发生的事件没有成功激起说话人的分享欲,并且让说话人有种无话可说的落寞和错愕。这一点在"V了个寂寞"的几种语义中,都有体现。

　　说话人通常会因为以下情况而觉得值得夸耀和分享:第一种类型是事件本身的成功值得夸耀;第二种类型是事件成功所导致的结果值得夸耀,第二种又可以分为对行为主体的影响和对其所在集体的影响。当事件不成功或其结果没有获得预期中的影响时,说话人就会失去分享欲。下面分别举例说明。

　　首先看第一种类型,即"事件本身不成功"。例(14)中,大叔看似要帮忙,但却把别人砸晕了,从上下文可以看出,这个例子中,"帮了个寂寞"指的是帮忙这件事本身没有成功。这里还体现了说话人的视角:本来说话人以为大叔可以帮忙,从而扭转局势,可是事实却朝着相反的方向发生了,没有实现局势的扭转;原本说话人是可以把大叔帮助八路军、扭转乾坤的佳话当作故事分享给亲友听的,可是却由于没有能够分享这段佳话而感到遗憾和"寂寞"。

　　(14) 大叔给八路帮忙,却拿锅把八路砸晕了,帮了个寂寞。(微博,
　　　　2022.06.30)

这类语义也有出现在标题中的用例：

例(15)是澎湃新闻的标题，说的是备药如果方法不对，最后这些准备都是注定会失败的。比如，准备了一些药，放了很久没有使用，最终就都进入了垃圾箱。

(15) 看着满满一箱，最后都成了垃圾？没有这些"主角"，您真可能备
    药备了个寂寞(澎湃新闻标题，2024.08.14)

第二种类型是事件的结果没有达到预期，从而使说话人缺乏值得夸耀的资本，这又可以分为对行为主体的影响和对社会的影响。

事件结果对行为主体产生的预期影响可以是多方面的，例如得到高额报酬、能力的提高、心情的愉悦、获得赞美或奖赏等，而这些结果往往是行为主体觉得很值得骄傲的事情。当这些积极预期没有实现时，就导致了反面的无可夸耀的"寂寞"。请看下面的例子：

(16) 炒股 7 年炒了个寂寞。(微博，2022.06.12)

(17) 我已经知道我这个学期卷了个寂寞了。(微博，2022.06.30)

例(16)中，"炒了个寂寞"，说明炒股没有带来经济收益。一般来说，炒股是希望在经济上能获得收益，从而在亲戚朋友面前扬眉吐气，而说话人显然是没有做到的，所以他感到没有什么可说的。

例(17)中，从"寂寞"这一结果在语境中去寻求原因，加上"卷"这一情景变量，则不难得出说话人"寂寞"的原因。说话人本来希望通过一学期超常的努力和学习，疯狂"内卷"，取得成绩的进步，然而一个学期的努力之后，却"卷了个寂寞"，没有达到预期的效果，所以觉得也没什么可夸耀的。类似的例子还有"学了个寂寞""复读了个寂寞"等。

袁毓林(2014a)曾提到的日常生活中的"劳酬均衡原理"，而"V 了个寂寞"表达"徒劳无功"语义的现象也体现了这一原理。一般人们的常识会认为"一分耕耘，一分收获"，当付出的努力没有得到相应的报酬时，就会给人一种"徒劳无功"的感觉。这是一种语用预设，而"V 了个寂寞"构式正是对这种语用预设的否定，而非直接对命题本身的否定，这类否定属于"语用否定"(沈家煊 1993)。

当然，生活当中的场景不仅仅是关于"劳酬均衡"，有时或许只是为了某种愉悦的效果。在下面这些例子中，"V 了个寂寞"是由于"V"这一事件

没有达到预期的愉悦效果所导致的,这种愉悦的途径可能是看电视,也可能是谈恋爱或追星:

(18) 感觉自己看了个寂寞,几个小时的剧情感觉也没讲什么。(微博,2022.04.12)

(19) 第九集看了个寂寞,希望第十集好看点,毕竟这是我唯一在追的剧了。(微博,2022.06.30)

(20) 虽说谈过几次恋爱,不过回头想想她们都不爱我,真是谈了个寂寞啊哈。(微博,2022.06.30)

(21) 朴彩英最近都没动态了,粉了个寂寞喂。(微博,2022.06.30)

例(18)和(19)的情景变量是"追剧"这件事,结果是"寂寞"。本来看剧是想看到剧情的变化,能够激起情绪中的涟漪,从而激起说话人想要与他人分享剧情的分享欲。然而,这个剧情根本没有任何进展,说话人觉得没什么可说的,所以感到很寂寞。这类情况在现实生活中很常见:从小学看动画片开始,到长大工作之后看电视剧,通常都会有同学或朋友聊到剧情的进展,而没有看过的人就无法加入对话。剧集里跌宕起伏的剧情,本来就是人们口中很常见的谈资,人们通过跟朋友分享剧情,可以达到排遣寂寞的目的。然而,剧情没有进展,预想中的事情没有发生,无法激起分享的热情,从而导致说话人感到"寂寞"。

例(20)中,谈恋爱可以互相陪伴,原本是让人不寂寞的事情,可是说话人却说自己"谈了个寂寞",从"寂寞"这个结果,加上"谈恋爱"这个情景变量,就可以推出,他谈恋爱没有得到他的(前)女友的陪伴,所以感到很寂寞。

例(21)的情景变量是"粉",也就是"做某人的粉丝",也就是"追星"。一般来说,"追星"一方面可以让人打发掉一些寂寞的时间,另一方面也可以作为谈资去与身边的人分享。可是,说话人所"粉"的明星却没有任何更新,这就导致了他没有时间可打发、没有事情可分享的"寂寞"境地。在一些情况下,也有网友会把"寂寞"的原因直接说出来,例如,在下面的例子中,"寂寞"的原因就是显性的:

(22) 因为寂寞才追星,却发现追星追了个寂寞。(微博,2022.09.26)

事件结果也可能对社会或集体产生影响。

例如,在(23)中,青少年防沉迷系统没有达到"防沉迷"的效果,由于"防沉迷"这个事件本身并不成功,青少年可以钻空子上网,这造成一些社会问题。这种情况是让人担忧的,因此说话人觉得不是什么好事,所以并不值得夸耀。

(23) 要想绕开很容易!青少年防沉迷系统"防了个寂寞"?(新华社新闻标题,2021.2.02)

例(24)是一篇搜狐新闻的标题,新闻的内容主要是说,尽管在2021年男团选秀看上去内卷得很厉害,但实际上总体上效果并不好,基本没有太多男团"出圈",大家都没有成功,所以"卷"这件事是失败的,没有在社会上产生积极的影响。

(24) 2021男团选秀内卷,卷了个寂寞(搜狐新闻标题,2021.04.05)

例(25)中,"忙了个寂寞"指的是虽然中国的自主品牌份额增加,看似市场占有率高,但是企业的经营情况却并不好,这说明或许企业的努力并没有促进其真正发展。

(25) 自主品牌市场份额在突破性增长,新能源市场渗透率更是高歌猛进,但我们中国车企整体经营情况越来越差。我们是不是忙了个寂寞?(澎湃新闻,2024.06.14)

类似的例子还有很多,例如"判了个寂寞"可以用于表达法官本来希望通过自己的判决改变社会风气,但是事实上却没有达到效果;又如"宣传了个寂寞"可以用于表达本来希望通过宣传来影响人们的看法,但是却没有成功。

以上所说的三种类型,实际上可以看作"寂寞"的三种不同的语义指向类型,而每一类都有其特定的溯因推理过程,如表1所示。

需要注意的是,由于视角的转换,导致"寂寞"的指向转换,同一个结构也可能会有三种不同的语义解读。例如,假设有一个培训事件,从事件本身的视角看,"寂寞"指向事件本身,"培训了个寂寞"可能指的是"培训"这个事件没有成功;从培训参与者的视角来看,可能是在吐槽这个培训非常无聊,没有达到提升自我的目的,这类解读的视角又指向了行为主体;从培训组织者的视角来看,"寂寞"指向的是这个群体,"培训了个寂寞"指的是群体素质没有因培训而得到提升。由此可见,不同语境对于"V了个

表1　"V了个寂寞"的三种语义指向类型

	语义指向类型	溯因推理过程	典型用例
1	事件本身	事件本身失败	帮了个寂寞
2	行为主体	事件的失败,导致行为主体没有达到预期效果(例如收益、酬劳、愉悦感等)	炒了个寂寞、追剧追了个寂寞
3	社会或集体	事件的失败,没能对社会或集体产生预期影响	防了个寂寞

寂寞"的解读是非常重要的。虽然在特定的语境下,通常可以得到唯一的解读,但在语境不精确的情况下,却可以有多种解读方式。

最后,值得一提的是,"寂寞"还产生了一种新的定语用法:"寂寞烫"(发廊烫头发的一种类型)。所谓"寂寞烫",指的是烫出来的结果既不卷,又不直,没有很显著的效果,看上去就像没有烫过一样("烫了个寂寞")。也正因如此,看上去不浮夸,所以显得很蓬松、自然、好看。这个语境中,"寂寞"反而成为大家所期待的,所以有了积极的语义。这里,"烫了个寂寞"变成了一件好事,产生了"无心插柳柳成荫"的效果。这类用法不具备"没有达到预期效果"的语义,却仍然是一种隐性否定("寂寞烫"或"烫了个寂寞"约等于"没有烫")。

4. "V了个寂寞"产生的条件

"V了个寂寞"是一个相对较新的构式,是语言创新的一种现象,该结构起源于网络,而网络是一种"语言特区"(董思聪、黄居仁 2019;徐杰、覃业位 2015)。"语言特区"通常会容忍或鼓励一些非常规的用法,这就为新型的构式提供了一个良好的环境。当然,即便是在"语言特区",语言创新的现象往往不会构造一个全新的系统,语言材料是有限的,语言的独特创造力是体现在"有限手段的无限运用"[①]。因此,新的结构往往是从已有的语言结构中类推而来的。从结构上来说,"X(了)个Y"的结构在汉语中并不是全新的。一方面有前文提到的"V了个A"结构(如"吃了个痛快"),

---

[①]　这是洪堡特的观点。

另一方面还有"V 了个 N"结构,例如"看了个电影""吃了个饭"。"V 了个 A/N"的现象为"V 了个寂寞"的产生奠定了基础。正因为有这些结构作为基础,"V 了个寂寞"的结构听上去才会显得比较自然。因为在汉语中,已经存在"说了个话""囤了个菜""敷了个面膜"一类的结构,而将结构中名词换为"寂寞",就形成了新的构式。

除此之外,还有一个特殊的结构:"V/A 个 P"结构(例如"好看个屁""买个鬼"),P 是一个封闭类的名词,例如"屁、鬼、球、蛋、熊、头"等(杜道流 2006)。这类结构也为"V(了)个寂寞"提供了类推的依据。P 类名词多是詈语,有不雅的嫌疑,而使用"寂寞"这个词相对文雅。

除了结构上的类推基础之外,过去在网络上也曾经有过关于"寂寞"的流行语,其中最有名的是"哥吃的不是面,是寂寞",学界对此结构也曾有过一些讨论(朱岱 2011)。网络的语境也为"寂寞"这个词增添了一些不同的语义色彩,为"V 了个寂寞"奠定了一个基调。十几年前流行起来的词语,在近几年重新流行,不过是以构式的一部分出现。至于"寂寞"为什么会多次流行起来,大概有两方面因素,一是因为这个词比较简单,二是因为"寂寞"是当今社会的人们都曾经或正在面临的困境,所以比较容易引起共鸣,从而流行开来。

根据前文的分析,"V 了个寂寞"不是横空出世的,而是在语言中有结构类推的基础的。那么,"V 了个寂寞"与已有的构式"V 了个 A"和"V 了个 P"有何区别呢?

首先,"V 了个寂寞"与"V 了个 A"所表达的语义是不同的。前者有隐含的否定意义,可是后者没有。例如"吃了个痛快""喝了个烂醉",这些结构都只表达一种主观大量、一种很深的程度,但却没有蕴含任何的否定意义。利用已有的"V 了个 A"结构,表达一种全新的语义(即语用否定),达到了用语言创新的方式来实现新颖表达的目的。

再看"V 个 P"这个结构。从语义上来说,"V 个 P"和"V 了个寂寞"有相似之处,但是又不相同。形式上最大的区别是:"V 个 P"一般不带"了";"V 了个寂寞"一般要带"了"。这是因为,在大部分语境中,前者倾向于表达对没有发生的事情嗤之以鼻,而后者是对发生过的事情感到惋惜、不悦、不满等情绪。这就形成了互补,或许正因为语义的表达中有这个空位,才会产生这类的结构。看似任意的新结构的出现,并不是毫无章法的。

总之,在言语使用的过程中,"V 了个寂寞"在网络这个"语言特区"中形成,有其结构类推和网络语境的基础。"V 了个寂寞"的来源主要有两个结构,一是"V 了个 A"结构,二是"V/A 个 P"的结构。这两个结构是"V了个寂寞"类推的基础。此外,曾经风靡一时的流行语"哥吃的不是面,是寂寞"也为这个构式的出现铺垫了语义底色。

5. 结语

本文考察了隐性否定构式"V 了个寂寞"的构式特征,并用"溯因推理"分析了各种语义在语境中的浮现机制:通过"寂寞"这个结果,到语境中去寻求原因,从而实现对整个构式的解读。

"V 了个寂寞"的隐性否定语义是该构式的基本语义与"V"这个情景变量共同作用的结果。归根结底,导致"寂寞"这一结果的核心,是因为"V"描述的情景中看不到事件的发展变化,说话人没有值得夸耀的事,从而失去了分享欲。说话人觉得不值得夸耀的原因可能是多样的,这体现在"寂寞"的指向的差异上。"寂寞"可能指向事件本身,也可能指向行为主体或社会、集体,根据语义指向的差异,产生了不同的溯因推理类型。换言之,事件由于本身不成功,或者结果失败,没有对行为主体、社会、集体产生预期的影响。这体现了不同的语义指向类型和视角的变化。

人类通常是乐观主义的,倾向于看到并谈论生活中好的方面,摈弃坏的方面。"V 了个寂寞"的这些用法,都蕴含了一种"乐观假设"(Boucher & Osgood 1969;袁毓林 2014b),体现了说话人对世界的乐观的预期。另一方面,人类天生具有一种猎奇的心态,希望能够看到事情的进展。欧文·戈夫曼(Goffman 1959)曾用"拟剧理论"来概括社会生活中的"自我呈现",借助他的比喻,可以将言谈双方看作"演员",在台前"表演";有时候是"看客",在台下"看演出"。当"剧情"没有进展的时候,无论是作为演员,还是作为看客,都会因为看不到任何变化而感觉没有任何是值得夸耀的,导致情绪无法被调动,于是对整件事无话可说,而"寂寞"这个词恰如其分地传达了这种心境。

参考文献

丁健纯 2021 《流行构式"V 了个寂寞"的主观性与主观化》,《衡阳师范学院学报》第 5 期。

董思聪 黄居仁 2019 《语言特区中创新形式的限度》,《华文教学与研究》第 4 期。

杜道流 2006 《"V/A 个 P!"感叹句的多角度考察》,《汉语学报》第 2 期。

方 梅 2018 《浮现语法:基于汉语口语和书面语的研究》,北京:商务印书馆。

蒋 严 2002 《论语用推理的逻辑属性——形式语用学初探》,《外国语》第 3 期。

孔庆成 1998 《否定修辞作用的语用机制》,《语言文字应用》第 1 期。

栗 臻 2022 《试析"V 了个寂寞"格式》,《宁夏大学学报(人文社会科学版)》第 1 期。

沈家煊 1993 《"语用否定"考察》,《中国语文》第 5 期。

辛佳茜 2021 《预期违背构式"V 了个寂寞"语义构建研究》,《连云港职业技术学院学报》第 2 期。

徐 杰 覃业位 2015 《"语言特区"的性质与类型》,《当代修辞学》第 4 期。

徐玮琳 2021 《"X 了个寂寞"结构浅析》,《齐齐哈尔大学学报(哲学社会科学版)》第 3 期。

袁毓林 2014a 《概念驱动和句法制导的语句构成和意义识解——以"白、白白(地)"句的语义解释为例》,《中国语文》第 5 期。

袁毓林 2014b 《"怀疑"的意义引申机制和语义识解策略》,《语言研究》第 3 期。

朱 岱 2011 《也说"哥吃的不是面,是寂寞"》,《当代修辞学》第 2 期。

Boucher, Jerry, & Charles E. Osgood 1969 The Polyanna Hypothesis. *Journal of Verbal Behavior*, 8, 1—8.

Goffman, Erving 1959 *The Presentation of Self in Everyday Life*. New York: Anchor Books Doubleday.

Goldberg, Adele E. 1995 *Constructions: A Construction Grammar Approach to Argument Structure*. Illinois, Chicago: The University of Chicago Press. (吴海波,译《构式:论元结构的构式语法研究》,北京大学出版社,2007。)

Hopper，Paul　1987　Emergent Grammar. *Proceedings of the annual meeting of the Berkeley Linguistics Society*, *13*, 139.

Josephson，John R. &. Susan G. Josephson　1994　*Abductive Inference*：*Computation*, *Philosophy*, *Technology*. Cambridge：Cambridge University Press.

叶婧婷：yejingting@fudan.edu.cn

图书在版编目（CIP）数据

隐性否定 / 陈振宇，叶婧婷主编. -- 上海 ：上海
教育出版社，2025. 8. --（"汉语句法语义理论研究"
丛书）. -- ISBN 978-7-5720-3656-9

Ⅰ. H146.3

中国国家版本馆CIP数据核字第2025BZ7171号

策　　划　毛　浩
责任编辑　殷　可
封面设计　周　吉

"汉语句法语义理论研究"丛书
陈振宇　主编
隐性否定
陈振宇　叶婧婷　主编

出版发行　上海教育出版社有限公司
官　　网　www.seph.com.cn
地　　址　上海市闵行区号景路159弄C座
邮　　编　201101
印　　刷　上海叶大印务发展有限公司
开　　本　890×1240　1/32　印张 13.5
字　　数　402 千字
版　　次　2025年8月第1版
印　　次　2025年8月第1次印刷
书　　号　ISBN 978-7-5720-3656-9/H·0106
定　　价　108.00 元

如发现质量问题，读者可向本社调换　电话：021-64373213